物联网技术与应用基础

彭　扬　蒋长兵　编著

中国物资出版社

图书在版编目（CIP）数据

物联网技术与应用基础/彭扬，蒋长兵编著．—北京：中国物资出版社，2011.1

ISBN 978－7－5047－3628－4

Ⅰ．①物…　Ⅱ．①彭…②蒋…　Ⅲ．①计算机网络—应用—物流　Ⅳ．①F253.9

中国版本图书馆 CIP 数据核字（2010）第 230663 号

策划编辑　钱　瑛
责任编辑　董　涛
责任印制　何崇杭
责任校对　孙会香　杨小静

中国物资出版社出版发行
网址：http：//www.clph.cn
社址：北京市西城区月坛北街 25 号
电话：（010）68589540　邮编：100834
全国新华书店经销
中国农业出版社印刷厂印刷

开本：787mm×1092mm　1/16　印张：21　字数：311 千字
2011 年 1 月第 1 版　2011 年 1 月第 1 次印刷
书号：ISBN 978－7－5047－3628－4/F·1440
印数：0001—3000 册
定价：38.00 元

前　言

物联网是在计算机互联网的基础上，利用RFID、传感设备、无线数据通信等技术，构造一个覆盖世界上万事万物的“Internet of Things”。在这个网络中，物品（商品）能够彼此进行“交流”，而无须人的干预。其实质是利用射频自动识别（RFID）、传感器网络、无线通信等智能化采集技术，通过互联网实现物品（商品）的自动识别和信息的互联与共享。“物联网”概念的问世，打破了之前的传统思维。过去的思路一直是将物理基础设施和IT基础设施分开：一方面是货物、交通、建筑，另一方面是数据中心、电脑、宽带、移动网络等。而在“物联网”时代，物品的流动将与芯片、宽带整合为统一的基础设施，在此意义上，物联网基础设施更像是一张新的智慧化地球网络，世界的运转就在它上面进行，其中包括经济管理、生产运行、社会管理乃至个人生活。

物联网是物与物之间的网络，可类比于人际间交流的互联网。当今社会已开始出现许多“物—物”联网的应用：如运输车辆的GPS卫星定位系统，装有RFID射频识别芯片的集装箱，可以实现“不停车收费”，在无人化码头自动完成装卸。生活中的物品变得“聪明”、“善解人意”，通过芯片自动读取信息，并通过互联网进行传递，物品会自动获取信息并进行传递，使得信息的处理—获取—传递整个过程有机地联系在了一起，这是对人类生产力又一次重大的解放。“物联网”是继计算机、互联网与移动通信网之后的世界信息产业的第三次浪潮。目前世界上有多个国家花巨资深入研究探索“物联网”，中国与德国、美国、英国等国家一起，成为国际标准制定的主导国之一。

有不少IT专家、经济学家、企业家和政府官员都认为，“物联网”与“互联网”的创新融合，将成为下一轮世界经济发展的技术驱动力。建设庞大的物联网，不仅可拉动新的投资，而且能提高原有经济运行效率，具有双重效应。未来几年是中国物联网相关产业以及应用迅猛发展的时期。以物联网为代表的信息网络产业成为七大新兴战略性产业之一，成为推动产业升级、迈向信息社会的“发动机”。据称到2020年，全球物物互联的业务与现有的人人互联业务之比将达到30∶1，物联网的大规模普及，将成为一个万亿美元级产业。

构建网络无所不在的信息社会已成为全球趋势，当前世界各国正经历由“e”社会过渡到“u”社会，即无所不在的网络社会的阶段，构建“u”社会已上升为国家的信息化战略，如美国的“智慧地球”以及中国的“感知中国”。“u”战略是在已有的信息基础设施之上重点发展多样的服务与应用，是完成“e”战略后新一轮国家信息化战略。

条码的普及花了30年时间，RFID要完全达到条码的应用程度，还需要20年左右的时间。物联网的普及需要大约20年的时间。但应用的发展是伴随着技术的成熟而逐渐应用到各个方面的，并不是在等待技术完全成熟以后才会开始应用。在某些领域，物联网将率先展开应用，同时，伴随着技术的进步，会逐渐拓展到我们生活的方方面面。物联网技术可以实现智能交通管理、智能物流、智能医疗等，各行各业都可以和这个新一代的IT充分地结合，而这些大量的新应用会带来信息技术新一轮的增长。

本书主要就物联网的概念和技术基础及应用等方面进行比较全面的阐述，内容主要包括：物联网概念与发展，物联网结构与原理，EPC物联网，二维码技术及其应用，射频识别技术，RFID硬件，RFID中间件技术，无线传感器网络，通信与网络技术，物联网实现形态——M2M以及物联网应用领域。在这些章节里，作者尽可能地将基础理论和实践应用两方面结合起来加以介绍，希望能起到抛砖引玉的作用，给渴望了解物联网技术的读者和相关产业界人士提供帮助。

由于国内关于物联网的资料不多，而且物联网的概念和应用也刚刚处于启蒙阶段，所以编写此书面临着许多困难，同时也不可避免地会出现疏漏和错误，希望广大读者批评指正。

本书由浙江工商大学彭扬和蒋长兵编写，彭扬主要负责组织编写第1、2、3、5、6、7、8、9章，蒋长兵主要负责组织编写第4、10、11章，另外丁晓韵、朱涛、何中杰、何伟等在资料收集和文稿整理等方面做了大量的工作，浙江工商大学计算机与信息工程学院的凌云教授、琚春华教授、傅培华教授、历小军教授、魏贵义副教授等给予了很多的支持和帮助，在此一并表示感谢。同时，在本书撰写过程中收集整理了大量网站上和期刊、书籍中的资料，这

里要特别对相关作者表示诚挚的谢意，由于有些资料无法考证作者出处，这里也表示歉意。

谨以此书献给所有关爱我们的人们，也祝愿中国物联网产业发展顺利！

读者如有任何意见和建议，请发电子邮件至 hzicpy@163.com。

作　者

2010 年 10 月

目　录

1 物联网概念与发展

近年来，地震、海啸等地质灾害频发，给人类生命生活带来严重影响，人们开始认识到，全球变暖让全世界处于同一个危险的边缘，人类需要更加重视自然环境的变迁，更加关注如何通过科技因素应对自然环境的变化。

在澳大利亚的昆士兰，人们正在尝试“智慧桥”的试验。通过在一座大桥上安装各种各样的传感器，不仅可以告诉城市管理者桥上有多少车、车的重量是多少、车的污染是多少、车是新车还是旧车，也可以告诉人们这辆车对这座桥整个混凝土的结构带来多大的压力。由此，交通管理部门可以进行实时评估，获得这座桥结构强度的数据，一旦压力超出了所设定的极限值，交通管理部门就可以获得警报，及时发现。

在新加坡，人们能像获得天气预报一样，获得交通堵塞预报。通过埋在路上的传感器和红绿灯上的探头，司机不仅可以看到什么地方在堵车，还能够提前预测什么地方过10min～20min会堵车，从而选择更为通畅的道路行驶。

在纽约，一个应用于公共安全的智能城市已经建立快速反应系统，也就是“犯罪信息仓库”。通过这些信息仓库的信息，纽约警察可以对犯罪分子的行为有更多的了解，也就是说一旦一种犯罪的行为出现一点点苗头的话，纽约的警察就可以根据这些信息作出预测，防止类似犯罪行为的发生。

瑞典斯德哥尔摩建立了智慧交通体系，按照不同的拥堵程度对交通收费。通过这样智慧的交通体系，斯德哥尔摩整个汽车使用量降低25%，碳排放量降低14%，在环保、防止污染等方面取得了比预期更好的效果。在人均碳排量方面，成为了欧洲的佼佼者，平均每人碳排放量降到4t/a。而欧洲平均每人是6t/a，美国是20t/a。

饱受食品安全危害的中国，从2008年北京奥运会开始，已经在逐步实施智能的食品追溯体系，食品从农场，到市场，再到市民手中都被纳入到这个追溯体系之中，一旦出现食品方面的问题，可以及时地找到事故根源。

形形色色的传感技术、通信技术、无线技术、网络技术共同组成了以物联网为核心的智慧网络。亚里士多德曾说过“给我一个支点我可以撬起地球”，而今随着技术的发展，这句豪言完全可以与时俱进地改为：“给我一个物联网我能够感知地球。”

1.1 物联网概念

2009年起，智慧地球、物联网、RFID、传感网等几个概念在中国谈得非常火热，很多企事业单位也都纷纷自称是物联网企业，但要说起这些概念是什么意思，概念之间是什么关系，可能只有少数人能说上一些，并且这些人之间各自观点也不一样，由此造成了"物联网是什么，是不是炒作"等大量疑惑。

1.1.1 物联网的定义

物联网（Internet of Things）概念的提出已经有10余年的历史，并在世界范围内引起越来越高的关注。在国内，随着政府对物联网产业关注和支持力度的显著提高，物联网已经逐渐从产业愿景走向现实应用。但由于物联网的概念一直以来缺乏清晰可辨识的定义，以及一些利益相关方针对这一概念进行基于自身利益的解读，使得市场各方对其内涵和外延认识不清。

物联网的概念是在1999年提出的，以前在中国，物联网也被称为传感网。中科院早在1999年就启动了传感网的研究，并已取得了一些科研成果，建立了一些适用的传感网。

根据ITU的描述，在物联网时代，通过在各种各样的日常用品上嵌入一种短距离的移动收发器，人类在信息与通信世界里将获得一个新的沟通维度，从任何时间、任何地点的人与人之间的沟通连接扩展到人与物和物与物之间的沟通连接。物联网概念的兴起，很大程度上得益于国际电信联盟（ITU）2005年以物联网为标题的年度互联网报告。然而，ITU的报告对物联网缺乏一个清晰的定义。

2009年9月，在北京举办的物联网与企业环境中欧研讨会上，欧盟委员会信息和社会媒体司RFID部门负责人Lorent Ferderix博士给出了欧盟对物联网的定义：物联网是一个动态的全球网络基础设施，它具有基于标准和互操作通信协议的自组织能力，其中物理的和虚拟的"物"具有身份标识、物理属性、虚拟的特性和智能的接口，并与信息网络无缝整合。物联网将与媒体互联网、服务互联网和企业互联网一道，构成未来互联网。

国内著名的IT咨询公司易观咨询认为物联网是指通过各种手段，将现实世界的物理信息进行自动化、实时性、大范围、全天候的标记、采集、汇总和分析，并在必要时进行反馈控制的网络系统。这一定义具有简明清晰的特性，但概念也略微宽泛。

总体说来，业界对于物联网的概念理解主要有以下两个方面：

（1）从技术角度理解

物联网是指物体通过智能感应装置，经过传输网络，到达指定的信息处理中心，最终实现物与物、人与物之间的自动化信息交互与处理的智能网络。

（2）从应用角度理解

物联网是指把世界上所有的物体都连接到一个网络中，形成“物联网”，然后“物联网”又与现有的互联网结合，实现人类社会与物理系统的整合，达到更加精细和动态的方式管理生产和生活。

如果从一般的意义上描述物联网，可以这样定义：物联网是利用条码、射频识别（RFID）、传感器、全球定位系统、激光扫描器等信息传感设备，按约定的协议，实现人与人、人与物、物与物的在任何时间、任何地点的连接（Anything、Anytime、Anywhere），从而进行信息交换和通信，以实现智能化识别、定位、跟踪、监控和管理的庞大网络系统。

国际电信联盟 2005 年一份报告曾描绘“物联网”时代的图景：当司机出现操作失误时汽车会自动报警；公文包会提醒主人忘带了什么东西；衣服会“告诉”洗衣机对颜色和水温的要求等。物联网把新一代 IT 技术充分运用在各行各业之中，具体地说，就是把感应器嵌入和装备到电网、铁路、桥梁、隧道、公路、建筑、供水系统、大坝、油气管道等各种物体中，然后将“物联网”与现有的互联网整合起来，实现人类社会与物理系统的整合，在这个整合的网络当中，存在能力超级强大的中心计算机群，能够对整合网络内的人员、机器、设备和基础设施实施实时的管理和控制。在此基础上，人类可以以更加精细和动态的方式管理生产和生活，达到“智慧”状态，提高资源利用率和生产力水平，改善人与自然间的关系。

1.1.2 物联网概念的演进

物联网是一个不断演进的概念，它从早期的普适计算思想发展到如今的智慧地球构想，使这一概念内涵不断清晰，并从思想走向实践。

1. 普适计算思想

1988 年，美国施乐公司 Palo Alto 研究中心（PARC）的 Mark Weiser 开创性地提出普适计算（Ubiquitous Computing，也译为无所不在的计算）的思想，认为普适计算的发展将使技术无缝地融入日常生活。Mark Weiser 博士认为“电脑在我们没有意识到它存在的时候，已经融入了我们的生活中”，而他认为这样的时代即将到来。此时的“物联网”更多的是作为一种思想出现，在这种思想中，人类拥有无所不在的计算能力。

2. EPC 系统

1998 年，在美国统一代码委员会（Uniform Code Council，UCC）支持下，美国麻省理工学院的研究人员创造性地提出将 Internet 与 RFID 技术有机地结合，利用 EPC 作为物品标识，实现物品与 Internet 的链接，即可在任何时间、任何地点，实现对任何物品的识别与管理。这就是早期“物联网”的概念。此后，他们联合大学、企业，对基于 EPC 的物联网相关研究实行分工工作，系统地开展研究，提出最初的由射频标签（RFID）、阅读器、Savant 系统软件、对象名称解析服务（ONS）、物品标记语言服务器（PML－Server）5 部分组成的 EPC 系统雏形。此时的“物联网”，已经从思想走向实践，主要是指利用

EPC 体系对物流系统进行数字化管理。

3. u－Japan 和 u－Korea 战略

2004 年，日本和韩国都推出了目标非常相似的国家信息化战略，分别称做 u－Japan 和 u－Korea。此时的“物联网”，已经上升为国家信息化战略，侧重的是从人的角度出发，建立无所不在的网络社会和应用服务，但也包含了物的网络建设。

韩国的“u－Korea”战略，是要建立由智能网络、最先进的计算技术以及其他领先的数字技术基础设施武装而成的技术社会形态。在这样一个无所不在的网络社会中，所有人可以在任何地点、任何时刻享受现代信息技术带来的便利。为了实现“u－Korea”计划，韩国选择了实现计划的技术路线——IT 839 战略。“IT 839 战略”指的是，培育 8 项通信广播服务、3 个先进基础设施（网络）和 9 个 IT 新增长引擎有机地连接在一起的 IT 战略。2004 年推出之时，这 8 项通信广播服务包括无线宽带服务（WiBro）、数字多媒体广播服务（DMB）、家庭网络服务、远程信息处理服务（Telematics）、无线射频识别服务（RFID）、W－CDMA 服务、地面数字电视服务、网络电话（VoIP）；3 个先进基础设施（网络）包括 BcN、u－传感器网以及作为韩国电信广播服务领域基础方式的 IPv6；9 个 IT 新增长引擎是指，增强下一代移动电信、家庭网络和数字电视等 9 种新技术产品的竞争力。

4. ICT 新模式

2005 年 11 月 17 日，在突尼斯举行的信息社会世界峰会（World Summit on the Information Society，WSIS）上，国际电信联盟发布了《ITU 互联网报告 2005：物联网》，该报告指出，“无所不在的‘物联网’通信时代即将来临，世界上所有的物体从轮胎到牙刷、从房屋到纸巾都可以通过互联网主动进行数据交换。……通过在各种日常使用的设备中嵌入移动无线电收发器，实现了人与物之间以及物与物之间的通信。……ICT 世界呈现出新模式：任何时间、任何地点、来自任何事物的连接，都是物与物的连接。这种连接将创造网络中新的动态网络——物联网。”此时的“物联网”，不仅将人，也将物之间的无所不在的通信同等地考虑在内，描绘出 ICT 广泛应用后的新模式（如图 1－1）。

5. 智慧地球

2009 年 1 月，IBM 首席执行官彭明盛提出“智慧地球”构想。智慧地球的核心是以一种更智慧的方法通过利用新一代信息技术来改变政府、公司和人们相互交互的方式，以便提高交互的明确性、效率、灵活性和响应速度。智慧方法具体来说包括 3 个方面的特征：更透彻的感知，更广泛的互联互通，更深入的智能化。此时的“物联网”，不仅重视人与物的网络社会建设和信息的处理，更重要的是从深度信息化的角度出发，通过在各领域广泛利用新的信息技术来建设智慧的社会。

1.1.3 物联网的显著特征

物联网应该具备三个特征，分别是全面感知、可靠传递和智能处理。

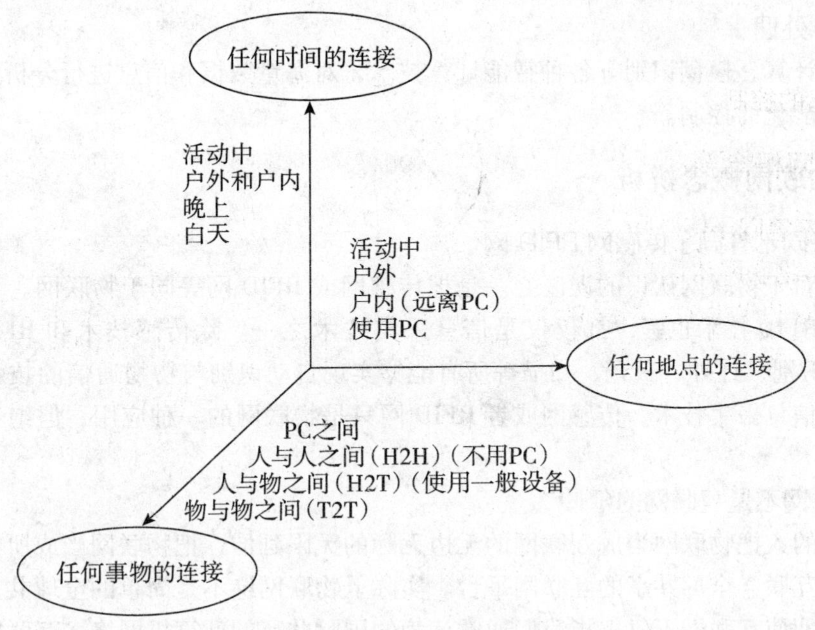

图 1-1 ICT 新模式

1. 全面感知

即利用 RFID、传感器、二维码等随时随地获取物体的信息；而且这种感知具有 4 个特点：

（1）实时性

由于物联网的信息采集层的工作可以实时进行，所以物联网能够保障所获得的信息是实时的真实信息，从而在最大限度上保证了决策处理的实时性和有效性。

（2）大范围

由于物联网的信息采集层设备相对廉价，物联网系统能够对现实世界中大范围内的信息进行采集分析和处理，从而提供足够的数据和信息以保障决策处理的有效性，随着 Ad-hoc技术的引入，无线自动组网能力的物联网进一步扩大了其传感范围。

（3）自动化

物联网的设计愿景是用自动化的设备代替人工，3 个层次的全部设备都可以实现自动化控制。因此，物联网系统一经部署，一般不再需要人工干预，既提高了运作效率、减少了出错概率，又能够在很大程度上降低维护成本。

（4）全天候

由于物联网系统部署之后自动化运转，无须人工干预，因此，其部署可以基本不受环境条件和气象变化的限制，实现全天候的运转和工作。从而使整套系统更为稳定而有效。

2. 可靠传递

通过各种电信网络与互联网的融合，将物体的信息实时准确地传递出去。

3. 智能处理

利用云计算、模糊识别等各种智能计算技术，对海量数据和信息进行分析和处理，对物体实施智能化的控制。

1.1.4 物联网概念辨析

1. 物联网不等同于传感网 RFID 网

很多人对于物联网认识的误区之一是把传感网或 RFID 网等同于物联网。事实上传感技术也好，RFID 技术也罢，都仅仅是信息采集技术之一。除传感技术和 RFID 技术外，GPS、视频识别、红外、激光、扫描等所有能够实现自动识别与物物通信的技术都可以成为物联网的信息采集技术。传感网或者 RFID 网只是物联网的一种应用，但绝不是物联网的全部。

2. 物联网不是互联网的延伸

另外有的人把物联网当成互联网的无边无际的无限延伸，把物联网当成所有物的完全开放、全部互联、全部共享的互联网平台。实际上物联网绝不是简单的全球共享互联网的无限延伸。即使互联网不仅仅指我们通常认为的国际共享的计算机网络，互联网也有广域网和局域网之分。物联网既可以是我们平常意义上的互联网向物的延伸，也可以根据现实需要及产业应用组成局域网、专业网。现实中没必要也不可能使全部物品联网，也没必要使专业网、局域网都必须连接到全球互联网共享平台。今后的物联网与互联网会有很大不同，类似智慧物流、智能交通、智能电网等专业网；智能小区等局域网才是最大的应用空间。

3. 物联网不是泛在网

也有人认为物联网就是物物互联的、无所不在的网络，因此认为物联网是空中楼阁，是目前很难实现的技术。事实上物联网是实实在在的，很多初级的物联网应用早就在为我们服务着。物联网理念就是在很多现实应用基础上推出的聚合型集成的创新，是对早就存在的具有物物互联的网络化、智能化、自动化系统的概括与提升，它从更高的角度提升了我们的认识。

4. 区别与联系

（1）定义有重叠

传感器网（Sensor Network）：传感器网（也称传感网）是利用各种传感器（光、电、温度、湿度、压力等）加上中低速的近距离无线通信技术构成一个独立的网络，是由多个具有有线或无线通信与计算能力的低功耗、小体积的微小传感器节点构成的网络系统，它一般提供局域或小范围物与物之间的信息交换功能。

物联网：物联网是指在物理世界的实体中部署具有一定感知能力、计算能力或执行能力的各种信息传感设备，通过网络设施实现信息传输、协同和处理，从而实现广域或大范围的人与物、物与物之间信息交换需求的互联。物联网包括各种末端网、通信网络和应用3 个层次，其中末端网包括各种实现与物互联的技术，如传感器网络、RFID、二维码、短

距离无线通信技术、移动通信模块等。传感器网络是物联网末端采用的关键技术之一。

泛在网（Ubiquitous Networking）：泛在网是指基于个人和社会的需求，利用现有的网络技术和新的网络技术，实现人与人、人与物、物与物之间按需进行的信息获取、传递、存储、认知、决策、使用等服务，网络超强的环境感知、内容感知及其智能性，为个人和社会提供泛在的、无所不含的信息服务和应用。

（2）未来定位不同

未来泛在网、物联网、传感器网各有定位，传感器网是泛在物联网的组成部分，物联网是泛在网发展的物联阶段，通信网、互联网、物联网之间相互协同融合是泛在网发展的目标。传感器网最主要的特征是利用各种各样的传感器加上中低速的近距离无线通信技术。

物联网将解决广域或大范围的人与物、物与物之间信息交换需求的联网问题，物联网采用各种不同的技术把物理世界的各种智能物体、传感器接入网络。物联网通过接入延伸技术，实现末端网络（个域网、汽车网、家庭网络、社区网络、小物体网络等）的互联来实现人与物、物与物之间的通信，在这个网络中，机器、物体和环境都将被纳入人类感知的范畴，利用传感器技术、智能技术，所有的物体都将获得生命的迹象，从而变得更加聪明，实现了数字虚拟世界与物理真实世界的对应或映射。

虽然不同概念的起源不一样，侧重点也不一致，但是从发展的视角来看，未来的网络发展看重的更多的是无处不在的网络基础设施的发展，帮助人类实现“4A”化通信，即在任何时间（Anytime）、任何地点（Anywhere）、任何人（Anyone）、任何物（Anything）都能顺畅地通信。

1.2 物联网的发展历史

1.2.1 全球物联网的发展

1999 年，MIT Auto－ID Center 提出物联网概念，即把所有物品通过射频识别等信息传感设备与互联网连接起来，实现智能化识别和管理。2004 年，日本总务省在提出 u－Japan 构想中，希望在 2010 年将日本建设成一个“Anytime、Anywhere、Anything、Anyone”都可以上网的环境，日本在2009 年3 月提出“数字日本创新计划”，在同年7 月进一步提出“I－Japan 战略 2015”，其中交通、医疗、智能家居、环境监测、物联网是重点。同样在2004 年，韩国政府制定了 u－Korea 战略，韩国信通部发布的《数字时代的人本主义：IT 839 战略》以具体呼应 u－Korea。

2005 年 11 月 17 日，在突尼斯举行的信息社会世界峰会（WSIS）上，国际电信联盟（ITU）发布了《ITU 互联网报告 2005：物联网》，报告指出，无所不在的“物联网”通信时代即将来临，世界上所有的物体从轮胎到牙刷、从房屋到纸巾都可以通过互联网主动进行交换。射频识别技术（RFID）、传感器技术、纳米技术、智能嵌入技术将得到更加广泛的应用。

2009 年 6 月，欧盟委员会提出针对物联网行动方案，方案明确表示在技术层面将给予大量资金支持，在政府管理层面将提出与现有法规相适应的网络监管方案。欧盟在物联网方面进行了大量研究，并开始推动物联网的主要技术 RFID（射频识别技术）在经济、社会、生活各领域的应用，着力解决安全和隐私、国际治理、无线频率和标准等问题。2009 年 6 月，《欧盟物联网行动计划报告》提出 14 项行动计划，试图夺取物联网发展主导地位。同年 10 月，欧盟推出“物联网战略研究路线图”，力推物联网在航空航天、汽车、医疗、能源等 18 个主要领域应用，明确 12 项关键技术，首推智能汽车和智能建筑。

IBM 提出“智慧地球”策略，掀起了“互联网”浪潮之后的又一次科技革命。IBM 前首席执行官郭士纳曾提出一个重要的观点，认为计算模式每隔 15 年发生一次变革。这一判断像摩尔定律一样准确，人们把它称为“十五年周期定律”。1965 年前后发生的变革以大型机为标志，1980 年前后以个人计算机的普及为标志，而 1995 年前后则发生了互联网革命。每一次这样的技术变革都引起企业间、产业间甚至国家间竞争格局的重大动荡和变化。而互联网革命一定程度上是由美国“信息高速公路”战略所催熟。20 世纪 90 年代，美国克林顿政府计划用 20 年时间，耗资 2000 亿～4000 亿美元，建设美国国家信息基础结构，创造了巨大的经济和社会效益。在 2008 年年底将 IBM 公司提出的“智慧地球”计划作为美国信息化战略的重要内容，并将物联网列为“2025 年对美国利益潜在影响最大的关键技术”。美国总统奥巴马就职后，将“新能源”和“物联网”列为振兴经济的两大“武器”。未来几年，美国在“智能电网”方面将投资 110 亿美元，对卫生医疗信息技术应用投入 190 亿美元。

物联网的应用和产业发展在欧美国家方兴未艾。目前，欧美国家已将 RFID 技术应用于交通、车辆管理、身份识别、生产线自动化控制、仓储管理及物资跟踪等领域。RFID 已在欧美国家成为成熟的“产业链”，如飞利浦、西门子等半导体厂商垄断了 RFID 芯片市场；IBM、惠普、微软等国际巨头抢占了 RFID 中间件、系统集成研究的有利位置；不少公司提供 RFID 标签、天线、读写器等产品和设备；沃尔玛、麦德龙等零售巨头和宝洁、宝马、大众等顶级制造商已把 RFID 技术应用于供应链管理。

今天，“智慧地球”与物联网战略被美国人认为与当年的“信息高速公路”有许多相似之处，同样被他们认为是振兴经济、确立竞争优势的关键战略。该战略能否掀起如当年互联网革命一样的科技和经济浪潮，不仅为美国所关注，更为世界所关注。

1.2.2 中国物联网的发展

在物联网这个全新产业中，我国的技术研发和产业化水平并不落后，同时由于庞大的中国市场，在一定程度上掌握了物联网世界话语权，当前政府主导、产学研相结合共同推动发展的良好态势正在国内形成。

我国政府高度重视物联网的研发和应用工作，《国家中长期科学与技术发展规划

（2006—2020）》和“新一代宽带移动无线通信网”重大专项中均将传感网列入重点研究领域。“射频识别（RFID）技术与应用”也于2006年作为先进制造技术领域的重大项目列入国家高技术研究发展计划（863计划）。

中国科学院早在1999年就启动了传感网研究，组成了2000多人的团队，已经投入数亿元，目前已拥有从材料、技术、器件、系统到网络的完整产业链。

2008年11月，中科院无锡微纳传感网工程技术研发中心（国内目前研究物联网的核心机构）成立，江苏省委省政府制定了“感知中国”中心建设的总体方案和产业规划，力争建成引领中国传感网技术发展和标准制定的中国物联网产业研究院，江苏省把传感网列为全省重点培育和发展的6大新兴产业之一。

浙江省尤其杭州物联网研发与应用近年来发展很快。2005年，杭州市电子信息产业发展“十一五”规划已经将传感网技术列为重点发展方向。2008年、2009年杭州市还连续两年承办了无线传感网国际高峰论坛。目前，杭州从事物联网技术研发和应用的企业已经达到100多家。

福建省也在加快这一新兴产业的发展。2009年年底省政府一连出台3份物联网相关报告，提出3年内建立物联网产业集群和重点示范区，力争在全国率先实现突破。据悉，福建省目前拥有传感器、网络传输、数据处理等基本完善的产业链，2009年全省物联网产值将达20亿元以上。

山东省RFID技术研发的突飞猛进已经为其发展物联网产业打下了深厚基础，2008年1月和6月，山东和济南RFID产业联盟相继成立。目前，全省RFID产业从芯片设计、制造、封装，到读写机具、软件开发、系统集成等各方面已经具备了相当的基础，其中济南市是全省RFID产业发展的重点城市。

“与计算机、互联网产业不同，中国在‘物联网’领域享有国际话语权！”中科院上海微系统与信息技术研究所副所长、中科院无锡高新微纳传感网工程中心主任刘海涛自豪地说。目前，我国的无线通信网络已经覆盖了城乡，从繁华的城市到偏僻的农村、从海岛到珠穆朗玛峰，到处都有无线网络的覆盖。无线网络是实现“物联网”必不可少的基础设施，安置在动物、植物、机器和物品上的电子介质产生的数字信号可随时随地通过无处不在的无线网络传送出去。“云计算”技术的运用，使数以亿计的各类物品的实时动态管理变得可能。而在“物联网”这个全新产业中，我国的技术研发水平处于世界前列，具有重大的影响力。在世界传感网领域，中国与德国、美国、韩国一起，成为国际标准制定的主导国之一。

业内专家表示，掌握“物联网”的世界话语权，不仅仅体现在技术领先，更在于我国是世界上少数能实现产业化的国家之一。

2009年8月7日，温家宝总理在江苏无锡调研时，对微纳传感器研发中心予以高度关注，提出了把传感网络中心设在无锡、辐射全国的想法。温家宝总理指出“在传感网发展中，要早一点谋划未来，早一点攻破核心技术”，“在国家重大科技专项中，加快推进传感网发展”，“尽快建立中国的传感信息中心，或者叫‘感知中国’中心”。

不久前，无锡传感网中心的传感器产品在上海浦东国际机场和上海世博会被成功应用，首批价值1500万元的传感安全防护设备销售成功，这套设备由10万个微小的传感器组成，散布在墙头、墙角、墙面和周围道路上。传感器能根据声音、图像、振动频率等信息分析判断，爬上墙的究竟是人还是猫狗等动物。多种传感手段组成一个协同系统后，可以防止人员的翻越、偷渡、恐怖袭击等攻击性入侵。由于效率高于美国和以色列的防入侵产品，国家民航总局正式发文要求，全国民用机场都要采用国产传感网防入侵系统。

2009年10月24日，在中国第四届中国民营科技企业博览会上，西安优势微电子公司宣布：中国的第一颗物联网的中国芯——"唐芯一号"芯片研制成功，中国已经攻克了物联网的核心技术。"唐芯一号"芯片是一颗24G超低功耗射频可编程片上系统PSOC，可以满足各种条件下无线传感网、无线个域网、有源RFID等物联网应用的特殊需要，为我国的物联网产业的发展奠定了基础。

1.3 物联网行业发展

1.3.1 物联网的产业链

物联网的应用过程可以细分为标识、感知、处理和信息传送4个环节，每个环节的关键技术分别为射频识别（Radio Frequency Identification，RFID）、传感器、智能芯片和电信运营商的无线传输网络。因此物联网行业的产业为：硬件生产商提供RFID、传感器和智能芯片；无线通信运营商提供无线网络传输、软件服务商提供管理信息系统和智能分析系统。

1.3.2 以RFID为代表的物品识别技术

物联网的核心技术为RFID技术，因此以RFID在中国的发展情况即可反映出物联网行业的发展现状（如图1-2所示）。科技行业研究机构驰昂咨询（Sinotes）近期发布的《2008—2009年RFID产业发展研究年度报告》显示，在政府支持和企业的推动下，RFID产业近几年得到飞速发展，2008年，中国RFID产业市场规模已达80.4亿元，比2007年增长45.9%。

2008年，RFID产业务实推进，在食品药品安全监管、商品防伪、电子门票、工农业生产管理、智能交通及现代物流等诸多领域开始得到实际应用。目前，RFID已经渗透到社会的很多领域，对改善人们生活质量、提高企业效益、加强公共安全产生着重要影响。

国家金卡工程协调领导小组办公室、中国RFID（电子标签）产业联盟与计世资讯联合发布《2008年度中国RFID发展报告》预测，2009年中国RFID市场规模将达70.3亿元，比2008年增长20.6%。

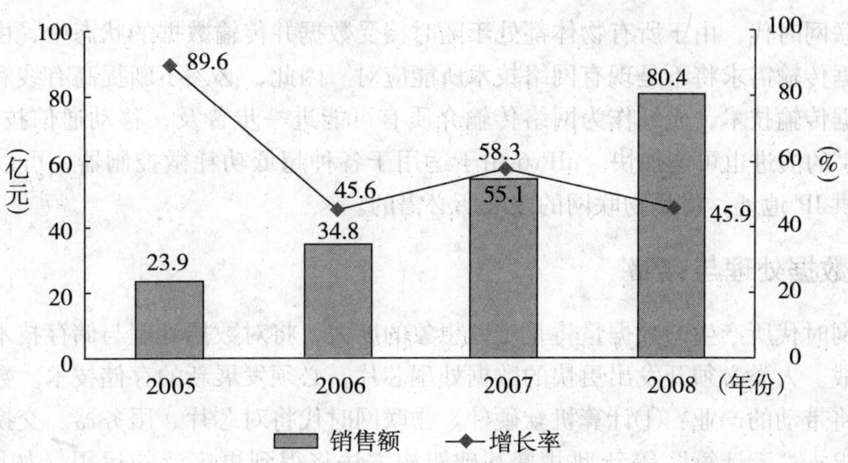

图 1－2　2005—2008 年中国 RFID 市场规模及增长率（按销售额）

报告显示，2008 年中国 RFID 产业市场规模达 65.8 亿元。在政府支持和企业推动下，中国 RFID 产业得到较快发展，RFID 技术已经在社会多个领域开始应用，这对改善人们的生活质量、提高企业经济效益、强化公共安全管理以及提高社会信息化水平都产生了重要影响。目前中国已经初步形成了较完善的 RFID 产业链，2008 年中国 RFID 产业链各环节如射频芯片设计与生产、封装、读写机具、天线、软件及中间件、系统集成、产品测试、频率管理、信息安全等产业链各环节都得到较快发展。

1.3.3　传感与传动技术

物联网将实现人—物互动以及物—物互动，这就要求物体具备根据物理变化做出反应的能力。为赋予物体“智能”属性，传感与传动技术的应用将不可避免。传感技术：传感器是指可以侦察或控制环境物理参数的装置。根据所侦察的环境物理参数的不同，传感器可分为声学传感，位置传感，化学传感，电流、电压、磁场、电波传感，光学传感等十几种类别。传感技术的开发涉及领域非常庞大，对不同环境物理参数的侦测将需要不同的传感技术。以光学传感中的 LED 传感技术为例，其就需要依赖半导体技术的支持。传动技术：传动器是指可以移动或控制一个机械或一个系统的装置，一般情况下，传动器是一个吸收某种能量并将其转换成某种动能的装置。传动技术的开发同样涉及众多领域，以在电子工程中的应用为例，传动器是一个将输入电子信号转换成某种动能的装置。传感与传动技术将带动的产业：传感与传动技术涉及领域极广，其技术需求将能够带动半导体、精密机械、电子元器件、光学、声学等多科技领域的进步。

1.3.4　网络和通信技术

物联网对网络技术的需求将主要表现在 3 个方面：一是要求网络传输技术的进步（无线、有线）；二是要求网络分配技术的升级；三是 Web 3.0 的应用。

在物联网时代，由于所有物体都处于随时接受数据并传输数据的状态中，由此所产生的海量数据传输需求将不是现有网络技术所能应对。因此，必须不断提高有线和无线网络带宽及数据传输技术，光纤作为网络传输介质有可能进一步普及，移动通信技术，从3G到4G、5G的演进也可能加快。uIPv6由于适用于各种超低功耗微控制器，可以为任何电子设备提供IP地址，将是物联网的发展所必需的。

1.3.5 数据处理与存储

物联网时代所产生的数据量将是难以想象的庞大，将对数据处理与储存技术提出前所未有的挑战。人类必须开发出更快的数据处理芯片，必须发展新的存储技术。数据处理及存储需求将带动的产业：①计算机软硬件。物联网时代将对芯片、服务器、交换机等产生庞大的需求；“云计算”等新型共享基础架构方法将得到更广泛的运用（如图1－3所示）；对数据安全的新要求也将大大促进信息安全技术的发展。②半导体。物联网对数据储存能力的需求将大大促进半导体产业的发展，对硬盘等储存媒介的需求不可限量。③电子元器件。电子元器件作为计算机及半导体技术的发展的基础产业，也将迎来新的发展机遇。

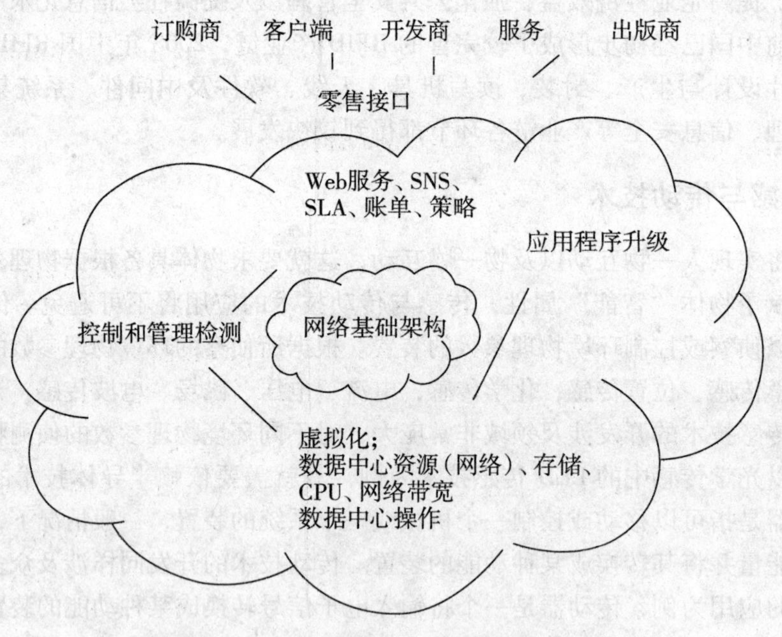

图1－3　“云计算”下各服务链关系

1.3.6 以3C融合为代表的智能物体技术

物联网与现有网络世界最大的不同将体现在人与物体之间的“对话”。现有人与物体的对话的应用主要体现在人与计算机之间的“人—机对话”，在物联网时代，人与“物体”的对话将无处不在，3C 融合将肯定会得到进一步的发展和应用。

1.4 物联网的主要用途

更多物品中被嵌入传感器，从而获得了通信能力。由此构成的信息网络能够创造新的业务模式，改进业务流程，并降低成本和风险。

在大多数组织中，信息都是沿着熟悉的路径传播。专有的信息存储在数据库里，并在报告中对其进行分析，然后沿着管理链逐级上报。信息还可以源于外部——从公共来源收集信息，从互联网获取信息，或者从信息供应商那里购买信息。

但是，可以预见的信息传播途径正在发生变化：物质世界本身正在成为一种信息系统。在这种称为物联网的信息系统中，嵌入各种实物——从公路路面到心脏起搏器——之中的传感器和制动装置，通过有线和无线网络，并通常利用与连接互联网同样的互联网协议（IP）彼此连接。这些网络生成大量数据，并流入计算机中进行分析。当物品既可以感知环境，又可以相互通信时，它们就成为能了解复杂性，并迅速对其做出响应的工具。在所有这一切中，具有革命性意义的是，这些实物信息系统现在正开始被部署运用，它们有的甚至可在基本无人干预的情况下工作。

形如药丸的微型摄像机已能穿过人体的消化道，并传回数千幅图像，以查明疾病的来源。与遥感卫星和地面传感器收集的数据无线连接的精密农机设备，可以考虑作物的生长条件，并调整农田各个不同部分的种植方式。例如，对那些需要更多营养的地块增加施肥量。在日本，广告牌可以对路过的行人进行观察，评估他们符合哪种消费者特征，并根据这些评估结果马上改变显示的广告内容。

确实，在一些物联网中，有着未来发展的蛛丝马迹，也有对企业的早期预警。随着创造价值新方式的出现，主要基于当今静态信息架构的业务模式面临着挑战。当一位消费者的购买偏好在一个特定地点被实时感知到时，动态定价也许会增加购买的可能性。知道了一种产品的使用频率或使用强度，就可以创造更多的选择。例如，可以对产品收取使用费，而不是直接出售。通过在制造流程中密布大量传感器，就能实现更精确的控制，提高生产效率。当对运营环境中的危险因素持续不断地进行监测，或物品本身可以采取纠正措施，以避免损害发生时，就能降低风险和成本。充分利用这些能力的企业要比不这样做的竞争对手处于更有利的地位。

物联网的广泛应用尚需时日，但是，由于其支撑技术的不断完善，这一天正渐行渐近。无线网络技术的进步，以及通信协议的进一步标准化，使人们有可能在几乎任何时间和任何地点，通过这些传感器采集数据。为此，越来越小的硅芯片正在获得越来越强大的能力，同时，遵循摩尔定律的发展模式，其成本却在不断下降。大量增加的存储和运算能力（其中一些是通过“云计算”实现的）使得有可能以极大的规模和不断降低的成本进行数据处理。

对于科技型企业和处在技术应用前沿的企业来说，这些都已经不是新闻。但是，随着这些技术日趋成熟，企业运用这些技术的范围将会扩大。现在，对于各行各业的企业高管来说，构建自己关于物联网可能带来的潜在影响和机遇的思路正当其时。我们注意到，正在出现6种各具特色的应用类型，它们分属两个主要门类：第一类是信息与分析，第二类是自动化与控制，见表1-1。

表1-1　物联网的主要应用分类

分类	信息与分析			自动化与控制		
应用	跟踪行为	增强对环境的认知	传感器驱动的分析	流程优化	优化资源消耗	复杂自治系统
功能	监测人、物品或数据在空间和时间范围的行为	实现对自然环境的实时认知	通过深入分析和数据可视化，辅助人类决策	封闭（独立）系统的自动控制	能在整个网络中优化资源利用和消耗控制	在具有很多不确定性的开放环境中的自动控制
举例	库存和供应链的监测和管理	保安系统	对病况实时监测，辅助医生治疗方案	生产线的实时准确调整	数据中心管理	能探测物体和刹车的避免碰撞系统

1.4.1　信息与分析

当利用新的网络把来自产品、企业资产或运营环境的数据联结起来时，它们就会生成更有用的信息和分析，从而可以大大改进决策。一些组织已经开始在目标领域里部署这些应用，而一些更具革命性、要求更高的应用仍然处于概念或实验阶段。

1. 跟踪行为

当在产品中嵌入传感器后，企业就可以跟踪这些产品的运动，甚至监测与它们的互动。利用这些行为数据，就可以对业务模式进行精确调整。例如，一些保险公司主动提出在客户的汽车上安装位置传感器，从而使这些企业能根据一辆汽车的驾驶方式以及行驶去向，确定其保单价格。保单的定价可以依据驾驶一辆汽车的实际风险，而不是基于一些代用指标（如司机的年龄、性别或居住地）来定制。

或者，考虑将传感器和网络连接嵌入一辆租赁汽车的可能性：可以将其短期租借给一家汽车服务机构的登记会员，而租车中心已变得没有必要，可以对每辆汽车的使用情况进行优化安排，以获取更高收入。Zipcar 汽车共享服务公司已率先采用了这种租车模式，而一些更成熟的汽车租赁公司也纷纷开始跟进。在零售业，能记录购物者特征数据（存储在他们的会员卡上）的传感器，可以通过在销售点提供额外的信息，或提供价格折扣，帮助促成购买。一些零售市场领军企业，如特易购（Tesco），在这些应用方面一马当先。

在企业对企业（B2B）市场上，物联网的一种众所周知的应用，当通过供应链运送产品时，利用传感器跟踪安放在产品上的无线射频识别（RFID）标签，从而改进库存管理，同时降低运营资金和物流成本。可能使用货物跟踪技术的范围正在不断扩大。在航空业，传感器技术正在催生各种新的业务模式。喷气发动机制造商可以保有其产品的所有权，同时根据航空公司所使用的发动机动力向其收取费用。飞机制造商正在建造带有网络传感器的机身，这些传感器可以向自己的电脑不断发送产品磨损和开裂的数据，从而可以主动进行维护保养，并减少非计划检修时间。

2. 增强对环境的认知

从部署在基础设施（如道路和建筑物）或报告环境条件（包括土壤湿度、洋流或天气）的大量传感器中所获得的数据，可以增强决策者对实时事件的认知，尤其是当这些传感器与先进的显示或可视化技术一起使用时，更是如此。

例如，保安人员可以使用与视频、音频和振动探测器相结合的传感器网络，来发现未经授权擅闯禁区的人员。一些先进的安全系统已经采用了这些技术的一些要素，而随着传感器变得体积更小、功能更强大，软件系统变得更善于分析和显示获取的信息，人们正在计划更深入而广泛的应用。航空公司和货运企业的物流管理人员已在利用一些初步的功能，获取有关天气条件、交通状况以及车辆位置的实时信息。这样，这些管理人员就能增强其不断调整运输路径的能力，从而降低交通拥堵代价，提高网络的有效能力。在另一种应用中，执法人员可以获得来自声波传感器的瞬时数据，根据这些数据就能定位开枪的位置。

3. 传感器驱动的决策分析

物联网还可以支持更广泛、更复杂的人力规划和决策。技术要求——与先进的软件系统相连接的庞大存储和计算资源，这种软件系统可将分析数据生成各种图形显示——也相应提高。

例如，在石油和天然气行业，下一阶段的油气勘探和开发可以依靠广泛安放在地壳中的传感器网络，来提供潜在油气田的位置、结构和储量规模数据，这些数据比用现有数据驱动方法获得的数据更准确。其回报是：降低开发成本，提高原油产量。

至于零售业，一些企业正在研究如何收集和处理成千上万购物者逛商店过程中产生的数据。传感器读数和视频摄像会记录购物者在各个商品展区逗留多长时间，并记录他们最终购买了什么商品。根据这些数据进行模拟演示，将有助于通过优化零售布局来提高销售收入。在医疗卫生领域，传感器和数据联网提供了以相对较低的成本，实时监测病人行为和症状的可能性，使医生能够更好地诊断疾病，并制订专门的治疗方案。例如，在目前正在进行的少数医疗试验中，为慢性病患者配备了传感器，从而可以持续不断地监测他们在日常活动中的身体状况。其中一项试验招收了一些患有充血性心力衰竭症的病人。这些病人通常只有在医生定期上门巡诊时才能监测其体重、血压、心率和心律。而现在，安放在病人身上的传感器可以持续不断地远程监测病人的许多生理迹象，可以向医务人员发出病人身体状况的早期预警，否则，就可能导致意外的住院治疗和昂贵的急诊抢救。在美国，仅仅通过对充血性心力衰竭患者进行更好的管理，每年就能减少 10 亿美元的住院治疗和急诊费用。

1.4.2 自动化与控制

将数据作为自动化和控制的基础，意味着将通过物联网收集的数据和分析转换为可通过网络反馈给执行机构的指令，然后由执行机构来改变流程。形成从数据到自动操作的闭环控制系统，可以提高生产率，因为有了这些可对复杂情况进行自动调节的系统，就使许多人工干预变得没有必要。较早采纳这些技术的企业正在引入一些比较基本的应用，这些应用提供了立竿见影的回报。随着这些技术的进一步发展，先进的自动化系统将会被各种组织所采用。

1. 流程优化

物联网正在开辟改进工艺流程的新领域。在一些行业（如化工生产），正在安装大批传感器，以实现更大范围的监测。这些传感器将数据送入电脑，由电脑对其进行分析，然后向执行机构发出信号，由其对工艺流程进行调整——例如，改变混合物成分、温度或压力。当一个实物工件沿着产品装配线运动时，还可以利用传感器和制动器使其改变位置，以确保其到达机床的最佳位置（在加工中，工作位置的很小偏差都可能造成故障，乃至损坏机床）。在整个生产流程中，这种经过改进的调整操作要增加数百次，从而可以大大降低损耗、能源成本和人工干预。

例如，在纸浆和造纸行业，由于需要对石灰窑炉的温度频繁进行手动调节，限制了生产率的提高。一家企业通过使用嵌入式温度传感器，利用其采集的数据自动调节窑炉火焰的形状和强度，从而将生产率提高了 5%。由于将温度的变化减小到接近于零，提高了产品质量，而且消除了操作人员对生产过程频繁进行干预的必要性。

2. 优化资源消耗

利用网络化的传感器和自动反馈机制（往往通过提高动态定价能力的方式），可以改变对稀缺资源（包括能源和水资源）的使用模式。例如，一些公用事业公司，如意大利的 Enel 公司及美国的太平洋天然气和电力公司（PG&E），正在部署“智能”电表，这种电表可以为住宅和工业用户提供表明用电量和实时电费的可视显示。（传统的住宅用电按每度固定价格计费掩盖了一个事实，即在一整天之中，发电成本存在很大差异。）基于分时定价和更清晰的信息，住宅用户可以在高峰时段关闭空调或推迟使用洗碗机。商业客户则可以将能源密集型的流程和生产从高电价的用电高峰时段转换到低电价的非用电高峰时段。

作为全球能源需求增长最快的细分市场之一，数据中心也开始采用与信息反馈联系在一起的用电管理技术。电力消耗往往占到一台典型设备使用期间全部费用的一半，但大多数管理者对设备的耗能模式缺乏详细认识。获得这种认识并非易事，因为根据不同的工作负荷，服务器耗电量达到峰值的时间也有所不同。此外，许多服务器都是每周 7 天、每天 24 小时开机运行，但大部分是在最小负荷状态下使用，因为它们都依赖于各种特定的运行方式。制造商已经开发出能监测每台服务器用电情况的传感器，并采用了能平衡计算负荷以及可取消未充分利用的服务器和存储设备的软件。格林菲尔德数据中心已经采用了这项技术，在几年之内，该技术有可能成为数据中心基础设施的标准配置。

3. 复杂自治系统

要求最严格的物联网应用涉及对不可预知的环境条件，以及由自动化系统引导的瞬时响应进行快速、实时探测。这种决策模仿人类的反应，大大提高了机器的性能水平。例如，汽车行业正在加紧开发能够检测到即将发生的碰撞，并采取避让动作的系统。在高档汽车中，采用了一些基本的应用技术（如自动刹车系统）。通过更广泛地部署这些技术，每年因减少潜在的交通事故而节省的成本就可能超过 1000 亿美元。一些企业和研究机构正在试验某种形式的汽车自动驾驶仪，它可驱使网络化汽车按照协同模式，以高速公路的速度行驶。这项技术将会减少“幽灵拥堵”的数量，这种交通拥堵是由一些很小的干扰因素（如突然亮起的刹车灯）引起的，它会引起连锁反应，进而形成交通堵塞瓶颈。

在其他一些行业，科学家正在试验利用大批机器人来维修设备或清理有毒废弃物，而国防部门正在研究的一些系统将能协调指挥无人驾驶机群的飞行。尽管这些自治系统面临着研究开发和不断完善的挑战，但它们能在提高安全性、降低风险和成本上带来巨大的效益。这些实验还可以激发有关如何在人类难以到达或高度危险的恶劣自然环境中（如深海、战场和受污染地区）完成任务的新思维。

1.5 物联网现状与发展

1.5.1 物联网应用市场现状

目前，M2M（Machine to Machine，机器对机器）模式是物联网应用的主要形式，这里以 M2M 市场发展为例说明物联网应用市场的全球现状。

1. M2M 企业分布集中在欧美地区

目前欧美地区 M2M 技术已经实现了在多个领域的应用，而且拥有众多专门提供 M2M 产品和服务的企业。由 M2M 产业界权威杂志 *M2M* 评出的 2009 年 M2M 产业 100 强企业北美地区占了 81 个，欧洲地区占了 18 个，而亚太地区只有 1 个。

2. 南北美洲以汽车通信信息业务为主

目前，M2M 在北美地区最主要的应用是汽车信息通信。通用汽车提供 OnStar 技术，为所制造的汽车提供跟踪和应急响应服务；而 ATX 和 CalAmp 公司也专门为汽车生产厂商提供汽车信息通信技术支持。

一些大的企业也纷纷采用 M2M 技术改善经营效率：通用电气采用了物品跟踪和安全系统；泰科国际采用了安全防护系统；卡特彼勒使用了设备监测的卫星系统；太平洋燃气电力公司则采用了自动抄表技术。除了业务应用外，北美目前也是大型 M2M 企业的集中地。

在南美地区，巴西已经应用汽车信息终端和安全跟踪系统；智利的电力公司采用了自动抄表技术。但南美地区总体发展程度比北美地区差很多。

3. 欧洲地区市场成熟，发展均衡

欧洲 M2M 市场比较成熟，尤其是西欧市场，已经实现了安全监测、机械服务、汽车信息通信终端、自动售货机、公共交通系统、车队管理、工业流程自动化、城市信息化等领域的应用。与西欧市场相比，东欧市场虽然用 GSM 及 GPRS 方式的产品带来了利润，但总体尚处于发展阶段。在车辆信息通信领域，欧盟制订并推广了 eCall 计划，旨在降低车辆事故数目和加快事故反应时间。

4. 亚洲地区日韩发展较快

虽然亚洲地区一些主要的运营商很早就开始关注 M2M，但推出的 M2M 业务少，只是在小范围内实现应用。总体来说，亚洲地区 M2M 市场只是刚起步。日本和韩国的 M2M 市场发展较快，日本实行 u－Japan 和 I－Japan 的泛在网络战略，重点发展汽车信息通信系统以及智能家居，除此之外还有远程医疗、远程办公等。韩国政府实行 u－Korea 的泛在网络计划，其中也包括很多 M2M 的内容，如智能交通、自动监测、智能家居等，韩国的 SK 电信也推出了较全面的行业解决方案。虽然日韩 M2M 业务应用市场情况较好，但目前还没有形成完善的 M2M 产业链。

1.5.2 物联网技术研究现状

1. 物联网研究增长很快

传感器网的研究起步于 20 世纪 90 年代末期，最早用于战场信息的收集。从 21 世纪开始，传感网引起学术界、军界和工业界的极大关注，美国和欧洲相继启动了许多关于无线传感网的研究计划，特别是美国通过国家自然基金委、国防部等多种渠道投入巨资支持传感网络的研究。

2002 年 8 月初，美国国家科学基金委（The National Science Foundation，NSF）、DARPA、航空航天局（National Aeronautics and Space Administration，NASA）等 12 个重要研究机构在加利福尼亚州大学伯克利分析联合召开了“未来传感系统”国家研讨会，旨在探讨未来传感器系统及其在工程应用中的前沿发展方向。在随后的几年里，加利福尼亚州大学伯克利分校有多个实验室开始了关于无线传感网络及其相关的工作，从不同角度对无线传感网络进行大量开创性的研究。

国外各大知名企业也都先后参与开展了无线传感器网络的研究。克尔斯博公司是国际上率先进行无线传感器网络研究的先驱之一，旗下的无线传感器网络硬件产品众多（包括 IIRIS，MicaZ，Imote2，TelosB，Cricket 等），为全球超过 2000 所高校以及上千家大型公司提供无线传感器解决方案。目前 Crossbow 公司与微软、传感器设备巨头霍尼韦尔、硬件设备制造商英特尔、网络设备制造巨头、加利福尼亚州大学伯克利分校等都建立了合作关系。此外德州仪器、微处理器制造商 Atmel 等也都在传感器网络领域投入极大的资金和科研力量。这些都为无线传感器网络进一步发展以及最终商业化奠定了坚实的基础。

2002 年 4 月，韩国提出了“u－Korea”战略，2004 年，日本提出了“u－Japan”，2006 年 6 月新加坡公布了“智慧国 2015”大蓝图等，都是利用各种信息技术来突破互联网的物理限制，以实现无处不在的物联网。美国总统奥巴马就职后，美国政府提出了“智慧地球”的概念，物联网就是这些所谓智慧型基础设施中间的一个概念，这一新技术也被赋予带领世界经济走出危机的使命。2009 年 6 月，欧盟正式提出了“物联网”的行动计划。因此，机器对机器间的信息交流的需求将会呈现爆炸式增长。

2. 行业缺乏统一标准

（1）一些公司和组织正在制定 M2M 国际数据标准，但目前影响力不大

M2M 数据标准，是指 M2M 行业应用设备和应用平台的数据标准。目前比较多的公司和标准组织都是基于 XML 来制定，如 OASIS 的 oBIX 标准、BITX 的 BITXml 标准，国内有同方的 oMIX 标准。其中 BITXml 标准比较受到国际认可，有成为国际主流标准的趋势。BITX 由意大利 M2M 厂商 Your Voice 发起，并有一些西门子、爱立信等 M2M 领域知名厂商参与，专门针对 M2M 应用开发数据标准，并对其代码开源，以便于标准的共同完善。虽然数据标准目前已经有国际标准出现，但目前解决方案和应用软件设备商还是更愿意使用自行开发的数据标准，或者面向不同的应用及用户需求而采用不同的数据标准，因此兼容性不强，并且增加了开发的成本。

（2）其他标准以各企业自行设计为主

不同企业提供的 M2M 解决方案系统结构可能会有所不同，所涉及的设备也会不同，因此设备之间的接口标准也无法统一。目前 M2M 应用缺少专门的安全标准，主要还是使用通信技术中原有的安全标准，也有企业自行设计一些用于 M2M 的安全技术，但远没有到行业标准的程度。

1.5.3 物联网技术发展阶段

EPOSS 在《Internet of Things in 2020》报告中分析预测，未来物联网的发展将经历四个阶段：第一个阶段是 2010 年之前单体互联，主要是 RFID 广泛应用于物流、零售和制药领域。第二个阶段是物体互联，无线传感网络技术将会大规模应用，主要是恶劣环境、环保和农业的大规模应用。第三个阶段是半智能化，物体和物体之间实现初步互联，物体信息可以通过无线网络发送到手机或互联网等终端设备上，实现信息共享。第四个阶段是 2020 年之后，物件进入全智能化，最终形成全球统一的“物联网”（如表 1－2 所示）。

表 1-2 物联网发展阶段和趋势

	2010 年之前	2010—2015 年	2015—2020 年	2020 年之后
发展趋势	单个物体间互联；低功耗、低成本	物与物之间联网和传感器联网	半智能化物联网	全智能化物联网
标准化	RFID 安全及隐私标准；无线频带；分布式控制处理协议	针对待定产业的标准；交互式协议和交互频率；容错协议	网络通信协议标准；智能化集成传感器和系统	智能响应行为标准
产业化应用	RFID 在物流、零售、医药产业的应用；建立不同系统间交互的框架	增强互操作性，分布式控制及分布式数据库，待定融合网络；在恶劣环境和环保、农业中的应用	分布式代码执行；全球化应用；自适应系统；分布式系统；分布式存储、分布式处理，物体与移动手机、互联网等网络连接	人和物及服务网络的融合；产业整合；异质系统间的应用
器件	更小、更廉价的传感器、标签、主动系统；智能多波段射频天线；高频标签、嵌入式读取终端	提高信息容量、感知能力；提高无线传感器网络的传输速率和数据吞吐量，片上集成射频；与其他材料整合	超高速传输；自主智能标签、低功耗集成无线传感器网络芯片	更廉价材料；新物理效应。可生物降解器件；纳米处理组件
功耗	低功耗芯片组；降低能源消耗	改善能量管理；提高电池性能	可再生能源；多种能量来源	能量捕获，生物降解电池

1.5.4 物联网发展对社会经济的影响

1. 物联网改变人类生活

物联网用途广泛，遍及智能交通、物流管理、环境保护、政府工作、公共安全、平安家居、智能消防、工业监测、老人护理、个人健康、花卉栽培、水系监测、食品溯源、敌情侦察和情报收集等多个领域。

国际电信联盟于 2005 年的一份报告曾描绘“物联网”时代的图景：当司机出现操作失误时汽车会自动报警；公文包会提醒主人忘带了什么东西；衣服会“告诉”洗衣机对颜色和水温的要求等。亿博物流咨询生动地介绍物联网在物流领域内的应用：一家物流公司应用了物联网系统的货车，当装载超重时，汽车会自动“告诉”你超载了，并且超载多少，但空间还有剩余，告诉你轻重货怎样搭配；当搬运人员卸货时，一只货物包装可能会大叫“你扔疼我了”，或者说“亲爱的，请你不要太野蛮，可以吗”；当司机在和别人扯闲话时，货车会装作老板的声音怒吼“笨蛋，该发车了!”

物联网把新一代 IT 技术充分运用在各行各业之中，具体地说，就是把感应器嵌入和装备到电网、铁路、桥梁、隧道、公路、建筑、供水系统、大坝、油气管道等各种物体中，然后将“物联网”与现有的互联网整合起来，实现人类社会与物理系统的整合，在这个整合的网络当中，存在能力超级强大的中心计算机群，能够对整合网络内的人员、机器、设备和基础设施进行实时的管理和控制。在此基础上，人类可以以更加精细和动态的方式管理生产和生活，达到“智慧”状态，提高资源利用率和生产力水平，改善人与自然间的关系。

2. 物联网产业为经济发展注入强大动力

业内专家认为，物联网一方面可以提高经济效益，大大节约成本；另一方面可以为全球经济的复苏提供技术动力。目前，美国、欧盟、中国等都在投入巨资深入研究探索物联网。我国也正在高度关注、重视物联网的研究，工业和信息化部会同有关部门，在新一代信息技术方面正在组织开展攻关，以形成支持新一代信息技术发展的政策措施。

此外，在“物联网”普及以后，用于动物、植物和机器、物品的传感器与电子标签及配套的接口装置的数量将大大超过手机的数量。物联网的推广将会成为推进经济发展的又一个驱动器，为产业开拓了又一个潜力无穷的发展机会。按照目前对物联网的需求，在近年内就需要按亿计的传感器和电子标签，这将大大推进信息技术元件的生产，同时增加了大量的就业机会。

据介绍，要真正建立一个有效的物联网，有两个重要因素。一是规模性，只有具备了规模，才能使物品的智能发挥作用。例如，一个城市有 100 万辆汽车，如果我们只在 1 万辆汽车上装上智能系统，就不可能形成一个智能交通系统；二是流动性，物品通常都不是静止的，而是处于运动的状态，必须保持物品在运动状态，甚至高速运动状态下都能随时实现对话。

美国权威咨询机构 FORRESTER 预测，到 2020 年，世界上物物互联的业务，跟人与人通信的业务相比，将达到 30∶1，因此，“物联网”被称为是下一个万亿级的通信业务。

中国移动总裁王建宙反复提及，物联网将会成为中国移动未来的发展重点。他表示将会邀请台湾生产 RFID、传感器和条码的厂商与中国移动合作。据他介绍，运用物联网技术，上海移动已为多个行业客户度身打造了集数据采集、传输、处理和业务管理于一体的整套无线综合应用解决方案。最新数据显示，上海移动目前已将超过 10 万个芯片装载在出租车、公交车上，形式多样的物联网应用在各行各业大显神通，确保城市的有序运作。在上海世博会期间，“车务通”将全面运用于上海公共交通系统，以最先进的技术保障世博园区周边大流量交通的顺畅；面向物流企业运输管理的“e 物流”，将为用户提供实时准确的货况信息、车辆跟踪定位、运输路径选择、物流网络设计与优化等服务，大大提升物流企业综合竞争能力。

1.5.5 物联网发展面临的问题

物联网发展潜力无限，但也存在很多的问题。主要分为标准问题、安全问题、技术问题和应用问题四大类。

1. 标准问题

包括技术标准问题和协议标准问题。

(1) 技术标准问题

世界各国存在不同的标准。目前针对 RFID 在物流的应用存在两种编码体系：一种是由日本泛在 ID 中心提出的 UID 编码体系，支持的企业与公司已达 352 家。另一种是由美国的 EPC（电子产品代码）环球协会提出，是由美国 IBM 公司、微软、AUTO—ID Lab 等进行技术研究支持，同时拥有沃尔玛、Tesco 等 100 多家美国与欧洲的流通企业支持的 EPC 电子产品编码标准。但统一的 ISO 国际标准还没有出台，因此目前的技术还不能保证所有的标签与阅读器实现兼容。

目前国际上，对物联网的监管及技术标准，主要存在以下争议：①目前全球已经达成共识，所有物联网中的物体都将拥有一个全球唯一的识别码。但是，目前国际上有多个识别码的技术制定组织及所制定的多个技术标准。为形成统一的物品识别码，还需要各国更多的合作。②各国及地区组织都致力于确保政府对物联网的控制权，以确保物联网时代信息的交换不会触犯各国或各地区组织的法律。这将为物联网时代的信息交换设置障碍。

(2) 协议标准问题

互联网发展到今天，有一件事是解决得非常好，就是标准化问题。全球进行传输的协议 TCP/IP 协议，路由器协议，终端的构架与操作系统，这些都解决得非常好。因此，我们可以在全世界任何一个角落，使用每一台电脑连接到互联网中去，可以很方便地上网。物联网发展过程中，传感、传输、应用各个层面会有大量的技术出现，可能会采用不同的技术方案。如果各行其是，那结果是灾难的，大量的小而破的专用网，相互无法连通，不能进行联网，不能形成规模经济，不能形成整合的商业模式，也不能降低研发成本。因此，尽快统一技术标准，形成一个管理机制，这是物联网马上要面对的问题。开始时，这个问题解决得好，以后就很容易，开始解决不好，积重难返，那么以后问题就很难解决。

2. 安全问题

(1) 从应用角度看物联网安全问题

在物联网中，传感网的建设要求 RFID 标签预先被嵌入任何与人息息相关的物品中。可是人们在观念上，还不是很能接受自己周围的生活物品甚至包括自己时刻都处于一种被监控的状态，这直接导致嵌入标签势必会使个人的隐私权问题受到侵犯。因此，如何确保标签物的拥有者的个人隐私不受侵犯，便成为射频识别技术以至物联网推广的关键问题。而且如果一旦政府在这方面和国外的大型企业合作，如何确保企业商业信息，国家机密等不会泄露也至关重要。所以说在这一点上，物联网的发展不仅仅是一个技术问题，更有可能涉及政治法律和国家安全问题。

（2）从技术角度看安全问题

传统的网络中，网络层的安全和业务层的安全是相互独立的，而物联网的特殊安全问题很大一部分是由于物联网是在现有移动网络基础上集成了感知网络和应用平台带来的。因此，移动网络中的大部分机制仍然可以适用于物联网并能够提供一定的安全性，如认证机制、加密机制等。但还是需要根据物联网的特征对安全机制进行调整和补充。

①业务认证机制

传统的认证是区分不同层次的，网络层的认证就负责网络层的身份鉴别，业务层的认证就负责业务层的身份鉴别，两者独立存在。但是在物联网中，大多数情况下，机器都是拥有专门的用途，因此其业务应用与网络通信紧紧地绑在一起。由于网络层的认证是不可缺少的，那么其业务层的认证机制就不再是必需的，而是可以根据业务由谁来提供和业务的安全敏感程度来设计。

例如，当物联网的业务由运营商提供时，那么就可以充分利用网络层认证的结果而不需要进行业务层的认证；当物联网的业务由第三方提供也无法从网络运营商处获得密钥等安全参数时，它就可以发起独立的业务认证而不用考虑网络层的认证；或者当业务是敏感业务如金融类业务时，一般业务提供者会不信任网络层的安全级别，而使用更高级别的安全保护，那么这个时候就需要做业务层的认证；而当业务是普通业务时，如气温采集业务等，业务提供者认为网络认证已经足够，那么就不再需要业务层的认证。

②加密机制

传统的网络层加密机制是逐跳加密，即信息在发送过程中，虽然在传输过程中是加密的，但是需要不断地在每个经过的节点上解密和加密，即在每个节点上都是明文的。而传统的业务层加密机制则是端到端的，即信息只在发送端和接收端才是明文，而在传输的过程和转发节点上都是密文。由于物联网中网络连接和业务使用紧密结合，那么就面临到底使用逐跳加密还是端到端加密的选择。

对于逐跳加密来说，它可以只对有必要受保护的链接进行加密，并且由于逐跳加密在网络层进行，所以可以适用于所有业务，即不同的业务可以在统一的物联网业务平台上实施安全管理，从而做到安全机制对业务的透明。这就保证了逐跳加密的低时延、高效率、低成本、可扩展性好的特点。但是，因为逐跳加密需要在各传送节点上对数据进行解密，所以各节点都有可能解读被加密消息的明文，因此逐跳加密对传输路径中的各传送节点的可信任度要求很高。

而对于端到端的加密方式来说，它可以根据业务类型选择不同的安全策略，从而为高安全要求的业务提供高安全等级的保护。不过端到端的加密不能对消息的目的地址进行保护，因为每一个消息所经过的节点都要以此目的地址来确定如何传输消息。这就导致端到端加密方式不能掩盖被传输消息的原点与终点，并容易受到对通信业务进行分析而发起的恶意攻击。另外从国家政策角度来说，端到端的加密也无法满足国家合法监听政策的需求。

由这些分析可知，对一些安全要求不是很高的业务，在网络能够提供逐跳加密保护的前提下，业务层端到端的加密需求就显得并不重要。但是对于高安全需求的业务，端到端的加密仍然是其首选。因而，由于不同物联网业务对安全级别的要求不同，可以将业务层端到端安全作为可选项。

3. 技术问题

（1）IP 地址问题

每个物品都需要在物联网中被寻址，这就需要一个地址。物联网需要更多的 IP 地址，IPv4 资源即将耗尽，那就需要 IPv6 来支撑。IPv4 向 IPv6 过渡是一个漫长的过程，因此物联网一旦使用 IPv6 地址，就必然会存在与 IPv4 的兼容性问题。

（2）识别率问题

识别率有待提高：根据机构 Auto－ID Center 所做的一项调查显示，即使贴上双重电子标签，仍有 3% 无法判读。高频识别信号不易穿透液体与金属，是目前射频识别技术的一个技术攻坚点。技术的不成熟使 RFID 的实施与应用更为困难。

（3）云计算问题

以云计算为代表的分布式网络信息处理技术，正是为了解决互联网发展所带来的巨量数据存储与处理需求，而在物联网规模发展后产生的数据量将会远远超过互联网的数据量，海量的数据的存储与计算处理需要云计算技术的应用。

规模化是云计算服务物联网的前提条件。物联网的规模足够大之后，才有可能和云计算结合起来，如行业应用：智能电网、地震台网监测等需要云计算。云计算中心对接入网络的终端的普适性，最终解决了物联网的 M2M 应用的广泛性，而物联网所能体现的优势阶段，在其所具备有相当的规模之后。

实用技术是云计算服务物联网的实现条件。第一点是 IT 虚拟化技术，这也是云计算的基础，只有实现了 IT 虚拟化，才能真正实现资源共享和 IT 服务能力的按需提供，这其中关键技术就涉及服务器虚拟化、网络虚拟化和存储虚拟化，当然如果能够将服务器、网络和存储进行融合，让服务器与网络之间、网络与存储之间也能够达到资源共享的虚拟化，这将会在计算能力的有效利用，服务能力的错峰处理和绿色节电环保等方面更具有吸引力。第二点是对物联网、云计算平台的管理、控制与应用，从而让其更好地实现可靠、安全、连续的服务。第三点是基于云计算和物联网的各种业务与应用，只有通过合适的业务模式和实用的实际服务才能让物联网和云计算更好地为人类服务，才能形成一个有效、良性的价值链体系和业务生态系统，从而推动整个信息产业、IT 及各行各业能够良性地可持续发展。

4. 应用问题

（1）成本问题

物联网产业是需要将物与物连接起来并且进行更好的控制管理。这一特点决定了其发展必将会随着经济发展和社会需求而催生出更多的应用。所以，在物联网传感技术推广的初期，功能单一、价位高是很难避免的问题。因为，电子标签贵、读写设备贵，所以，很难形成大规模的应用。而由于没有大规模的应用，电子标签和读写器的成本问题便始终没有达到人们的预期。成本高，就没有大规模的应用，而没有大规模的应用，成本高的问题就更难以解决。如何突破初期的用户在成本方面的壁垒成了打开这一片市场的首要问题。所以在成本尚未降至能普及的前提下，物联网的发展将受到限制。

（2）物联网的政策和法规

物联网不是一个小产品，也不是一个小企业可以做出来、做起来的，它不仅需要技术，它更是牵涉到各个行业、各个产业，需要多种力量的整合。这就需要国家在产业政策和立法上要走在前面，要制定出适合这个行业发展的政策和法规，保证行业的正常发展。对于复杂的物联网，必须要有政府的政策支持，政府必须要有专门的人和专门的机构来研究和协调，物联网才能有真正意义的发展。

（3）产业链发展不均衡

和美国相比，国内物联网产业链完善度上还存在着较大差距。虽然目前国内三大运营商和中兴华为这一类的系统设备商都已是世界级水平，但是其他环节相对欠缺。物联网的产业化必然需要芯片商、传感设备商、系统解决方案厂商、移动运营商等上下游厂商的通力配合，所以要在我国发展物联网，在体制方面还有很多工作要做，如加强与广电、电信、交通等行业主管部门的合作，共同推动信息化、智能化交通系统的建立。加快电信网、广电网、互联网的三网融合进程。产业链的合作需要兼顾各方的利益，而在各方利益机制及商业模式尚未成型的背景下，物联网普及仍相当漫长。

（4）商业模式与应用开发问题

一般来说，物联网分为感知、网络、应用3个层次，在每一个层面上，都将有多种选择去开拓市场。这样，在未来生态环境的建设过程中，商业模式变得异常关键。对于任何一次信息产业的革命来说，出现一种新型而能成熟发展的商业赢利模式是必然的结果，可是这一点至今还没有在物联网的发展中体现出来，也没有任何产业可以在这一点上统一引领物联网的发展浪潮。

目前物联网发展直接带来的一些经济效益主要集中在与物联网有关的电子元器件领域，如射频识别装置、感应器等。而庞大的数据传输给网络运营商带来的机会以及对最下游的如物流及零售等行业所产生的影响，还需要相当长时间的观察。

（5）各行业间协作困难多

物联网应用领域十分广泛，许多行业应用具有很大的交叉性，但这些行业分属于不同的政府职能部门，要发展物联网这种以传感技术为基础的信息化应用，在产业化过程中必须加强各行业主管部门的协调与互动，以开放的心态展开通力合作，打破行业、地区、部门之间的壁垒，促进资源共享，加强体制优化改革，才能有效地保障物联网产业的顺利发展。

1.6 物联网发展趋势

1.6.1 物联网发展雏形

物联网的概念是在1999年提出的，比尔·盖茨在华盛顿湖畔的智能化豪宅，联想、长虹等国内厂商推出的闪联标准，国内外运营商推出的手机支付、路灯监控等，M2M应用都是物联网的雏形。

物联网应用中首先被广泛使用的是“M2M”应用。M2M指的是各类物体通过有线和无线的方式，在没有人为干预下实现数据通信。这些物体可能是工业设备、电表、医疗设备、运输车队、移动电话、汽车、贩卖机、家电、健身设备、楼宇、大桥、公路和铁路设施等。这些物体将配备嵌入式的通信技术产品，通过各类通信协议和其他的设备及IT系统交换信息，提供连续的、实时的和具体细节的信息，及人类无法得到的大量信息。广义的M2M也包括人和机器（Mobile to Machine）间的应用。

1.6.2 物联网高速发展期

埃森哲认为，经过过去几年的技术和市场的培育，物联网即将进入高速发展期，它是继计算机、互联网与移动通信网之后的又一次信息产业浪潮，是一个全新的技术领域，同时也给IT和通信带来了广阔的新市场。

在物联网产生之前，IT和人类基础设施开启智能化之路，都为物联网的出现奠定了坚实的基础。

IT能力在1980年以前，一直局限在主机和后台计算中心，在20世纪80年代之后，逐步从后台移向前台和桌面，支撑作业处理和分析能力，由此，PC和局域网应运而生。之后，随着互联网的出现，IT能力从桌面扩展到支撑价值链和商业合作伙伴，支撑着服务和协调。2000年以后，智能设备的不断涌现使得IT能力从对人的支撑扩展到对物体的支撑，实现了物体之间的通信和协作，物联网在此初见端倪。

而人类的基础设施的演进路线也极其相似。20世纪90年代以前，基础设施建设能力仅停留在建造钢筋混凝土的基础设施阶段。90年代以后，随着基础设施建设的重点移向国家信息基础建设，信息高速公路等信息基础建设成为了国家发展政策的重点和产业发展的基础。2000年以后，随着技术和市场的成熟，实物基础建设和信息基础建设逐步融合，使得世界基础结构发生了翻天覆地的变化，智能城市的建立不再是纸上谈兵，并日益向全面协作、相互关联和智能化发展，物联网随之进入到人们的视野中。

“物联网”概念的问世，打破了之前的传统思维。过去的思路一直是将物理基础设施和IT基础设施分开：一方面是机场、公路、建筑物，而另一方面是数据中心、个人电脑、宽带等。而在“物联网”时代，钢筋混凝土、电缆将与芯片、宽带整合为统一的基础设施。在此意义上，基础设施更像是一块新的地球工地，世界的运转就在它上面进行，其中包括经济管理、生产运行、社会管理乃至个人生活。

目前，计算机和手持设备是 IT 的主体，而数量规模庞大的生活消费品，包括车辆、家电及其他生活实物用品将在未来各个维度从后台支撑人类的 IT 需求。研究机构 iDate 估计，“全球将有 1 亿 9 千万的机器设备于 2012 年通过物联网进行连接和共享信息”。独立市场研究机构 Forrester 预测，到 2020 年，物物互联业务与现有的人人互联业务之比将达到 30∶1，下一个万亿级的通信业务将是物物互联。根据预测，到 2035 年前后，我国的传感网终端将达到数千亿个；到 2050 年，传感器将在生活中无处不在。这就是物联网中智能设备的规模效应。

1.6.3 物联网的广泛应用

物联网的通信方式开启了 BtoB 和 BtoC 的服务改革，让“机器开口说话”。原先充斥着大量无谓的信息待处理，时刻消耗着看似取之不尽的计算能力，消耗大量的电能，排放大量的二氧化碳。正是这些“机器自动生成（制造）的信息”的出现催生了物联网，物联网的出现也为在技术和业务以及政府监管层面更好地规范化、标准化这个产业，结合绿色计算和云计算技术，应对信息“污染”和“能耗”的问题。物联网的普及实现减少成本，优化业务流程和在设备出现故障之前就预先制止等商业应用。其最显著的特点，是使物品的供应链具备智能，使各种物品在生产、流通、消费的各个过程都具备智能，直至使智能遍及整个生态系统，这不仅可以提高管理的效率，更重要的是大大提高了物品和各种自然资源使用的效率，使广泛的节能进入 IT 时代，引发一场绿色科技革命，有效实现节能减排。其中包括让机器操纵汽车、掌控船舶运输，进行绿色计量从而改善消费观念并减少能源滥用，在机器出现故障前进行远程维修，成千上万个房间里的电器设备可以进行统一管理，城市水资源的浪费可以减至最低，而大气污染也将被监测，等等。

哥本哈根气候峰会在 2009 年 12 月举行，许多国家希望达成一份具有约束力的二氧化碳减排协议。与此同时，各国都陆续将物联网的建设上升到国家战略的层面，旨在通过物联网的应用实现节能减排，成就低碳经济。依靠这一网络技术将生产要素和供应链进行深度的重组，以实现投入更少、成本更低和效率更高的发展，以及更少物耗、更多绿色、更加智能化的工业化。而物联网作为低碳经济革命的技术创新之一，是要在能源流的整个过程中提高能源生产率和降低二氧化碳的排放，比如，在能源流的转化环节，通过建立兼容并包的各种能源的能源互联网或智能电网，提高工业、建筑、交通中的能源利用效率。低碳经济社会的特点是要建立能源互联网，使得不同形式、不同时空的能源可以得到有效使用。这既可以大幅度地减少能源消耗和二氧化碳排放，同时又可以大幅度地提高人们的生活质量和便利性。

同时，物联网为人民生活应用上引入了一种革新的服务方式，为顾客提供愉快和惊喜，包括当客户度假时对宠物饲养器进行规划和检查，让客户能够与冰箱交流然后决定要买些什么，可以在办公室远程调节家里温度以避免下班回家感觉不适，等等。通过操作和控制某些“实物”，使之通过有线和无线的方式“互联”在一起，形成一张提供崭新突破体验的大“网”。

同时，物联网被广泛地应用到各行各业的服务中，驱使各行各业走向信息数字化和商业流程的自动化。比如，在过去，通信和高科技服务、金融服务、公告服务、产品提供和能源提供都是互不关联、互相割裂的，而物联网正是会在将来打破它们之间的壁垒，使之日益为客户提供融合的服务体验。以无处不在的互联网和一系列高科技术为标志的数字经济积极地打破顾客、企业、竞争对手和合作伙伴之间的界限，提供数字化和快速传输及大量的数据存储，提高信息传播的安全性，实现商业流程的自动化。

1.6.4 物联网市场前景预计

就物联网的市场现状来看，低价的无线射频识别器（RFID）和感应器开始充斥市场，移动运营商开始关注物联网市场，数据访问的带宽不断增加，大量物联网软件陆续出现，而物联网应用需求呈现强劲势态。

根据2008年1月发布的*M2M Sourcebook*，就物联网技术的部署现状而言，许多物联网技术是跨行业部署的，物联网技术使得很多行业进入新的市场，连入物联网的设备数量以指数级别增长，尤其在基建、能源、公用设施和零售业最为明显，其他也包括医疗、银行、保险和政府服务等。而远程读表是物联网的第一个重要的应用，许多行业通过远程读表来降低人力成本，提高数据准确度，提升效率。此外，许多行业开始使用物联网能力实现远程设备监控和维护。可见，物联网已经悄无声息地融入到各行各业，潜移默化地影响着人们的生活。

可以预见的是，物联网应用市场前景一片光明。体积更小、更便宜的专用的物联网芯片和技术以及自我调节的网络通信能力将要出现，各行业将通过更精细的管理和数据降低生产和运营成本，提高效率。同时，政府也将提出“绿色”的产品和服务要求。届时，由于医疗费用居高不下，就需要更新的低价手段，这将是对物联网提出的更新更高的要求，可持续发展将成为全人类的重要命题。

据*M2M Sourcebook*分析，物联网应用市场收入递增，物联网需要部署大量的移动设备，越来越多的物体将连入移动网络，同时，为物联网服务的移动终端的品种和数量也将大幅增加。

此外，*M2M Sourcebook*的数据还透露，移动物联网市场规模也将不断壮大，收入在未来几年将大幅提高，自动读表的相关收入在近期仍将占主导地位，而其他应用和收入也将迅速提升份额。

至于网络接入，“M2M连接”将迎来迅速增长，建立一个由互联M2M智能传感器组成的类似“互联网”的网络。根据埃森哲对于互联网和M2M在西欧的渗透对比可知，在1997—2001年连接至互联网的PC使用者的年复合增长率超过61%。在这首次浪潮过后，预计下次浪潮，即2008—2012年互联的M2M设备收入的年复合增长率将超过42%。可以说，“成指数增长的微型处理器将很快使机器智能等同于人类智慧”。而根据摩尔定律，

“过去微型处理器性能的改善已经表明，大约每隔18～24个月半导体设备上的晶体管数量将翻倍”。

而物联网的未来趋势将呈现为大量的物联网支撑平台将被部署，越来越多的新设备、工具和家用电器直接具备IP和与互联网连接的能力将得以实现，而政府将对汽车的排放、燃气、安全等更加严格的政策规定，加速淘汰破坏环境的技术，满足全民保健的需要。

埃森哲认为，物联网技术并非新生，在一些行业中已经得到应用。经过过去几年的技术和市场的培育，物联网即将进入高速发展期。在物联网收益方面将实现：节约运营成本、增加收入来源、满足政府的各类政策规范、提高客户服务的满意度和实现贴身服务、对资产的有效监控。同时，埃森哲认为，支撑物体相互通信的关键技术，如RFID、传感器、嵌入式天线及无线宽带网络逐渐成熟，并有融合趋势，保证了物联网的基本技术手段。同时，物联网技术呈现更小、更成熟、更便宜的特点，使得物联网应用可以广泛推广。随着物联网技术标准和通信协议业已成型和规范，以及可持续发展和绿色经济的要求给物联网提供了政策上的倾斜等这些契机和扶植，物联网必然呈欣欣向荣之态。

物联网悄悄改变你我生活

RFID、嵌入式终端、云计算、泛在网……提起物联网，不少人的第一反应是上面这一连串专业术语，这也难怪，在经历2009年一年资本市场疯狂炒作之后，物联网虽然不再让人陌生，却还是一个云遮雾罩的“新概念”。

物联网真有那么高深莫测吗？答案当然是否定的，在不久前举行的2010年中国国际物联网大会上，中国电信、中国移动、中国联通这三家电信运营商展示了多项物联网应用服务：出门前，按一下手机，就可以预约要去的商场附近的停车位；身体不适，便携式监护仪会实时将心电等生理数据传输到医院的后台服务系统，并向亲友发送报警短信；参观世博会不带门票和皮夹，用手机在闸机前一晃就能入园，还能在商店购物消费……每个普通人都能从自己日常生活的点滴细节里，感受到某种变化正在悄悄发生——而这些变化后面的主角，正是物联网。

1. 物联网不再只是概念

2005年，国际电信联盟发布的《ITU互联网报告2005：物联网》中，正式提出了“物联网”的标准概念。专家指出，物联网是指通过射频识别（RFID）、红外感应器、全球定位系统、激光扫描器等信息传感设备，把任何物品与互联网连接起来，赋予其智能化识别、定位、跟踪、监控和管理的智慧的一种网络，通过网络，世界上所有物体，从轮胎到牙刷、从房屋到纸巾都可以通过互联网实现沟通。

对“物联网”这一概念，有专家给出更为简洁扼要的解释：物联网其实就是移动通信技术在各行各业的应用，或者说是互联网的应用。所谓的物联网，简单来讲就是借助网络，将原来人与人之间的沟通联络，拓展到人与物、物与物。

明白了这一点，就不难理解为何国内的三家电信运营商，会对物联网的业务推进抱有如此大的热情，目前中国电信上海公司已在全集团和上海市率先建成了物联网公共统一接入管理平台；实现了公交车、世博邮政车、世博机动通信车的无线视频监控，世博新能源VIP用车的车况实时监控，物联网概念车；在智能公交、智能安防、智能楼宇、市政基础设施智能管理、保健等领域开展应用与示范，对促进公交、安全、节能环保、卫生等领域的物联网产业化起到积极推动作用。中国移动的物联网在上海已实现规模发展，用户数已超过20万人，以世博手机票为代表的手机支付、TD－LTE“天线海宝”机器人等物联网最新应用成果成为世博科技亮点。中国联通在沪展示的农业大棚、电子海报、订奶签到、防伪溯源和远程医疗等技术，也已走向成熟。

2. 世博手机票

说到物联网最“明星级”的应用，就不能不提到中国移动的世博手机票。

如果留意观察，你会发现在世博会各个检票口，经常有人手中没有门票，只是手机在检票闸机前轻轻一晃，就可以轻松入园——这些观众手中使用的，就是世博手机票。世博手机票是全球首次把物联网领域RFID技术与移动SIM卡相结合的应用，突破性地为中国移动用户实现了“不换手机，更换一张RFID－SIM卡就能‘刷手机’坐地铁、游世博、去购物”的便捷服务。目前，世博手机票已卖出近6万张，用户在世博园区各出入口总数约205台检票闸机上都能方便使用。

专家介绍说，RFID－SIM卡承载的“手机钱包”是移动物联网产品中贴近市民的创新应用，除了进入世博园区外，移动用户还可以用它来便捷完成坐地铁、购物等小额手机支付。目前上海地铁11条线路全部280多个车站共近3300个专用闸机通道可供“刷手机”通行，每座车站至少有两组进、出站闸机，并标识“手机钱包专用通道”字样，方便乘客使用。另外，世博园区内外的伊利自动售货机、星巴克、老丰阁餐饮、联华超市等2000多家商铺都安上了支持手机钱包功能POS机，供上海市民和世博游客“刷手机”消费。

3. 孩子去哪啦？一查就知道

物联网大会现场，三大运营商集体推出的远程无线视频监控技术，吸引最多目光。据介绍，今后在集装箱监控、运钞箱及贵重物品跟踪、宠物跟踪、高危货品跟踪、儿童关爱、老人关爱市场、司法监视居住等场景中，远程视频监控都将起到重要作用。

对于近日市民所关注的校园安全问题，上海电信已率先在浦东推出基于物联网技术的“天翼眼”服务，受到家长的青睐。可千万别小看挂在学生胸前的那个类似绿色小哨子的新奇小玩意儿，它的本领却大得很呢！它利用电信的无线定位服务，实现对学生的不间断实时位置追踪，家长只要通过电脑和手机就能随时掌握孩子的行踪：出家门20分钟了，应该到学校了吧？用手机查看一下，原来宝贝正准备进校门呢！而这时，“您的孩子已经到校”的短信也正好发过来。而万一发生“失踪事件”，通过查看储存在“绿哨子”里的信息，孩子一天的行踪轨迹一目了然。

4. 远程会诊

排大半个小时的队，只为查个心电图、量个血压？这样劳民伤财的事情，相信不少去医院看病的市民都深有体会。如何才能让看病更轻松、更便捷、更“聪明”？有了物联网，这样的愿望并不难实现。

在这届物联网大会现场，上海电信展示的“智慧医疗”方案描摹了这样一幅场景：当身体不适时，只需取出手机，其中的智慧医疗程序，并将便携式心电监测仪贴在胸前，采集的心电检测数据，会自动通过蓝牙传输到手机上，再由手机自动传输到医疗的后台专家服务系统。医院的专家在对数据进行分析后，给出的诊疗建议立马就会以短信的方式到达用户手机。

值得一提的是，“智慧医疗”系统还具备与医院电子病历联网的功能，市民可以通过第二代身份证登录查询自己的电子病历。“智慧医疗”系统已开始在本市个别区的中心医院试用，并具备大范围推广的条件。

无独有偶，上海联通昨天也披露了一项基于物联网的“智慧医疗”方案——护心甲，尤其适合中老年和体弱多病者，使用者按下“一键求助”功能键，预置的3个亲友手机号码会同时收到报警短信，通过对便携监护仪的位置定位，救护车便可准确到达。

5. 手机帮忙找车位

开车出门购物吃饭，找不到车位最让人扫兴。有了物联网，在高峰时段找到车位不再是件难事。

在这届物联网大会上，上海移动开发的基于物联网的智能停车信息服务系统，让人眼前一亮：据了解，“停车查询”是上海移动正在试点建设中的公共停车智能管理系统中的一项内容，采用的正是物联网中最核心的感应技术——放置在停车场上的传感装置，能够实时采集停车位的使用信息，并通过网络汇总到公共停车平台，实时统计出各停车场的车辆进出登记数据。用户只要发送一条短信，就能提前预订车位，并有导引图传送到手机上，既不用担心车位被人抢先一步占去，也不必担心迷路。据介绍，近日普陀区科委会同上海移动等单位对“上海市TD建设与应用试点示范区”建设内容进行了调研与协调，明确将在中环商圈试点TD建设，以中环百联购物中心和梅川路步行街作为中心区域，试点内容，除了这一受欢迎的智能停车系统外，还有手机版虚拟商城和无线支付等多个技术。

6. “移动电脑”在路上

对开荣威或凯迪拉克私家车出行的车主来说，上海电信与上海通用汽车合作的OnStar汽车信息服务更是把出门变成了“玩乐”，跟恼人无聊的堵车说拜拜。开车时只要“动动嘴”，就能够设置好目的地？按一下反光镜上的按钮，就能唤来救援？拨通电话，就能远程打开车门？这当然不是科幻片中的未来坐驾，就在新上市的荣威和凯迪拉克上，已经完完全全地实现。

据介绍，通过将天翼无线通信芯片嵌入汽车装置，就能实现车辆运行状态和轨迹监控、智能导航、移动数据传输和车载通信、应急自动告警等，让汽车成为一台随时随地与外部交换信息的“移动电脑”。目前，已经有1.5万辆装备OnStar的汽车畅行全国，年内更将有超过10万辆加入智能汽车阵营。

7. “全能管家”最热门

本届物联网大会上，三大运营商不约而同看好基于物联网的智能家居业务：临时要出差，担心家里的安全？没关系，只要有不明人员移动了窗门，安装在窗口上的白色小报警器就会亮起红灯，对面的摄像头随之自动对准窗口位置，将嫌疑人员画面拍摄下来，传输到物业监控中心，同时保安会在第一时间上门查看，并及时通知主人。

忙碌了一天，下班回家，地铁挤得腰酸背痛，想着还要回家烧菜做饭，岂不是很崩溃？其实，你可以有更明智的选择——早上出门前先把米放进电饭煲，把菜放进蒸锅，回家途中，只要按一下手机里的启动键，锅碗瓢盆就开始自动工作，等你踏进家门，香喷喷的饭菜已经做好啦……

8. 远程抄表渐行渐近

在物联网时代，在家等候抄表员上门已毫无必要。目前，中国移动在北京、上海、广东、重庆等地已部署了超过104万个远程抄表，主要应用于办公楼、居民楼的水、电、煤气表具。

上海移动方面介绍，远程抄表系统主要使用在记录公共事业数据的仪表（如水表、电表等）上集成可记录数据的专用设备，准确、及时地收集各种数据，利用无处不在的移动网络，通过设备自动数据回传，具有避免打搅用户、大幅节省人工抄表成本的优点，非常符合政府与事业单位提高用户感受与降低成本的目标。

资料来源：《文汇报》，2010.6.28. 记者：朱伟.

2 物联网结构与原理

2.1 物联网的体系架构与组成

2.1.1 物联网的五层体系结构

物联网的体系目前还未完全形成，需要一些应用形成示范，更多的传统行业的物联网应用后才能基本形成，但是，目前物联网的体系的雏形已经形成，物联网基本体系具有典型的层级特性，一个完整的物联网系统一般来说包含以下 5 个层面的功能：

1. 信息感知层

信息感知层的主要任务是将大范围内的现实世界的各种物理量通过各种手段，实时并自动化的转化为虚拟世界可处理的数字化信息或者数据。

物联网所采集的信息主要有如下种类：

- 传感信息：如温度、湿度、压力、气体浓度、生命体征等；
- 物品属性信息：如物品名称、型号、特性、价格等；
- 工作状态信息：如仪器、设备的工作参数等；
- 地理位置信息：如物品所处的地理位置等。

信息采集层的主要任务是对各种信息进行标记，并通过传感等手段，将这些标记的信息和现实世界的物理信息进行采集，将其转化为可供处理的数字化信息。

信息采集层涉及的典型技术如 RFID（射频识别）、各种传感器等。

2. 信息会聚层

信息会聚层的主要任务是将信息采集层采集到的信息，通过各种网络技术进行汇总，将大范围内的信息整合到一起，以供处理。

信息汇总层涉及的典型技术如 Ad - hoc（多跳移动无线网络）、传感器网络、WiFi 等。

3. 信息传输层

信息传输层为原有的互联网、电信网或者电视网，主要完成信息的远距离传输等功能。

4. 运营层

运营层的主要任务是开展物联网基础信息运营与管理，是网络基础设施与架构的主体。目前运营层主要由中国电信、中国移动、广电网等基础运营商组成，从而形成中国物联网的主体架构。

5. 应用层

应用层主要是物联网在各个行业的垂直应用层面，物流行业就是一个主要的应用行业。

2.1.2 物联网的四/三层技术框架

在业界，以中国电信为代表，物联网也大致被认为有4个或3个层次，底层是用来感知数据的感知层，第二层是数据传输的网络层，最上面则是内容应用层。如果从四层技术体系框架来看，则如图2-1所示，它包括感知层技术、网络层技术、应用层技术和公共技术。

1. 感知层

感知层是物联网的皮肤和五官。数据采集与感知主要用于采集物理世界中发生的物理事件和数据，包括各类物理量、标识、音频、视频数据。物联网的数据采集涉及传感器、RFID、多媒体信息采集、二维码和实时定位等技术。感知层与人体结构中皮肤和五官的作用相似。

2. 网络层

网络层是物联网的“神经中枢”和“大脑”。实现更加广泛的互联功能，能够把感知到的信息无障碍、高可靠性、高安全性地进行传送，需要传感器网络与移动通信技术、互联网技术相融合。经过10余年的快速发展，移动通信、互联网等技术已比较成熟，基本能够满足物联网数据传输的需要。网络层将感知层获取的信息进行传递和处理，类似于人体结构中的神经中枢和大脑。

3. 应用层

应用层是物联网的“社会分工”——与行业需求结合，实现广泛智能化。应用层主要包含应用支撑平台子层和应用服务子层。其中应用支撑平台子层用于支撑跨行业、跨应用、跨系统之间的信息协同、共享、互通的功能。应用服务子层包括智能交通、智能医疗、智能家居、智能物流、智能电力等行业应用。应用层是物联网与行业专业技术的深度融合，与行业需求结合，实现行业智能化，这类似于人的社会分工，最终构成人类社会。

4. 公共技术

公共技术不属于物联网技术的某个特定层面，而是与物联网技术架构的三层都有关系，它包括标识与解析、安全技术、网络管理和服务质量（QoS）管理。

2.1.3 物联网的组成

物联网是一个非常先进的、综合性的和复杂的系统。其最终目标是为单个产品建立全

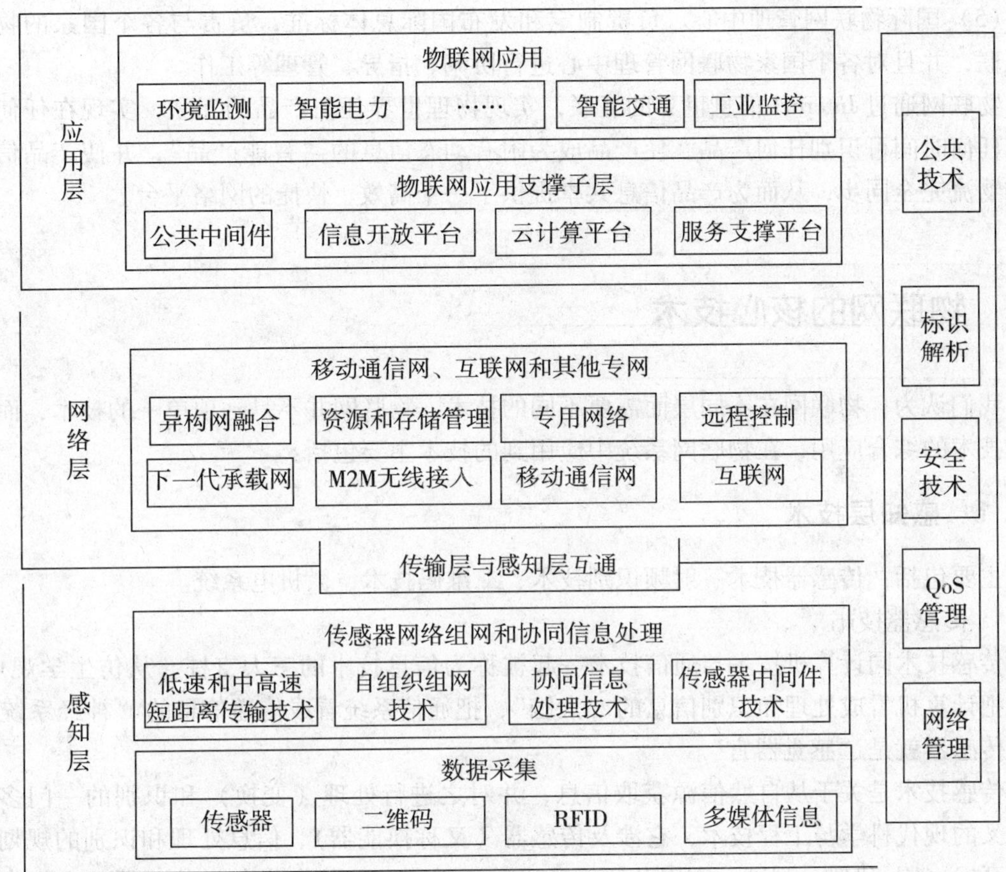

图 2－1　物联网的技术体系框架

球的、开放的标识标准，并实现基于全球网络连接的信息共享。物联网是基于互联网技术，通过数据通信方式，构造一个多姿多彩的智能网络。它是通过标准的协议，靠自动识别技术，通过计算机互联网实现物品（商品）的自动识别和信息的互联与共享。

物联网组成部分有 5 个，分别是：

（1）信息采集系统。这部分包括物品、物品电子标签、读写器、传感器、数据传输网络等部分组成，主要完成物品的识别和物品 RFID 码的采集和处理。

（2）物联网节点企业生产应用系统。负责前端的标签初始化、编码、识别、读写和信息管理工作，将编码和读取的信息通过计算机或直接通过网络传送给本地物联网信息服务系统。

（3）现场物联网管理中心。负责管理本地物联网，这一级是最基本的物联网信息服务管理中心，为本地用户单位提供管理、规划及解析服务。

（4）国家物联网管理中心。负责制定和发布国家总体标准，负责与国际物联网互联，并且对现场物联网管理中心进行管理。

（5）国际物联网管理中心。负责制定和发布国际总体标准，负责与各个国家的物联网互联，并且对各个国家物联网管理中心进行协调、指导、管理等工作。

物联网通过 Internet 信息世界的互联，实现物理世界任何产品的互联，实现在任何地方、任何时间可识别任何产品，使产品成为附有动态信息的"智能产品"，并使产品信息流和物流完全同步，从而为产品信息共享提供了一个高效、快捷的网络平台。

2.2 物联网的核心技术

我们认为，物联网在不同层面需要不同的技术，物联网并不是一项单一的技术，而是多种技术的综合应用，在物联网系统中应用到的技术主要包括：

2.2.1 感知层技术

主要包括：传感器技术、射频识别技术、二维码技术、微机电系统。

1. 传感器技术

传感技术同计算机技术与通信技术一起被称为信息技术的三大支柱。从仿生学观点，如果把计算机看成处理和识别信息的"大脑"，把通信系统看成传递信息的"神经系统"，那么传感器就是"感觉器官"。

传感技术是关于从自然信源获取信息，并对之进行处理（变换）和识别的一门多学科交叉的现代科学与工程技术，它涉及传感器（又称换能器）、信息处理和识别的规划设计、开发、制/建造、测试、应用及评价改进等活动。获取信息靠各类传感器，它们有各种物理量、化学量或生物量的传感器。按照信息论的凸性定理，传感器的功能与品质决定了传感系统获取自然信息的信息量和信息质量，是高品质传感技术系统的构造第一个关键。信息处理包括信号的预处理、后置处理、特征提取与选择等。识别的主要任务是对经过处理信息进行辨识与分类。它利用被识别（或诊断）对象与特征信息间的关联关系模型对输入的特征信息集进行辨识、比较、分类和判断。因此，传感技术是遵循信息论和系统论的。它包含了众多的高新技术、被众多的产业广泛采用。它也是现代科学技术发展的基础条件，应该受到足够的重视。

微型无线传感技术以及以此组件的传感网是物联网感知层的重要技术手段。

2. 射频识别技术

射频识别（Radio Frequency Identification，RFID）是通过无线电信号识别特定目标并读写相关数据的无线通信技术。在国内，RFID 已经在身份证件、电子收费系统和物流管理等领域有了广泛的应用。

RFID 技术市场应用成熟，标签成本低廉，但 RFID 一般不具备数据采集功能，多用来进行物品的身份甄别和属性的存储，且在金属和液体环境下应用受限，RFID 技术属于物联网的信息采集层技术。

3. 微机电系统

微机电系统（Micro Electro Mechanical Systems，MEMS）是指利用大规模集成电路制造工艺，经过微米级加工，得到的集微型传感器、执行器以及信号处理和控制电路、接口电路、通信和电源于一体的微型机电系统。

MEMS 技术近几年的飞速发展，为传感器节点的智能化、小型化、功率的不断降低制造了成熟的条件，目前已经在全球形成百亿美元规模的庞大市场。近年更是出现了集成度更高的纳米机电系统（Nano – Electro Mechanical System，NEMS）。具有微型化、智能化、多功能、高集成度和适合大批量生产等特点。MEMS 技术属于物联网的信息采集层技术。

4. 全球定位技术

全球定位系统（Global Positioning System，GPS），是具有海、陆、空全方位实时三维导航与定位能力的新一代卫星导航与定位系统。GPS 是由空间星座、地面控制和用户设备 3 部分构成的。GPS 测量技术能够快速、高效、准确地提供点、线、面要素的精确三维坐标以及其他相关信息，具有全天候、高精度、自动化、高效益等显著特点，广泛应用于军事、民用交通（船舶、飞机、汽车等）导航、大地测量、摄影测量、野外考察探险、土地利用调查、精确农业以及日常生活（人员跟踪、休闲娱乐）等不同领域。

GPS 作为移动感知技术，是物联网延伸到移动物体采集移动物体信息的重要技术，更是物流智能化、可视化重要技术，是智能交通重要技术。

2.2.2 信息会聚层技术

主要包括：传感网自组网技术、局域网技术及广域网技术等。

1. 无线传感器网络技术

无线传感器网络技术（Wireless Sensor Network，WSN）的基本功能是将一系列空间上分散的传感器单元通过自组织的无线网络进行连接，从而将各自采集的数据通过无线网络进行传输汇总，以实现对空间分散范围内的物理或环境状况的协作监控，并根据这些信息进行相应的分析和处理。

WSN 技术贯穿物联网的 3 个层面，是结合了计算、通信、传感器 3 项技术于一门的新兴技术，具有较大范围、低成本、高密度、灵活布设、实时采集、全天候工作的优势，且对物联网其他产业具有显著带动作用。

2. 无线保真技术

无线保真技术（Wireless Fidelity，WiFi）是一种基于接入点（Access Point）的无线网络结构，目前已有一定规模的布设，在部分应用中与传感器相结合。WiFi 技术属于物联网的信息汇总层技术。

3. 通用分组无线服务

通用分组无线服务（General Packet Radio Service，GPRS）是一种基于 GSM 移动通信网络的数据服务技术。GPRS 技术可以充分利用现有 GSM 网络，目前在很多领域有广泛应用，在物联网领域中也有部分应用。GPRS 技术属于物联网的信息汇总层技术。

2.2.3 传输层技术

传输层技术主要包括：通信网、互联网、3G 网络、GPRS 网络、广电网络、NGB 等广域网络。

1. 通信网

通信网是一种使用交换设备、传输设备，将地理上分散用户终端设备互联起来实现通信和信息交换的系统。

通信最基本的形式是在点与点之间建立通信系统，但这不能称为通信网，只有将许多的通信系统（传输系统）通过交换系统按一定拓扑结构组合在一起才能称之为通信。也就是说，有了交换系统才能使某一地区内任意两个终端用户相互接续，才能组成通信网。

通信网由用户终端设备、交换设备和传输设备组成。交换设备间的传输设备称为中继线路（简称“中继线”），用户终端设备至交换设备的传输设备称为用户路线（简称“用户线”）。

2. 3G 网络

3G 是英文 the 3rd Generation 的缩写，指第三代移动通信技术。相对第一代模拟制式手机（1G）和第二代 GSM、CDMA 等数字手机（2G），第三代手机（3G）一般地讲，是指将无线通信与国际互联网等多媒体通信结合的新一代移动通信系统。

3G 与 2G 的主要区别是在传输声音和数据的速度上的提升，它能够在全球范围内更好地实现无线漫游，并处理图像、音乐、视频流等多种媒体形式，提供包括网页浏览、电话会议、电子商务等多种信息服务，同时也要考虑与已有第二代系统的良好兼容性。为了提供这种服务，无线网络必须能够支持不同的数据传输速度，也就是说在室内、室外和行车的环境中能够分别支持至少 2 兆比特/秒、384 千比特/秒以及 144 千比特/秒的传输速度（此数值根据网络环境会发生变化）。

3. GPRS 网络

这是一种基于 GSM 系统的无线分组交换技术，提供端到端的、广域的无线 IP 连接。通俗地讲，GPRS 是一项高速数据处理的科技，方法是以“ 分组 ”的形式传送资料到用户手上。虽然 GPRS 是作为现有 GSM 网络向第三代移动通信演变的过渡技术，但是它在许多方面都具有显著的优势。

4. 广电网络

广电网通常是各地有线电视网络公司（台）负责运营的，通过 HFC（光纤 + 同轴电缆混合网）网向用户提供宽带服务及电视服务网络，宽带可通过 CableModem 连接到计算机，理论到户最高速率 38M，实际速度要视网络具体情况而定。

5. NGB 广域网络

中国下一代广播电视网（NGB）是以有线电视数字化和移动多媒体广播（CMMB）的成果为基础，以自主创新的“高性能宽带信息网”核心技术为支撑，构建的适合我

国国情的、“三网融合”的、有线无线相结合的、全程全网的下一代广播电视网络。科技部和广电总局将联合组织开发建设，通过自主开发与网络建设，突破相关核心技术，开发成套装备，拉动相关电子产品市场，满足老百姓对现代数字媒体和信息服务的需求，计划用3年左右的时间建设覆盖全国主要城市的示范网，预计用10年左右的时间建成中国下一代广播电视网（NGB），使之成为以“三网融合”为基本特征的新一代国家信息基础设施。

中国下一代广播电视网（NGB）的核心传输带宽将超过1000兆比特/秒、保证每户接入带宽超过40兆比特/秒，可以提供高清晰度电视、数字视音频节目、高速数据接入和话音等“三网融合”的“一站式”服务，使电视机成为最基本、最便捷的信息终端，使宽带互动数字信息消费如同水、电、暖、气等基础性消费一样遍及千家万户。同时NGB还具有可信的服务保障和可控、可管的网络运行属性，其综合技术性能指标达到或超过国际先进水平，能够满足未来20年每个家庭“出门就上高速路”的信息服务总体需求。

2.2.4 运营层技术

运营层技术主要包括：专家系统、云计算、API接口、客户管理、GIS、ERP等。

1. 企业资源计划（ERP）

企业资源计划（Enterprise Resource Planning，ERP）是指建立在信息技术基础上，以系统化的管理思想，为企业决策层及员工提供决策运行手段的管理平台。

ERP技术属于物联网的信息处理层技术。

2. 专家系统（Expert System）

专家系统（Expert System）是一个含有大量的某个领域专家水平的知识与经验，能够利用人类专家的知识和经验来处理该领域问题的智能计算机程序系统。属于信息处理层技术。

3. 云计算

云计算概念是由Google提出的，这是一个美丽的网络应用模式。狭义云计算是指IT基础设施的交付和使用模式，指通过网络以按需、易扩展的方式获得所需的资源；广义云计算是指服务的交付和使用模式，指通过网络以按需、易扩展的方式获得所需的服务。这种服务可以是IT和软件、互联网相关的，也可以是任意其他的服务，它具有超大规模、虚拟化、可靠安全等独特功效；“云计算”图书版本也很多，都从理论和实践上介绍了云计算的特性与功用。

云计算（cloud Computing）是通过网络将庞大的计算处理程序自动分拆成无数个较小的子程序，再交由多部服务器所组成的庞大系统经搜寻、计算分析之后将处理结果回传给用户。通过这项技术，网络服务提供者可以在数秒之内，达成处理数以千万计甚至亿计的信息，达到和“超级计算机”同样强大效能的网络服务。

最简单的云计算技术在网络服务中已经随处可见，如搜寻引擎、网络信箱等，使用者只要输入简单指令即能得到大量信息。

未来如手机、GPS 等行动装置都可以通过云计算技术，发展出更多的应用服务。进一步的云计算不仅只做资料搜寻、分析的功能，未来如分析 DNA 结构、基因图谱定序、解析癌症细胞等，都可以通过这项技术轻易达成。

云计算时代，可以抛弃 U 盘等移动设备，只需要进入 Google Docs 页面，新建文档，编辑内容，然后，直接将文档的 URL 分享给你的朋友或者上司，他可以直接打开浏览器访问 URL。我们再也不用担心因 PC 硬盘的损坏而发生资料丢失事件。

2.2.5 应用层技术

应用层技术主要包括：垂直行业应用、系统集成、资源打包等。

应用层主要是根据行业特点，借助互联网技术手段，开发各类的行业应用解决方案，将物联网的优势与行业的生产经营、信息化管理、组织调度结合起来，形成各类的物联网解决方案，构建智能化的行业应用。

如交通行业，涉及的就是智能交通技术；电力行业采用的是智能电网技术，物流行业采用的是智慧物流技术等。

行业的应用还要更多涉及系统集成技术、资源打包技术等。

2.3 物联网工作原理

2.3.1 M2M 技术是物联网实现的关键

按照官方资料的说法：典型的物联网是将所有的物品通过短距离射频识别（RFID）等信息传感设备与互联网连接起来，实现局域范围内的物品“智能化识别和管理”。换句话说，从智慧地球到感知中国，无论物联网的概念如何扩展和延伸，其最基础的物物之间感知和通信是不可替代的关键技术。

目前业界普遍认为，M2M 技术是物联网实现的关键。M2M 技术原意是机器对机器（Machine To Machine）通信的简称，是指所有实现人、机器、系统之间建立通信连接的技术和手段，广义上也指人对机器（Man To Machine）、机器对人（Machine To Man）以及移动网络对机器（Mobile To Machine）之间的连接与通信。

M2M 是无线通信和信息技术的整合，用于双向通信，因此适用范围广泛，可以结合 GSM、GPRS、UMTS 等远距离连接技术，也可以结合 WiFi、蓝牙、Zigbee、RFID 和 UWB 等近距离连接技术，此外还可以结合 XML 和 Corba，以及基于 GPS、无线终端和网络的位置服务技术等。

从狭义的物联网通信角度看，M2M 技术特指基于蜂窝移动通信网络，通过程序控制，自动完成通信的无线终端间的交互通信。一个完整的 M2M 系统由传感器（或监控设备）、

M2M 终端、蜂窝移动通信网络、终端管理平台与终端软件升级服务器、运营支撑系统、行业应用系统等环节构成。首先，终端管理平台实现对全网 M2M 终端的统一的鉴权认证，并可以支持终端远程诊断功能和终端软件的远程自动升级功能，该平台可以全网部署，也可以分区域采用云计算结构。其次，在整个体系架构中，最重要的是 M2M 的运营平台，以保证所有的信息可靠、安全地从终端侧传输到应用平台侧。平台能够实时监控网络和终端的运营状态，精确地表述故障原因。最后，运营平台需要与开发中间件结合，提供一个面向应用的开放环境，提供已封装的 M2M 开发环境，开发人员只需要调用 API 就可以进行开发，最终降低开发的难度，提高开发的效率。同时，运营平台还可以起到网关的作用，简化终端和应用的接入。

2.3.2 无线感知是物物相连的技术

无线感知是物物相连的技术，有一个形象的比喻：传感器网络如果是“头”，传感器就是“五官”，而网络则是“大脑和神经”，这可以很形象地概括出传感网的工作原理和过程，即通过多个不同种类传感器的协同和融合对物体进行全面的感知。虽然这种通信技术名为传感器网络，但其关键影响力和价值既不是网络本身，也不是传感器单元，而是能够实现多种方式的综合与判断，是从物体到物体的感知技术。

IEEE 的 1451 工作组（IEEE 1451）建立了一个智能传感器即插即用 Plug - and - Play 标准，使所有符合标准的传感器能和其他仪器和系统一起工作。这就为无线传通信技术的实现提供了技术基础。

在上海世博会中，传感器网络有多个典型应用，其中最不起眼的一个案例涉及遍布世博园中的成千上万个垃圾桶。这些垃圾桶被亲切地称做“会说话”的垃圾桶。原来这种垃圾桶能够通过安置在桶壁上的传感器自动感应筒内垃圾的多少，当垃圾装满时，传感器可以实时地将位置信息和报警信号通过无线网络传递到控制中心，并通知附近的保洁人员前来清理。

完整的无线传感器网络可以划分为传感器网络和无线接收与传输网络两部分。传感器网络一般由在空间分布的独立网络节点组成。节点包含有传感器，以监控相关的物理或环境条件，如温度、声音、震动、压力、运动或污染物等。每个节点通常带有无线电收发器或其他无线通信设备，它们发出的信号被无线接收器采集，并通过无线网络把传感数据传输给数据库和其他用户。这样，无线传感器网络就具备了数据感知和收集（Data Collection）、目标跟踪（Object Tracking）以及报警监控（Alarm Monitoring）等功能。

无线传感器网络包含一系列标准，IEEE 1451 的智能传感器（包括传感器和驱动器）接口标准，界定不同接口的不同标准用来连接传感器和微处理器、仪表系统以及控制异地网络。IEEE 1451.5 部分是目前很多研发活动的集中点。它规定了能使与 1451 兼容的传感器和其他设备进行无线通信的技术。

在传统的传感器应用之外，被应用于前端感知网络的一个被广泛看好的技术是 RFID。RFID 技术并不是什么新的技术，它是一种非接触的自动识别技术，其基本原理是利用射频信号和空间耦合（电感或电磁耦合）传输特性实现对被识别物体的自动识别。

虽然早在20年前，RFID技术就已经被人们认识，但其真正的发展机会还是与物联网的深度融合。因此，近来RFID的发展已经成为多项技术的综合应用，包括芯片技术、天线技术、无线技术、电磁传播技术、数据交换与编码技术等。一套RFID系统由电子标签、读写器和信息处理系统组成。电子标签与读写器配合完成对被识别对象的信息采集功能；信息处理系统则根据需求承担相应的信息控制和处理工作。根据工作频率的不同，RFID系统大体分为中低频和高频两类，典型的工作频率为135kHz以下、13.56MHz、433MHz、860MHz～960MHz、2.45GHz和5.8GHz等。不同频率RFID系统的工作距离不同，应用的领域也有差异。低频段的RFID技术主要应用于移动物体识别、工厂数据自动采集系统等领域；13.56MHz的RFID技术已相对成熟，并且大部分以IC卡的形式广泛应用于智能交通、门禁、防伪等多个领域，但其工作距离小于1m。较高频段的433MHzRFID技术被美国国防部用于物流托盘追踪管理；而在RFID技术中，当前研究和推广的重点是高频段的860MHz～960MHz的远距离电子标签，有效工作距离达到3m～6m，适用于对物流、供应链的环节进行管理；2.45GHz和5.8GHz RFID技术以有源电子标签的形式应用在集装箱管理、公路收费等领域。

在前端的传感网络，完成了对物体信息的感知和采集之后，相关信息被集中传输到后端的无线传输网络。而在这一部分，各种新旧无线技术应用的丰富程度并不比传感技术逊色。据悉，IEEE目前正在制定无线个人区域网路（即WPAN）的两个标准IEEE 802.11和IEEE 802.15。其中，IEEE 802.15.4标准正逐渐被接受成为低速率无线个人区域网络（LR－WPANs）物理层和媒体访问控制的标准。另外，无线传感器网领域还有两个基于IEEE 802.15.4的工业标准：ZigBee和WirelessHART。ZigBee是一种作为一个开放的全球标准而制定的无线技术，是为解决低成本、低功耗无线传感器网络的特殊需求开发的。该标准充分利用IEEE 802.15.4的无线收发器物理层规范，并采用在全球均可经营而无须特殊许可的频率范围：2.400KHz～2.484KHz，902MHz～928MHz和868.0MHz～868.6MHz；WirelessHART是另一个由HART通信基金会开发的开放标准无线网络技术。该协议采用了时间同步、自我组织和自我修复的网状网络结构。该协议目前支持通过使用IEEE 802.15.4标准的无线电媒体并在2.4GHz ISM波段操作。

此外，其他行业标准和专有系统也可能作为用于实施无线传感器网络技术的选择。例如，EnOcean是在楼宇自动化领域广泛使用的无线通信系统，也被认为是可能用在无线传感器网络的一种技术，但它目前还没有通过任何公认的标准化机构进行标准化。

Z－Wave是为家庭自动化设计的无线通信专有标准，特别针对在家用和小型商用环境中的遥控应用。该技术采用低功耗无线收发器嵌入或装到家庭电子设备和系统中，例如照明系统、家庭访问控制系统、娱乐系统和家用电器。这项技术已被Z－Wave联盟标准化。Z－Wave联盟是一个国际生产厂商之间的联盟，负责协调Z－Wave产品和设备的兼容性。

同时，一些现有的标准也正在被修改以适应无线传感器网络技术。例如，基于IEEE

802.11 标准的无线局域网（WLAN）标准、称作 WiFi 标准、被加入了一种支持低功耗的版本——低功率 WiFi，以用于实现无线传感器网络技术。

在未来，无论是“智慧地球”还是“感知中国”，智能化物联网都将给人类生活带来颠覆性的变革和巨大的商机。应用将无处不在，而物物之间的通信也将在现有额度基础上实现跨越，传感网、RFID、无线、有线、3G/4G、GPS、移动电信网络、广电网甚至电力网络，跨网络通信的协同和融合将像物与物之间的相连一样，成为一种普遍的承载和更为广义的生态系统。

2.4 物联网工作基本流程

物联网网络的组成架构包括：末梢节点（应用采集控制层）、接入层（末梢网络）、承载网络、应用控制层、用户，其中由计算机网络和通信网络构成的承载网络为业务的基础网络。

如图 2－2 所示为物联网网络组成示意图。末梢节点层由各种类型的采集和控制模块组成，如温度感应器、声音感应器、振动感应器、压力感应器、RFID 读写器、二维码识读器等，完成物联网应用的数据采集和设备控制功能。接入层由基站节点（Sink 节点）和接入网关（Access Gateway）组成，完成应用末梢各节点信息的组网控制和信息汇集，或完成向末梢节点下发信息的转发等功能。也就是末梢节点之间完成组网后，如果末梢节点需要上传数据，则将数据发送给基站节点，基站节点收到数据后，通过接入网关完成和承载网络的连接，而应用控制层需要下发控制数据时，接入网关接收到承载网络的数据后，由基站节点将数据发送给末梢节点，从而完成末梢节点与承载网络之间的信息转发和交互的功能。

末梢节点与接入层构成了物联网的信息采集和控制，其按照接入网络的复杂性不同可分为简单接入方式和多跳接入方式。简单接入就是在采集设备获取信息后直接通过有线或无线方式将信息直接发送至承载网络，如目前 RFID 读写设备主要采用简单接入方式；简单接入方式可用于终端设备分散、数据量的业务应用。而多跳接入是利用无线传感器（WSN）技术，将具有无线通信与计算能力的微小传感节点通过自组织方式，各节点能根据环境的变化，自主地完成网络自适应组织和信息的传递；由于节点间距离较短，一般采用多跳方式进行通信。而后传感器网络最终将信息通过接入网关传递到承载网络。典型的无线传感器设备有 ZigBee、UWB 等。多跳接入方式适用于终端设备分别集中、终端与网络间传递数据量较小的应用。通过采用多跳接入方式可以降低末梢节点、接入层和承载网络的建设投资和应用成本，以及方便建设实施工作和提升接入网络的健壮性。

承载网络是指现行的通信网络，可以是 Internet 网络、移动通信网络、企业网等，完成物联网接入层与应用控制层之间的信息通信功能。

应用控制层由各种应用服务器组成（包括数据库服务器），主要功能包括对采集数据

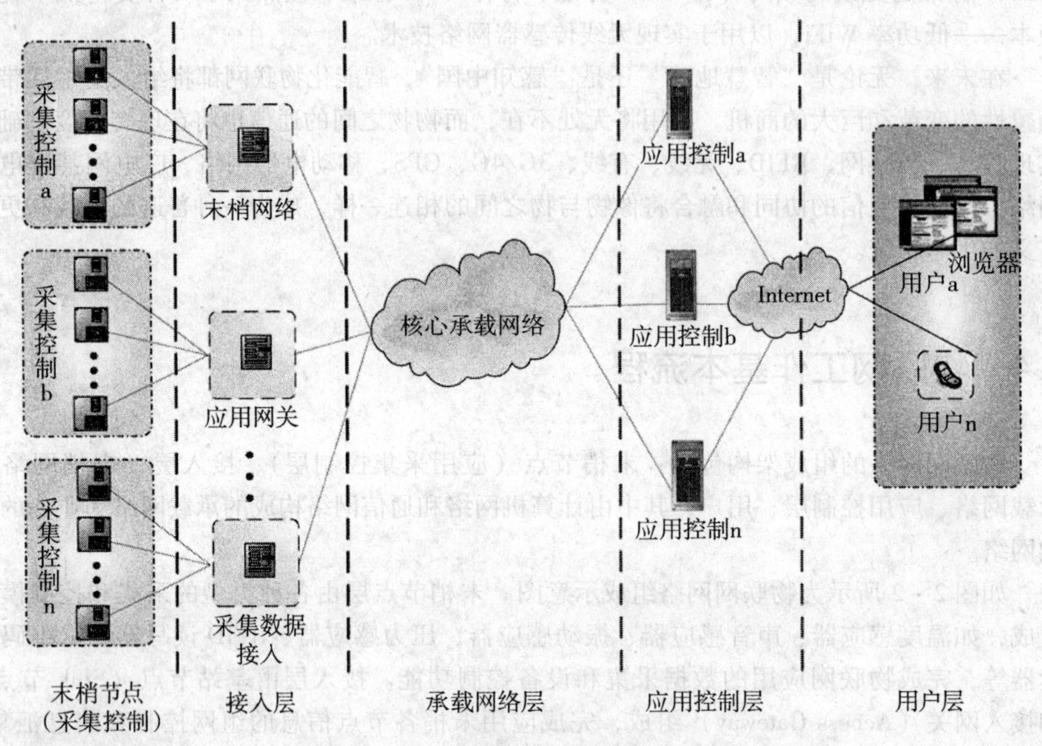

图 2－2　物联网网络的组成示意

的汇集、转换、分析，以及用户层呈现的适配和事件的触发等。对于信息采集，由于从末梢节点获取大量的原始数据，并且这些原始数据对于用户来说只有经过转换、筛选、分析处理后才有实际价值，这些有实际价值的内容应用服务器将根据用户的呈现设备不同完成信息呈现的适配，并根据用户的设置触发相关的通知信息，应用控制层就承担了该项工作；同时在需要完成对末梢节点控制时，应用控制层将完成控制指令的生成和指令下发控制功能。针对不同的应用将设置不同的应用服务器。

用户层为用户提供物联网应用 UI 接口，包括用户设备（如 PC、手机）、客户端等。

如果把物联网比做一个神经系统，那么末梢节点、接入层就构成了外周神经（末梢神经系统），承载网络层（物联网的“脊髓”）、应用控制层（物联网的“大脑”）和用户层构成了中枢神经系统。通过神经系统实现物联网信息采集和设备控制功能。

结合多应用、泛在网络无处不在、海量信息等特点，物联网业务除了传统的信息及通信技术外，尚需引入传感器技术、传感器网络技术、IPv6、云计算等，以及定位等辅助技术支撑。

由于 IPv4 地址资源的匮乏，IPv6 商用是实现真正意义上泛在网络概念的必然条件，IPv6 应用贯穿物联网网络中的各个环节设备支持，云计算是满足海量数据处理的要求，未来物联网业务将是云计算技术应用的重要领域之一。而物联网中最关键的设备是终端设

备，包括末梢节点和接入层的设备，它们是物联网的灵魂。然而这些设备技术目前虽然都已具备了一定的理论基础，部分技术在一定应用环境下还得到了商用化应用，但如果要在更广泛领域得到普及性应用，在功耗、安全性、网络可靠性、健壮性等方面还存在很多技术难题需要突破。

构成物联网末梢节点的外围神经系统是物联网设备类型最丰富、数量最多、应用环境最复杂的一部分。一个应用从几个到几万、上百万不等，应用环境除了室内外，还包括在不同温度、湿度、电磁干扰下的户外环境，因此突破末梢节点采集控制设备、接入层技术是物联网的关键和难点。末梢节点的组成包括 4 个基本单元：传感单元（由传感器和模数转换功能模块组成，如 RFID、二维码识读设备、温感设备）、处理单元（由嵌入式系统构成，包括 CPU 微处理器、存储器、嵌入式操作系统 COS 等）、通信单元（由无线通信模块组成，实现末梢节点间以及与基站节点的通信）以及电源供电部分。其综合了传感器技术、嵌入式计算技术、智能组网技术及无线通信技术、分布式信息处理技术等，能够通过各类集成化的微型传感器协作地实时监测、感知和采集各种环境或监测对象的信息。通过嵌入式系统对信息进行处理，并通过随机自组织无线通信网络以多跳中继方式将所感知信息传送到接入层的基站节点和接入网关，最终到达用户终端，从而真正实现无处不在物联网的理念。目前的标准主要有 RFID、ZigBee,、802. 15. 4、UWB 等。末梢节点的关键技术包括耗电（电源管理）技术、安全性技术、自组织网络技术、野外耐用性等。

由于末梢节点分布广，如果采用有线供电将带来巨大的成本和限制设备应用，如目前 M2M 应用中电力抄表得到较大发展，其中一个原因就是电力抄表最容易解决供电问题，因此解决采集设备供电问题是面临的关键问题之一。其主要途径有：①提升微电子工艺水平：通过提高产品的工艺水平减低芯片功耗；②加强电源管理控制：通过合理使用设备休眠、唤醒，以及采用发送功率低的方法等减低传感功耗等方式来进一步减低设备整体功耗；③供电设备入手，使用高能电池提高续航时间，利用感应线圈、太阳能实现供电和电磁充电。对于一些无源环境下，如果能够突破采用高性能的无线感应线圈或太阳能蓄电方式供电将有利于产品的普及和扩大产品的应用面。信息安全是末梢节点的另外一个难题，需要解决恶劣环境和人为因素带来的对数据采集环节和节点间信息传送中的安全性问题。引起安全性的因素包括传统的无线电电磁干扰和对传感器网络的路由机制进行攻击，从而造成节点发送错误数据和非法数据，侵入节点致使网络的某些节点和某些网段互发大量的无用数据，造成节点能量很快耗尽，传感器网络分立，形成监测黑洞，无法完成正常监测工作。目前主要解决方案包括采用扩频通信、传感器节点接入认证、鉴权、数据水印和数据加密等技术提高采集和网络的安全性。

以 ZigBee 为例，其功耗水平，在休眠状态下耗电量为几瓦，在短距离通信的工作状态下耗电约为 40mW。在低耗电待机模式下，两节普通干电池可使用 6 个月左右；在安全性方面，ZigBee 具有数据完整性检查和鉴别功能，其硬件支持 CRC 和 AES－128。基本能够满足短距离通信的安全特性要求。ZigBee 在国内使用的频段为 2. 4GHz 的 ISM 频段。

2.5 物联网工作模式

2.5.1 物联网的主要实现形态——M2M

M2M是实现物联网的主要实现形态。例如，一种典型的物联网概念是将所有的物品通过短距离射频识别（RFID）等信息传感设备与互联网连接起来，实现局域范围内的物品“智能化识别和管理”。而移动业务运营商所定义的M2M业务是另一种狭义的物联网业务，其特指基于蜂窝移动通信网络，使用通过程序控制自动完成通信的无线终端开展的机器间交互通信业务，其中至少一方是机器设备。

现阶段各种形式的物联网业务中最主要、最现实的形态是M2M业务，其主要原因在于：M2M业务所基于的数据传输网络是在广阔范围内覆盖的，相对于很多行业而言，通信行业更加注重全程全网的标准化和体系架构的开放性，另外电信运营商在ICT产业链建设和应用推广中具有重大的影响力和推动力，这些因素使得M2M业务正处于快速、规模化的发展过程中。

事实上，对于移动业务运营商而言，M2M业务的战略价值在于：有助于强化移动运营商之间的经营差异化，M2M业务所处的市场是一个比较典型的蓝海市场，其市场容量是很大的；大量的M2M应用具有非实时或者占用带宽小的特征，对无线接入网络和核心网的压力不大，有助于提高移动运营商的网络资源利用率。

M2M业务最深层次的价值在于，推动社会信息化向纵深发展，将信息化从满足面向人与人的沟通和办公业务流程的支持，深入到众多行业的生产运营末端系统，从而对“两化融合”形成有效的支撑。M2M业务可以广泛地应用到众多的行业中，包括车辆、电力、金融、环保等。

一个典型的M2M系统由传感器（或监控设备）、M2M终端、蜂窝移动通信网络、终端管理平台与终端软件升级服务器、运营支撑系统、行业应用系统等环节构成。M2M业务涉及一系列关键技术，包括系统架构、终端管理平台、专用芯片技术、模块与终端技术等。

系统架构设计指，在M2M业务的系统架构设计中要兼顾宽带和窄带无线接入应用、实时和非实时应用，要支持系统的开放性以便于SI的接入和二次运营。

终端管理平台指，终端管理平台实现对全网M2M终端的统一的鉴权认证，并可以支持终端远程诊断功能和终端软件的远程自动升级功能（此时与终端软件升级服务器配合使用），终端管理平台可根据不同行业和客户的需要选择承担或者不承担客户数据的传输功能；终端管理平台可以全网部署一套，也可以分区域部署，分区域部署时可采用云计算结构。

专用芯片、模块、终端技术指，M2M模块与终端之间的接口与AT指令集需要进行标准化设计，并可将标准化后的管理协议栈从终端内置迁移到模块内置，以利于降低终端成本；由于许多行业应用终端一旦部署后不便实施经常性的维护，或者对运行的可靠性有较高的要求，因此 M2M 终端和模块都迫切需要研发低功耗、高可靠性、长寿命的解决方案，在另一些用量大、成本敏感的行业中则需要研发低成本的 M2M 终端方案，另外在部分应用场合中采用“机卡合一”方案可能更为适合；由于物联网和 M2M 业务一旦成熟后的终端数量是巨大的，目前就有必要引入独立的 13 位终端号段，并且要求终端逐步实现对 IPv6 的支持。

2.5.2 M2M 所面临的挑战

M2M 业务具有广阔的发展前景，但现阶段还面临不少现实的难点和挑战：

第一，迫切需要制定国家层面的标准（即使我国三大移动业务运营商正在制定的 M2M 标准也不一致)，只有在标准化的基础上，才能产生具有规模化成本效应的一系列模块和终端，才有可能产生与 M2M 的发展潜力相配套的产业格局。

第二，商业模式问题。要想通过引入 M2M 业务而真正有效地实现对客户的价值，需要对特定行业的业务流程进行深入的研究、创新和试验，而不同行业的应用方案可能差异很大、前期成本较高、资费单价较低，如何实现 M2M 产业链的共赢模式还有待探索。

第三，关键技术的挑战。传感器技术，低功耗技术，高可靠性、长寿命的终端技术，具有 QoS 的无线网络数据传输质量等均是 M2M 业务面临的重大技术问题。

第四，许多行业还存在着不同形式的行业壁垒，政策环境有待完善。

物联网并非一个新概念。比尔·盖茨在华盛顿湖畔的智能化豪宅，联想、长虹等国内厂商推出的闪联标准，国内外运营商推出的手机支付、路灯监控等 M2M 应用都是物联网的雏形。就如互联网之初也是由一个个局域网构成的，现有的 M2M 应用已经是物联网的构成基础。从 M2M 到物联网，已经为世界勾画出了一幅智能化的未来画卷。

从核心构成来说，物联网由云计算的分布式中央处理单元、传输网络和感应识别末梢组成。就像互联网是由无数个局域网构成的一样，未来的物联网势必也是由无数个 M2M 系统构成；就如人的身体不同机能一样，不同的 M2M 系统会负责不同的功能处理，通过中央处理单元协同运作，最终组成智能化的社会系统。

运营商作为通信网络的建设和运营者，在物联网建设方面具有独特的优势，应尽早整合产业链资源，从“推动 M2M 产品的成熟普及；规范传输网络协议，推动 IPv6 协议普及；构建云计算的中央处理单元”这三大环节入手，与产业链各方共同努力推动物联网的成熟。

首先，三大运营商现有的 M2M 产品尚未成熟，只在 GRPS 远程监控、远程控制等领域形成具体产品，而产品缺乏体系化和系统化，大部分仅具有感应和传输功能，并不具备物联网智能化处理的要求。运营商应统一产品标准和数据接口，重点扶持相关产品，尽快推动 M2M 产品特别是完整解决方案的成熟。可与家电、汽车等行业企业合作，尽快实现通信感应模块内置，为泛在物联网打下基础。

其次，应尽快明确物联网传输标准。互联网、通信网和广电网已经构成了物联网的骨干传输网络，但与互联网通行的TCP/IP协议不同，物联网现有的RFID射频技术、短距离无线传输技术尚无统一标准，应整合相关产业的技术标准，尽早推动国家标准的建立。同时由于物联网要求“一物一地址，万物皆在线”，现有的IPv4协议的地址资源已经接近枯竭，因此应尽快推动IPv6协议的普及，解决物联网地址容量受限问题。

最后，最核心的是要提升中央处理能力。物联网智能化处理需要通过不同功能的M2M系统之间的信息链路共享，由中央处理单元协同各系统共同运作，将智能感应融入到整个社会的运转之中。中央处理单元应建立在分布式云计算的基础上，以提供高速计算能力和容灾备份功能，保障整个物联网络的正常运转。运营商可以从建设基于云计算的M2M支撑运营中心入手，发挥BI数据分析优势，建立各M2M系统的关联协同机制，逐步提升运营中心的数据分析处理能力，最终形成具备智能化处理功能的“大脑”。

在未来，智能化物联应用将无处不在，当气象感应系统预知台风来袭时，交通感应单元自动通知渔船返港，高速关闭，划定居民转移区域；当车祸发生时，路面监控系统自动通知急救医院并提供最佳路线，GPS系统提示来往该路段车辆绕行；每月公共服务系统自动记录水电煤气费用通知户主后在银行账号中自动扣款……这一切都会给人类生活带来颠覆性的变革和巨大的商机，作为具有先天优势的运营商，是否会上演一段大象起舞的好戏？

2.6 物联网的商业模式

2.6.1 国内外主要商业模式

国内外主要的商业模式基本集中为4种方式：通道型、合作型、自营型、定制型。通道型只是单纯提供网络连接服务，如AT&T、Vertion、韩国SK电信、中国移动等；合作型是运营商在一些应用领域挑选系统集成商的合作伙伴，由系统集成商开发业务和进行售后服务，电信运营商负责检验业务在网络上的运行情况，并且代表系统集成商进行业务推广以及计费收费，如SK电信、NTT、Telenor、中国移动等；自营型是运营商自行开发业务，直接提供给客户的方式；定制型运营商根据客户的具体需求特殊制定M2M业务，如Orange、Vodafone等。

从运营的角度看，目前物联网主要有移动运营商主导运营和系统集成服务商主导运营两种商业模式。移动运营商主导运营的主要模式包括通道型与自营型2种，系统集成服务商主导运营的主要模式包括合作型与定制型2种。

在中国，产业链各厂商都各自为战，随着大物联网概念横空出世，未来必定要实现全盘互通，需要将视野拓展，而不仅限于原有的小格局，在大背景发生骤扩的同时，必然召唤新的商业模式。

2.6.2 中国物联网可能存在的 4 种商业模式

从运营的角度看，目前物联网主要有移动运营商主导运营和系统集成服务商主导运营两种商业模式。从长远来看，未来物联网可能有以下 5 种商业模式并存：

模式 1：运营商在应用领域挑选系统集成商，由系统集成商开发业务和售后服务，而运营商负责检验业务运行情况，并代表系统集成商推广业务，以及计费。这种模式运营商占主导地位，而合作的系统集成商多为小型企业。目前这种模式是运营商进入物联网市场的主流方式。

模式 2：运营商提供网络连接，收取流量费用，系统集成服务商在其网络上运行业务。这是目前使用最多的商业模式，电信运营商不管对物联网是否感兴趣都可以使用这种方式。

模式 3：运营商直接提供给已经使用了物联网业务的企业所需的数据流量，而不通过物联网服务商。例如，Verizon 直接为通用的 OnStar 业务提供数据流量，然后收取费用。这种模式适合一些有实力自行定制物联网业务的大企业。

模式 4：电信运营商自行开发业务，直接提供给客户。电信运营商制定全套业务和解决方案，直接提供给客户，而不与其他企业合作。目前国内实行这种模式的还比较少。

模式 5：运营商为客户量身制定业务。物联网业务范围非常广，电信运营商提供的业务往往不能满足客户需求，这就需要运营商根据客户的具体需求而特殊制定物联网业务。目前国内实行这种模式的还比较少。

2.7 物联网标准

2.7.1 物联网标准体系

随着物联网市场潜力不断释放，物联网面临的挑战和亟待解决的问题也日渐凸显，虽然目前，关于物联网的内涵等理论认识并不统一，不过基本上大都承认，物联网涉及面广、影响大，从感知层、网络层到应用层，无所不在，其标准工作涉及国民经济和社会的多个行业、多个领域。目前，影响物联网建设的因素之一就是标准的缺失和缺乏协调统一，行业内、行业间互联互通的程度较低，无法发挥规模化效应，物联网的显著优势无法充分地发挥出来。统一技术标准，打破国内行业壁垒，成为物联网发展的当务之急。

根据物联网技术与应用密切相关的特点，按照技术基础标准和应用子集两个层次，有专家提出引用现有标准、裁剪现有标准或制定新规范等策略，形成了包括体系架构、组网通信协议、接口、协同处理组件、网络安全、编码标识、骨干网接入与服务等技术基础规范和产品、应用子集类规范的标准体系，以求通过标准体系指导成体系、系统的物联网标准制定工作，同时为今后的物联网产品研发和应用开发中对标准的采用提供重要的支持。

如图 2－3 所示。

公共安全	环境保护	医疗和家庭看护	工业控制	军事领域
精细化农业	智能交通	智能建筑	太空探索	能源和智能电网
应用子集（轮廓）标准				

基础平台标准							
通用规范	接口	通信与信息交互	服务支持	协同信息处理	网络管理	信息安全	测试
术语	物理接口	物理层	信息描述	支撑服务及接口	网络管理	安全技术	一致性测试
需求分析	数据接口	MAC层	信息储存	参考模型		安全管理	互操作测试
参考架构		组网	标识目录服务	需求分析		安全评价	系统测试
		需求分析	中间件功能和接口				

图 2－3　物联网的标准体系框架

2.7.2　物联网标准研制任务

当前物联网标准研制有以下两个主要任务：

1. 抓好物联网标准联合工作组的工作，做好相关标准化组织间的协调

目前，物联网的概念和技术架构缺乏统一的清晰描述，一些利益相关方争相进行基于自身利益的解读，使得政府、产业和市场各方对其内涵和外延认识不清，可能使政府对物联网技术和产业的支持方向和力度产生偏差，严重影响物联网产业的健康发展。

本着整合物联网相关标准化资源，协调物联网的整体标准化工作，更好地服务于国家的物联网产业协调发展大局，满足国家信息产业总体发展战略的要求，适应物联网以应用为驱动、以需求为牵引的多种技术紧密融合的特殊需要的原则，同时为政府部门的物联网产业发展决策提供全面的技术和标准化服务支撑。目前由工业和信息化部电子标签（RFID）标准工作组、全国信息技术标准化技术委员会传感器网络标准工作组、工业和信息化部信息资源共享协同服务（闪联）标准工作组、全国工业过程测量和控制标准化技术委员会等产学研用各界公认与物联网技术密切相关的标准工作组共同发起成立物联网标准联合工作组。由工业和信息化部电子科技委副主任、国家金卡工程协调领导小组办公室主任张琪担任联合工作组组长，中科院上海微系统与信息技术研究所副所长刘海涛担任联合工作组常务副组长。

物联网标准联合工作组将紧紧围绕产业发展需求，协调一致，整合资源，共同开展物联网技术的研究，积极推进物联网标准化工作，加快制定符合我国发展需求的物联网技术标准，建立健全标准体系，并积极参与国际标准化组织的活动，以联合工作组为平台，加强与欧、美、日、韩等国家和地区的交流与合作，力争成为制定物联网国际标准的主导力量之一。

2. 做好物联网顶层设计，完善物联网标准体系建设

我们需要高度重视物联网标准体系建设，加强组织协调，明确方向、突出重点、统一部署、分步实施，积极鼓励和吸纳有物联网应用需求的行业和企业参与标准化工作，稳步推进物联网标准的制定和推广应用，推动相关标准组织形成有效协调、分工合作的工作机制，尽快形成较为完善的物联网标准体系。制定我国物联网标准体系，也需要把国际物联网应用的发展动态和我国物联网发展战略相结合，联合相关部门开展研究，以保证实际需要为目标，结合实际国情和产业现状，给出标准制定的优先级列表，进而为国家的宏观决策和指导提供技术依据，为与物联网相关的国家标准和行业标准的立项和制定提供指南。

2.7.3　中国物联网标准研制进程

标准是物联网产业链高附加值环节，是产业竞争的制高点。

我国物联网国家标准化进展迅速，是国际标准化的主导力量之一。实施以感知为核心的物联网标准化战略，将有力推动物联网产业健康有序发展。

早在 2007 年，国标委就批准筹建传感网标准工作组，超前启动了物联网标准化工作。

2009 年 5 月，国标委批准成立传感网标准工作组。9 月，国家传感器网络标准工作组也宣告成立，成员单位近 80 家，中科院上海微系统所为组长单位。

我国已成为物联网国际标准化的重要主导力量。

首先，我国已成为 ISO/IEC JTC1 国际物联网标准化的主导国之一。在历届 ISO/IEC JTC1 国际传感网标准化大会上，上海微系统所代表中国提交的代表物联网顶层发展方向的核心方案都获得成员国代表高度认可；代表 ISO/IEC JTC1 传感网标准化组作的总体技术报告，将标准化体系框架、网络系统价格、协同体系等内容纳入总体报告；以“传感网技术综述”为主题的特邀报告，重点针对 ISO/IEC JTC1 传感网标准组织的中长期演进路线、传感网国际标准化工作、传感器网络大规模产业化模式等展开深入探讨；中国作为主要发起单位之一，联合美国、德国和韩国建议在 JTC1 下成立传感器网络标准化工作组，总体协调传感器网络国际标准制定，目前这项建议已获正式通过。

其次，在 IEEE 802.15 系列标准制定中，我国拥有重要话语权。2010 年，我国 IEEE 802.15.4c、EEE 802.15.4e、EEE 802.15.4g 等标准制定取得重要进展，中科院微系统所、无锡物联网产业研究院、嘉兴传感网工程中心等提出的标准提案均已顺利进入标准草案，有望成为 IEEE 802.15.4 系列标准的组成部分，此举标志我国在信息技术尤其是传感

网相关领域的国际地位和影响力显著提高。

2010年6月，中国物联网标准联合工作组在北京成立，以推进物联网技术的研究和标准的制定。该联合工作组由全国11个部门及下属的工业和信息化部电子标签标准工作组、全国信标委传感器网络标准工作组、全国智标委等19家相关标准化组织自愿联合组成。联合工作组在成立倡议书中表示，要倾全国之力，联合推进我国物联网标准体系建设。物联网联合工作组副组长刘海涛称，工作组围绕物联网产业与应用发展需求，协调一致、整合资源，共同开展物联网技术的研究，加快制定符合我国发展需求的物联网国家标准，推进我国物联网国家标准体系的建设，分工合作进行国际标准的制定和修订，同时积极参与相关国际标准的制定，以抢占制高点、掌握发展的主动权。

我有一个聪明的家

2010年3月底，中国2010年物联网应用高峰论坛在无锡闭幕，此次论坛展示了16个主题、26项物联网相关应用项目，展出了一批新产品、新技术，涉及家居、医疗、物流等多个行业。据了解，这些技术已经在国内部分城市得到了应用。

无锡都市报以“来自未来的物联网应用体验报告”的形式，分两期介绍物联网的丰富应用和巨大潜力，以及将给人们的生活形态带来的种种改变。

第一期：来自未来的物联网应用体验报告——家居篇

A

我醒了。

不是被闹钟闹醒的，也不是被电话吵醒的，是阳光，射在我脸上的阳光，把我从梦中叫醒了。窗帘在几分钟前感应到了早晨温度、湿度和光线的变化，已经缓缓拉开了。

我翻了个身，摁了一下床头的按钮，对面三分之一的墙壁被激活成了显示屏。等我穿好衣服，它已经自动调整为“电视”模式，开始播放《朝闻天下》了。

今天妻子不在家，要自己做早饭啦。我点了一下显示屏上的“暂停”，走进厨房。站在电冰箱门前，显示屏上根据冰箱里的库存，自动给出了一份“营养菜单”：一份蔬菜沙拉、一份火腿煎蛋，还有一杯纯果汁，我把蔬菜沙拉修改成“蔬菜沙拉（少量沙拉）”，然后点了一下“确定”，冰箱又“善意”地提醒我：存货已经不多，最好今天能去超市采购一下，与此同时，它还连接到了几家超市的网站，找到了几样我喜欢吃的东西，为防止我忘记，它的显示屏上打出了一个笑脸：“请注意下载。”

小看我，我记性那么差吗？不过记一下也好。我掏出手机，在它的显示屏前刷了一下，“滴”的一声，下载成功了。

在我和冰箱“商量”早餐的时候，厨房已经接收到冰箱发出的信息，开始工作了。电磁炉已经预热，厨房的背景音乐也响起了我最喜欢的那首歌。

正在煎蛋的时候，电话响了。我用胳膊肘点了一下厨房的墙壁，一块四四方方的地方被激活，妻子的笑脸出现在了上面。当然，我头顶上方的摄像头也把我做早餐时手忙脚乱

的样子传送了过去，结果被妻子好好嘲弄了一番。

B

吃完早餐，我走路上班去了。在这个时代，这可是最流行的出行方式。

正走在路上，我突然听到一个柔美的女声："是刘先生吗?"我一看，声音是从路边草坪上一块大广告牌上发出的，广告牌上的大幅动态图像中，一个身穿制服的漂亮姑娘正在看着我。哦，原来是感知到了我的个人身份电子芯片，肯定是收钱来了……

"我是。"我点点头说。

"您好，我是总体银行系统第 20933 号服务员。您这个月的水电费和网络使用费都到代扣的日期了，根据协议，我们将为您代扣，具体金额已经发送到您的手机上，请您确认后及时回复。如果没有其他的问题就再见了。"服务员微笑着对我挥手告别。

我掏出手机，查看了消息，点击了一下"确认缴费"，通过一张看不见的网络，银行从我的账户里划走了相应的金额。哦，顺便说一下，在这个时代，广告真正实现了"个人化"，不管走到哪里，广告牌上的东西都是为你显示的。

到了单位，同一个办公室的小王给我看他刚买的一个小玩意儿，原来是一个立体 GPS。它不但可以用立体形式指路，还能播放立体电影、链接到无线网络下载资料、和别人分享视频，小王说，下次出去旅游，一定要带上它，这一路既不会迷路，又不怕寂寞!

刚忙了一会儿，我的手机突然发出了"嘟嘟嘟嘟"的连续音——是警报！谁闯到我家里来啦？我连忙将手机调到"监控"模式，家里的情况顿时一览无余：院子？没有人。厨房？没有人。房间？也没有！客厅？咦，客厅里有个什么东西？原来是邻居家的小花猫，不知道从哪里跑进来了。

我童心大起，打开手机里的"对讲"功能，将手机和家里的通话设备进行了一次对接，然后大喊了一声："汪汪!"视频里，小猫被吓得连滚带爬溜出了房子。然后我又检查了一下家里，发现今天走的时候，楼上有一扇窗户没有关紧，于是在手机里重新设置了一下，将所有门窗进行了锁定。

接着我和网络公司联系了一下，他们说警报软件已经有了最新升级版，能够对"闯入者"进行识别，如果是小动物之类的"非危险分子"，房子里的警报器将自动发出警报声吓走它们，必要时还会用灯光、烟雾等"特殊手段"。他们表示，只要我将警报软件设置在"自动更新"状态，他们将尽快对我的"智能房屋"进行升级。

C

结束了一天的工作，终于可以回家了。

走在路上，手机又响起来了。拿出一看，是提醒我去买菜的——哦，差点忘记了，冰箱的存货!

拐进一家超市，到处都是动态的信息窗口，墙壁上、地板上、天花板上，甚至一些小的物品上也有滚动文字，饮料罐的外包装上除了价格，还有滚动播放的视频，明星们正在高高举着饮料，一口一口兴高采烈地喝着——也不知道她们咽下去了没有。整个超市就仿佛是一个大的电脑显示屏，显现出一种纷繁闪耀的华丽。现在买东西可方便了，只要用手机“照一照”要买的东西，物品清单和价钱就存在了手机里，只要在收银机上再“刷”一下，就可以结账走人了。

按照手机的提示，我买了一些有机玉米和番茄，几条鱼，同时还在蔬菜专柜下载了几份菜谱。结账的地方人不多，我掏出手机，在收银机前晃了一下，“滴”的一声，超市已经从我的账户里扣走了相应的食物金额。

回家的路上，我拿出手机，在网上订购了几部电影，并要求直接发送到我的电视机网络硬盘里，至于收费，当然也是通过手机远程支付了。

离家不远，我就启动了家里的“欢迎”模式，客厅的灯亮起来了，关闭了一天的窗子打开后，空气的湿度也重新调整了一下，现在，就是我最舒适的时候。

在智能厨房的“帮助下”，我美美地享用了一次简单但美味的晚餐。剩下的工作交给自动洗碗机吧，我走到客厅，触发了电视的显示屏幕，上面已经显示：“电影下载完毕，欢迎观赏。”

坐进透明的沙发，感觉像陷到了一块软泥里，沙发的坐垫和靠背能自动适应人体的形状，给坐在上面的人形成一个与其身体表面完全贴合的模子，使得压强最小。这个最新款的沙发出来的时候，妻子嫌贵还不肯买，瞧瞧，现在躺着多舒服！

沙发靠背慢慢按摩着我的背部，接着电视屏幕下方就接收到了一条信息，说由于感知到我的颈椎似乎有点僵硬，建议我多活动活动，并在适当的时候去看看医生。好累啊，今天就不健身了，先睡个好觉吧！

浴缸里已经根据我事先的指令放好了水，并已经按照我的习惯设置好了温度，洗完澡，墙上的夜光时钟已经指向11点。

窗帘在我的背后慢慢地拉上了。它已经感知到了我在梦中均匀、平稳的呼吸。

我，把身体交给“网”

第二期：来自未来的物联网应用体验报告——健康篇

A

一个难得的休息日。

早上和正在出差的妻子通了个视频电话，她说正在欧洲一个海滨城市开会，还让我打开“视频通话实时场景”功能，让我感受一下阳光海滩的气氛。

我点了一下按钮，海鸥的声音倒是很清晰，但传感口吹过来的风却没有一丝海水的咸味。看来模拟器里的添加剂又用光了。这玩意儿，说是“实时场景”，其实只是通过后台的模拟器来“虚拟”，如果对方想让你闻一块蛋糕，它就模拟出丝丝的甜味；如果是一只芒果，甜中它还会聪明地加上几分酸。我一直想知道臭味它是怎么模拟的，但还没机会试一试……

突然记起来，昨天好像家庭网络提醒过我要健身了，那就活动活动吧！

当然不能忘记戴上我的“能量采集戒指”，这是一个蓝色的金属圈，戴上它之后，它就同时被激活，记录我运动时消耗的物质情况，像卡路里、糖类、脂肪，然后反馈到家庭网络的“健康管理服务平台”，由它对我的身体状况进行评估，然后指导我进行科学运动。

还有脚下的这台跑步机也得提一提。它也和整个社区的能量站联网了，我跑步所产生的动能，基本上都能被传输到能量站里保存起来。能量站就是我们的“电站”，说实话，我们运动所产生的能量微不足道，它主要采集的是太阳能和风能，每一个社区都有这样的能量站，供给人们生活所需的电能。在这个时代，冒着浓烟的发电站已经无影无踪了。

烧了一壶咖啡，喝了一杯之后，我想，不如测测自己的身体状态吧？于是激活墙上的显示屏，我连上了城市的疾病预防网络，这个网络是统一规划、由各大医院分区域共同组建的。在这个时代，每个家庭都有一台便携式检测仪，可以随时为每一个家庭成员检查身体。通过仪器上的多个传感器，还能使医生远程发现疾病，像心血管疾病、癌症、糖尿病等疾病就可以实现早期发现、早期治愈。

医生在对我进行远程检测之后，提醒我：没有什么大问题，只是肺部功能有些不足。因为我小时候得过肺炎，一得病就容易咳嗽。检测完毕，一条信息就发到了我的手机上，建议我有空的时候到医院去看一下。

B

吃过午饭，我悠笃笃来到医院。

现在医院环境真不错，最让人心动的是医生和护士。不管是什么人，看上去都整洁高雅，走近时，都亲切地向人微笑致意，有的还会向你挥手。他们的眼光自信而柔和，充满了一种新时代的精神特征。

不断有人在墙上点着，触发一个又一个显示屏。有的是在预约挂号，有的是在购买药品，也有医生走着走着，接收到了一条信息，也会点击触发墙壁上的屏幕，显示出一串复杂的数据和曲线——现在，他们好像在哪儿都能工作了。

我也挂了一个号，系统提示我应该去内科。我经过一条走廊，亮光也是从墙壁上发出的，虽然很柔和，但还是让我眯起了眼睛。就在我眯眼的同时，我发现了一件“神奇”的事情：这一段走廊的墙壁也暗了下来，这暗淡的一段一直跟着我的脚步移动。当我的眼睛适应光亮又睁大时，这移动的一段也随之又亮起来，但亮度一直保持在令我舒适的范围内。原来，这里也应用了物联网的技术，走廊的光度调节系统可以监测到我眼睛的瞳孔变化，真是太不可思议了！

接待我的张医生是一名和蔼的中年人，他很健谈，在给我做了检查后，表示没有什么问题，给我开了几味药。

我问起了刚才在走廊上看到的事，张医生笑道：“这算啥？你还不知道吧，现在物联网技术在医院的应用太广泛了！”他举例说，比如，现在救护车内的监测设备可以采集急救病人的生命体征信息，并实时上传至医院急诊中心，节省时间进行急救；还有一种人工智能手术机器人，手术动作精度达到百分之一毫米，远超过人手的准确性，而且永远精力充沛，不受情绪和外界环境的影响；还有一种微型治疗机器人，又叫“纳米炸弹”，通过远程控制它，人们可以“炸死”癌细胞，同时又不损害其他的细胞……

看我听得津津有味，张医生又神秘地说，其实他一直在研究中医，并有了一些心得。

他说，中医里的“经络”和“穴位”，仪器发现不了，解剖也发现不了，现代医学似乎没法完全解释，这到底是为什么？

“就像宇宙一样，我们现在所接触到的一切物质，只占宇宙总物质的百分之四左右，其他的是什么呢？是暗物质和暗能量，那些都是我们目前探测不出的。如果我们把‘经络’、‘穴位’想象成一种流淌在人身体里的暗能量，也就能解释为什么现在仪器探测不出了。”

张医生兴奋地说：“现在我们生活在物联网里，如果有一天，能把人体的这种暗能量连接，也组成一张巨大的网络，那该是怎样的一幅景象啊！”

听起来是有点像科幻小说，但在以前的时代里，我们今天的物联网生活不也如同一部科幻小说吗？

C

刚准备回家，妻子又打来一个电话，听说我在医院，她说正好，她有个阿姨生病住院了，让我去看望看望。

医院的门口有好几个花店，我用手机的支付功能买了一束花（他们的生意仿佛一直不错）。走进阿姨的病房，医生们正在查房，一位医生拿出 PDA 在阿姨的病床边扫了一下，PDA 马上识别出了身份。如今每一张病床其实就是一个“传感节点”，它可以把病人的很多生理数据，像心跳、血糖含量、血氧含量等数据实时传输到医院的服务平台上。

阿姨告诉我，她的心脏一直不太好，这次经过诊断，医院决定为她进行心脏移植手术。

正在说话的当儿，病床旁边的桌上，一只小瓶子发出了“嘟嘟”的声音。阿姨笑着说：“又在催我吃药了。”看我不解的样子，阿姨解释说，这是医院最新推出的“智能药瓶”，它可以自动提示服药的时间，同时连接到医院的服务平台，医生可以根据病人的实时身体情况，远程控制服药量；最重要的是，它还可以减少误服的机会。

阿姨还悄悄告诉我，她不想让机器人在她身上“动刀子”，她已经和医院说了，要求由一位医生来实施手术。谁知道医院乐坏了——因为现在的人太相信机器，医生都把每一次“动刀”的机会当成恩赐了，这几天，她可没少享受“众星捧月”的待遇！

资料来源：《无锡都市报》，2010. 4. 1.

3 EPC 物联网

3.1 EPC 概述

20 世纪 70 年代开始在全球推广应用的以商品条码为核心的全球统一标识系统（即 EAN. UCC 系统），现在已经深入到日常生活的每个角落，作为全球通用的商务语言（Business Language），全球已有 100 多个国家和地区加入了国际物品编码协会 EAN – International，120 多万家公司和企业加入了全球统一标识系统，上千万种商品利用条码作为标识参与商品流通。全球统一标识系统在全球的使用提升了流通领域的信息化水平，加快了现代物流及电子商务的发展进程，提升了整个供应链的效率，对全球经济及信息化的发展起到了举足轻重的推动作用。

随着全球经济一体化，信息网络化进程的加快，在技术革新迅猛发展的背景下，为满足对单个产品的标识和高效识别，美国麻省理工大学 Auto – ID 中心在美国统一代码委员会（UCC）的支持下，提出了产品电子代码（EPC）的概念，随后由国际物品编码协会和美国统一代码委员会主导，实现了全球统一标识系统中的 GTIN 编码体系与 EPC 概念的完善结合，将 EPC 纳入了全球统一标识系统，从而确立了 EPC 在全球统一标识体系中的战略地位，使 EPC 成为一项真正具有革命性意义的新技术，受到了世界众多发达国家的高度重视，被誉为全球物品编码工作的未来，将给人类社会生活带来巨大的变革。

3.1.1 EPC 的产生

1. 条码自动识别

20 世纪 70 年代开始大规模应用的商品条码（Bar Code for Commodity）现在已经深入到日常生活的每个角落，以商品条码为核心的 EAN. UCC 全球统一标识系统，已成为全球通用的商务语言。目前已有 100 多个国家和地区的 120 多万家企业和公司加入了 EAN. UCC 系统，上千万种商品应用了条码标识。EAN. UCC 系统在全球的推广加快了全球流通领域信息化、现代物流及电子商务的发展进程，提升了整个供应链的效率，为全球经济及信息化的发展起到了举足轻重的推动作用。商品条码的编码体系是对每一种商品项目的唯一编码，信息编码的载体是条码，随着市场的发展，传统的商品条码逐渐显示出来一些不足之处。首先，从 EAN. UCC 系统编码体系的角度来讲，主要以全球贸易项目代码

（GTIN）体系为主。而 GTIN 体系是对一族产品和服务，即所谓的“贸易项目”，在买卖、运输、仓储、零售与贸易运输结算过程中提供唯一标识。虽然 GTIN 标准在产品识别领域得到了广泛应用，却无法做到对单个商品的全球唯一标识。而新一代的 EPC 编码则因为编码容量的极度扩展，能够从根本上革命性地解决了这一问题。其次，虽然条码技术是 EAN. UCC 系统的主要数据载体技术，并已成为识别产品的主要手段，但条码技术存在以下缺点：

（1）条码是可视的数据载体。识读器必须“看见”条码才能读取它，必须将识读器对准条码才有效。相反，无线电频率识别并不需要可视传输技术，RFID 标签只要在识读器的读取范围内就能进行数据识读。

（2）如果印有条码的横条被撕裂、污损或脱落，就无法扫描这些商品。而 RFID 标签只要与识读器保持在既定的识读距离之内，就能进行数据识读。

（3）现实生活中对某些商品进行唯一的标识越来越重要，如食品、危险品和贵重物品的追溯。而条码只能识别制造商和产品类别，而不是具体的商品。牛奶纸盒上的条码到处都一样，辨别哪盒牛奶先超过有效期将是不可能的。随着网络技术和信息技术的飞速发展以及射频技术的日趋成熟，EPC 系统的产生为供应链提供前所未有的、近乎完美的解决方案。

2. 射频识别

射频识别技术（RFID）是 20 世纪中叶进入实用阶段的一种非接触式自动识别技术，其基本原理是利用射频信号及其空间耦合和传输特性，实现对静止或移动物体的自动识别。射频识别的信息载体是射频标签，其形式有卡、钮扣、标签等多种类型。射频标签贴在产品或安装在产品或物品上，由射频识读器读取存储于标签中的数据。RFID 可以用来追踪和管理几乎所有物理对象。因此，越来越多零售商和制造商都在关心和支持这项技术的发展与应用。采用 RFID 最大的好处是可以对企业的供应链进行高效管理，以有效地降低成本。因此对于供应链管理应用而言，射频技术是一项非常适合的技术，但由于标准不统一等原因，该技术在市场中并未得到大规模的应用，因此，为了获得期望的效果，用户迫切要求开放标准。

3. EPC

针对 RFID 技术的优势及其可能给供应链管理带来的效益，国际物品编码协会 EAN 和 UCC 早在 1996 年就开始与国际标准组织 ISO 协同合作，陆续开发了无线接口通信等相关标准，自此，RFID 的开发、生产及产品销售乃至系统应用有了可遵循的标准，对于 RFID 制造者及系统方案提供商而言也是一个重要的技术标准。1999 年麻省理工大学成立 Auto - ID Center，致力于自动识别技术的开发和研究。Auto - ID Center 在美国统一代码委员会（UCC）的支持下，将 RFID 技术与互联网结合，提出了产品电子代码（EPC）概念。国际物品编码协会与美国统一代码委员会将全球统一标识编码体系植入 EPC 概念当中，从而使 EPC 纳入全球统一标识系统。世界著名研究性大学——英国剑桥大学、澳大利亚的阿德雷德大学、日本 Keio 大学、瑞士的圣加仑大学、上海复旦大学相继加入并参与 EPC 的研发工作。该项工作还得到了可口可乐、吉列、强生、辉瑞、宝洁、联合利华、UPS、沃尔玛等 100 多家国际大公司的支持，其研究成果已在一些公司中试用，如宝洁公司、TESCO 等。2003 年 11 月 1 日，国际物品编码协会（EAN/UCC）正式接管了 EPC 在全球的推广应用工作，成立了 EPC global，负责管理和实施全球的 EPC 工作。EPC global 授权 EAN/UCC 在各国的编码组织成员负责本国的 EPC 工作，各国编码组织的主要职责是管理 EPC 注册和标准化工作，在当地推广 EPC 系统和提供技术支持以及培训 EPC 系统用户。在我国，EPC global 授权中国物品编码中心作为唯一代表负责我国 EPC 系统的注册管理、维护及推广应用工作。同时，EPC global 于 2003 年 11 月 1 日将 Auto－ID 中心更名为 Auto－ID Lab，为 EPC global 提供技术支持。EPC global 的成立为 EPC 系统在全球的推广应用提供了有力的组织保障。EPC global 旨在改变整个世界，搭建一个可以自动识别任何地方、任何事物的开放性的全球网络。即 EPC 系统，可以形象地称为“物联网”。在物联网的构想中，RFID 标签中存储的 EPC 代码，通过无线数据通信网络把它们自动采集到中央信息系统，实现对物品的识别。进而通过开放的计算机网络实现信息交换和共享，实现对物品的透明化管理。

3.1.2 EPC 的定义

EPC 是提供对物理世界对象的唯一标识。EPC 通过计算机网络来标识和访问单个物体，就如在互联网中使用 IP 地址来标识、组织和通信一样。EPC 系统的最终目标是为每一单品建立全球的、开放的标识标准。通过 EPC 系统的发展：

（1）能够推动自动识别技术的快速发展。

（2）通过整个供应链对货品进行实时跟踪。

（3）通过优化供应链来给用户提供支持。

（4）可以大大提高供应链的效率。

EPC 系统主要由以下 5 个方面组成：

（1）EPC 编码标准。

（2）EPC 标签。

（3）解读器。

（4）Savant 系统（神经网络软件）。

（5）对象名解析服务（Object Naming Service，ONS）。

3.1.3 EPC 国内外发展状况

20 世纪中期产生的射频识别技术，由于射频标签本身的价格昂贵，阻碍了它的推广和应用。1999 年，美国麻省理工学院成立 Auto－ID 中心，进行射频识别技术的研发，通过创建 RFID 标准，并利用网络技术，形成 EPC 系统，来为建设全球实物互联网而努力。

具体来讲，EPC 系统在国际上的测试可分为三个阶段：

第一阶段（货堆）：2001 年 9 月 28 日，Auto－ID 中心成功读取了宝洁公司位于密苏里州 Cape Giradeau 工厂中手纸货堆上的 EPC 代码。10 月 1 日，该厂有一批货物要发往位于 Oklahoma，Tulsa Sam's 俱乐部，当货物离开工厂时，货堆上的 EPC 代码在异地被成功的读取。

第二阶段（货箱）：2002 年 2 月，联合利华、宝洁、卡夫、可口可乐、吉列、沃尔玛和强生等公司将包装盒上配有 EPC 标签的货物在全美 8 个州中选定的配送中心和零售商之间运输，尽管从货堆试验到包装盒试验大大增加了传输的数据量，系统运行仍然良好。

第三阶段（单个物品）：2002 年年底，Auto－ID 中心测试系统处理更大数据量的能力，标签被加载到单个物品上。EPC 可为每一单个商品建立全球的、开放的标识标准，以 EPC 软硬件技术构成的"EPC 物联网"，能够使产品的生产、仓储、采购、运输、销售及消费的全过程发生根本性的变化，从而大大提高全球供应链的性能。

1. 国际 EPC 发展现状

虽然目前 EPC 系统还没有完全真正地应用在企业的管理行为中，但却引起了全球的关注和兴趣。目前，在全球共有 90 个终端用户和 75 个系统集成商进行 EPC 系统的测试，他们一起合作，整合 EPC 系统的产品标识，建立 EPC 实施方案。EPC 系统的研发，可以说是如火如荼。Auto－ID 中心研发 EPC 系统，在国际物品编码协会的主导下，为了通过采纳开放的全球标准和产品标识来提高商业的贸易效率，实现 EPC 系统的宗旨，EAN 和 UCC 成立 EPC global，来管理全球 EPC 标准、开发并实施市场和通信、管理有关 EPC 的知识产权、与 Auto－ID 中心就未来的改善进行合作、管理 EPC 系统。EPC 网络的商业化给各国的编码组织提供了发展新业务的绝好机会，同时由于 EAN 已经建立了遍布全球的编码组织，对于开展这一项新的业务提供了组织保障。通过 EAN 的世界成员组织和美国 UCC，负责 EPC 系统的全球教育、信息传播、教育工具和推动，可以利用他们超过 100 万的成员公司的全球用户基础推动 EPC 技术的应用。自此，EPC 系统的研发力量在全球范围内得以整合，并进入了有计划的推广阶段。

2. 国内 EPC 发展现状

国内研究人员对 EPC 的研究基本上是从空白开始的，已有的技术积累也较低，但这方面的研究一直在继续，基本属于跟踪发达国家的研究，参与这方面研究的有中国物品编码中心、中国标准协会等非营利机构以及复旦大学、北京大学等一些大学的科研机构，目前已经取得了一些初步的成果，EPC 处于宣传和推广的起步阶段。

与此同时，我国在"物联网"的启动和发展上与国际相比并不落后，我国中长期规划《新一代宽带移动无线通信网》中有重点专项研究开发"传感器及其网络"，国内不少城市和省份已大量采用传感网解决电力、交通、公安、农渔业中的 M2M 等信息通信技术的服务。

作为国家层面成立了《传感器的网络标准工作组》。而中国通信标准化协会也启动了基于互联网的物联网和基于电信网的物联网的相关标准和研究课题的申报工作。中国的几大电信运营商积极投入"物联网"的技术开发和应用的工作：物流信息化、公交视频化、校讯通、农村信息化、渔牧业监控、水文水质等。

EPC 系统作为一项革命性的新技术，它是网络社会、信息社会发展的必然结果；这是一个系统性的工作，涉及许多方面，包括技术、管理、硬件、软件、网络、系统安全、无线电频率等，需要统筹考虑。我们要充分认识 EPC 系统的战略地位和发展前景，加强对 EPC 系统的宣传和技术培训，加快我国 EPC 系统的推广和应用。

3.1.4 EPC 系统的构成及其特点

1. EPC 系统的构成

EPC（产品电子代码）系统是一个非常先进的、综合性的、复杂的系统。它的组成由全球产品电子代码编码体系、射频识别体系、信息网络系统三部分组成，主要包括六个方面，如表 3－1 所示。

表 3－1　　EPC 系统的构成

系统构成	名　称	注　释
全球产品电子代码编码体系	EPC 编码标准	识别目标的特定代码
射频识别体系	EPC 标签	贴在物品之上或者内嵌在物品之中
	识读器	识读 EPC 标签
信息网络体系	神经网络软件	EPC 系统的软件支持体系
	对象名称解析服务	
	实体标记语言	

（1）全球产品电子代码 EPC 编码体系是新一代的与 GTIN 兼容的编码标准，它是全球统一标识系统的拓展和延伸，是全球统一标识系统的重要组成部分，是 EPC 系统的核心与关键。

（2）EPC 编码坚持的原则是唯一性、可扩展性、保密性、安全性。

（3）EPC 代码是由版本号、域名管理者、对象分类、序列号组成。

（4）EPC 射频识别系统是由射频标签和识读器组成。射频标签是 EPC 的载体，附着于跟踪的物品上在全球流通。射频标签和识读器之间利用无线感应方式进行信息交换。

（5）信息网络系统是由本地网络与全球互联网组成，是实现信息管理、信息流通的功能模块。EPC 系统的信息网络系统是在全球互联网的基础上，通过 EPC 中间件以及对象命名称解析服务器（ONS）和实体标记语言（PML）实现“实物互联”。

（6）神经网络系统（Savant 系统）的主要任务是：数据校对、识读器协调、数据传送、数据存储、任务管理。

（7）对象名称解析服务（ONS）的查询过程：

①从标签上识读一个比特字符串 EPC 编码；

②识读器将此比特字符串 EPC 编码发送到本地服务器；

③本地服务器对 EPC 编码数据进行适当的排队、过滤，将 EPC 编码发送到本地 ONS 解析器；

④本地 ONS 解析器利用格式化转换字符串将 EPC 比特位编码转为 EPC 域前缀名，再将 EPC 域前缀名与 EPC 域后缀名结合成一个完整的 EPC 域名，ONS 解析器再进行一次 ONS 查询，将 EPC 域名发送到指定的 ONS 服务器基础架构，以获取所需的信息；

⑤ONS 基础架构给本地 ONS 解析器返回 EPC 域名对应的一个或者多个 PML 服务器 IP 地址；

⑥本地 ONS 解析器将 IP 地址返回经本地服务器；

⑦本地服务器再根据 IP 地址联系正确的 PML 服务器，获取的 EPC 信息。

2. EPC 系统的特点

（1）开放的结构体系

EPC 系统采用全球最大的公用的 Internet 网络系统。这就避免了系统的复杂性，同时也大大降低了系统的成本，并且还有利于系统的增值。梅特卡夫（Metcalfe）定律表明，一个网络大的应该开放的结构体系远比复杂的多重结构更有价值。

（2）独立的平台与高度的互动性

EPC 系统识别的对象是一个十分广泛的实体对象，因此，不可能有哪一种技术适用所有的识别对象。同时，不同地区、不同国家的射频识别技术标准也不尽相同。因此，开放的结构体系必须具有独立的平台和高度的交互操作性。EPC 系统网络建立在 Internet 网络系统上可以将所有可能的组成部分协同工作。

（3）灵活的可持续发展的体系

EPC 系统是一个灵活的、开放的、可持续发展的体系，可在不替换原有体系的情况下就可以做到系统升级。EPC 系统是一个全球的大系统，供应链各个环节、各个节点、各个方面都可受益，但对低价值的识别对象来说，如食品、消费品等，它们对 EPC 系统引起的附加价格十分敏感。EPC 系统正在考虑通过本身技术的进步，进一步降低成本，同时通过系统的整体运作使供应链管理得到更好的运作，提高效益，以便抵消和降低附加价格。

3. 影响 EPC 系统推广应用的因素

目前，EPC 系统在全球范围内处在研发阶段，因为其独特的技术优势，市场前景十分广阔。但是 EPC 能否广泛应用，却也面临着挑战，主要来自于几个方面：硬件设施成本、系统准确性以及涉及个人隐私和安全问题。任何一个环节出现问题都将影响到系统使用，阻碍 EPC 系统的推广和应用。

首先，EPC 系统需要 IT 系统与识读器等硬件设施，一次性投资庞大。射频识读器的价格大都在 1000 美元以上，而一个企业动辄就需要安装数十台，甚至上千台类似的机器。如果再加上计算机、局域网、应用软件、系统集成等费用，广大中小企业无疑只能望而却步。此外，业务流程改造所导致的直接或间接费用也不容忽视。

其次，EPC 系统运用到的关键技术是射频技术。而射频技术的支持技术复杂。仅简单的实现自动销售，涉及的技术就包括射频识别系统制造、无线数据通信与网络、数据加密，自动数据收集与数据挖掘等技术；为了能够使用信用卡进行结算，还必须安装 POS 收费系统和发卡行结算系统；把销售系统与企业资源计划（ERP）和仓库管理系统（WMS）结合起来，实现整个供应链的自动化管理，则需要一套全新的，功能强大的软件系统的支持；最重要的是，所有这些技术与系统都必须实现无缝的链接，这对系统集成是个极大的挑战。

另外，射频识别系统是非常复杂的，需要经过专门训练的专业人员进行安装配置。足够的系统工作人员也将是一个问题。还有就是标准问题。频率标准方面，由于各国无线电频段用途的分配存在一定的差异，射频识别系统可能面临频率资源的限制。一言以蔽之，射频识别技术应用和发展，在很大程度上取决于上述问题是否能够及时有效地解决。只有解决了上述问题 EPC 系统才能推广。还有，由于 EPC 系统是一个网络系统，可实现单品的实时追踪。对于涉及个人隐私的单品或一些保密性的单品的追踪和管理，EPC 技术将会被拒之门外。同时由于 EPC 系统运用到的是射频标签，数据交换通过电磁场，电磁场的辐射对人体是有一定程度的危害的，对于人类的常用品，如贵重的西装等的追踪和管理，EPC 系统的应用不是理想的选择。

3.1.5 EPC 系统的工作流程

1. EPC 系统工作流程

在 EPC 标签、读写器、EPC 中间件、Internet、ONS 服务器、EPC 信息服务（EPC IS）等组成的 EPC 系统中，读写器读出的 EPC 只是一个信息参考（指针），由这个信息参考从 Internet 找到 IP 地址并获取该地址中存放的相关的物品信息，并采用分布式的 EPC 中间件处理由读写器读取的一连串 EPC 信息。由于在标签上只有一个 EPC 代码，计算机需要知道与该 EPC 匹配的其他信息，这就需要 ONS 来提供一种自动化的网络数据库服务，EPC 中间件将 EPC 代码传给 ONS，ONS 指示 EPC 中间件到一个保存着产品文件的服务器（EPC－IS）查找，该文件可由 EPC 中间件复制，因而文件中的产品信息就能传到供应链上，EPC 系统的工作流程如图 3－1 所示。

EPC 网络有很多重要的特点，例如：

①不像传统的条码，本网络不需要人的干预与操作而是通过自动技术实现网络运行；②无缝链接；③网络的成本相对较低；④本网络是通用的，可以在任何环境下运行；⑤采纳一些管理实体的标准如 UCC、EAN、ANSI、ISO 等。

2. 沃尔玛的 EPC、RFID 系统

系统流程：

（1）从组装线产品上线开始粘贴 RFID 标签，在每个工位上采集组装信息。

（2）产品下线进入周转库时利用 RFID 标签采集入库信息，并监控库存信息。

（3）产品从周转库出库采集 RFID 信息，并进入分公司配送仓库，在入库时采集产品信息。

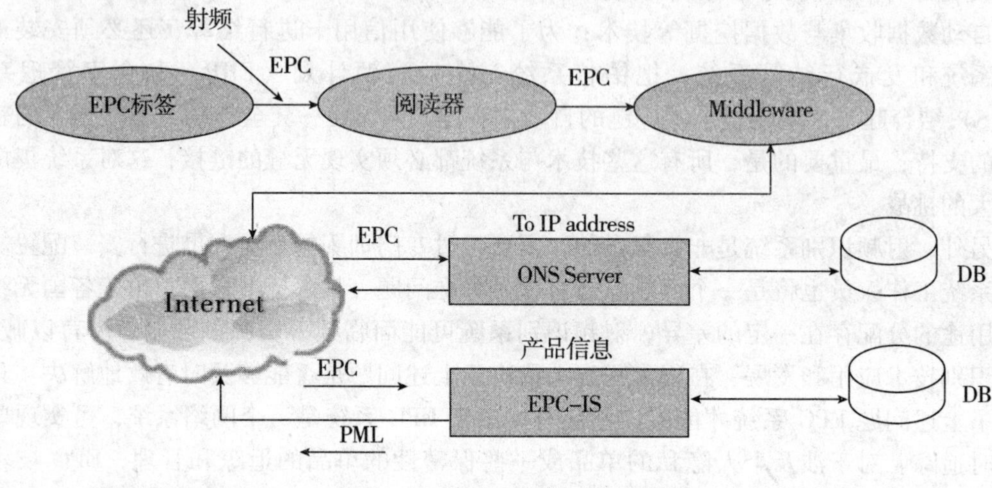

图 3-1　EPC 系统的工作流程

（4）分公司配送仓库出库，批量采集产品信息。

应用特点：

系统采用电子产品代码（EPC）标准和支持 RFID 的各项技术，设计实施了在国内第一个基于 EPC 和物联网标准的系统架构，完成了的流程改革与技术部署。

（1）在生产线上信息采集的过程中有效地解决了无线电的干扰。

（2）在库存应用中，能高效地实现库存的监控。

（3）能准确的批量采集到贴在金属产品上的标签信息。

（4）按照 EPC 编码构建产品单品信息编码系统。

（5）按照 EPC 架构构建产品单品信息跟踪与查询系统。

运行情况及用户收益：

整个系统从验收完毕至今，包括天线、标签在内构建的硬件平台在性能、可靠性、稳定性和管理性等方面都能够全面适应应用要求，提升业务竞争力。系统采用可重复利用的射频标签作为产品的标识，射频标签内存储该产品的 EPC 信息。产品下线时由管理系统控制完成标签信息的写入和标签的安装。产品进入成品库时，系统自动完成产品信息采集并导入管理系统。产品离开成品库发往各区域分销中心时，系统同样自动完成产品信息的采集、核对和处理，大大的提高了效率。

无论是从应用经验还是对原有投资的保护角度来看，采用 RFID 技术运用业务系统这样的关键业务应用，都有很大的好处。当产品进入和离开区域分销中心仓库时，系统将执行与成品库类似的操作，自动完成产品信息的采集，从而实现对一款产品从供应商的成品仓库到多个分销中心的全程跟踪。通过这个系统的运行，有效提高了配送中心与仓库业务的效率和准确性，改进发运准确性和及时性，增强了供应链管理的可见度。

3.2 EPC 编码

3.2.1 EPC 标准

EPC 编码是 EPC 系统的重要组成部分，它是对实体及实体的相关信息进行代码化，通过统一并规范化的编码建立全球通用的信息交换语言。EPC 编码是与 EAN. UCC 编码兼容的新一代编码标准，在 EPC 系统中 EPC 编码与现行 GTIN 相结合，因而 EPC 并不是取代现行的条码标准，而是由现行的条码标准逐渐过渡到 EPC 标准或者是在未来的供应链中 EPC 和 EAN. UCC 系统共存，它是新一代的全球统一标识的编码体系，是对现行编码体系的一个补充。EPC 是存储在射频标签中的唯一信息，且已经得到 UCC 和国际 EAN 两个国际标准的主要监督机构的支持。

由于目前的 EPC Gen2（关于 Gen2 和下文提到的 Gen1 请参阅后文的介绍）标准只是针对 UHF 频段，它适合长距离的读写（读取 ID 可达 8m 左右的距离），因此主要应用在物流等需要通信距离长的领域。目前 EPC 没有对 UHF 以外的其他频段制定标准。也就是说 EPC 的主要对象是物流，特别是物流中的流通领域，如用于购物。这样把目标限定在很窄小范围内的最大好处在于可以降低电子标签的成本。成本降低到一定程度，如 5 美分（0.4 元人民币）小商品上就可以使用电子标签。EPC Gen2 中对于空中接口的标准融合了 Gen1 和 ISO 协议中有关空中接口的优点，加上一些从其他通信系统借鉴来的信息，如从 802.11 WiFi 路由器，来实现读写器和标签的通信，这样会比现存的 RFID 协议更快捷、更可靠，并且可以解决对环境的噪声污染问题。经 EPC global 批准的 EPC 通信协议标准已经提交 ISO，即将成为国际通用标准。虽然目前定义完成的 Gen2 是针对 UHF 频段的，但是 EPC 正在和将要制定高频（HF）和 2.45GMW 频段的标准。

EPC 的目标是提供对物理世界对象的唯一标识。它通过计算机网络来标识和访问单个物体，就如在互联网中使用 IP 地址来标识、组织和通信一样。下面将简要介绍一下该产品电子码的编码方案。

EPC 编码的特点：

1. 唯一标识（Unique Identification）

与当前广泛使用的 EAN. UCC 代码不同的是，EPC 提供对物理对象的唯一标识。换句话说，一个 EPC 编码分配给一个且仅一个物品使用。

2. 嵌入信息（Embedded Information）

是否在 EPC 中嵌入信息，一直颇有争议。当前的编码标准，如 UCC. EAN－128 应用标识符（AI）的结构中就包含数据。这些信息可以包括如货品重量、尺寸、有效期、目的地等。

Auto－ID 中心建议消除或最小化 EPC 编码中嵌入的信息量。其基本思想是利用现有的计算机网络和当前的信息资源来存储数据，这样 EPC 便成了一个信息引用者，拥有最小的信息量，当然也需要和实际要求相平衡，如易于使用、与系统兼容等。

无论 EPC 中是否存储信息，Auto－ID 中心的目标是用它来标识物理对象。根据这一原则，定义 EPC 是唯一标识贸易项的编码方案的一部分。

3. 参考信息（Information Reference）

产品电子代码的首要作用是作为网络信息的参考。换句话说，EPC 本质上是在线数据的“指示器”。

使用 Internet 的一个普遍参考就是统一资源标识符（URI），它包括以前的统一资源定位符（URL）和统一资源名称（URN）。这些标识符都被域名服务（DNS）翻译为相关的网络协议（IP）地址，这些地址就是网络信息的地址。

同样，Auto－ID 中心提供的对象名称解析服务（ONS）直接将 EPC 代码翻译成 IP 地址。IP 地址标识的后台就储存了相关的产品信息，然后由 IP 地址标识的主机将发送存储产品的相关信息。ONS 本质上相当于 EPC 编码和网络信息之间的“胶水”。因此编码的结构应能促进主机地址的查找，并且通过对象“黄页”来提高查找效率。

3.2.2 GS1 全球统一标识系统

GS1 全球统一标识系统（以下简称“GS1 系统”）是一种开放的、多环节、多领域应用的全球统一商务语言。GS1 系统以商品条码系统为核心，包含编码体系、数据载体、电子数据交换和解决方案等内容（见图 3－2）。该系统为贸易项目、物流单元、资产、位置和服务提供全球唯一的标识，不仅克服了企业内部编码系统的闭环性特点，而且提高了全球贸易、供应链管理效率和透明度，提高对客户的反应能力，降低管理成本。国际物品编码协会（GS1）负责 GS1 系统的全球管理，编码中心负责我国 GS1 系统的组织实施和推动工作。目前，GS1 系统在我国已广泛应用于零售业、制造业、出版业、医疗卫生业、金融保险业、物流业等领域。

1. GS1 系统的特点

GS1 系统具有以下特点：

（1）科学性

产品与服务的标识代码采用国际统一的编码结构，分段赋码，统一应用，管理与使用具有科学性。

（2）全球统一性

GS1 系统所包含的内容，有的已成为国际标准，有的成为事实上的国际标准，具有全球统一性。

（3）编码唯一性

GS1 系统的编码结构及管理模式决定了该系统的产品与服务编码具有全球唯一性。

（4）信息共享性

GS1 系统的标识代码是贸易过程中信息交换的通用语言和关键字，具有信息共享性。

（5）可自动识别

通过条码符号或射频标签，实现了产品与服务信息自动识别与数据采集，极大地提高信息采集和数据处理的速度和准确率，为不同应用领域进行实时数据传递、实现产品跟踪提供了有效的工具。

（6）完备性

GS1 系统不仅提供了产品与服务在贸易过程中统一的标识代码体系及表示符号，同时还具有描述产品附加属性信息的编码方案，具有完备性。

2. 编码体系

编码体系是 GS1 系统的核心，包括流通领域中所有的产品与服务（包括贸易项目、物流单元、资产、位置和服务关系等）的标识代码及附加属性代码，附加属性代码不能脱离标识代码独立存在。图 3－2 为 GS1 系统编码体系。

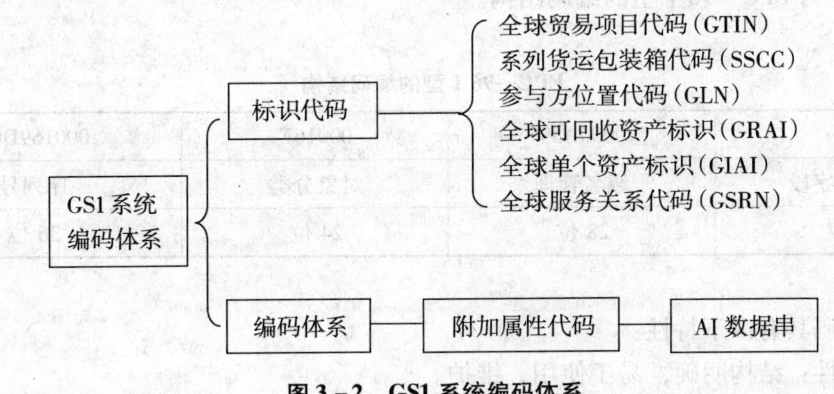

图 3－2　GS1 系统编码体系

3. GS1 系统的应用

GS1 系统主要应用于贸易项目、物流单元、位置、资产、服务的标识，自动数据采集、数据交换及其他特殊应用，涵盖了流通过程中所有的产品与服务。这些应用依赖于特定的编码结构。这些代码结构能保证在相关应用领域中，代码的全球唯一性。编码是相关项目及其数据的标识。对于一项贸易，这些代码是访问信息数据库和明确标识相关项目的关键字。通过代码，在数据库中可查询到描述有关产品或服务的所有信息。代码以条码或射频标签的形式表示，以便在进货点或出货点实现数据自动采集。代码也用于电子数据交换的报文。供应商可通过标准报文或电子目录协议将这些代码传递给贸易伙伴。GS1 系统的应用最早是从食品、日用百货等快速消费品在零售 POS 系统自动结算开始的。应用需求的提高驱动着 GS1 系统各项技术的不断完善。它目前广泛应用于工业、商业、出版业、建材、纺织服装、医疗卫生、运输物流、特种设备管理、金融保险和服务业等行业，正逐渐向食品安全跟踪与溯源、缺陷产品召回、医疗卫生领域、电子商务、电子政府采购、移动商务等新领域扩展。GS1 系统是对全球多行业供应链进行有效管理的一套开放式的国际标准。

3.2.3 EPC 编码体系

EPC 编码体系是新一代的与 GTIN 兼容的编码标准，它是全球统一标识系统的延伸和拓展，是全球统一标识系统的重要组成部分，是 EPC 系统的核心与关键。

EPC 编码是由一个版本号和另外三段数据（依次为域名管理、对象种类、序列号）组成的一组数字。其中版本号标识 EPC 的版本号，它使得以后的 EPC 可有不同的长度或类型；域名管理是描述与此 EPC 相关的生产厂商的信息，如“可口可乐公司”；对象种类记录产品精确类型的信息，如“美国生产的 330ml 罐装减肥可乐（可口可乐的一种新产品）”；序列号唯一标识货品，它会精确的告诉我们所说的究竟是哪一罐 330ml 罐装减肥可乐。至今已经推出 EPC—96 Ⅰ型，EPC—64 Ⅰ型、Ⅱ型、Ⅲ型，EPC—256 Ⅰ型、Ⅱ型、Ⅲ型等编码方案。

表 3－2 为 EPC—96 Ⅰ型的编码结构。

表 3－2　EPC—96 Ⅰ型的编码结构

01	0000A89	00016F	000169DC0
版本号字段	域名管理	对象分类	序列号
8 位	28 位	24 位	36 位

EPC 编码具有以下特性：

- 简易性：结构明确，易于使用、维护。
- 兼容性：EPC 编码标准与目前广泛应用的 EAN. UCC 编码标准是兼容的，GTIN 是 EPC 编码结构中的重要组成部分，目前广泛使用的 GTIN、SSCC、GLN 等都可以顺利转换到 EPC 中去。
- 全面性：可在生产、流通、存储、结算、跟踪、召回等供应链的各环节全面应用。
- 合理性：由 EPC global、各国 EPC 管理机构（中国的管理机构称为 EPC global China）、被标识物品的管理者分段管理、共同维护、统一应用，具有合理性。
- 国际性：不以具体国家、企业为核心，编码标准全球协商一致，具有国际性。
- 无歧视性：编码采用全数字形式，不受地方色彩、语言、经济水平、政治观点的限制，是无歧视性的编码。

当前，出于成本等因素的考虑，参与 EPC 测试所使用的编码标准采用的是 64 位数据结构，未来将采用 96 位的编码结构。

3.2.4 EPC 编码策略

EPC 中码段的分配是由 EAN/UCC 来管理的。在我国，EAN/UCC 系统中 GTIN 编码是由中国物品编码中心负责分配和管理的。同样，中国物品编码中心（ANCC）也已启动

EPC 服务来满足国内企业使用 EPC 的需求。

（1）唯一性。与当前广泛使用的 EAN. UCC 代码不同的是，EPC 提供对物理对象的唯一标识。换句话说，一个 EPC 编码仅仅分配给一个物品使用。同种规格同种产品对应同一个产品代码，同种产品不同规格对应不同的产品代码。根据产品的不同性质，如重量、包装、规格、气味、颜色、形状，等等，赋予不同的商品代码。为了确保实体对象进行唯一标识的实现，EPC global 采取了如下基本措施：

①足够的编码容量。EPC 编码冗余度见表 3－3。从世界人口总数（大约 60 亿人）到大米总粒数（粗略估计 1 亿亿粒），EPC 有足够大的地址空间来标识所有这些对象。

表 3－3　EPC 编码冗余

比特数	唯一编码数	对　象
23	6.0×10^{6}/年	汽　车
29	5.6×10^{8} 使用中	计算机
33	6.0×10^{9}	人　口
34	2.0×10^{10}/年	剃刀刀片
54	1.3×10^{16}/年	大米粒数

②组织保证。必须保证 EPC 编码分配的唯一性并寻求解决编码碰撞的方法 EPC global 通过全球各国编码组织来负责分配本国的 EPC 代码，并建立相应的管理制度。

③使用周期。对一般实体对象，使用周期和实体对象的生命周期一致。对特殊的产品，EPC 代码的使用周期是永久的。

（2）永久性。产品代码一经分配，就不再更改，并且是终身的。当此种产品不再生产时，其对应的产品代码只能搁置起来，不得重复起用或分配给其他的商品。

（3）简单性。EPC 的编码既简单同时又能提供实体对象的唯一标识。以往的编码方案，很少能被全球各国和各行业广泛采用，原因之一是编码的复杂导致不适用。

（4）可扩展性。EPC 编码留有备用空间，具有可扩展性。EPC 地址、空间是可扩展的，具有足够的冗余，从而确保了 EPC 之系统的升级和可持续发展。

（5）保密性与安全性。与安全和加密技术相结合，EPC 编码具有高度的保密性和安全性。保密性和安全性是配置高效网络的首要问题之一。安全的传输、存储和实现是 EPC 能否被广泛采用的基础。

（6）无含义。为了保证代码有足够的容量以适应产品频繁更新换代的需要，最好采用无含义的顺序码。

3.2.5 EPC编码实现

1. EPC编码关注的问题

（1）生产厂商和产品。目前世界上的公司估计超过2500万家，考虑今后的发展，10年内这个数目有望达到3900万家，EPC编码中厂商代码必须具有一定的容量。对厂商来讲，产品数量的变化范围很大，如表3－4所示。通常，一个企业产品类型数均不超过10万种（参考EAN成员组织）。

表3－4　生产厂商和产品数量的变化范围

领　域	中　值	范　围
新兴市场经济领域	37	0～8500
新型工业经济领域	217	1～83400
先进的工业国家	1080	0～100000

（2）内嵌信息。在EPC编码中嵌入有关产品的其他信息，如货品重量、尺寸、有效期、目的地等。

（3）分类。分类是指对具有相同特征和属性的实体进行管理与命名，这种管理和命名的依据不涉及实体的固有特征与属性，通常是管理者的行为。例如，一罐颜料在制造商那里可能被当成库存资产，在运输商那里可能是“可堆叠的容器”，而回收商则可能认为它是有毒废品。在各个领域，分类是具有相同特点物品的集合，而不是物品的固有属性。

（4）批量产品编码。给批次内的每一样产品分配唯一的EPC代码，同时也可将该批次产品视为单一的实体对象，为其分配一个批次的EPC代码。

（5）载体。EPC标签是EPC代码存储的物理媒介，对所有的载体来讲，其成本与数量成反比。EPC标签要广泛采用，必须尽最大可能地降低成本。

2. EPC编码类型

目前，EPC代码有64位、96位和256位3种（如表3－5所示）。为了保证所有物品都有一个EPC代码并使其载体——标签成本尽可能降低，建议采用96位，这样其数目可以为2.68亿个公司提供唯一标识，每个生产厂商可以有1600万个对象种类并且每个对象种类可以有680亿个序列号，这对未来世界所有产品已经非常够用了。

鉴于当前不用那么多序列号，因而可采用64位EPC，这样会进一步降低标签成本。但随着EPC—64和EPC—96版本的不断发展，EPC代码作为一种世界通用标识方案已不足以长期使用，因而出现了256位编码。至今已经推出EPC—96 Ⅰ型，EPC—64 Ⅰ型、Ⅱ型、Ⅲ型，EPC—256 Ⅰ型、Ⅱ型、Ⅲ型等编码方案。

表 3-5　　EPC 编码结构

编码方案	编码类型	版本号	域名管理	分类对象	序列号
EPC—64	Ⅰ	2	21	17	24
	Ⅱ	2	15	13	34
	Ⅲ	2	26	13	23
EPC—96	Ⅰ	8	28	24	36
EPC—256	Ⅰ	8	32	56	160
	Ⅱ	8	64	56	128
	Ⅲ	8	128	56	64

（1）EPC—64 码。目前研制出了三种类型的 64 位 EPC 代码。

①EPC—64 Ⅰ型。Ⅰ型 EPC—64 编码提供 2 位的版本号编码，21 位的管理者编码，17 位的库存单元和 24 位序列号。该 64 位 EPC 代码包含最小的标识码。21 位的管理者分区就会允许 200 万个组使用该 EPC—64 码。

对象种类分区可以容纳 131072 个库存单元，远远超过 UPC 所能提供的库存单元数量，从而能够满足绝大多数公司的需求。24 位序列号可以为 1600 万件产品提供空间。

②EPC—64 Ⅱ型。Ⅱ型适合众多产品以及对价格反应敏感的消费品生产者。

那些产品数量超过 2 万亿并且想要申请唯一产品标识的企业，可以采用方案 EPC—64 Ⅱ型。采用 34 位的序列号，最多可以标识 17179869 和 184 件不同产品。与 13 位对象分类区结合（提供多达 8192 个库存单元），每一个工厂可以为 140737488355328 或者超过 140 万亿不同的单品编号。这远远超过了世界上最大消费品生产商的生产能力。

③EPC—64 Ⅲ型。除了一些大公司和正在应用 UCC/EAN 编码标准的公司外，为了推动 EPC 应用过程，可以将 EPC 扩展到其他组织和行业。希望通过扩展分区模式来满足小公司、服务行业和组织的应用。因此，除了扩展单品编码的数量以外，就像第二种EPC—64 那样，也会增加可以应用的公司数量来满足要求。

EPC—64 Ⅲ型通过把管理者分区增加到 26 位，可以提供多达 67108864 个公司来采用 64 位 EPC 编码。6700 万个号码已经超出世界公司的总数，因而目前已经足够用，并预留空间给更多希望采用 EPC 编码体系的公司。

采用 13 位对象分类分区，这样可以为 8192 种不同种类的物品提供空间。序列号分区采用 23 位编码，可以为数量超过 800 万（223 = 8388608）的商品提供空间。因此，对于这 6700 万个公司，每个公司允许数量超过 680 亿（236 = 68719476736）的不同产品采用此方案进行编码。

（2）EPC—96 码。EPC—96 Ⅰ型的设计目的是成为一个公开的物品标识代码，其应用类似于目前的统一产品代码（UPC），或者 UCC/EAN 的运输集装箱代码。

域名管理负责在其范围内维护对象分类代码和序列号。域名管理必须保证对 ONS 可靠的操作，并负责维护和公布相关的产品信息。域名管理的区域占据28个数据位，允许大约2.68亿家制造商。这超出了UPC—12的10万个和EAN—13的100万个的制造商容量。

对象分类字段在EPC—96代码中占24位。这个字段能容纳当前所有的UPC库存单元的编码。序列号字段则是单一货品识别的编码。EPC—96序列号对所有的同类对象提供36位的唯一辨识号，其容量为$2^{28}=687194767360$。与产品代码相结合，该字段将为每个制造商提供1.1×10^{28}个唯一的项目编号超出了当前所有已标识产品的总容量。

（3）EPC—256码。EPC—96和EPC—64是作为物理实体标识符的短期使用而设计的。在原有表示方式的限制下，EPC—64和EPC—96版本的不断发展使得EPC代码作为一种世界通用的标识方案已不足以长期使用。更长的EPC代码表示方式一直以来就备受期待并酝酿已久。EPC—256就是在这种背景下应运而生的。

256位EPC是为满足未来使用EPC代码的应用需求而设计的。由于未来应用的具体要求目前还无法准确获知，因而256位EPC版本必须具备可扩展性以便未来的实际应用不受限制。多个版本就提供了这种可扩展性。

当前，出于成本等因素的考虑，参与EPC测试所使用的编码标准大多采用64位数据结构，未来将采用96位或256位的编码结构。

3. EPC标签分类

EPC标签是电子产品代码的信息载体，主要由天线和芯片组成。EPC标签中存储的唯一信息是96位或者64位产品电子代码。为了降低成本，EPC标签通常是被动式射频标签。根据其功能级别的不同，EPC标签可分为5类，目前所开展的EPC测试使用的是Class l Gen 2标签。

（1）Class 0 EPC标签。满足物流，在供应链管理中，如超市的结账付款、超市货架扫描、集装箱货物识别、货物运输通道以及仓库管理等基本应用功能的标签。Class 0 EPC标签的主要功能包括：必须包含EPC代码、24位自毁代码以及CRC代码；可以被读写器读取；可以被重叠读取；可以自毁；存储器不可以由读写器进行写入。

（2）Class 1 EPC标签。又称身份标签，它是一种无源的、后向散射式标签，除了具备Class 0 EPC标签的所有特征外，还具有一个电子产品代码标识符和一个标签标识符，Class 1 EPC标签具有自毁功能，能够使得标签永久失效，此外，还有可选的密码保护访问控制和可选的用户内存等特性。

（3）Class 2 EPC标签。也是一种无源的、后向散射式标签，它除了具备Class 1 EPC标签的所有特征外，还包括扩展的TID（Tag I Dentifier，标签标识符）、扩展的用户内存、选择性识读功能。Class 2 EPC标签在访问控制中加入了身份认证机制，并将定义其他附加功能。

（4）Class 3 EPC标签。是一种半有源的、后向散射式标签，它除了具备Class 2 EPC标签的所有特征外，还具有完整的电源系统和综合的传感电路，其中，片上电源用来为标签芯片提供部分逻辑功能。

（5）Class 4 EPC 标签。是一种有源的、主动式标签，它除了具备 Class 3 EPC 标签的所有特征外，还具有标签到标签的通信功能、主动式通信功能和特别组网功能。

3.3 EPC 系统结构

3.3.1 EPC global 网络与全球数据同步网络（GDSN）

全球数据同步网络系统 GDSN 的创造，主要是为了能够将供应链上的产品以及制造商的信息密切结合起来，从而为所有的合伙人提供一个较为明了的视觉信息。而 EPC global 网络是一组通过使用 RFID 技术从而达到自动识别、供应链上个人信息共享的技术。这两者联系密切且关系微妙。

目前，所有这些网络工作都仍处于初始阶段，其标准及其组件都仍处于被测试阶段。EPC global 网络是一组通过使用 RFID 技术从而达到自动识别、供应链上个人信息共享的技术。这项技术是出自麻省理工学院的 Auto－ID 中心，现正由 EPC global 负责研发和管理。EPC global 是一个由统一编码委员会 UCC 和国际物品编码协会（EAN International）所组成的标准化机构。

很多公司将会采用 EPC global 网络来识别产品和跟踪海运船只，并且彼此间共享通过 RFID 技术所采集的各种数据信息。来自于标签的数据资料将会被识读器采集，之后会经由 EPC 中间件传送到商务系统中，如企业资源管理或仓库管理应用程序之类。

全球数据同步网络系统 GDSN 是由 EAN 和 UCC 联合发布的、一个全球性的、基于互联网网络设计工作的系统。它能够使得交易双方有效且准确地交换供应链上的信息数据，并且能够获得最新的又符合 EAN 和 UCC 标准的信息资源。

此外，GDSN 的目标在于在供应链内部向所有的合伙人提供产品信息以及公司信息。网络工作组件将会使供应链内部所有的合伙人使用相同的产品描述和产品分类，以及相通的交换数据。

由于 EPC global 网络运作以及 GDSN 的共同参与，它们在很大可能性的程度上提供供应链上有关于产品的相同的数据。

1. EPC global 网络

EPC global 是由 UCC 和 EAN 共同组建的 RFID 标准研究机构。EPC global 成立伊始，就致力于建立一套全球中立的、开放的、透明的标准，并为此进行了艰苦的努力。该机构于 2004 年 4 月公布了第一代 RFID 技术标准：包括 EPC 标签数据规格、超高频 Class 0 和 Class 1 标签标准，高频 Class 1 标签标准，以及物理标识语言内核规格。

EPC global 体系框架包含三种主要的活动，每种活动都是由 EPC global 体系框架内相应的标准支撑的，如图 3－3 所示。

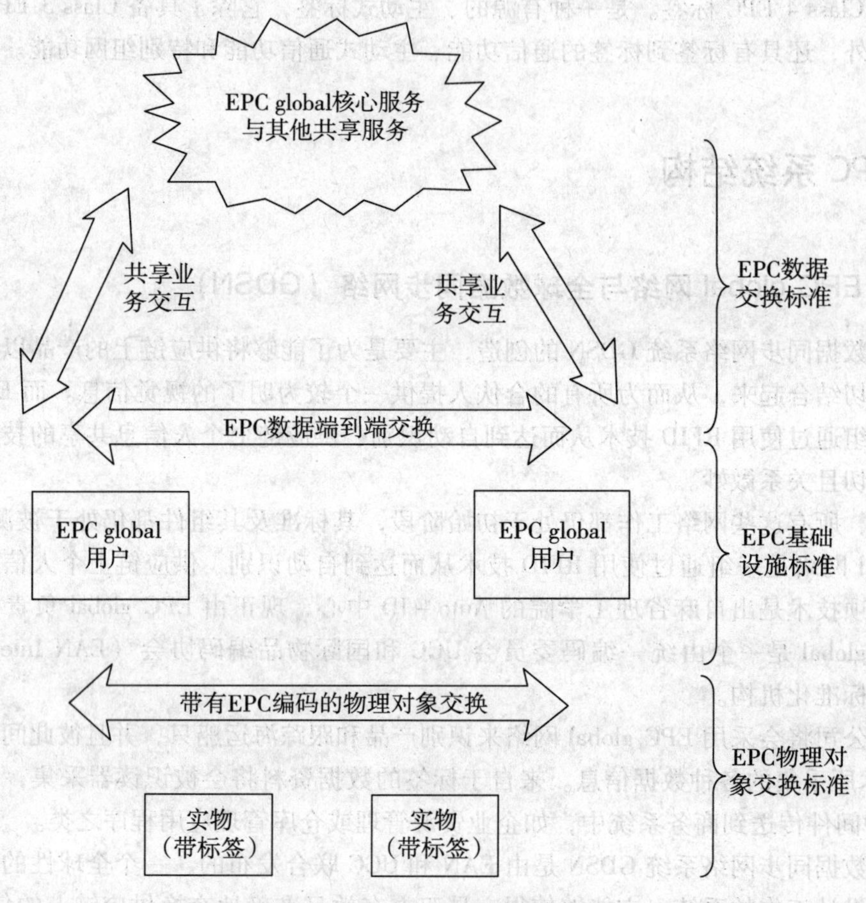

图 3-3　EPC global 体系框架

（1）EPC 物理对象交换。用户与带有 EPC 编码的物理对象进行交换。对于许多 EPC global 网络终端用户来说，物理对象是商品，用户是该商品供应链中的成员，物理对象交换包括许多活动，诸如装载、接收等。还有许多与这种商业物品模型不同的其他用途，但这些用途仍然包括对物品使用标签进行标识。EPC global 体系框架定义了 EPC 物理对象交换标准，从而能够保证当用户将一种物理对象提交给另一个用户时，后者将能够确定该物理对象有 EPC 代码并能较好地对其进行说明。

（2）EPC 基础设施。为达成 EPC 数据的共享，每个用户开展活动时将为新生成的对象进行 EPC 编码，通过监视物理对象携带的 EPC 编码对其进行跟踪，并将搜集到的信息记录到组织内的 EPC 网络中。EPC global 体系框架定义了用来收集和记录 EPC 数据的主要设施部件接口标准，因而允许用户使用互操作部件来构建其内部系统。

（3）EPC 数据交换。用户通过相互交换数据，来提高自身拥有的运动物品的可见性，进而从 EPC global 网络中受益。EPC global 体系框架定义了 EPC 数据交换标准，为用户提供了一种点对点共享 EPC 数据的方法，并提供了用户访问 EPC global 核心业务和其他相关共享业务的机会。

在理解整个组织和 EPC global 体系框架时，对活动进行分类是有益的，但不要规定得过于严格。在许多情况下，前两类活动主要指跨企业的交互过程，而后一种则是指企业内部的交互，不过这也不完全正确。例如，一个组织可能使用 EPC 来跟踪内部资产的流动，在这种情况下，它将在非跨企业交换的情况下应用物理对象交换标准。EPC global 体系框架设计用来为 EPC global 用户提供多种选择，通过应用这些标准满足其特定的商业运作。

2. 全球数据同步网络（GDSN）

全球数据同步网络是数据池系统和全球注册中心基于互联网组成的信息系统网络。

通过部署在全球不同地区的数据池系统，分布在世界各地的公司能和供应链上的贸易伙伴使用统一的标准交换贸易数据，实现商品信息的同步。这些系统中有相同数据项目的属性，以保证这些属性的值一致，如某种饮料的规格、颜色、包装等属性。GDSN 保证全球零售商、供货商、物流商等系统中的数据都是和制造商公布的完全一致，并可以即时更新（如图 3 -4 所示）。

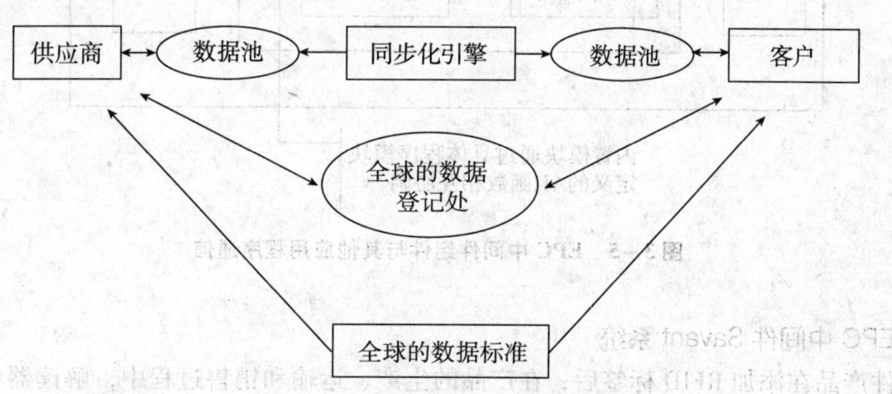

图 3 -4　全球数据同步网络模型

3.3.2　中间件

1. 什么是 EPC 系统中间件

EPC 信息网络系统是在全球互联网的基础上，通过 EPC 中间件、对象名称解析服务（ONS）和 EPC 信息服务（EPCIS）来实现全球“实物互联”。

EPC 中间件是对物联网的软件支持系统，EPC 中间件具有一系列特定属性的“程序模块”或“服务”，并被用户集成以满足他们的特定需求，EPC 中间件以前被称为 Savant 系统。

EPC 中间件是加工和处理来自读写器的所有信息和事件流的软件，是连接读写器和企业应用程序的纽带，主要任务是在将数据送往企业应用程序之前进行标签数据校对、读写器协调、数据传送、数据存储和任务管理。图 3－5 描述 EPC 中间件组件与其他应用程序通信。

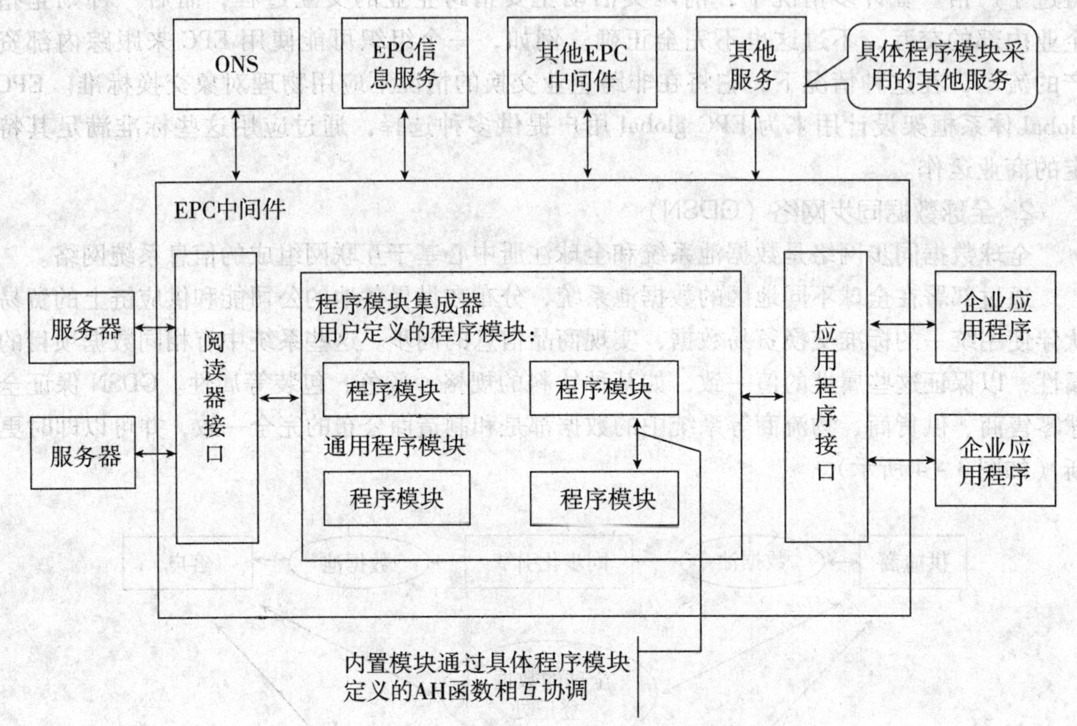

图 3－5　EPC 中间件组件与其他应用程序通信

2. EPC 中间件 Savant 系统

每件产品在添加 RFID 标签后，在产品的生产、运输和销售过程中，解读器将不断地收到一连串的 EPC 码。整个过程中最为重要、最为困难的环节就是传送和管理这些数据。自动识别产品技术中心于是开发了一种名叫 Savant 系统的软件技术，相当于该新式网络的神经系统。

Savant 系统作为一种软件，善于处理海量资讯、灵活过滤数据。在 EPC 网络里，阅读器将收到的 EPC 码传给 Savant 系统，依据这些数据，Savant 系统向给出的 ONS 提出询问，由 ONS 找寻该 EPC 码的产品资料地址，再回复给 Savant 系统。由此，Savant 系统可以找到物品资料并传递给相关单位的资料库或供应链应用系统。

Savant 系统的主要目的是管理和传输资料，防止企业和公共网络的超载，具体归纳为下面几点：

（1）资料校对

对于网络边际的 Savant 系统，直接与阅读器进行信息交流，它们会进行资料校对。并非每个标签每次都会被读到，而且，一个标签的资料可能被误读，Savant 系统可以利用算法校正这些错误。

(2) 阅读器间协调作用

如果从两个有重叠区域的阅读器读取信息，它们可能读取了同一个标签的资料，产生了相同多余的 EPC 码，Savant 系统的一个任务就是分析已读取的资料并且删除冗余的产品代码。

(3) 资料传送

在一个层次上，Savant 系统必须决定什么样的资料需要在供应链中向上或向下传送。例如，一个冷藏工厂的 Savant 系统可能只需要传送它所存储的商品温度资料就行了。

(4) 资料存储

现在的资料库部具有一秒钟内处理几百条事件的能力，因此 Savant 系统的另一个任务就是维护存储的资料。系统能够实时地取得商品的 EPC 码，并且智能地将资料存储，以便于其他企业的应用管理程序有权访问这些资料，同时保证这些资料库不会超负荷运转。

(5) 任务管理

无论 Savant 系统在层次结构中所处的等级是怎样的，所有的 Savant 系统都有一套独具特色的任务管理系统，这个系统使得它们可以实现用户自己定义的任务来进行资料管理和监控。例如，一个商店中的 Savant 系统可以通过编写程序来实现一些功能，如当货架上的物品降到一定程度时就会自动向管理员发出报警。

3.3.3 ONS 工作原理

对象名称解析服务（ONS）是一个自动的网络服务系统，类似于域名解析服务（DNS），ONS 给 EPC 中间件指明了存储产品相关信息的服务器。ONS 服务是联系 EPC 中间件和 EPC 信息服务的网络枢纽，并且 ONS 设计与架构都以互联网域名解析服务 DNS 为基础，因此，可以使整个 EPC 网络以互联网为依托，迅速架构并顺利延伸到世界各地。

一个开放式的、全球性的追踪物品的网络需要一些特殊的网络结构。因为除了将 EPC 码存储在标签中外，还需要一些将 EPC 码与相应商品信息进行匹配的方法。这个功能就由对象名称解析服务（ONS）来实现，它是一个自动的网络服务系统，类似于域名解析服务（DNS），DNS 是将一台计算机定位到万维网上的某一具体地点的服务。

当一个识读器读取一个 EPC 标签的信息时，EPC 码就传递给了 Savant 系统（参看前文）。Savant 系统然后再在局域网或互联网上利用 ONS 对象名称解析服务找到这个产品信息所存储的位置。ONS 给 Savant 系统指明了存储这个产品的有关信息的服务器，因此就能够在 Savant 系统中找到这个文件，并且将这个文件中的关于这个产品的信息传递过来，从而应用于供应链的管理。

对象名称解析服务将处理比万维网上的域名解析服务更多的请求，因此，公司需要在局域网中有一台存取信息速度比较快的 ONS 服务器。这样一个计算机生产商可以将他现在的供应商的 ONS 数据存储在自己的局域网中，而不是货物每次到达组装工厂都需要到万维网上去寻找这个产品的信息。这个系统也会有内部的冗余，例如，当一个包含某种产品信息的服务器崩溃时，ONS 将能够引导 Savant 系统找到存储着同种产品信息的另一台服务器。

ONS 的运作过程分为以下几个步骤：

（1）从标签上判读一个资料字串 EPC 代码。

（2）阅读器将该字串 EPC 代码发送到本地服务器。

（3）本地服务器对 EPC 代码资料进行适当整理，将 EPC 代码发送到本地 ONS 运算器。

（4）本地 ONS 运算器利用格式化转换字符串将 EPC 比特位代码转换成 EPC 域前缀名，再将 EPC 域前缀名与 EPC 域后缀名结合成一个完整的 EPC 域名。ONS 运算器再进行一次 ONS 查询，将 EPC 域名发送到制定 ONS 服务器基础架构中，以获得所需要的咨询。

（5）ONS 服务器基础架构给 ONS 运算器回馈 EPC 域名对应的一个或多个 PML 服务器的 IP 地址。

（6）ONS 运算器再将 IP 地址回馈给本地服务器。

（7）本地服务器再根据 IP 地址联系正确的 PML 服务器，获取所需要的 EPC 咨询。

如图 3－6 所示。

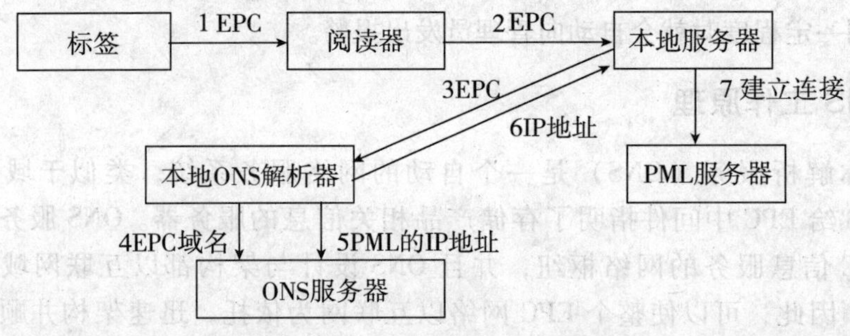

图 3－6　ONS 服务器基础架构

3.3.4　EPC 信息服务（EPCIS）

EPCIS 通过为 EPC 数据提供一套标准的接口，促成单一标准的采集和分享信息的方式，且仍然保持行业和组织特定应用的灵活性。这项规范支持强大的商业用例和客户利益，如包装箱追踪、产品鉴定、促销管理、行李追踪（交货、监管链、退货管理和运作管理）的电子校检。EPCIS 是各个组织之间或内部采集微观事件信息的基础标准，EPCIS 将建立在其他终端用户和团体用例上，作为改善数据共享模式的动力。EPCIS 提供了一个模块化、可扩展的数据和服务的接口，使得 EPC 的相关数据可以在企业内部或者企业之间共享。它处理与 EPC 相关的各种信息，例如：

- EPC 的观测值：What/When/Where/Why，通俗地说，就是观测对象、时间、地点以及原因，这里的原因是一个比较泛的说法，它应该是 EPCIS 步骤与商业流程步骤之间的一个关联，例如，订单号、制造商编号等商业交易信息。

- 包装状态：例如，物品是在托盘上的包装箱内。
- 信息源：例如，位于 Z 仓库的 Y 通道的 X 识读器。

EPCIS 有两种运行模式，一种是 EPCIS 信息被已经激活的 EPCIS 应用程序直接应用；另一种是将 EPCIS 信息存储在资料档案库中，以备今后查询时进行检索。独立的 EPCIS 事件通常代表独立步骤，如 EPC 标记对象 A 装入标记对象 B，并与一个交易码结合。对于 EPCIS 资料档案库的 EPCIS 查询，不仅可以返回独立事件，而且还有连续事件的累积效应，如对象 C 包含对象 B，对象 B 本身包含对象 A。

3.3.5 通信语言 PML

1. PML 原理功能

EPC 码识别单品，但是所有关于产品有用的信息都用一种新型的标准的计算机语言——实体标记语言（PML）所书写，PML 是基于为人们广为接受的可扩展标记语言（XML）发展而来的。因为它将会成为描述所有自然物体、过程和环境的统一标准，PML 的应用将会非常广泛，并且进入到所有行业。Auto - ID 中心的目标就是以一种简单的语言开始，鼓励采用新技术。PML 还会不断发展演变，就像互联网的基本语言 HTML 一样，演变为更复杂的一种语言。

PML 将提供一种通用的方法来描述自然物体，它将是一个广泛的层次结构。例如，一罐可口可乐可以被描述为碳酸饮料，它属于软饮料的一个子类，而软饮料又在食品大类下面。当然，并不是所有的分类都如此的简单，为了确保 PML 得到广泛的接受，Auto - ID 中心依赖于标准化组织已经做了大量工作，比如，国际重量度量局及美国国家标准和技术协会等标准化组织制定的相关标准。

除了那些不会改变的产品信息（如物质成分）之外，PML 将包括经常性变动的数据（动态数据）和随时间变动的数据（时序数据）。在 PML 文件中的动态数据包括船运的水果的温度，或者一个机器震动的级别。时序数据在整个物品的生命周期中，离散且间歇地变化，一个典型的例子就是物品所处的地点。通过使所有这些信息通过 PML 文件都可得到，公司将能够以新的方法利用这些数据。例如，公司可以设置一个触发器，以便当有效期将要结束时，降低产品的价格。

PML 文件将被存储在一个 PML 服务器上，此 PML 服务器将配置一个专用的计算机，为其他计算机提供他们需要的文件。PML 服务器将由制造商维护，并且储存这个制造商生产的所有商品的文件信息。

2. PML 的应用

EPC 物联网系统的一个最大好处在于自动跟踪物体的流动情况，这对于企业的生产及管理有着很大的帮助。图 3 - 7 所示为 PML 信息在 EPC 系统中的流通情况，可以看出 PML 最主要的作用是作为 EPC 系统中各个不同部分的一个的公共接口，即 Savant 系统、第三方应用程序（如 ERP、MES）、存储商品相关数据的 PML 服务器之间的共同通信语言。现考察具体实际应用情况。

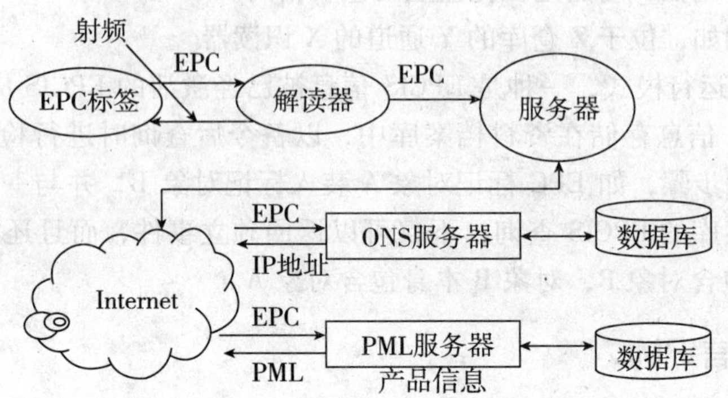

图 3－7　PML 信息在 EPC 系统中的流通情况

一辆装有冰箱的卡车从仓库中开出，在其仓库门口处的阅读器读到了贴在冰箱上的 EPC 标签，此时阅读器将读取到的 EPC 代码传送给上一级 Savant 系统。Savant 系统收到 EPC 代码后，生产一 PML 文件，发送至 EPCIS 服务器或者企业的管理软件，通知这一批货物已经出仓了。

PML 文件简单、灵活、多样，并且是人眼也可阅读、易理解的。这里对该 PML 文档中的主要内容作一扼要说明。

（1）在文档中，PML 元素在一个开始标签（注意，这里的标签不是 RFID 标签）和一个结束标签之间。例如：和等。

（2）urn：EPC：1：2. 24. 400 指 RFID 标签中的 EPC 编码，其版本号为 1，域名管理. 对象分类. 序列号为 2. 24. 400，由相应 EPC 编码的二进制数据转换成的十进制数。URN 为统一资源名称（Uniform Resource Name），指资源名称为 EPC。

（3）文档中有层次关系，注意相应信息标示所属的层次。

文档中所有的标签都含有前缀“ < ”及后缀“ > ”。PML 核简洁明了，所有的 PML 核标签都能够很容易地理解。同时 PML 独立于传输协议及数据存储格式，且不需其所有者的认证或处理工具。

在 Savant 系统将 PML 文件传送给 EPCIS 或企业应用软件后，这时候企业管理人员可能要查询某些信息，如 2007 年 7 月 12 日这一天 1 号仓库冰箱进出的情况，实际情况如表 3－6 所示，表中的 EPC_ IDn 表示贴在冰箱上的 EPC 标签的 ID 号。

这里我们为便于理解，将其 PML 信息形象地绘制成一副三维空间图像，坐标轴名称分别为时间（戳）、物体 EPC 代码、地理位置。由于阅读器一般都事先固定好，地理位置便可用阅读器的 ID 号来表示，Rd_ ID2 代表 1 号仓库。

表 3-6　　冰箱流动表

			1 号工厂	2 号工厂	1 号仓库
时间	…	…	…	…	…
	2007-07-12	…	EPC_ ID1		EPC_ ID2
	2007-07-13	…		EPC_ ID1，2	EPC_ ID1
	2007-07-14	…			EPC_ ID2
	…	…	…	…	…

下面就是对 PML 文件信息进行查询了。采用下列查询语句：

SELECT COUNT（EPCno） from EPC_ DB where Timestamp =”200707012”and ReaderNo =”Rd_ ID2”

这里只是简单的采用 SQL 中的 COUNT 函数。但是实际的情况远远要比这个复杂得多，可能需要跨地区、时间，综合多个 EPCIS 才能得到所需的信息。

可以预见，PML 的应用随着 EPC 的发展将会非常广泛，进入所有行业领域。

信息化是 21 世纪各行业的重要发展趋势，电子商务、电子政务、远程医疗、远程教育等基于网络技术的应用发展迅速。高度网络化的 EPC 物联网系统，意在构造一个全球统一标识的物品信息系统，它将在超市、仓储、货运、交通、溯源跟踪、防伪防盗等众多领域和行业中获得广泛的应用和推广。物联网中的信息载体采用 PML 语言，同其他任何语言一样，PML 不是一个单一的标准语言，它应随着时代的变化而发展。

3.4　EPC 物联网应用解决方案

作为一项物流信息新技术，EPC 系统的提出源于射频识别技术的发展和计算机网络技术的发展。EPC 标签是这一代码的载体，当 EPC 标签贴在物品上或内嵌在物品中的时候，即将该物品与 EPC 标签中的唯一代码（“产品电子代码”或“EPC 代码”）建立起了一对一的对应关系。EPC 系统充分利用了射频识别技术和网络技术的优点，很好地解决了对全球每一件产品的唯一标识问题以及同时识别多个商品和“非可视”识别问题。

EPC 是在全球广泛使用的 EAN. UCC 全球统一标识系统的重要组成部分，是条码的拓展和延续。全球已有 90 多个国家和地区的上百万家企业和公司加入了 EAN. UCC 系统，上千万种商品应用了条码标识。EAN. UCC 系统在全球的推广加快了全球流通领域信息化、现代物流及电子商务的发展进程，提升了整个供应链的效率，对全球经济及信息化的发展起到了举足轻重的推动作用。但 EPC 不会取代条码技术，在相当长的时期里，EPC 系统将与条码技术并存，共同打造物流供应链的完美管理。

EPC 系统可以实现物流供应链的可视化管理，实现全程跟踪和追溯。在物联网中，

RFID 标签中存储的 EPC 代码，通过无线数据通信网络把它们自动采集到中央信息系统，实现对物品的识别。进而通过开放的计算机网络实现信息交换和共享，实现对物品的透明化管理。当物联网的构想成为现实的时候，世界上的万事万物（包括人）无论何时、无论何地都能够彼此相连，互相交流，整个世界的面貌为之焕然一新。

目前在国际上，EPC 尚处于早期测试应用研究阶段。全球目前正积极开发低成本的 EPC 标签，完善 EPC 系统的整体环境（包括网络、安全、硬件设备等），并从标准和应用方面积极推进。在应用和实施方面，随着 EPC 试点项目的进行，EPC 将逐渐广泛应用到包括零售业、生产控制、物流和供应链管理、文档和图书馆事业、医药保健品、重要物资流向控制和定点跟踪、身份识别等各个领域。

当然，要在全球范围内顺利推动和发展 EPC，首先要解决一系列基础问题，包括 EPC 数据标准、EPC 标签标准的制定和实施，以及 EPC 频段的全球统一、物联网网络架构的具体技术实现等，这些都是 EPC global 及其各国分支机构在今后几年要重点解决的问题。

3.4.1 如何实现 EPC 物联网的应用

EPC 物联网系统借助于互联网，把分布在全球每个角落的含有标签的自然物体（汽车、手机、相机等）自动无缝的连接起来。EPC 信息在 EPC 物联网系统中的流通过程：先是 RFID 系统传送 EPC 代码，然后本地网络处理 EPC 代码，最后是 Internet 返回物品的 PML 信息。当贴有 EPC 电子标签的物品进入到阅读器的阅读范围时，阅读器立即以电磁波的形式发出指令，告知 EPC 电子标签，请将 EPC 代码发送给阅读器。EPC 电子标签在得到命令后，将存储器中的 EPC 代码通过内部电路调制，然后借助其天线也以电磁波的方式答复阅读器。阅读器对 EPC 电子标签发送的电磁波进行解调后便获得了 EPC 代码。EPC 物联网系统中的 EPC 信息流通图在实际应用中，往往是多个移动电子标签同时与阅读器进行应答的。

物品上可能不仅贴有 EPC 电子标签，还可能贴有传感器。在阅读器获得标签的 EPC 代码（或传感信息）后，将其传递给本地网络层中的 Savant 系统，经 Savant 系统信息过滤后，提交至企业应用程序来处理。企业应用程序根据实际情况，将 Savant 系统的信息给本地 ONS 系统，由它来负责查询此 EPC 代码对应的此物品存放在互联网上的其余相关信息的 URI 地址。应用软件在得到 URI 地址后，自动连接至互联网上相应的 EPCIS 服务器，此时，人们便可以查询到物品相关的一切信息了。这里我们需要注意的是，在由 EPC 标签、阅读器、Savant 系统、ONS 服务器、Internet、EPCIS 以及众多数据库组成的物联网中，阅读器读出的 EPC 代码没有任何实际意义，它只是一个信息参考（指针），由这个信息参考需要从 Internet 找到 IP 地址并获取该地址中存放的相关的物品信息，并采用分布式的 EPC 中间件处理由阅读器读取的一连串 EPC 信息。由于在标签上只有一个 EPC 代码，计算机需要知道与该 EPC 匹配的其他信息，因此需要 ONS 系统来提供一种自动化的网络数据库服务，计算机需要知道与该 EPC 匹配的其他信息，这就需要 ONS 来提供一种自动化的网络数据库服务，Savant 系统将 EPC 传给 ONS 指示 Savant 系统 到一个保存着产品文件的 PML 服务器查找，该文件可由 Savant 系统复制，因而文件中的产品信息就能传到供应链上。

EPC 设计的基本思想是利用现有的计算机网络和当前的信息资源来存储数据，这样 EPC 便成了一个信息引用者，拥有最小的信息量。产品电子代码的首要作用是作为网络信息的参考。EPC 本质是在线数据的"指针"。在这种情况下，我们必须有方式来共享存储在 PML 服务器中的产品的详细信息，而这厂商的服务器可能在世界的任意位置。使用 Internet 的一个普遍参考就是统一资源标识符（URI），它包括以前的统一资源定位符（URL）和统一资源名称（URN）。这些标识符都被域名服务器（DNS）翻译为相关的网络协议（IP），这些地址就是网络信息的地址。对象名称解析服务器（ONS）直接将 EPC 代码翻译成 IP 地址，IP 地址标识的后台就存储了相关的产品信息，然后由 IP 地址标识的主机发送存储产品的相关信息。ONS 本质上相当于 EPC 编码和网络信息之间的"胶水"。因此编码的结构应能促进主机地址的查找，并且通过对象"黄页"来提高查找效率。由 EPC 标签中所含的信息，可以直接将 EPC 码翻译成 IP 地址，从而找到存储产品详细信息的服务器，这样就通过 EPC 技术实现了对分布在世界各地的产品的详细信息的共享。

3.4.2 供应链中实施 EPC 的意义

EPC 在全球供应链的应用所引发的革命，将使其中各个环节的参与方大大受益。

1. 制造商

实施 EPC，对制造商来说，可以实现高效的生产计划，减少库存，也就是说制造商提供的产品正是它供应链下游参与方所需要的东西。同时，它的制造商正在积极组织生产，彼此间真正做到了"心有灵犀"。同时，制造商可以对需求作出更快的响应，这样就在市场信息的捕捉方面夺得先机，积极组织生产，满足市场需要，提高市场份额。

此外，制造商通过主动跟踪产品的信息，对有"瑕疵"的产品或"缺陷"产品进行有效招回，提高了自己的服务水平，同时也提高了消费者的信心，EPC 为消费者和制造商架起了一座信息交流的桥梁。

不仅如此，实施 EPC，制造商可以提高劳动生产效率，降低产品退货率，因为生产做到了有的放矢。通过供应链的流通，各个环节的需求实时的反馈回来，制造商可以相应地调整自己的生产，包括内部员工的调配、生产资料的采购等，一切都发挥最大效能。

当然，制造商还可以大大减少配送与运输成本，提高固定资产利用率，因为可以通过 EPC 所告诉的信息合理调配相关设备，从而实现利用率的最大化。

2. 运输商

对于运输商，通过 EPC 可以进行货物真伪标识，实现自动通关，实施运输路线追踪，可以提高货物运输的安全性。同时，EPC 的实施，提高了运输商送货可靠性和送货效率，从而改善了服务质量，提高了对客户的服务水平。

此外，根据 EPC，运输商可以自动获取数据，自动分类处理，降低取货、送货成本，提高质量管理和客户服务水平。另外，使用 EPC，运输商可以降低索赔费用、保险费用，提供新信息增值服务，从而提高收益率。当然，运输商还可以通过 EPC 加强资产的管理、资产的追踪、资产的维护，从而提高资产的利用率。

3.4.3 EPC 系统应用的环境因素

EPC 有着独特的技术优势和广阔的前景，能给我们带来如此巨大的便利，但它的推广和使用并非一帆风顺。目前，EPC 系统在全球范围内处在研发阶段，它能否广泛应用所面临的挑战，主要来自于几个方面：硬件设施成本、系统准确性、标准问题以及涉及个人隐私和安全问题。任何一个环节出现问题都将影响到整个系统的正常运行，阻碍 EPC 系统的推广和应用。

首先，EPC 系统需要 IT 系统与读写器等硬件设施，一次性投资庞大。EPC 普及的“瓶颈”之一，就是标签价格居高不下。目前飞利浦生产的主动式标签价格还在 1 美元以上，而艾伦公司生产的被动式标签价格也在 25 美分以上，这显然无法用于某些价值较低的单件商品。据估计，只有标签的单价下降到 10 美分以下，才可能大规模应用于整箱整包的商品；下降到 3 美分以下，才有可能应用于单品。除了 EPC 标签外，EPC 读写器也是一笔巨大的开支，由于读写器的价格大都在 1000 美元以上，如果一个企业动辄就需要安装数十台，甚至上千台类似的机器，再加上计算机、局域网、应用软件、系统集成等费用，广大中小企业无疑只能望而却步。此外，业务流程改造所导致的直接或间接费用也不容忽视。

其次，EPC 系统运用到的关键技术是射频技术。而射频技术的支持技术十分复杂，仅以简单的自动销售为例，所涉及的技术就包括射频识别系统制造，无线数据通信与网络，数据加密，自动数据收集与数据挖掘等技术。为了能够使用信用卡进行结算，还必须安装 POS 收费系统和发卡行结算系统。将销售系统与企业资源计划（ERP）和仓库管理系统（WMS）结合起来，实现整个供应链的自动化管理，则需要一套全新的、功能强大的软件系统的支持。最重要的是，所有这些技术与系统都必须实现无缝的链接，这对系统集成是个极大的挑战。值得注意的是，因为液体和金属箔片对无线电信号的影响，射频识别标签的准确率只有 80% 左右，离“放心使用”的要求相距甚远。所以，虽然射频识别技术的应用环境得到了极大的改善，但离大规模实际应用所要求的成熟程度尚有一定差距。如何解决识别的精确性，也是个非常重要的问题。

另外，还有标准问题。频率标准方面，由于各国无线电频段用途的分配存在一定的差异，射频识别系统可能面临频率资源的限制。例如，UHF 频段直接决定了射频标签能否应用于对通信距离有更高要求的供应链环境。而欧盟允许使用 868MHz，美国和加拿大则允许使用 915MHz，而日本则到最近才从原已分配给手机的频段中将 950MHz ~ 956MHz 开放供 RFID 使用，但目前我国手机使用频段为 900MHz，无线电委员会如何调整频段的使用还没有结论。这种情况会导致技术更加复杂、需要设计更多种类的标签和读写器，从而导致更高的成本。虽然 Auto - ID 中心提出了在芯片中将加入“灭活指令”（Kill Command，收到特定指令后，RFID 芯片即自行销毁），但仍然难以消除某些顾客的顾虑。另一个无法回避的问题是，标签内容的编程以及“灭活”命令必须有密码保护，问题是到底用谁的密码？是否所有标签使用同一个密码？密码的安全又如何保证？如果黑客或小偷获得了密码，又会发生什么样的事情？……

一言以蔽之，射频识别技术应用和发展，在很大程度上取决于上述问题是否能够及时有效地解决，只有解决了上述问题，EPC 系统才能推广。

3.4.4 在中国发展和推广 EPC 的若干建议

随着我国国民经济的快速发展，对外贸易活动日益频繁。EPC 作为自动识别领域新的发展方向，目前主要由欧盟和美国等发达国家和地区来积极推动和实施。那么，我们国家应该怎么应对这样的发展局势呢？如果我们一味地采取观望政策，那么 EPC 就很有可能会成为我国对外贸易活动中的技术壁垒。事实上，随着沃尔玛所公布的要求其供应商实施 EPC 的日期临近，我国已经有相当多的企业开始迫切要求跟进甚至实施这项新技术，否则，他们将有可能失去成为沃尔玛供应商的资格。而在沃尔玛的全部供应商中，有 40% 来自中国，这么庞大的一笔交易一旦失去，对我国的对外贸易无疑将是一个巨大的损失。

因此，我们应该紧密把握 EPC 的发展趋势，积极应对可能面临的各种挑战，在我国推广使用这一新技术，提升我国工商企业的国际竞争力。

我们应当看到，EPC 系统作为一项革命性的新技术，它是信息社会、网络社会发展的必然结果；它是一个系统性的工程，涉及许多方面，包括技术、管理、硬件、软件、网络、系统安全、无线电频率等，需要统筹考虑。面对这样的国内外形势，我们首先要做好国内推广 EPC 系统的发展规划，制订近期和长期的发展目标。

(1) 加强我国 EPC 系统的标准化工作。没有标准，没有与国际标准兼容或一致的标准，EPC 的标签就无法被其他国家和地区的读写器识读，全球物联网的建立就成了一句空话。因此，我国应当密切跟踪 EPC 技术的国际发展动态，积极参与国际标准的制定和实施，并结合中国的实际情况研究制定本土化 EPC 系统标准。

(2) 由于 EPC 系统是一个全球性的大系统，为了保证整个系统的正常运行，必须制定相应的政策法规，规范 EPC 系统注册管理工作。

(3) 相关的组织管理机构和系统集成商应当加强宣传和技术培训，让更多的企业了解 EPC，参与 EPC 的试点与实施。

(4) 对于广大工商企业而言，应当紧跟 EPC 的发展步伐，密切关注其最新研究成果与相关政策法规，并积极参与 EPC 在国内的教育培训以及试点推广，推动 EPC 在中国的发展。

当然，还有人才、资金、观念等问题，需要全面考虑。总之，EPC 系统的发展将为全社会带来巨大的效益，给电子、IT、包装、印刷等行业带来新的发展机遇，同时，也是严峻的挑战。我们必须充分抓住这个机遇，及时调整发展策略，促进民族工业的发展，在全球EPC产业当中占有一席之地。

佛罗里达州鞋业零售商采用RFID精确管理库存

佛罗里达州鞋业零售商Peltz Shoes公司2009年在其四家商店的鞋盒上附加了无源的EPC Gen 2 RFID标签，1年的时间节省了大约1500个工作小时，并且使用基于RFID的推车来管理库存。但这只是受益的一部分。据这家零售商的所有者之一Gary Peltz称，在过去一年里，该公司已完成5次完整的库存盘点，约包含每家商店的3万双鞋，而以前，库存盘点是每年进行一次或更少。采用RFID可使库存更加准确，确保顾客无论是在商店里还是在网上都可以买到他们想要的鞋子。

Peltz Shoes是一家家族公司，从1957年开始经营，现已越来越多的在网上销售它的鞋子。随着网上生意的增加，对库存精确率的要求更高了。Peltz说，毕竟，如果一个顾客走进商店要买一双鞋而正好缺货时，销售团队往往能推荐顾客购买另外一双鞋。但是在网上就不行，如果顾客在网上发现他们想要购买的鞋子缺货，他们就会去其他地方去购买。此外，Peltz说他关注RFID技术很长时间了，想通过使用RFID使库存变得更加准确可靠。

这家公司由Gary的父母Bernard和Gonna创办，2010年预计将出售约35万双鞋，该公司是佛罗里达州最大的鞋业零售商之一。Peltz说，当他还是个小男孩的时候，在这家公司圣彼得堡的旗舰店工作，当时他就被商店里一排排鞋架里的一堆堆男鞋女鞋的种类、品牌和尺寸弄迷惑了，他说找到一双特定的鞋子可能会很难。他想要引入一套让商店员工容易操作的系统。

同时，Peltz Shoes公司曾经寻找过附到每个鞋盒鞋上的标签，标签上要印有具体的品牌、款式、颜色、尺寸和价格，还有条码，顾客和销售团队可以使用条码获取到更多的有关鞋子的信息，在售货处员工还可以扫描购买的鞋子。Peltz说，能有一套这样的系统就最好了。而现在时机正适合，找到了一个RFID解决方案。这个RFID解决方案里包含有RFID标签，标签上印有必要的价格和描述，以及条码化的通用产品代码（UPC）和库存单位（SKU）号码。Peltz说，在寻求适当的解决方案时，商店还测试使用手持阅读器来获取每一个UHF EPC Gen 2标签上的唯一的ID号，但发现读写速率不足以满足需要。

Peltz Shoes公司与标签的供应商Monarch公司合作，开发了一种带有RFID阅读器的推车，采用了Alien Technology公司的RFID阅读器，并且在一个高达7英尺的杆子上安装了多根天线，使阅读器可以读取到最高的架子上鞋盒上的标签。当推车经过商店里的一排货架时，阅读器获取到每个标签的ID号码，推车的屏幕上会显示出获取到的所有数字的列表。然后阅读器把这些信息通过WiFi连接传送到Peltz开发的接收数据的软件上，编译标签读数，再把这些信息传送到商店的库存管理软件上。

通常，当新的库存到达时，员工已经收到了UPC号码和订购商品的描述。然后员工使用一台Zebra Technology公司的打印机（《RFID射频快报》注：每家商店都有一台）生成一个 RFID 标签，标签正面印有商品资料和条码的 UPC 和 SKU 号码。一名员工把标签贴在鞋盒上，这个记录被存储在管理系统里，从而数据与标签里唯一的 ID 号码相连。

当一家商店对全部库存进行管理的时候，员工使用推车阅读所有的标签，之后，推车就被运往下一家商店去管理库存。通过更精确的盘点每家商店的库存，Peltz Shoes 公司可以更恰当地补货。有了更加准确的库存数据，该公司网站上现有商品的列表可确保网上顾客精确地查看到商店里现有的货物。一旦订单填完，Peltz 公司的员工就会接到订单，找到订单上要求购买的鞋子，然后包装起来运送到网上顾客那里。

鞋盒的 RFID 标签目前还没有在商店的销售点被阅读，但是 Peltz 表示，他的公司正在考虑将来实施这个举措。

对于网上顾客来说，系统提供了一个最新的现有商品的列表。因此，顾客可以放心，如果一双鞋在商店有现货的话就可以立即为他们运到。

Peltz 说，这套系统也有一些小缺点，该技术还不能够提供他预想的一切有可能的服务。例如，尽管阅读率达到 99% 以上，但没读到的标签仍然是一个问题。他说："标签不工作的情况出现了几次，电脑说有两双鞋，但库存盘点时是一双。在这种情况下，员工需要到后仓去阅读标签，替换掉任何没有被正确读取的标签。"在未来，Peltz 希望在系统中增加几种功能，其中之一就是能够实时的看到该公司的四家商店的现有存货有哪些，以及检测鞋子是否被放错了架子。例如，一双女鞋放到了男鞋的鞋架上，员工将能接收到来自阅读器或后端软件的警报来说明这个问题。

Peltz 还设想使用可编程的手持阅读器寻找特定的一双鞋子，员工可以拿着阅读器在整个货架前晃动，直到阅读器检测到特定的 RFID 号码并发出声音提示。他说，他希望通过改变软件、获取手持阅读器来实现这个功能。

此外，Peltz 还希望将这套系统用于安全防范，如果一个鞋盒或鞋箱经由 RFID 门户被搬出商店了，就会接收到一个实时的警告，精确地列出哪些商品被移动了。

虽然现在还难以量化投资回报，但 Peltz 估计，在部署第一年他就已经获得投资回报。他说："这套系统的成本不低，但也可以节省很多资金。我们感觉我们已经获得了投资回报。"

4 二维码技术及其应用

在物物相连的“物联网”世界中，物品（商品）能够彼此进行“交流”，而无须人的干预。物联网利用射频自动识别（RFID）技术，通过计算机互联网实现物品（商品）的自动识别和信息的互联与共享。可以说，物联网描绘的是充满智能化的世界。在物联网的世界里，要实现商品的识别以及商品相关信息的记录与传递，条码技术无疑起了决定性的作用，可以说，整个物联网离不开条码。条码技术是物联网中很重要的组成部分。随着技术的发展，二维码已经成了条码的主要发展趋势，物联网的发展也同时促进着条码和二维码的发展升级。本章将介绍条码的相关知识，其中主要重点介绍了二维码。

4.1 条码

4.1.1 条码技术

1. 条码

当我们走进大型超级市场时，经常可以看到售货员将一个枪似的东西拿在手中，对着商品一扫，电脑中显示出所选商品的种类和价格及商品的金额。这是怎么一回事呢？原来，这些商品上面，都有一组粗细不同、间隔不等的竖条，上面还有一组数字。这种标识，叫做条码。售货员手里的那个手枪似的东西叫条码阅读器。

条码（Product Code）是一种产品代码，由一组宽窄不同且间隔不等的平行线条及相应的数字组成。它可以表示商品许多信息，通过光电扫描输入电脑，从而判断出某件商品的生产国、制造厂、品名规格、价格等一系列产品信息，大大提高商品管理效率。条码（barcode）最早出现在 20 世纪 40 年代，但得到实际应用和发展还是在 20 世纪 70 年代左右。现在世界上的各个国家和地区都已普遍使用条码技术，而且它正在快速的向世界各地推广，其应用领域越来越广泛，并逐步渗透到许多技术领域。条码上面就包含着复杂的商品信息，如生产国家或地区、生产厂家、商品名称等。例如，目前使用较为广泛的通用商品的条码，由 13 位数字组成，11 ~ 13 位是前缀码，它代表产品所在的国家；第 10 ~ 7 位表示制造厂商的代码；6 ~ 2 位是商品的代码；第 1 位是校验码。根据国际物品中心的有关计划，分配给我国的国家代码是690，这一号码，就表示是我国出产的商品。

例如，我们正在读的这本书的封底上，也有一个条码。条码并不是“防伪标志”，它只是为了便于管理、提高效率。条码阅读器读入条码的信息后，还能将信息转化为电脑所能识别的数据，再供进一步处理之用。因此，它是一种特殊的电脑输入设备。条码阅读器可以通过键盘接口或串行口与电脑相连。条码也可以做在卡片上，成为条码卡，通过刷卡的方式，可以读出信息。例如，条码记录员工的个人信息，通过刷卡机，就能记录考勤。条码在生产、仓储、运输、商业、邮政、图书馆中，都有着广泛的应用。

2. 条码技术

条码技术是在计算机技术和信息技术基础上发展起来的一门集编码、印刷、识别、数据采集和处理于一身的技术。条码技术广泛应用于商业、邮政、图书管理、仓储、工业生产过程控制、交通等领域，在当今的自动识别技术中占有重要的地位。条码就是由一组规则排列的条、空以及对应的字符组成的标记，“条”指对光线反射率较低的部分，“空”指对光线反射率较高的部分，这些条和空组成的数据表达一定的信息，并能够用特定的设备识读，转换成与计算机兼容的二进制和十进制信息。通常对于每一种物品，它的编码是唯一的，对于普通的一维码来说，还要通过数据库建立条码与物品信息的对应关系，当条码的数据传到计算机上时，由计算机的应用程序对数据进行操作和处理。因此，普通的一维码在使用过程中仅作为识别信息，它的意义是通过在计算机系统的数据库中提取相应的信息而实现的。而条码系统则是由条码符号的设计、制作及扫描阅读组成的自动识别系统。条码是迄今为止最经济、实用的一种自动识别技术。条码技术具有以下几方面的优点：

（1）可靠准确。用键盘输入平均每300个字符一个错误，而条码输入平均每15000个字符一个错误。如果加上校验位出错率是千万分之一。

（2）数据输入速度快。键盘输入，一个每分钟打90个字的打字员1.6s可输入12个字符或字符串，而使用条码，做同样的工作只需0.3s，速度提高了5倍。

（3）经济便宜。与其他自动识别技术相比较，推广应用条码技术，所需费用较低。

（4）灵活实用。条码符号作为一种识别手段可以单独使用，也可以和有关设备组成识别系统实现自动化识别，还可和其他控制设备联系起来实现整个系统的自动化管理。同时，在没有自动识别设备时，也可实现手工键盘输入。

（5）自由度大。识别设备与条码标签相对位置的自由度要比OCR大得多。因为只在一维方向上表达信息的条码，同一条码上所表示的信息完全相同并且连续，这样即使是标签有部分欠缺，仍可以从正常部分读取正确的信息。

（6）识读设备简单。条码符号识别设备的结构简单、操作容易，无须专门训练。

（7）易于制作。条码可印刷，被称做“可印刷的计算机语言”，条码标签易于制作，对印刷技术设备和材料无特殊要求。

4.1.2 条码的分类

条码是指由一组规则排列的条、空及其对应字符组成的标识，用以表示一定的商品信息的符号。目前世界上常用的码制有 ENA 码、UPC 码、25 码、交叉 25 码、库德巴码、39 码和 128 码等，而商品上最常使用的就是 EAN 商品条码。

1. 按码制分类

（1）UPC 码

1973 年，美国率先在国内的商业系统中应用于 UPC 码之后，加拿大也在商业系统中采用 UPC 码。UPC 码是一种长度固定的连续型数字式码制，其字符集为数字 0 ~ 9。它采用四种元素宽度，每个条或空是 1、2、3 或 4 倍单位元素宽度。UPC 码有两种类型，即 UPC - A 码和 UPC - E 码。

（2）EAN 码

1977 年，欧洲经济共同体各国按照 UPC 码的标准制定了欧洲物品编码 EAN 码，与 UPC 码兼容，而且两者具有相同的符号体系。EAN 码的字符编号结构与 UPC 码相同，也是长度固定的、连续型的数字式码制，其字符集是数字 0 ~ 9。它采用四种元素宽度，每个条或空是 1、2、3 或 4 倍单位元素宽度。EAN 码有两种类型，即 EAN - 13 码和 EAN - 8 码。

（3）交叉 25 码

交叉 25 码是一种长度可变的连续型自校验数字式码制，其字符集为数字 0 ~ 9。采用两种元素宽度，每个条和空是宽或窄元素。编码字符个数为偶数，所有奇数位置上的数据以条编码，偶数位置上的数据以空编码。如果为奇数个数据编码，则在数据前补一位 0，以使数据为偶数个数位。

（4）39 码

39 码是第一个字母数字式码制。1974 年由 Intermec 公司推出。它是长度可比的离散型自校验字母数字式码制。其字符集为数字 0 ~ 9，26 个大写字母和 6 个特殊字符（ - 、。、Space、／、% 、￥），共 43 个字符。每个字符由 9 个元素组成，其中有 5 个条（2 个宽条，3 个窄条）和 4 个空（1 个宽空，3 个窄空），是一种离散码。

（5）库德巴码

库德巴码（Code Bar）出现于 1972 年，是一种长度可变的连续型自校验数字式码制。其字符集为数字 0 ~ 9 和 6 个特殊字符（ - 、:、／、。、 + 、￥），共 16 个字符。常用于仓库、血库和航空快递包裹中。

（6）128 码

128 码出现于 1981 年，是一种长度可变的连续型自校验数字式码制。它采用四种元素宽度，每个字符由 3 个条和 3 个空，共 11 个单元元素宽度，又称（11，3）码。它由 106 个不同条码字符组成，每个条码字符有三种含义不同的字符集，分别为 A、B、C。它使用这 3 个交替的字符集可将 128 个 ASC II 码编码。

(7) 93 码

93 码是一种长度可变的连续型字母数字式码制。其字符集为数字 0~9，26 个大写字母和 7 个特殊字符（－、。、Space、/、+、%、¥）以及 4 个控制字符。每个字符由 3 个条和 3 个空，共 9 个元素宽度。

(8) 49 码

49 码是一种多行的连续型、长度可变的字母数字式码制。出现于 1987 年，主要用于小物品标签上的符号，采用多种元素宽度。其字符集为数字 0~9，26 个大写字母和 7 个特殊字符（－、。、Space、/、+、%、¥）、3 个功能键（F1、F2、F3）和 3 个变换字符，共 49 个字符。

(9) 其他码制

除上述码外，还有其他的码制，例如 25 码出现于 1977 年，主要用于电子元器件标签；矩阵 25 码是 11 码的变形；Nixdorf 码已被 EAN 码所取代，Plessey 码出现于 1971 年 5 月，主要用于图书馆等。

2. 按维数分类

(1) 普通的一维码

普通的一维码自问世以来，很快得到了普及并广泛应用。但是由于一维码的信息容量很小，如商品上的条码仅能容 13 位的阿拉伯数字，更多的描述商品的信息只能依赖数据库的支持，离开了预先建立的数据库，这种条码就变成了无源之水、无本之木，因而条码的应用范围受到了一定的限制。

(2) 二维码

除具有普通条码的优点外，二维码还具有信息容量大、可靠性高、保密防伪性强、易于制作、成本低等优点。美国 Symbol 公司于 1991 年正式推出名为 PDF417 的二维码，简称 PDF417 条码，即“便携式数据文件”。FDF417 条码是一种高密度、高信息含量的便携式数据文件，是实现证件及卡片等大容量、高可靠性信息自动存储、携带并可用机器自动识读的理想手段。

(3) 多维条码

进入 20 世纪 80 年代以来，人们围绕如何提高条码符号的信息密度，进行了研究工作。多维条码和集装箱条码成为研究与应用的方向。信息密度是描述条码符号的一个重要参数，即单位长度中可能编写的字母个数，通常记作：字母个数/cm。影响信息密度的主要因素是条、空结构和窄元系的宽度。128 码和 93 码就是人们为提高密度而进行的成功的尝试。128 码曾在 1981 年被推荐应用；而 93 码于 1982 年投入使用。这两种码的符号密度均比 39 码高将近 30%。随着条码技术的发展和条码的种类不断增加，条码的标准化显得越来越重要。为此，曾先后制定了军用标准 1189 码、交叉 25 码、39 码和库德巴码 ANSI 标准 MH10.8M 等。同时，一些行业也开始建立行业标准，以适应发展的需要。此后，戴维·阿利尔又研制出 49 码。这是一种非传统的条码符号，它比以往的条码符号具有更高的密度。特德·威廉姆斯（Ted Williams）GFI 988 推出 16K 码，该码的结构类似于 49

码，是一种比较新型的码制，适用于激光系统。

3. 商品包装的两种条码

条码自问世以来，为适应多种需要，产生了众多的编码系统。但目前得到国际公认用于商品包装的中要有两种，即 UPC 和 EAN。这两种编码系统属同一类型，每个字符均由数条黑白相间的条纹组成，中间有两条窄条纹向下伸出少许，将条码分成左右两部分。这两种条码虽然只能表示 0~9，10 个数字，但具有高度的查核能力，扫描操作简单可靠。

4.1.3 条码的应用策略

1. 条码的识别原理

要将按照一定规则编译出来的条码转换成有意义的信息，需要经历扫描和译码两个过程。物体的颜色是由其反射光的类型决定的，白色物体能反射各种波长的可见光，黑色物体则吸收各种波长的可见光，所以当条码扫描器光源发出的光在条码上反射后，反射光照射到条码扫描器内部的光电转换器上，光电转换器根据强弱不同的反射光信号，转换成相应的电信号。根据原理的差异，扫描器可以分为光笔、CCD、激光三种。电信号输出到条码扫描器的放大电路增强信号之后，再送到整形电路将模拟信号转换成数字信号。白条、黑条的宽度不同，相应的电信号持续时间长短也不同。然后译码器通过测量脉冲数字电信号 0，1 的数目来判别条和空的数目。通过测量 0，1 信号持续的时间来判别条和空的宽度。此时所得到的数据仍然是杂乱无章的，要知道条码所包含的信息，则需根据对应的编码规则（如 EAN－8 码），将条形符号换成相应的数字、字符信息。最后，由计算机系统进行数据处理与管理，物品的详细信息便被识别了。

2. 条码的扫描

条码的扫描需要扫描器，扫描器利用自身光源照射条码，再利用光电转换器接受反射的光线，将反射光线的明暗转换成数字信号。不论是采取何种规则印制的条码，都由静区、起始字符、数据字符与终止字符组成。有些条码在数据字符与终止字符之间还有校验字符。

①静区：静区也叫空白区，分为左空白区和右空白区，左空白区是让扫描设备做好扫描准备，右空白区是保证扫描设备正确识别条码的结束标记。

为了防止左右空白区（静区）在印刷排版时被无意中占用，可在空白区加印一个符号（左侧没有数字时加印“<”号，右侧没有数字时加印“>”号），这个符号就叫静区标记。主要作用就是防止静区宽度不足。只要静区宽度能保证，有没有这个符号都不影响条码的识别。

②起始字符：第一位字符，具有特殊结构，当扫描器读取到该字符时，便开始正式读取代码了。

③数据字符：条码的主要内容。

④校验字符：检验读取到的数据是否正确。不同编码规则可能会有不同的校验规则。

⑤终止字符：最后一位字符，一样具有特殊结构，用于告知代码扫描完毕，同时还起到只是进行校验计算的作用。

为了方便双向扫描，起止字符具有不对称结构。因此扫描器扫描时可以自动对条码信息重新排列。条码扫描器有光笔、CCD、激光三种。

①光笔：最原始的扫描方式，需要手动移动光笔，并且还要与条码接触。

②CCD：以 CCD 作为光电转换器，LED 作为发光光源的扫描器。在一定范围内，可以实现自动扫描。并且可以阅读各种材料、不平表面上的条码，成本也较为低廉。但是与激光式相比，扫描距离较短。

③激光：以激光作为发光源的扫描器。又可分为线型、全角度等几种。其中线型多用于手持式扫描器，范围广、准确性高。全角度多为卧式，自动化程度高，在各种方向上都可以自动读取条码。

3. 条码的编码规则

①唯一性：同种规格同种产品对应同一个产品代码，同种产品不同规格应对应不同的产品代码。根据产品的不同性质，如重量、包装、规格、气味、颜色、形状等，赋予不同的商品代码。

②永久性：产品代码一经分配，就不再更改，并且是终身的。当此种产品不再生产时，其对应的产品代码只能搁置起来，不得重复起用再分配给其他的商品。

③无含义：为了保证代码有足够的容量以适应产品频繁的更新换代的需要，最好采用无含义的顺序码。

条码校验码公式：

首先把条码从右往左依次编序号为“…，4，3，2，1”。从序号 2 开始把所有偶数序号位上的数相加求和，用求出的和乘 3，再从序号 3 开始把所有奇数序号上的数相加求和，用求出的和加上刚才偶数序号上的数的和乘 3 的积，然后得出和。再用大于这个和的最小的 10 的倍数减去这个和，就得出校验码。

举个例子：

此条码为：977167121601X（X 为校验码）。

1. $1+6+2+7+1+7=24$

2. $24\times3=72$

3. $0+1+1+6+7+9=24$

4. $72+24=96$

5. $100-96=4$

所以最后校验码 X＝4。此条码为 9771671216014。

4. 商品条码

商品条码是指由一组规则排列的条、空及其对应字符组成的标识，用以表示一定的商品信息的符号。其中条为深色、空为白色，用于条码识读设备的扫描识读。其对应字符由一组阿拉伯数字组成，供人们直接识读或通过键盘向计算机输入数据使用。这一组条、空和相应的字符所表示的信息是相同的。

使用条码扫描是市场流通的大趋势。为了使商品能够在全世界自由、广泛地流通，企业无论是设计制作、申请注册还是使用商品条码，都必须遵循商品条码管理的有关规定。

目前世界上常用的码制有 ENA 码、UPC 码、25 码、交叉 25 码、库德巴码、39 码和 128 码等，而商品上最常使用的就是 EAN 商品条码。

EAN 商品条码亦称通用商品条码，由国际物品编码协会制定，通用于世界各地，是目前国际上使用最广泛的一种商品条码。我国目前在国内推行使用的也是这种商品条码。EAN 商品条码分为 EAN－13（标准版）和 EAN－8（缩短版）两种。

商品条码的编码遵循唯一性原则，以保证商品条码在全世界范围内不重复，即一个商品项目只能有一个代码，或者说一个代码只能标识一种商品项目。不同规格、不同包装、不同品种、不同价格、不同颜色的商品只能使用不同的商品代码。

商品条码的标准尺寸是 37.29mm × 26.26mm，放大倍率是 0.8 ~ 2.0。当印刷面积允许时，应选择 1.0 倍率以上的条码，以满足识读要求。放大倍数越小的条码，印刷精度要求越高，当印刷精度不能满足要求时，易造成条码识读困难。

由于条码的识读是通过条码的条和空的颜色对比度来实现的，一般情况下，只要能够满足对比度（PCS 值）要求的颜色即可使用。通常采用浅色作空的颜色，如白色、橙色、黄色等，采用深色作条的颜色，如黑色、暗绿色、深棕色等。最好的颜色搭配是黑条白空。根据条码检测的实践经验，红色、金色、浅黄色不宜作条的颜色，透明、金色不能作空的颜色。

EAN－8 商品条码是指用于标识的数字代码为 8 位的商品条码，由 7 位数字表示的商品项目代码和 1 位数字表示的校验符组成。

商品条码的诞生极大地方便了商品流通，现代社会已离不开商品条码。据统计，目前我国已有 50 万种产品使用了国际通用的商品条码。我国加入世贸组织后，企业在国际舞台上必将赢得更多的活动空间。要与国际惯例接轨，适应国际经贸的需要，企业更不能怠慢商品条码。

4.2 二维码技术

4.2.1 二维码定义及发展

物联网是指把射频识别（RFID）装置、红外感应器、全球定位系统、激光扫描器等各种装置与互联网连接起来，实现智能化识别和管理。具体地说，就是把感应器嵌入和装备到电网、铁路、桥梁、隧道、公路、建筑、供水系统、大坝、油气管道等各种物体中，然后将“物联网”与现有的互联网整合起来，实现人类社会与物理系统的整合。物联网技术实现的过程中，二维码及 RFID 是信息识别领域最基本和最关键的技术。

二维码（2 - Dimensional Bar Code）是用某种特定的几何图形按一定规律在平面（二维方向上）分布的黑白相间的图形记录数据符号信息的；在代码编制上巧妙地利用构成计算机内部逻辑基础的“0”、“1”比特流的概念，使用若干个与二进制相对应的几何形体来表示文字数值信息，通过图像输入设备或光电扫描设备自动识读以实现信息自动处理：二维码能够在横向和纵向两个方位同时表达信息，因此能在很小的面积内表达大量的信息。

二维码是条码的一种，如图 4 -1 所示。

QR码：矩阵式

PDF417码：层叠式

图 4 -1　二维码示意

4.2.2　二维码分类和编码原理

二维码是为了解决一维码无法解决的问题而诞生的。在有限的几何空间内印刷大量的信息。这一问题的解决可用两种方法：一是在一维码的基础上向二维码方向发展；二是利用图像识别原理，采用新的几何图像和结构设计出二维码码制。

目前，根据二维码实现原理、结构形状的差异，可分为堆积式或层排式二维码（Stacked Bar Code）和棋盘式或矩阵式二维码（Dot Matrix Bar Code）两大类型。它具有条码技术的一些共性：每种码制有其特定的字符集，每个字符占有一定的宽度，具有一定的校验功能等。同时还具有对不同行的信息自动识别功能及处理图形旋转变化等特点。堆叠式/行排式二维码形态上是由多行短截的一维码堆叠而成；矩阵式二维码以矩阵的形式组成，在矩阵相应元素位置上用“点”表示二进制“1”，用“空”表示二进制“0”，由“点”和“空”的排列组成代码。

1. 堆叠式/行排式二维码

堆叠式/行排式二维码又称堆积式二维码或层排式二维码，其编码原理是建立在一维码基础之上，按需要堆积成两行或多行。它在编码设计、校验原理、识读方式等方面继承了一维码的一些特点，识读设备与条码印刷与一维码技术兼容。但由于行数的增加，需要对行进行判定，其译码算法与软件也不完全相同于一维码。有代表性的行排式二维码有：16K 码、49 码、PDF417 码等。堆积式或层排式二维码可以使用激光或 CCD 阅读器识读。

2. 矩阵式二维码

矩阵式二维码（又称棋盘式二维码）它是在一个矩形空间通过黑、白像素在矩阵中的不同分布进行编码。在矩阵相应元素位置上，用点（方点、圆点或其他形状）的出现表示二进制“1”，点的不出现表示二进制的“0”，点的排列组合确定了矩阵式二维码所代表的意义。矩阵式二维码是建立在计算机图像处理技术、组合编码原理等基础上的一种新型图形符号自动识读处理码制。具有代表性的矩阵式二维码有：Code One、MC 码、QR 码、DM 码等。

在目前几十种二维码中，常用的码制有：PDF417 二维码、Datamatrix 二维码、Maxicode 二维码、QR 码、49 码、16K 码、Code One 等，除了这些常见的二维码之外，还有 Vericode 码、CP 码、Codablock F 码、田字码、Ultracode 码、Aztec 码。矩阵式二维码带有更高的信息密度，可以作为包装箱的信息表达符号，在电子半导体工业中，将 DM 码用于标识小型的零部件。

矩阵式二维码只能被二维的 CCD 图像式阅读器识读，并能以全向的方式扫描。

3. 邮政码

通过不同长度的条进行编码，主要用于邮件编码，如 Postnet、BPO 4 - State。

在许多种类的二维码中，常用的码制有：DM 码、MC 码、Aztec、QR 码、Vericode 码、PDF417 码、Ultracode 码、49 码、16K 码等，其中：①DM 码主要用于电子行业小零件的标识，如英特尔（Intel）的奔腾处理器的背面就印制了这种码。②MC 码是由美国联合包裹服务（UPS）公司研制的，用于包裹的分拣和跟踪。③Aztec 是由美国韦林（Welch Allyn）公司推出的，最多可容纳 3832 个数字或 3067 个字母字符或 1914 个字节的数据。

所有条码都有一些相似的组成部分。它们都有一个空白区，称为静区，位于条码的起始和终止部分的边缘的外侧。由特殊的起始和终止字符标示符号的开始和结束。校验符在一些符号法中是必需的，它可以用数学的方法对条码进行校验以保证译码后的信息正确无误。二维码与一维码具有许多相同的成分，它同时还包括信息量、排列顺序以及纠错的功能。矩阵式符号没有标志起始和终止的模块，但它们有一些特殊的“定位符”，定位符中包含了符号的大小和方位等信息。矩阵式二维码和新的堆叠式二维码能够用先进的数学算法将数据从损坏的条码符号中恢复。在使用中，阅读矩阵式二维码必须使用 2D CCD 条码阅读器，二维图像式 CCD 条码阅读器同样能阅读一维线性条码和堆叠式二维码。使用二维图像式 CCD 条码阅读器可以全向识读任何一种符号。尽管每一种阅读器都有它的优越性，但是若要从一个条码系统中获得最大的收益，所选用的扫描器就要求与应用的需求相对应。

4.2.3 二维码特点

1. 二维码与一维码的区别

两者都是条码的一种，二维码是继一维码发展而来的。

一维码只是在一个方向（一般是水平方向）表达信息，而在垂直方向则不表达任何

信息，其一定的高度通常是为了便于阅读器的对准。一维码的应用可以提高信息录入的速度，减少差错率。一维码的主要特征是简单直观，条码表示的信息与其下方的数字一致，生成设备与识读设备品种多、价格低，对生成设备要求不高，管理方案众多、成熟。但是一维码也存在一些不足之处：数据容量较小，30 个字符左右（如 EAN. UPC、39 码、128 码、EAN 码、UPC 码等），只能作为一个简单的编码，离开了数据库的支持，这类条码变得毫无意义；只能包含字母和数字；条码尺寸相对较大（空间利用率较低）；条码遭到损坏后便不能阅读。

二维码是在水平和垂直方向的二维空间存储信息。二维码具有信息容量大、安全性强、保密性高（可加密）、识别率高、编码范围广等特点。同一维码相比，二维码也有一些缺点，如要有专门的生成程序，识读设备价格比较昂贵，对于在线扫描，即先有码后赋值的模式，不能发挥其特点。

一维码和二维码对比见下表。

一维码和二维码对比

名称 特点	一维码	二维码
显示内容	英文、数字、简单符号	英文、中文、数字、符号、图形
信息密度	低	高
储存数据量	小	大
保密性	不高	高，可加密
访问数据库	需要	不需要
用　途	标识物品，带载流转信息	描述物品，携带信息
识读速度	快	慢
识读设备成本	低	高

在应用方面，一维码广泛的应用于仓储、邮电、运输、商业盘点等许多领域。应用最广泛、最为人们熟悉的还是通用商品流通销售领域的 POS（Point of Sale）系统，也称为销售终端或扫描系统。北美、欧洲各国和日本普遍采用 POS 系统，其普及率已达 95% 以上。相比之下，二维码是相对较新的技术，同时二维码技术已逐渐广泛应用在国防、公共安全、交通运输、医疗保健、工业、商业等领域，二维码的应用将是时代的潮流，随着时代的发展，二维码将会更加的普遍。

然而，二维码不能取代一维码。一维码的信息容量小，依赖数据库及通信网络，但识读速度快，识读设备成本低；而二维码数据容量大，不用依赖数据库及通信网络，但是条码密度大时识读速度较慢而且识读设备成本较高。二维码和一维码各自发挥各自的作用，不能相互取代。例如，在我们最为熟悉的条码在超市的应用中，所有超市的商品上都有一维码标识，这些标识其实只含有一串数字信息，收银员扫描条码后显示的商品名称、价格等信息都是通过这串数字信息访问数据库的结果。如果将这些一维码替换为二维码，将商品的相关信息存储在二维码中，虽然扫描后可以不需要访问数据库直接获得相关信息，但是商品流通中各个环节对价格等的控制就无法实现了，因此是不可行的。在公文流转中，一维码主要应用于标识一份文件，通过采集一维码的信息就可以快速准确的追踪文件的流转过程；二维码主要用于带载信息，将文件的文号、标题、主题词等存储起来，接收文件的单位扫描二维码就可以获取这些信息，不需要重复录入。如果将信封上的一维码替换为含有文件相关信息的二维码，文件的信息就有可能造成失泄密现象；文件上的二维码在印刷过程中就印制好了，成批印刷的所有二维码所包含的信息都是一样的，但是文件在流转过程中，要求每份文件都必须有唯一的编码用于识别该文件，因此，这里的一维码不能够被二维码替换。

2. 二维码的特点及优势

与 RFID 相比，二维码最大的优势在于成本较低，一条二维码的成本仅为几分钱，而 RFID 标签因其芯片成本较高，以及制造工艺复杂，价格居高不下，据权威人士预测，在芯片成本降低到 1 美分之前，RFID 技术无法大规模推广。此外，RFID 可在非授权人同意的条件下被识读，密匙容易被破解，安全性存在着缺陷。总体概括地说，二维码具有以下特点优势：

①高密度编码，信息容量大：可容纳多达 1850 个大写字母，或 2710 个数字，或 1108 个字节，或 500 多个汉字，比普通条码信息容量约高几十倍。

②编码范围广：该条码可以把图片、声音、文字、签字、指纹等可以数字化的信息进行编码，用条码表示出来；可以表示多种语言文字；可表示图像数据。

③容错能力强，具有纠错功能：这使得二维码因穿孔、污损等引起局部损坏时，照样可以正确得到识读，损毁面积达 50% 仍可恢复信息。

④译码可靠性高：它比普通条码译码错误率百万分之二要低得多，误码率不超过千万分之一。

⑤可引入加密措施：保密性、防伪性好。

⑥成本低、易制作、持久耐用。

⑦条码符号形状、尺寸大小比例可变。

⑧二维码可以使用激光或 CCD 阅读器识读。

下面，我们以 PDF417 码为例，介绍二维码的特性和特点。

(1) PDF417 码简介

PDF417 码是由留美华人王寅（音）敬博士发明的。PDF 是取英文 Portable Data File 三个单词的首字母的缩写，意为“便携数据文件”。因为组成条码的每一符号字符都是由 4 个条和 4 个空构成，如果将组成条码的最窄条或空称为一个模块，则上述的 4 个条和 4 个空的总模块数一定为 17，所以称 417 码或 PDF417 码。

（2）PDF417 码的特点

①信息容量大

PDF417 码除可以表示字母、数字、ASCII 字符外，还能表达二进制数。为了使得编码更加紧凑，提高信息密度，PDF417 码在编码时有三种格式。a. 扩展的字母数字压缩格式可容纳 1850 个字符。b. 二进制/ASCII 格式可容纳 1108 个字节。c. 数字压缩格式可容纳 2710 个数字。

②错误纠正能力

一维码通常具有校验功能以防止错读，一旦条码发生污损将被拒读。而二维码不仅能防止错误，而且能纠正错误，即使条码部分损坏，也能将正确的信息还原出来。

③印制要求不高

普通打印设备均可打印，传真件也能阅读。

④可用多种阅读设备阅读

PDF417 码可用带光栅的激光阅读器，线性及面扫描的图像式阅读器阅读。

⑤尺寸可调以适应不同的打印空间

⑥码制公开已形成国际标准，我国也已制定了 417 码的国标。

（3）PDF417 码的纠错功能

二维码的纠错功能是通过将部分信息重复表示（冗余）来实现的。比如在 PDF417 码中，某一行除了包含本行的信息外，还有一些反映其他位置上的字符（错误纠正码）的信息。这样，即使当条码的某部分遭到损坏，也可以通过存在于其他位置的错误纠正码将其信息还原出来。

PDF417 码的纠错能力以错误纠正码字数的不同分为 0～8 共 9 级，级别越高，纠正码字数越多，纠正能力越强，条码也越大。当纠正等级为 8 时，即使条码污损 50% 也能被正确读出。

（4）PDF417 码的几种变形

PDF417 码还有几种变形的码制形式：

①PDF417 码截短码

在相对“干净”的环境中，条码损坏的可能性很小，则可将右边的指示符省略并减少终止符。

②PDF417 微码

进一步缩减的 PDF 码。

③宏 PDF417 码

当文件内容太长，无法用一个 PDF417 码表示时，可用包含多个（1～99999 个）条码分块的宏 PDF417 码来表示。

4.3 二维码技术标准与实现

4.3.1 条码的扫描原理和方式

条码的扫描需要扫描器，扫描器利用自身光源照射条码，再利用光电转换器接受反射的光线，将反射光线的明暗转换成数字信号。不论是采取何种规则印制的条码，都由静区、起始字符、数据字符与终止字符组成。有些条码在数据字符与终止字符之间还有校验字符。

①静区：顾名思义，不携带任何信息的区域，起提示作用。

②起始字符：第一位字符，具有特殊结构，当扫描器读取到该字符时，便开始正式读取代码了。

③数据字符：条码的主要内容。

④校验字符：检验读取到的数据是否正确。不同编码规则可能会有不同的校验规则。

⑤终止字符：最后一位字符，一样具有特殊结构，用于告知代码扫描完毕，同时还起到只是进行校验计算的作用。

4.3.2 二维码的识别

二维码的识别有两种方法：①通过线型扫描器逐层扫描进行解码；②通过照相和图像处理对二维码进行解码。对于堆叠式二维码，可以采用上述两种方法识读，但对绝大多数的矩阵式二维码则必须用照相方法识读，例如使用面型 CCD 扫描器。

用线型扫描器如线型 CCD、镭射枪对二维码进行辨识时，如何防止垂直方向的资料漏读是主要的技术关键，因为在识别二维码符号时，扫描线往往不会与水平方向平行。解决这个问题的方法之一是必须保证条码的每一层至少有一条扫描线完全穿过，否则解码程序不识读。这种方法简化了处理过程，但却降低了资料密度，因为每层必须要有足够的高度来确保扫描线完全穿过，如图 4-2 所示。我们所提到的二维码中，如 49 码、16K 码的识别即是如此。

1. 依据阅读原理的二维码的阅读设备分类

二维码的阅读设备依阅读原理的不同可分为：

（1）线性 CCD 和线性图像式阅读器（Linear Imager）

可阅读一维码和线性堆叠式二维码（如 PDF417 码），在阅读二维码时需要沿条码的垂直方向扫过整个条码，我们称为“扫动式阅读”，这类阅读器比较便宜。

（2）带光栅的激光阅读器

可阅读一维码和线性堆叠式二维码。阅读二维码时将光线对准条码，由光栅元件完成垂直扫描，不需要手工扫动。

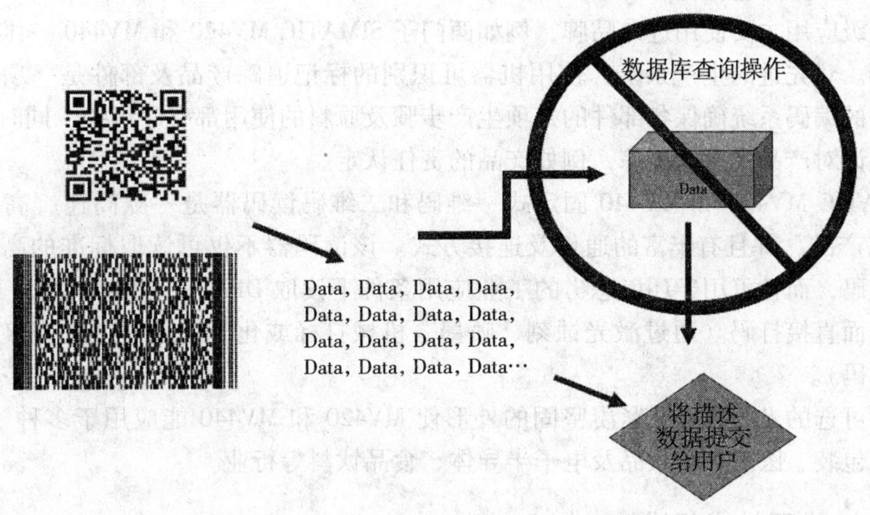

图 4－2　二维码的识别

(3) 图像式阅读器（Image Reader）

采用面阵 CCD 摄像方式将条码图像摄取后进行分析和解码，可阅读一维码和所有类型的二维码。

2. 依据工作方式的二维码的识读设备分类

二维码的识读设备依工作方式的不同还可以分为：手持式和固定式，如图 4－3 所示。

手持式：即二维码扫描枪。可以扫描 PDF417 码、QR 码、DM 码二维码的条码扫描枪，比如 Symbol 的 DS6707、DS6708 等。

固定式：即二维码读取器，台式，非手持，放在桌子上或固定在终端设备里，比如 SUMLUNG 的 SL－QC15S 等。

纸上印刷的二维码和手机屏幕上的二维码均可识别，因此广泛应用于电子票务、电子优惠券、会员系统、手机二维码登机等领域。

固定式SL-QC15S

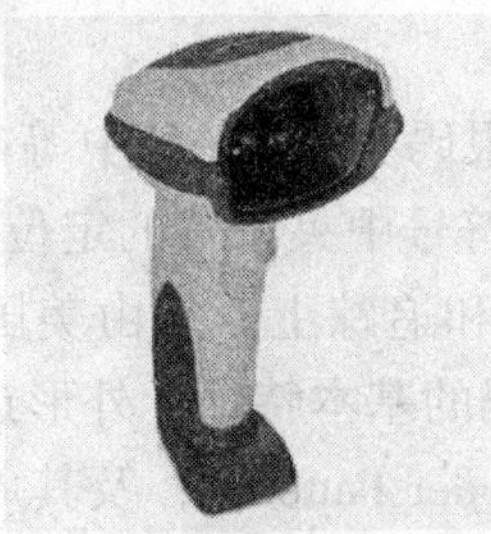
手持式DS6707

西门子工业级读码器

图 4－3　二维码识读设备

3. 二维码的识读设备

工业级应用主要使用进口品牌，例如西门子 SIMATIC MV420 和 MV440 一维码和二维码读码器。对先进的生产系统，使用机器可识别的标记追踪产品及部件是一项重要的需求。唯一的编码系统确保各部件的每项生产步骤及原料的使用都有序可控。同时，直接打码方式允许对产品批次的追踪，例如产品的责任认定。

SIMATIC MV420 和 MV440 固定式一维码和二维码读码器是一款高速、高读取可靠性的读码产品，并且有丰富的通信及连接方式。该读码器不仅可读取标准的高对比度条码及二维码，而且可用于环境恶劣的工业应用条件下读取 DPM 码（Direct Part Marking），即物体表面直接打码（通过激光蚀刻、喷墨、机械打标或化学腐蚀等方式直接标识在物体表面的码）。

灵活可选的光照方式及紧凑坚固的外形使 MV420 和 MV440 能应用于多种工业应用，如汽车、包装、医药、化妆品及电子半导体、食品饮料等行业。

4.3.3 二维码技术标准

国外对二维码技术的研究始于 20 世纪 80 年代末，已研制出多种码制，全球现有的一维码、二维码多达 250 种以上，其中常见的有 PDF417 码、QR 码、49 码、16K 码、One 码等 20 余种。二维码技术标准在全球范围得到了应用和推广。美国讯宝科技公司（Symbol）和日本电装公司（Denso）都是二维码技术的佼佼者。

目前得到广泛应用的二维码国际标准有 QR 码、PDF417 码、DM 码和 CM 码。

QR 码是由日本夏浦（Denso）等公司于 1994 年 9 月研制的一种矩阵二维码符号，其全称为 Quickly Response，意思是快速响应。它除具有一维码及其他二维码所具有的信息容量大、可靠性高、可表示汉字及图像多种文字信息、保密防伪性强等优点外，还可高效地表示汉字，相同内容，其尺寸小于相同密度的 PDF417 条码。它是目前日本主流的手机二维码技术标准，目前市场上的大部分条码打印机都支持 QR 条码。

DM 码，其全称为 Data Matrix，中文名称为数据矩阵。DM 采用了复杂的纠错码技术，使得该编码具有超强的抗污染能力。主要用于电子行业小零件的标识，如英特尔的奔腾处理器的背面就印制了这种码，DM 码由于其优秀的纠错能力成为韩国手机二维码的主流技术。

MC（Maxi Code）码（又称牛眼码），是一种中等容量、尺寸固定的矩阵式二维码，它由紧密相连的六边形模组和位于符号中央位置的定位图形所组成。MC 码是特别为高速扫描而设计，主要应用于包裹搜寻和追踪上。是由美国联合包裹服务（UPS）公司研制的，用于包裹的分拣和跟踪。MC 码的基本特征：外形近乎正方形，由位于符号中央的同心圆（或称公牛眼）定位图形（Finder Pattern），及其周围六边形蜂巢式结构的资料位元所组成，这种排列方式使得 Maxicode 可从任意方向快速扫描。

在我国，GM《二维码网格矩阵码（GM）》（SJ/T 11349—2006）和 CM《二维码紧密矩阵码（CM）》（SJ/T 11350—2006）标准是由原国家信息产业部于 2006 年 5 月 25 日所颁布的两项国产行业推荐标准。此两项标准于2006年5月30日起实施。

GM码其全称为网格码（Grid Matrix Code）是一种正方形的二维码码制，该码制的码图由正方形宏模块组成，每个宏模块由6×6个正方形单元模块组成。网格码可以编码存储一定量的数据并提供5个用户可选的纠错等级。

CM码意为“紧密矩阵”，是英文Compact Matrix的缩写。码图采用齿孔定位技术和图像分段技术，通过分析齿孔定位信息和分段信息可快速完成二维码图像的识别和处理。

4.4 二维码的应用

4.4.1 典型的二维码应用

目前，二维码主要应用于信息和价值流领域，即需要对标的物（即货物）的特征属性进行描述的领域。在该领域，由于用简单的代码（一维码）无法实现信息和属性描述功能，因此必须采用二维码及RFID技术。其中，RFID由于成本高昂及安全性存在缺陷，限制了其在大部分领域的应用，基于此，二维码的应用较为广泛。目前，二维码即将或正在广泛应用于海关和税务征管管理、文件图书流转管理（我国国务院正在推行机关的公文管理，采用二维码技术；同时，国家出版社已正式公布将用二维码替代原有的图书一维码）、车辆管理、票证管理（几乎包含所有行业）、支付应用（如电子回执）、资产管理及工业生产流程管理等多项领域。

二维码具有储存量大、保密性高、追踪性高、抗损性强、备援性大、成本便宜等特性，这些特性特别适用于表单、安全保密、追踪、证照、存货盘点、资料备援等方面。如下：

①表单应用：公文表单、商业表单、进出口报单、舱单等资料之传送交换，减少人工重复输入表单资料，避免人为错误，降低人力成本。

②保密应用：商业情报、经济情报、政治情报、军事情报、私人情报等机密资料之加密及传递。

③追踪应用：公文自动追踪、生产线零件自动追踪、客户服务自动追踪、邮购运送自动追踪、维修记录自动追踪、危险物品自动追踪、后勤补给自动追踪、医疗体检自动追踪、生态研究（动物、鸟类等）自动追踪等。

④证照应用：护照、身份证、挂号证、驾照、会员证、识别证、连锁店会员证等证照之资料登记及自动输入，发挥随到随读、立即取用的资讯管理效果。

⑤盘点应用：物流中心、仓储中心、联勤中心之货品及固定资产之自动盘点，发挥立即盘点、立即决策的效果。

⑥备援应用：文件表单的资料若不愿或不能以磁碟、光碟等电子媒体储存备援时，可利用二维码来储存备援，携带方便，不怕折叠，保存时间长，又可影印传真，做更多

备份。

二维码可以被广泛应用于各个行业，如物流业、生产制造业、交通、安防、票证等行业，由于各行业特性不同，因此二维码被应用于不同行业的不同工作流程中。目前，二维码在应用比较广泛的几个行业领域的具体应用如下：

1. 典型应用领域一：登机服务

基于二维码与一维码相比能够记录更多信息及具备更好的安全性，国际航协（IATA）已决定2010年年底前全部应用二维码技术，其主要目的是在移动终端上实现基于二维码技术的登机手续。2009年4月9日，我国南方航空已开始在广州—郑州航线上试用手机二维码登机牌，旅客使用手机就能直接登机，随着二维码登机牌的试用成功，2010年年底以前，我国将有更多航空公司及更多航线采用二维码登机牌，以达到国际航协的要求。

2. 典型应用领域二：物流行业

二维码在物流行业的应用主要包括4个环节。第一，入库管理：入库时识读商品上的二维码标签，同时录入商品的存放信息，将商品的特性信息及存放信息一同存入数据库，存储时进行检查，看是否有重复录入。第二，出库管理：产品出库时，要扫描商品上的二维码，对出库商品的信息进行确认，同时更改其库存状态。第三，仓库内部管理：在库存管理中，一方面二维码可用于存货盘点，另一方面二维码可用于出库备货。第四，货物配送：配送前将配送商品资料和客户订单资料下载到移动终端中，到达配送客户后，打开移动终端，调出客户相应的订单，然后根据订单情况挑选货物并验证其条码标签，确认配送完一个客户的货物后，移动终端会自动校验配送情况，并做出相应的提示。

如果将二维码的应用在整个物流供应链中扩展来看，主要有以下方面：

（1）单证：公文单证、订购单、报关单、商业单证；

（2）证照：护照、身份证、挂号证、驾驶执照、会员证、识别证；

（3）仓储盘点：物流中心、仓储中心等的物品盘点；

（4）物品追踪：会议资料、生产零件、客户服务、邮购运送、维修记录、危险物品、后勤补给、生态研究；

（5）资料保密：商业机密、政治情报、军事机密、私人信函。

3. 典型应用领域三：生产制造业

以食品的生产为例，二维码在食品的生产与流通过程中的应用主要在3个环节。第一，原材料信息录入与核实：原材料供应商在向食品厂家提供原材料时，将原材料的原始生产数据制造日期、食用期限、原产地、生产者、遗传基因组合的有无、使用的药剂等信息录入到二维码中并打印带有二维码的标签，粘贴在包装箱上后交予食品厂家。第二，生产配方信息录入与核实：在根据配方进行分包的原材料上粘贴带有二维码的标签，其中含有原材料名称、重量、投入顺序、原材料号码等信息。第三，成品信息录入与查询：在原材料投入后的各个检验工序，使用数据采集器录入检验数据；将数据采集器中记录的数据上传到电脑中，生成生产原始数据，使用该数据库，在互联网上向消费者公布产品的原材料信息。

4. 典型应用领域四：手机二维码

手机二维码的应用主要有两种：一种为被读，称为条码凭证或者电子回执，由移动和新大陆联合推出；另一种为主读，称为条码识别，由移动、卓望和银河联合推出。对于条码识别，就是用户可以通过手机摄像头扫描二维码或输入二维码下面的号码、关键字即可实现手机快速上网，如快速便捷地浏览网页、下载图文、视频、获取优惠券等，从而省去了在手机上输入 URL 的烦琐过程，实现一键上网；条码凭证是中国移动与新大陆共同开发的一项"凭证"类的移动数据业务产品，是将传统凭证的内容及持有者信息编码成一个二维码图形，并通过短信、彩信等方式发送至用户手机上，使用时，通过专用的读码设备对手机上显示的二维码图形进行识读验证即可。目前，条码凭证已广泛应用于电子支付凭证和个人身份鉴别两大业务领域，包括电子化票据、电子优惠券、积分兑换凭证等。手机二维码将在下节中具体介绍。

4.4.2 手机二维码

手机与二维码的结合，进一步拓展了二维码应用价值，促进了行业的融合。随着市场、产业链、商业模式的不断成熟，手机二维码将为通信、媒体以及其他传统行业带来更多的商机，手机二维码将在未来走进更多人的生活。随着全球信息通信技术的迅猛发展，以手机为终端的各种应用不断涌现，在未来，手机无疑将成为移动商务赖以发展的最重要的终端之一，而手机二维码的发展将在移动商务的发展中扮演重要角色。

手机二维码由一个二维码矩阵图形和一个二维码号，以及下方的说明文字构成。用户通过手机摄像头对二维码图形进行扫描，或输入二维码号即可以进入相关网页进行手机上网。作为一种新型的数据业务，二维码能将多种无线通信手段进行集成（SMS、MMS、WAP、CRBT），通过二维码的信息导航与信息承载，二维码将成为中国运营商打造新媒体的重要平台。手机二维码有两种典型业务：一种为识读。识读就是借助二维码生成软件和手机应用软件，用手机对准条码，直接读出码上信息；另一种为被读。被读是指推广公司会发一条含二维码的短信或彩信到手机上，拿商场或检票口的识读装置扫描，就可以得到优惠或门票确认。

1. 手机二维码的典型应用

（1）电子商务

电子商务主要包括电子支付回执、电子票务、电子折扣等，其中电子回执的主要推动力量来自中国移动，自从短消息业务之后，中国移动一直希望找到下一个增值业务的杀手级应用，因此对电子回执业务寄予了很大的期望。电子回执目前完整的产业链包括技术提供商、中国移动、中国银联、票务和用户。电子回执将手机作为支付工具，将信用卡作为支付平台，使得消费者在获得发送到手机的电子支付回执凭条后，可凭此领取所购买的物品或享受折扣、售后服务、VIP 服务等。而电子票务的实现方式结合售票单位的网站、售票信息发布平台共同完成。首先消费者有购票的需求，查找相关的票务信息，接触到票务信息后，根据相关信息发短信至售票系统，按提示进行手机支付。支付完成后，售票系统会把电子票以二维码的形式发送到购票者手机中，完成购票流程。

（2）防伪功能

通过手机电子二维码识别验证可享受专项服务的证据，具有客户唯一性。利用安装了二维码阅读引擎的手机，即可有效解决上述问题。二维码具有多重防伪特性，它可以采用密码防伪、软件加密及利用所包含的信息如指纹、照片等进行防伪，因此具有极强的保密防伪性能。

2. 手机二维码在全球市场的应用概况

（1）日本：QR 码

QR 码最初由夏浦等日系厂商共同制定，为了方便手机上网而开发。目前日本市场上已有很成熟的 QR 手机二维码市场应用，QR 条码在日本得到相当规模的应用，日本的海报、游览手册、传单、折扣券、电子票证，甚至连树上都贴着二维码，成为日本手机用户登录网站以及获得广告商品信息的非常便捷的方式。NTT Docomo 推出的手机中将有超过 90% 具有 QR 编码识别功能。

（2）韩国：DM 码

在韩国，DM 码则大行其道，最近用户突破了千万，也被证明是成功的模式。韩国的铃声下载和游戏已成最热门 DM 读码服务，许多的游戏厂商和内容提供商，每天都会在报纸上刊出不同服务的二维码，让消费者更快去找到使用的内容。

（3）欧洲：DM 码

在欧洲，DM 码已在德国、乌克兰、奥地利、瑞士、意大利等国家应用，尤其是在销售足球赛门票时广泛使用手机购买的电子票。而英国也准备在 2010 年期间推出手机二维码登机牌，乘客不需要机票和登机牌，只需要用手机上的登机二维码扫描即可。

（4）中国：QR 码和 DM 码并行

中国目前用手机浏览 WAP 网页的用户还很少，手机上网多按照信息流量来收费，通信费都比较昂贵。但中国手机二维码用户量在未来几年将呈现快速增长态势，到 2010 年有望达到 2.7 亿人。目前中国移动采用的是矩阵式的 QR 码和 DM 码。

3. 手机二维码的安全与监管

（1）安全性

从技术角度来看，手机二维码如果用于一般的商业用途，基本上不会出现安全隐患。唯一需要防范的是，某些造假者具有生成二维码的能力。对于掌握各种二维码的生成源程序的厂家来说，可以在生成手机条码的过程中采用二维码内部的加密，保证二维码具有防止伪造的充分可靠性。另外，为进一步保证手机条码使用的安全性，可以在第一次显示二维码时，将手机 ID 发送至指定服务商。之后每次使用时，再将这一数据与手机的 ID 相对照，不管相符与否，均可由系统发回一个确认短信，以此判断是否非法持有该“二维码”。这样，无论手机持有者是利用短信转发的功能还是其他的方式去复制，都无法改变二维码中的特征信息。

（2）监管

从整体上看，日、韩两国的手机二维码市场都存在不足。在日本，手机二维码的运营模式是全开放式的，二维码扫描是手机上的一项功能，而不是运营商提供的一种服务。二维码的技术商将解码软件提供给运营商后，按手机的装机量收取版权费，运营商则将软件的解码完全公开，用户可以进行任意编码。日本由于编码完全开放，无法形成有效的产业链，使得整个手机条码市场的价值没有真正得以发掘。而韩国，由于二维码专利权益是推动这个市场的主要动力，造成了各电信巨头都开发自己的码制，竞争也趋于恶性，市场的大规模推广困难重重。我们在手机二维码业务推广中要借鉴日、韩两国的成功经验，同时不能照搬，而应采用有效过滤的管理模式。因为如果手机链接的内容是黄色网站、政治性网站或虚假、低俗信息，势必对社会产生不良影响。

4.4.3 二维码应用前景

在一维码的基础上发展起来的二维码有着一维码无法相比的优点，作为一种便携式数据文件，虽然它在我国的研究还处于刚刚起步阶段，但在不断完善的市场经济和快速发展的信息技术的推动下，再加上二维码其独具的特点，国内对二维码这一新技术的需求与日俱增。尤其是近两年，二维码已开始在国内的很多行业得到应用。国内一些有远见的厂商也开始涉足二维码领域，使二维码技术在我国的推广应用展露出诱人的前景。

1. 二维码在我国推广应用的可行性

与其他自动识别技术相比，二维码有着其独特的优势。随着科学与信息技术的发展，自动识别技术的种类也越来越多。自动识别技术的发展主要表现在数据质量和录入速度的提高以及消除人为干扰方面，其中表现较为突出的有条码、磁卡、IC 卡和射频识别。但二维码在信息载体的成本、信息量、保密性、抗污染和抗干扰及标准化等方面具有明显的优势，有着良好的推广应用前景。二维码自身的特点决定了它较为适合我国的国情。

（1）采用二维码的单证成本低，具有很好的实用价值

二维码可以采用通常的喷墨打印机、激光打印机、热转印打印机进行打印，可以打印在纸上、卡片上或者 PVC 卡上。因此，与其他自动识别技术相比，成本低廉，具有很好的实用价值。

（2）采用二维码的单证容错性好，使用寿命长

各种单证在使用过程中都有可能受到不同程度的折损、污染，因此，对单证的使用寿命和机器识读能力提出了更高的要求。二维码采用了纠错算法，具有很强的纠错能力，在其部分损坏后，通过纠错依然可以进行机器识读。

（3）对主系统和网络的依赖性降低，从而降低了费用，提高了可靠性

二维码是一种便携式的数据文件，它本身可携带大量的信息，不需要与外部数据库相连，因此，在无法获得计算机及数据库支持的情况下，通过便携式数据终端也可以读出二

维码中的信息，从而降低了对主系统和网络的依赖性，降低了使用费用，提高了可靠性。

（4）实现了证件的机读功能

证件的机读能力和防伪能力是新一代证件的标志。二维码可以将持证人的名字、证号、血型、性别等重要信息进行编码，并通过机器自动识读，解决了单证数据信息的自动录入问题。

（5）提高了证件的防伪能力

二维码具有很好的防伪能力。在证件上采用二维码，可通过对二维码表示的数据信息进行数学加密来提高证件的防伪能力，目前，数学加密技术在世界上已经是一项非常先进、非常成熟的技术，因此，可以极大地增加证件的防伪能力。

二维码的这些特点适合我国人口众多、经济不发达，尤其是经济发展不平衡、网络建设水平不高、计算机普及率较低的国情，所以，二维码这一高新技术在我国极具推广应用价值。

2. 二维码市场空间无限

二维码作为一种全新的条码技术，已被广泛应用于国防、医疗保健、商业、金融、后勤管理等领域。由于二维码信息容量大，保密防伪性能好，并且成本低，适合我国人口多、底子薄、计算机建设还很不完善的国情，因此在我国有着十分广阔的应用前景。可以预见，二维码技术在我国的推广应用必将为我国信息产业的发展和现代化的经济建设带来可观的社会效益和经济效益。

二维码在西方发达国家目前已进入系统应用阶段，他们的应用领域、使用方法在很大程度上引导着国内二维码的发展方向。国内的一些行业或单位也已开始应用二维码。但与国外先进国家相比，我国在二维码应用方面还存在一定的差距。国外先进国家的应用经验已比较成熟，而目前在国内应用比较零散，没有形成明显的规模和趋势。但是，二维码在国内应用试点的成功已引起了众多用户群体的兴趣，再加上国外二维码应用方向的引导，目前，国内许多厂商与经销商开始致力于二维码的研究、设备开发与应用系统的推广应用、培育新的市场。

二维码相关设备的厂商和经销商们想要进入的领域范围很广，牵涉面很大，与人们的日常工作生活极为紧密，如铁路运输、身份证卡、家用电器和公共事业，这几乎涉及每一个家庭和每一个人，这就预示着二维码将走入我们的生活、深入我们的生活。

这里值得一提的是，有的经销商提出今后开发的重点首先应当是医药和电子领域产品。医药、电子产品体积小，空间不足以容纳传统的条码。二维码密度高，借助二维码可实现对这些产品的自动识别。如某些电子芯片价格昂贵，必须加以跟踪。此外，在西方国家对强制性控制的药物使用二维码，在中国也是势在必行，因此上述技术会显得越来越重要。

为加快二维码在我国的研究及应用，中国物品编码中心与各地分支机构进行了许多二维码的应用试点工作。如在专利收费、邮政管理、财政管理、暂住人口管理、1999 年两会及部队仓库管理上的应用等，都取得了很好的效果。如果把这些应用试点推广开来，那么，二维码应用的市场空间将是不可限量的。

近几年，我国信息技术和自动化管理得到了迅猛发展，在信息产业和商业自动化管理的带动下，作为信息数据自动采集重要手段之一的二维码技术在我国得到了快速推广与应用。自 1998 年以来，我国二维码识读设备销量呈成倍增长趋势，设备供给量略大于需求量，供需基本平衡，发展势头令人满意。而二维码技术在我国快速发展的决定因素是自动化管理和信息技术飞速发展的需求。毋庸置疑，信息技术和现代化管理是全球发展的趋势，也是我国发展的方向。作为信息技术重要组成部分的二维码，随着信息技术和现代化管理的发展，人们对其认识的提高、理解的加深以及人们对产品和各种证件防伪要求的增加，在我国有着广阔的发展天地。

逛遍全城，只要带一部移动手机

1. 吴山广场：手机二维码成了随身地图

杭州吴山广场附近一块公交站牌的左下角，新添了一块黑白两色的方块图案。看一下旁边的说明，你会发现，这块小小的、不起眼的图案大有用处。它叫公交二维码，和你的手机配合使用就是手机二维码，可以通过它上网，让手机告诉你许多有用的信息。

中国移动浙江公司的工作人员掏出一个带摄像头的手机，将这块二维码拍了下来，“不需要拍得很精确就可以使用”。

手机通过二维码上网后，屏幕上出现了一张地图，它把所在公交站点周围的交通状况标注得一清二楚。屏幕往下拉，可以浏览和查询经过该站点的所有线路信息、如何换乘公交车、下一班公交车几点到站等；还能查询公共自行车租赁点分布信息——笔者试着在查询空格里输入“武林广场”，随后出现该公共自行车租赁点的详细地址、联系电话、目前有多少辆公共自行车可租等信息……通过手机二维码，就算从来没有到过杭州的游客，也可以方便地在杭州穿行了。

要使用手机二维码功能，得给手机安装一个条码软件。这在公交站牌上有说明：发送“A”至“10658028”，收到一条回复短信，点击短信上的链接，就可以下载条码软件了。如果你的手机没有摄像功能，不能拍摄二维码，那就发送短信“919301334”到“10658028”，一样可以查询。需要说明的是，使用手机二维码，只收取上网流量费，没有其他费用产生。

“目前杭州已经有包括公交车站牌、公共自行车租赁点等 1200 多个点打上了所在位置的二维码标识，引导市民通过拍摄二维码上网的方式定位，自助查询相关公共服务信息。”移动工作人员介绍。未来杭州市的所有公交站点包括快速公交站点都会印上这块有用的二维码。

除了公交信息外，通过公交二维码也可以查询所在站点周边商家的信息，了解吃喝玩乐的各种便民信息，让用户随时随地选择去哪里购物、吃饭。“发展下去，就是一个手机口碑网的概念。用户可以在上面查找感兴趣的商家，了解商家的大致情况，正在推出哪些优惠等，并对商家进行评论；而商家也可以通过手机来了解到底有多少顾客对自己的商品感兴趣，对用户的消费行为进行市场分析，比如他们最喜欢哪款商品等。”这些功能正在不断完善中。

二维码是用特定的几何图形按一定规律在平面（二维方向上）分布的黑白相间的矩形方阵记录数据符号信息的新一代条码技术。它的特点是信息量大，可以容纳2000个字符，是一维码的100倍；安全性高，可以加密，需验证后才能打开，可以限制手机转发次数，可以集成身份验证信息；纠错能力强，码面损毁面积达50%时，仍能读取；识读速度快，全方位识读等特点，可以印刷在报纸、杂志、图书等多种载体上。

将二维码与手机结合，透过二维码，使用者只需要用手机摄像头轻轻一扫，就可以取得二维码背后所联结的信息内容，省去用户繁复的输入流程，进入信息随手可得的新信息时代。

2. 清波门车站：刷手机坐公交车

随后，笔者在清波门车站走上了一辆公交车，身边可没带钱包啊。在移动工作人员的指点下，淡定地拿着手机，将手机背面对准公交车上刷卡机，滴的一声，扣款成功，可以大模大样坐公交车了。

这是城市信息化又一项很有用的应用：市民卡手机支付。

据了解，杭州市民卡（城市通卡）手机支付应用是杭州移动与杭州市民卡公司、城市通卡公司联合推出的，它把手机的功能和市民卡的功能整合到了一起，是基于手机SIM卡支付的“手机钱包”移动电子商务应用。

打开手机的后盖，发现这款能刷卡的手机的SIM卡与众不同，连着一条“尾巴”，“尾巴”末端还有一片薄薄的卡片。用户要使用这一功能，需要更换这样一张手机Simpass卡，从而通过手机实现市民卡及城市通卡钱包刷卡应用（现场支付）。

除了坐公交车，它目前可以在快客便利店、春天瑞采面包房、朝晖、翰林花园、东山弄等杭州部分农贸市场使用。今后随着加盟的商户越来越多，用户出门会感觉更加方便。该项业务的一期功能包括公交刷卡、出租车刷卡、泊车缴费、餐饮消费、商场超市消费等。二期功能包括自行车借还、校园一卡通等，这对于学生来说尤其方便，拿着手机在校园可以去食堂吃饭、借书、去小卖部购物，出了校园又可以坐公交车以及购物等。

对于用户来说，它带来的好处不少：一是出行方便，不要带市民卡、城市通卡、月票卡、银行卡或者零钱，今后一个手机就解决了；二是充值方便，不需要专门到公交POS机前去充值，可以在手机里操作，把账户里的钱转到电子钱包上；到2010年11月，用户还可以通过发送STK短信、WAP上网、客户端软件等方式进行手机远程支付，购买彩票、电影票、景点门票等商品，将来更可以实现公共事业缴费、网游支付等；它还可以实时查询钱包余额，具有账户消费主动提醒、自行车归还信息提醒等功能。

目前中国移动杭州分公司有元通大厦旗舰营业厅、体育场路营业厅等8个营业厅可以对外办理手机市民卡钱包业务，该公司在半个月之内招募了3300名体验用户，已经完成

1600个用户的换卡。换卡费用是60元，其中有50元返还到手机钱包账户中（可以用来购物坐车）、30元话费分三个月返还。手机钱包里的钱用完后，可以去移动公司、市民卡（公交卡）充值网点充值。充值时要说明是充到手机城市通账户，而不是手机话费账户；目前手机城市通账户最高余额为2000元。

3. 灯芯巷社区：老人有个贴身“手机保姆”

表面上看，这是一款普通的老人手机，数字按键特别大，功能较简单，可以当手电筒用，还可以听收音机。不过手机下方两个醒目的红键和绿键，给了这款手机不一般的助老应用。

这款手机叫“移动助老通”，它的后台连通着社区的服务中心。长按绿键，是通知相关社区人员上门服务用的；长按红键，通常是比较紧急的情况，比如老人一个人在家心脏病发作急需医疗援助等。

在位于杭州灯芯巷小区的天水街道居家养老服务中心，笔者试着按了一位老人的移动助老通的红键，社区的服务中心的电脑上立即出现了这位老人的详细信息：名字、住址、电话号码、家属联系方式……

中心工作人员表示：“通常这种情况我们会先联系一下老人，看看是否误拨。如果情况紧急，会第一时间通知120，并联系老人家属，同时社区工作人员上门进行排查。现在空巢老人多，有这样一个助老通，子女放心，社区也好管理。”

而老人有事求助时可按绿键，社区10秒左右收到呼叫，立即回复电话确定求助内容，服务内容包括家政服务、家电维修、商品配送、订票送票、订餐送餐……

助老通设备有几种不同款式，除了联系老人外，还可以对助老员的服务工作进行考核。而万一老人走失了，助老通的移动定位功能也能帮助家人及时找回老人。

由于是面向老人的公益性业务，因此资费特别优惠，月套餐费用分为11元、16元、25元三档。存100元话费就可以送一只助老通手机，相同的手机在市场上需要240~250元，这100元话费还将分十个月返还。

目前，杭州只有天水街道试点启用了助老通业务，有100多位老人正在使用这一业务，社区平均每天收到五六次呼叫。移动助老通业务目前仅在移动延安路营业厅办理，未来这一业务将推广至整个杭州城。

4. 下城图书馆：全国首个G3阅览室

走进3500m^2的下城图书馆，除了满架的纸质图书、报刊，笔者还发现了新事物：一个安静的G3阅览室。它是全国首个用中国移动G3阅读器看书的阅览室。

G3阅览室里，几名二十岁上下的年轻人正捧着G3阅读器看得津津有味。一位小男生看的是一部网络原创的武打小说。他告诉笔者，自己是浙工大的大二学生，对各种数码产品都很感兴趣。知道这里建了G3阅览室，就跑来体验一下。“比网上看小说省力，和看纸书差不多吧，不伤眼睛。我喜欢的网络小说这里也比较多。以前不太上图书馆的，现在来得勤了。”

2010年4月16日，中国移动杭州分公司与下城区图书馆合作，利用G3阅读器作为阅读终端，在全国范围内率先建设G3阅览室。眼前的这座G3阅览室大约80多平方米，有G3阅读器8台，G3手机2台，都是免费使用阅读的。“来借阅的以附近的大学生、中学生居多，像浙工大、朝晖中学等。同时因为阅读器可以随时将字体放大又不伤眼睛，所以也很受一些年纪大的读者欢迎。”

说起G3阅读器，下城图书馆馆长李发明对这个新事物的感想滔滔不绝。“G3阅读器采用的是电子墨水技术，低碳、健康、节能。别看这小小的一本书大小的阅读器，目前在上面可以阅读的书有9万多册，今年将超过15万册，完全抵得过一个几千平方米面积的中小型图书馆藏书量。”

“我们馆里的纸质图书内容大多比较正统，而G3阅读器上有不少互联网小说，可以很好地把年轻人吸引过来。它又方便管理，不像在电脑上看互联网小说，容易鱼龙混杂。”

为了推广这种最新的阅读方式，下城图书馆还给读者们开了讲座，进行知识普及。

据介绍，眼下浙江省温州和湖州的市图书馆也正在进行G3阅览室建设。这种全新的阅读方式将在全国的传统图书馆进行推广。对于中国移动而言：“G3阅览室既是图书馆现有阅读模式的有益补充，又能加速手机阅读业务的传播推广，提高用户体验度，可谓双赢。”

5. 国泰大楼：抄电表不用跑上门

杭州延安路国泰大楼的地下室高压配电房，管理着整幢大楼的电力供应，当天下午，几位物业人员悠闲地坐着。“以前抄电表，都要一户户上门去抄，现在，有了这个设备，每户人家的计量表数据都一清二楚，一旦发生异常情况也能及时发现、处理。”一位叫宣毅的工作人员说。

他们面前的计量柜上，装了一个特殊的设备，它可以通过中国移动的GPRS网络进行远程电力抄表。

为彻底解决电表安装点分散，人员抄表误差大给电力部门带来的管理难和高成本，中国移动杭州分公司和浙江电力三产公司合作建设浙江省电力公司GPRS远程抄表系统。通过中国移动的GPRS网络系统，电力部门可将工业和民用电表采集的电力系统数据实时传递到地、市、省级的集中监控中心，以实现对电力监测设备的统一监控和分布式管理。GPRS网络为电力系统提供了简单高效的通信传输手段。

截至2010年6月，该业务的工业用户数规模已达5万多，家庭用户数规模已达5000多。后续将持续开展省电力200万家庭用户（20万个抄表终端）的集抄项目。

笔者带你体验城市信息化的奥妙：手机二维码指路；刷手机坐公交车；移动助老通成老人的贴身保姆；传统图书馆里读G3阅读器。

为什么一个刚到杭州的外地人，在公交站牌前用手机拍了一张照，就知道该怎么坐车、去哪里吃饭购物了？

为什么有人没带钱包没带卡，却轻松地坐上了公交车？

为什么家里空无一人，窗帘却自动缓缓地关上了，正好挡住猛烈的西晒太阳？

这些问题不是脑筋急转弯，是中国移动浙江公司城市信息化的部分最新业务。3G 网络在浙江省开通已经有一段时间了，它给人们生活带来的新一轮便利革命，正在崭露头角。杭州、宁波等地的城市信息化应用已经开展得有声有色，近日，笔者来到杭州、宁波等地，在路上、在社区、在执法单位、在居民家里，亲身体验了城市信息化所完成的各种“不可能的任务”。

资料来源：《钱江晚报》，2010. 7. 19.

5 射频识别技术

随着高科技的蓬勃发展，智能化管理已经走进了人们的社会生活，一些门禁卡、全民推广的二代身份证、每天都在使用的公交卡，这些我们已经习惯使用的卡片使我们的身份轻松获得认同，其实秘密就在这些卡都使用了 RFID（射频识别技术），可以说 RFID 已成为我们日常生活中最简单的身份识别系统。作为 RFID 技术的领先者，宁波锐通信息科技有限公司是一家致力于嵌入式软件系统、RFID 微波射频识别设备、微波雷达感应设备研发的高新技术企业，公司采用了国际最新的 RFID 技术公司，研发了智能停车场管理系统、井下人员及设备定位系统、非接触人员自动识别系统、高速公路 ETC 自动收费系统、物流管理系统等基于 RFID 技术的产品，并被广泛应用于国内外各类智能化管理系统。

5.1 射频识别技术简介

5.1.1 RFID 技术概述

RFID 是 Radio Frequency Identification 的缩写，即射频识别技术，是自动识别技术的一种，通过无线射频方式进行非接触双向数据通信，对目标加以识别并获取相关数据。

RFID 技术可识别高速运动物体并可同时识别多个标签，操作快捷方便。为 ERP、CRM 等业务系统完美实现提供了可能，并且能对业务与商业模式有较大提升。RFID 技术诞生于第二次世界大战期间，它是传统条码技术的继承者，又称做“电子标签”。

射频系统的优点是不局限于视线，识别距离比光学系统远，射频识别卡可具有读写能力，可携带大量数据，难以伪造，且有智能。RFID 适用于物料跟踪、运载工具和货架识别等要求非接触数据采集和交换的场合，由于 RFID 标签（见图 5－1）具有读写能力，对于需要频繁改变数据内容的场合尤为适用。

美国和北大西洋公约组织（NATO）在波斯尼亚的“联合作战行动”中，不但建成了战争中投入战场最复杂的通信网，还完善了识别跟踪用物资的新型后勤系统。该系统途中运输部分的功能就是靠贴在集装箱和设备上的射频识别标签实现的。射频（RF）接收转发装置通常安装在运输线的一些检查点上（如门框上、桥墩旁等），以及仓库、车站、码

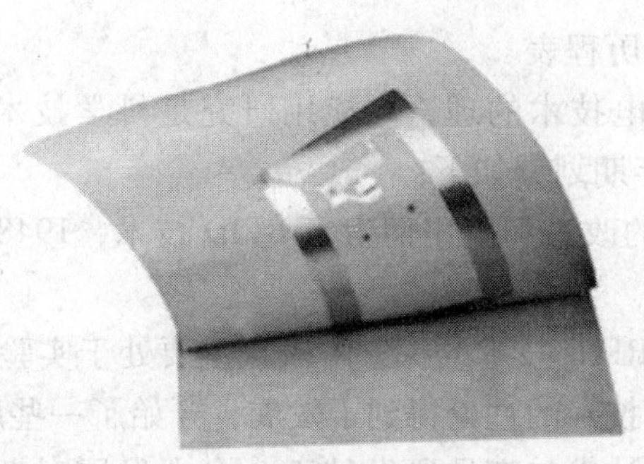

图 5-1 射频标签

头、机场等关键点。接收装置收到 RF 标签信息后，连通接收地的位置信息，上传至通信卫星，再由通信卫星传送给运输调度中心，送入中心数据库中。

我国 RFID 的应用也已经开始，一些高速公路的收费站口使用 RF 可以不停车收费。我国铁路系统使用 RFID 记录货车车厢编号的试点已运行了一段时间。一些物流公司也将 RFID 用于物流管理中。

5.1.2 RFID 技术的发展历史

RFID 技术实现的基础是利用电磁能量实现 AIDC，电磁能量是自然界存在的一种能量形式。

1. 人们对电磁能的认识

追溯历史，中国先民即发现并开始利用天然磁石，并用磁石制成指南针。到了近代，越来越多的人对电、磁、光进行深入的观察及数学基础研究，其中的佼佼者是美国人本杰明·富兰克林。1846 年英国科学家米歇尔·法拉第发现了光波与电波均属于电磁能量。1864 年苏格兰科学家詹姆士·克拉克·麦克斯韦尔发表了他的电磁场理论。1887 年，德国科学家亨瑞士·鲁道夫·赫兹证实了麦克斯韦尔的电磁场理论并演示了电磁波以光速传播并可以被反射，具有类似光的极化特性，赫兹的实验不久也被俄国科学家亚历山大·波普重复。1896 年马克尼成功地实现了横越大西洋的越洋电报，由此开创了利用电磁能量为人类服务的先河。更进一步，在 1922 年，诞生了雷达（Radar）。作为一种识别敌方空间飞行物（飞机）的有效兵器，雷达在第二次世界大战中发挥了重要的作用，同时雷达技术也得到了极大的发展。至今，雷达技术还在不断发展，人们正在研制各种用途的高性能雷达。

2. RFID 技术的发展

RFID 技术直接继承了雷达的概念，并由此发展出一种生机勃勃的 AIDC 新技术——RFID 技术。1948 年哈里·斯托克曼发表的“利用反射功率的通信”奠定了射频识别 RFID 技术的理论基础。

（1）RFID 技术发展的历程表

在 20 世纪中期，无线电技术的理论与应用研究是科学技术发展最重要的成就之一。RFID 技术的发展可按 10 年期划分如下：

1941—1950 年，雷达的改进和应用催生了 RFID 技术，1948 年奠定了 RFID 技术的理论基础。

1951—1960 年，早期 RFID 技术的探索阶段，主要处于实验室实验研究。

1961—1970 年，RFID 技术的理论得到了发展，开始了一些应用尝试。

1971—1980 年，RFID 技术与产品研发处于一个大发展时期，各种 RFID 技术测试得到加速，出现了一些最早的 RFID 应用。

1981—1990 年，RFID 技术及产品进入商业应用阶段，各种规模应用开始出现。

1991—2000 年，RFID 技术标准化问题日趋得到重视，RFID 产品得到广泛采用，RFID 产品逐渐成为人们生活中的一部分。

2001 年至今。标准化问题日趋为人们所重视，RFID 产品种类更加丰富，有源电子标签、无源电子标签及半无源电子标签均得到发展，电子标签成本不断降低，规模应用行业扩大。RFID 技术的理论得到丰富和完善。单芯片电子标签、多电子标签识读、无线可读可写、无源电子标签的远距离识别、适应高速移动物体的 RFID 正在成为现实。

（2）RFID 技术国内外发展状况

RFID 技术在国外的发展较早也较快。尤其是在美国、英国、德国、瑞典、瑞士、日本、南非目前均有较为成熟且先进的 RFID 系统。其中，低频近距离 RFID 系统主要集中在 125kHz、13.56MHz 系统；高频远距离 RFID 系统主要集中在 UHF 频段（902MHz ~ 928MHz）915MHz、2.45GHz、5.8GHz。UHF 频段的远距离 RFID 系统在北美得到了很好的发展；欧洲的应用则以有源 2.45GHz 系统得到了较多的应用。5.8GHz 系统在日本和欧洲均有较为成熟的有源 RFID 系统。在 RFID 技术发展的前 10 年中，有关 RFID 技术的国际标准的研讨空前热烈，国际标准化组织 ISO/IEC 联合技术委员会 JTCl 下的 SC31 下级委员会成立了 RFID 标准化研究工作组 WG4。尤其是在 1999 年 10 月 1 日正式成立的，由美国麻省理工学院 MIT 发起的 Auto - ID Center 非营利性组织在规范 RFID 应用方面所发挥的作用将越来越明显。Auto - ID Center 在对 RFID 理论、技术及应用研究的基础上，所作出的主要贡献如下：

①提出产品电子代码 EPC（Electronic Product Code）概念及其格式规划。为简化电子标签芯片功能设计，降低电子标签成本，扩大 RFID 应用领域奠定了基础。

②提出了实物互联网的概念及构架，为 EPC 进入互联网搭建了桥梁。

③建立了开放性的国际自动识别技术应用公用技术研究平台，为推动低成本的 RFID 标签和读写器的标准化研究开创了条件。

我国在 RFID 技术的研究方面也发展很快，市场培育已初步开花结果。在 RFID 技术研究及产品开发方面，国内已具有了自主开发低频、高频与微波 RFID 电子标签与读写器的技术能力及系统集成能力。与国外 RFID 先进技术之间的差距主要体现在 RFID 芯片技术方面。尽管如此，在标签芯片设计及开发方面，国内已有多个成功的低频 RFID 系统标签芯片面市。

5.1.3 RFID 系统组成

RFID 系统在具体的应用过程中，根据不同的应用目的和应用环境，系统的组成会有所不同，但从 RFID 系统的工作原理来看，系统一般都由信号发射机、信号接收机、发射接收天线几部分组成，如图 5－2 所示。

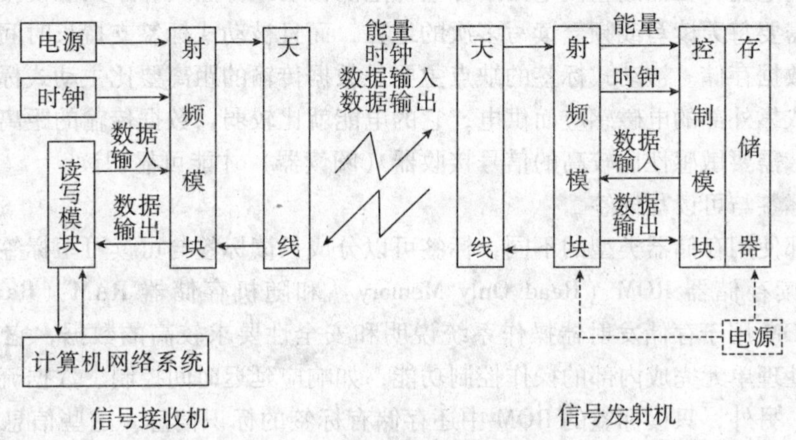

图 5－2　射频识别系统的组成示意

1. 信号发射机

在 RFID 系统中，信号发射机为了不同的应用目的，会以不同的形式存在，典型的形式是标签（TAG）。标签相当于条码技术中的条码符号，用来存储需要识别传输的信息，另外，与条码不同的是，标签必须能够自动或在外力的作用下，把存储的信息主动发射出去。标签一般是带有线圈、天线、存储器与控制系统的低电集成电路。标签的主要作用，是存储物流对象的数据编码，对物流对象进行标识。通过天线将编码后的信息发射给读写器，或者接收读写器的电磁波反射给读写器。

射频标签基本功能有以下几点：

①具有一定的存储容量，用以存储被识别对象的信息；

②标签的数据能被读入或写入，而且可以编程，一旦编程后，就成为不可更改的永久数据；

③使用、维护都很简单，在使用期限内不需维护。

按照不同的分类标准，标签有许多不同的分类。

①主动式标签与被动式标签

在实际应用中，必须给标签供电它才能工作，虽然它的电能消耗是非常低的（一般是百万分之一毫瓦级别）。按照标签获取电能的方式不同，可以把标签分成主动式标签与被动式标签。主动式标签内部自带电池进行供电，它的电能充足，工作可靠性高，信号传送的距离远。另外，主动式标签可以通过设计电池的不同寿命对标签的使用时间或使用次数进行限制，它可以用在需要限制数据传输量或者使用数据有限制的地方，比如，一年内，标签只允许读写有限次。主动式标签的缺点主要是标签的使用寿命受到限制，而且随着标签内电池电力的消耗，数据传输的距离会越来越小，影响系统的正常工作。

被动式标签内部不带电池，要靠外界提供能量才能正常工作。被动式标签典型的产生电能的装置是天线与线圈，当标签进入系统的工作区域，天线接收到特定的电磁波，线圈就会产生感应电流，在经过整流电路给标签供电。被动式标签具有永久的使用期，常常用在标签信息需要每天读写或频繁读写多次的地方，而且被动式标签支持长时间的数据传输和永久性的数据存储。被动式标签的缺点主要是数据传输的距离要比主动式标签小。因为被动式标签依靠外部的电磁感应而供电，它的电能就比较弱，数据传输的距离和信号强度就受到限制，需要敏感性比较高的信号接收器（阅读器）才能可靠识读。

②只读标签与可读写标签

根据内部使用存储器类型的不同，标签可以分成只读标签与可读可写标签。只读标签内部只有只读存储器 ROM（Read Only Memory）和随机存储器 RAM（Random Access Memory）。ROM 用于存储发射器操作系统说明和安全性要求较高的数据，它与内部的处理器或逻辑处理单元完成内部的操作控制功能，如响应延迟时间控制、数据流控制、电源开关控制等。另外，只读标签的 ROM 中还存储有标签的标识信息。这些信息可以在标签制造商写入 ROM 中，也可以在标签开始使用时由使用者根据特定的应用目的写入特殊的编码信息。这种信息可以只简单地代表二进制中的“0”或者“1”，也可以像二维码那样，包含复杂的相当丰富的信息。但这种信息只能是一次写入，多次读出。只读标签中的 RAM 用于存储标签反应和数据传输过程中临时产生的数据。另外，只读标签中除了 ROM 和 RAM 外，一般还有缓冲存储器。用于暂时存储调制后等待天线发送的信息。

可读可写标签内部的存储器除了 ROM、RAM 和缓冲存储器之外，还有非活动可编程记忆存储器。这种存储器除了存储数据功能外，还具有在适当的条件下允许多次写入数据的功能。非活动可编程记忆存储器有许多种，EEPROM（电可擦除可编程只读存储器）是比较常见的一种，这种存储器在加电的情况下，可以实现对原有数据的擦除以及数据的重新写入。

③标识标签与便携式数据文件

根据标签中存储器数据存储能力的不同，可以把标签分成仅用于标识目的的标识标签与便携式数据文件两种。对于标识标签来说，一个数字或者多个数字字母字符串存储在标签中，为了识别的目的或者是进入信息管理系统中数据库的钥匙（Key）。条码技术中标准码制的号码，如 EAN/UPC 码，或者混合编码，或者标签使用者按照特别的方法编的号码，都可以存储在标识标签中。标识标签中存储的只是标识号码，用于对特定的标识项目，如人、物、地点进行标识，关于被标识项目详细的特定信息，只能在与系统相连接的数据库中进行查找。

顾名思义，便携式数据文件就是说标签中存储的数据非常大，足可以看做是一个数据文件。这种标签一般都是用户可编程的，标签中除了存储标识码外，还存储有大量的被标识项目其他的相关信息，如包装说明、工艺过程说明等。在实际应用中，关于被标识项目的所有的信息都是存储在标签中的，读标签就可以得到关于被标识项目的所有信息，而不用再连接到数据库进行信息读取。另外，随着标签存储能力的提高，可以提供组织数据的能力，在读标签的过程中，可以根据特定的应用目的控制数据的读出，实现在不同的情况下读出的数据部分不同。

2. 信号接收机

在 RFID 系统中，信号接收机一般叫做阅读器。根据支持的标签类型不同与完成的功能不同，阅读器的复杂程度是显著不同的。阅读器基本的功能就是提供与标签进行数据传输的途径。另外，阅读器还提供相当复杂的信号状态控制、奇偶错误校验与更正功能等。标签中除了存储需要传输的信息外，还必须含有一定的附加信息，如错误校验信息等。识别数据信息和附加信息按照一定的结构编制在一起，并按照特定的顺序向外发送。阅读器通过接收到的附加信息来控制数据流的发送。一旦到达阅读器的信息被正确的接收和译解后，阅读器通过特定的算法决定是否需要发射机对发送的信号重发一次，或者知道发射器停止发信号，这就是“命令响应协议”。使用这种协议，即便在短的时间、很小的空间阅读多个标签，也可以有效地防止“欺骗问题”的产生。

3. 编程器

只有可读可写标签系统才需要编程器。编程器是向标签写入数据的装置。编程器写入数据一般来说是离线（Off - Line）完成的，也就是预先在标签中写入数据，等到开始应用时直接把标签黏附在被标识的项目上。也有一些 RFID 应用系统，写数据是在线（On - Line）完成的，尤其是在生产环境中作为交互式便携数据文件来处理时。

4. 天线

天线是标签与阅读器之间传输数据的发射、接收装置。在实际应用中，除了系统功率，天线的形状和相对位置也会影响数据的发射和接收，需要专业人员对系统的天线进行设计、安装。

任一 RFID 系统至少应包含一根天线（不管是内置还是外置）以发射和接收 RF 信号。有些 RFID 系统是由一根天线来同时完成发射和接收；而另一些 RFID 系统则是由一根天线来完成发射而另一根天线来承担接收，所采用天线的形式及数量应视具体应用而定。

5.1.4 RFID 系统的分类

根据 RFID 系统完成的功能不同，可以粗略地把 RFID 系统分成四种类型：EAS 系统、便携式数据采集系统、物流控制系统、定位系统。

1. EAS 系统

EAS（Electronic Article Surveillance）是一种设置在需要控制物品出入的门口的 RFID 技术。这种技术的典型应用场合是商店、图书馆、数据中心等地方，当未被授权的人从这些地方非法取走物品时，EAS 系统会发出警告。在应用 EAS 技术时，首先在物品上黏附 EAS 标签，当物品被正常购买或者合法移出时，在结算处通过一定的装置使 EAS 标签灭活，物品就可以取走。物品经过装有 EAS 系统的门口时，EAS 装置能自动检测标签的活动性，发现活动性标签 EAS 系统会发出警告。EAS 技术的应用可以有效防止物品的被盗，不管是大件的商品，还是很小的物品。应用 EAS 技术，物品不用再锁在玻璃橱柜里，可以让顾客自由地观看、检查商品，这对于顾客自选物品日益流行的今天有着非常重要的现实意义。

典型的 EAS 系统一般由三部分组成：

① 附着在商品上的电子标签，电子传感器；

② 电子标签灭活装置，以便授权商品能正常出入；

③ 监视器，在出口造成一定区域的监视空间。

EAS 系统的工作原理是：在监视区，发射器以一定的频率向接收器发射信号。发射器与接收器一般安装在零售店、图书馆的出入口，形成一定的监视空间。当具有特殊特征的标签进入该区域时，会对发射器发出的信号产生干扰，这种干扰信号也会被接收器接收，再经过微处理器的分析判断，就会控制警报器的鸣响。根据发射器所发出的信号不同以及标签对信号干扰原理不同，EAS 可以分成许多种类型。关于 EAS 技术最新的研究方向是标签的制作，人们正在讨论 EAS 标签能不能像条码一样，在产品的制作或包装过程中加进产品，成为产品的一部分。

2. 便携式数据采集系统

便携式数据采集系统是使用带有 RFID 阅读器的手持式数据采集器，采集 RFID 标签上的数据。这种系统具有比较大的灵活性，适用于不宜安装固定式 RFID 系统的应用环境。手持式阅读器（数据输入终端）可以在读取数据的同时，通过无线电波数据传输方式（RFDC）实时地向主计算机系统传输数据，也可以暂时将数据存储在阅读器中，再一批一批地向主计算机系统传输数据。

3. 物流控制系统

在物流控制系统中，固定布置的 RFID 阅读器分散布置在给定的区域，并且阅读器直接与数据管理信息系统相连，信号发射机是移动的，一般安装在移动的物体、人上面。当物体、人经过阅读器时，阅读器会自动扫描标签上的信息并把数据信息输入数据管理信息系统存储、分析、处理，达到控制物流的目的。

4. 定位系统

定位系统用于自动化加工系统中的定位以及对车辆、轮船等进行运行定位支持。阅读器放置在移动的车辆、轮船上或者自动化流水线中移动的物料、半成品、成品上，信号发射机嵌入到操作环境的地表下面。信号发射机上存储有位置识别信息，阅读器一般通过无线的方式或者有线的方式连接到主信息管理系统。

总之，一套完整的 RFID 系统解决方案包括标签设计及制作工艺、天线设计、系统中间件研发、系统可靠性研究、读卡器设计和示范应用演示六部分。可以广泛应用于工业自动化、商业自动化、交通运输控制管理和身份认证等多个领域，而在仓储物流管理、生产过程制造管理、智能交通、网络家电控制等方面更是引起了众多厂商的关注。

5.1.5 RFID的技术特征

RFID技术是自动识别技术之一，在数据处理、安全认证等方面与其他自动识别技术比较具有以下优点：

①数据的读写（Read Write）机能：只要通过RFID Reader即可不需接触，直接读取信息至数据库内，且可一次处理多个标签，并可以将物流处理的状态写入标签，供下一阶段物流处理用。

②容易小型化和多样化的形状：RFID在读取上并不受尺寸大小与形状之限制，不需为了读取精确度而配合纸张的固定尺寸和印刷品质。此外，RFID电子标签更可往小型化与应用在不同产品发展。因此，可以更加灵活地控制产品的生产，特别是在生产线上的应用。

③耐环境性：纸张一受到脏污就会看不到，但RFID对水、油和药品等物质却有强力的抗污性。RFID在黑暗或脏污的环境之中，也可以读取数据。

④可重复使用：由于RFID为电子数据，可以反复被覆写，因此可以回收标签重复使用。

⑤穿透性：RFID若被纸张、木材和塑料等非金属或非透明的材质包覆的话，也可以进行穿透性通信。不过如果是铁质金属的话，就无法进行通信。

⑥数据的记忆容量大：数据容量会随着记忆规格的发展而扩大，未来物品所需携带的资料量越来越大，对卷标所能扩充容量的需求也增加，对此RFID不会受到限制。

⑦系统安全：将产品数据从中央计算机中转存到工件上将为系统提供安全保障，大大地提高系统的安全性。

⑧数据安全：通过校验或循环冗余校验的方法来保证射频标签中存储的数据的准确性。

5.1.6 射频技术与条码技术的区别

射频技术与条码是两种不同的技术，有不同的适用范围，有时会有重叠。两者之间最大的区别是条码是“可视技术”。射频标签只要在接收器的作用范围内就可以被读取。

射频技术和条码有什么不同？从概念上来说，两者很相似，目的都是快速准确地确认追踪目标物体。主要的区别如下（见表5-1、表5-2）：有无写入信息或更新内存的能力。条码的内存不能更改。射频标签不像条码，它特有的辨识器不能被复制。标签的作用不仅仅局限于视野之内，因为信息是由无线电波传输，而条码必须在视野之内。由于条码成本较低，有完善的标准体系，已在全球散播，所以已经被普遍接受，从总体来看，射频技术只被局限在有限的市场份额之内。目前，多种条码控制模板已经在使用之中，在获取信息渠道方面，射频也有不同的标准。

表 5－1　　条码与 RFID 比较

功　能	RFID	条码
读取数量	可同时读取多个 RFID 卷标资料	条码读取时只能一次一个
远距读取	RFID 不需光线就可以读取或更新	读条码时需要光线
资料容量	储存资料的容量大①	储存资料的容量小
读写能力	电子资料可以反复被覆写（R/W）	条码资料不可更新
读取方便性	智能卷标可很薄、可隐藏在包装内仍可读取资料	条码读取时需要可看见与清楚
资料正确性	可传递资料作为货品追踪与保全	条码需要人工读取，有人为疏失可能性
最大通信距离	5m～6m②	50cm 左右
不正当之复制行为	非常困难	容易
坚固性	在严酷、恶劣与脏乱的环境下仍可读取资料	条码污秽或损坏将无法读取，无耐久性
高速读取	可以进行高速移动读取	移动中读取有所限制
成　本	高	非常低

注：①二维码为数千字节。

②受到电波法的规定，距离依国家和地区各有不同。

表 5－2　　人工登入、条码与 RFID 处理速度比较

登入方式 \ 数据量	1 笔	10 笔	100 笔	1000 笔
人工登入	10s	100s	1000s	107min
扫描条码	2s	20s	200s	33min
RFID 辨识	0. 1s	1s	10s	1. 67min

射频技术与条码是两种不同的技术，有不同的适用范围，有时会有重叠。两者之间最大的区别是条码是“可视技术”，而扫描仪在人的指导下工作，只能接收它视野范围内的条码。相比之下，射频识别不要求看见目标。射频标签只要在接收器的作用范围内就可以被读取。条码本身还具有其他缺点，如果标签被划破、污染或是脱落，扫描仪就无法辨认目标。条码只能识别生产者和产品，并不能辨认具体的商品，贴在所有同一种产品包装上的条码都一样，无法辨认哪些产品先过期。

目前，在成本方面，由于组成部分不同，智能标签要比条码贵得多，条码的成本就是条码纸张和油墨成本，而有内存芯片的主动射频标签价格在 2 美元以上，被动射频标签的

成本也在1美元以上。但是没有内置芯片的标签价格只有几美分，它可以用于对数据信息要求不那么高的情况，同时又具有条码不具备的防伪功能。

5.2 RFID 系统的工作流程及原理

5.2.1 基本工作流程

RFID 系统的基本工作流程如下：

①读写器将无线电载波信号经过发射天线向外发射。

②当电子标签进入发射天线的工作区域时，电子标签被激活，将自身信息的代码经天线发射出去。

③系统的接收天线接收电子标签发出的载波信号，经天线的调节器传输给读写器。读写器对接收到的信号进行解调解码，送往后台的电脑控制器。

④电脑控制器根据逻辑运算判断该标签的合法性，针对不同的设定做出相应的处理和控制，发出指令信号控制执行机构的动作。

⑤执行机构按照电脑的指令动作。

⑥通过计算机通信网络将各个监控点连接起来，构成总控信息平台，可以根据不同的项目设计不同的软件来完成要实现的功能。

5.2.2 RFID 的工作原理

RFID 的工作原理是：标签进入磁场后，如果接收到阅读器发出的特殊射频信号，就能凭借感应电流所获得的能量发送出存储在芯片中的产品信息（即 Passive Tag，无源标签或被动标签），或者主动发送某一频率的信号（即 Active Tag，有源标签或主动标签），阅读器读取信息并解码后，送至中央信息系统进行有关数据处理。RFID 工作原理如图 5-3 所示。

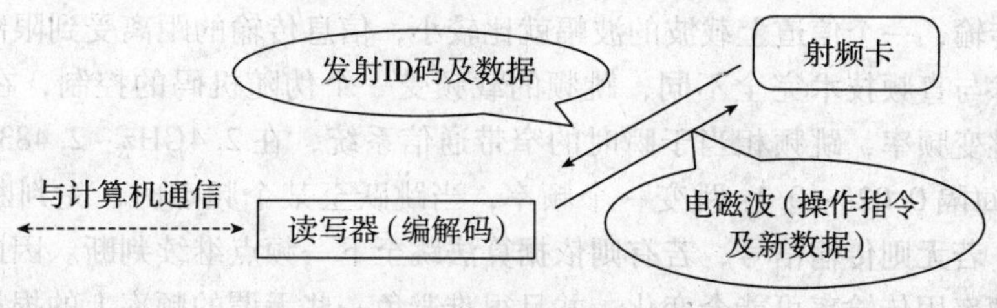

图 5-3 RFID 系统的一般工作原理

标签与阅读器之间的数据传输是通过空气介质以无线电波的形式进行的。一般地，我们可以用两个参数衡量数据在空气介质中的传播，数据传输的速度和数据传输的距离。由于标签的体积、电能有限，从标签中发出的无线信号是非常弱的，信息传输的速度与传输的距离就很有限，为了实现数据高速、远距离地传输，必须把数据信号叠加在一个规则变化的信号比较强的电波上，这个过程叫调制，规则变化的电波叫载波。在 RFID 系统中，载波电波一般由阅读器或编程器发出。有多种方法可以实现数据在载波上的调制，如用数据信息改变载波的波幅叫调幅，改变载波的频率叫调频，改变载波的相位叫调相等。一般来说，使用的载波频率越高，数据能够传输的速度越快，例如，2. 4GHz 频率的载波，可以实现 2Mbps（相当于每秒可以传输大约 200 万个字符）。但是，不能无限地提高载波频率以提高信息传输速度，因为，无线电波频率的选用是受到政府管制的，各个国家一般都对不同频率的无线电波规定了不同的应用目的，RFID 技术无线电波的选择也必须遵守这种规定。目前，国内一般采用通信频率为 2. 4GHz 扩频技术进行通信。这是因为在我国 2. 4GHz ~ 2. 4835GHz 的频段是无须向国家无线电管理委员会申请使用许可证的公用频段。过去，商业的无线数据传输一般采用窄带传输，即使用有一定范围的频率传输数据，这就有了带宽的概念，带宽就是通信中使用的最高的载波频率与最低的载波频率之差。使用宽带频率传输数据最明显的优势是数据传输的速度进一步加快，而且可靠性更高，因为当一个频率的载波线路繁忙或出现故障时，信息可以通过别的频率载波线路传输。实际商用宽带传输数据技术又可以分为两种：直接序列扩频技术（Direct Spread Spectrum，直频技术）和跳频技术（Frequency Hopping，FH）。

直频技术使用伪随机码对数据进行处理，得到扩频序列，然后将扩频序列调制通过不同的信道同时进行传输，信号接收装置收到信号后将信号解码并按照特定的算法重组信息，以还原成可以识读的信息。应用这种技术，系统占用功率频谱密度（在单位频段上的发射功率）大大降低，信息扩展到一个比较宽的频率范围内传输，达到可抵抗其他特定频率干扰的目的。我国的无线电管理委员会规定的开放频段与欧洲标准一致，参照欧洲标准，直频技术可以从 13 个信道（中心频点）中选用，为了免除自身干扰，选用的互相关联的不同信道之间，两两之间频率至少间隔 30GHz。这 13 个频点的设定从 2. 412GHz ~ 2. 472GHz，共有 60M 带宽，通常直频系统只能选择 2 ~ 3 个信道进行数据传播，在一定程度上不能充分利用频带资源，影响了数据的传播速度。另外，由于使用同一功率支持多个信道的数据传输，一个信道上载波的波幅就比较小，信息传输的距离受到限制。

跳频技术与直频技术完全不同，跳频的载频受一个伪随机码的控制，在其工作带宽内，不断地跳变频率，跳频相当于瞬时的窄带通信系统，在 2. 4GHz ~ 2. 4835GHz 将信道设为 79 个，每隔 0. 02s ~ 0. 1s 跳变一个频率，当跳跃至某个频点时，先判断该频点是否有噪声干扰，若无则传输信号，若有则依据算法跳至下一频点继续判断。因此在不同的频点，跳频的频率用传输率可能会变化，并且很难避免一些无谓的频率上的损耗，即在检测频点是否空闲时会造成信号传输延迟。另外，因为系统有响应时间限制，超过响应时间，跳频设备会认为检测信号发射失败（丢包），会命令发射机重发，也造成系统资源的浪费。变频技术的特点是保密性好，抗干扰能力也比较好。与直频技术相比，信息传输的距离也比较远。商用系统的跳变频率较低，在每秒 50 跳以内，成本较低。

影响数据传输距离远近的首要因素是载波信号与标签中数据信号的强度，载波信号的强度受阅读器功率大小控制，标签中数据信号的强度由标签自带电池功率（主动式标签）或标签可以产生的电能（被动式标签）大小决定。一般来说，阅读器和标签的功率越大，载波信号和数据信号越强，数据能够传输距离越远。无线电波在空气介质中传播，随着传播的距离越来越远，信号的强度会越来越弱。从理论上来说，无线电波的衰减程度与传输距离的平方成正比。在系统实际应用中应该注意的是，不能为了达到数据传输的距离而无限制的提高阅读器和标签的功率，因为与载波频率的选择一样，无线电波的功率是受到政府的管制的。除了系统功能影响数据传输的距离外，空气介质的性质和数据传输路径也显著影响数据传输的距离。空气介质的性质包括空气的密度、湿度等性质。一般来说，采用的载波频率越高，空气性质不同对数据传输距离的影响越明显。空气的湿度越大或者是空气的密度越高，介质对无线电波的吸收越严重，数据传输的距离就越小。另外，如果数据传输路径中有许多障碍物，也会显著影响数据传输的距离，因为无线电波碰到障碍物时，物体一般都会对无线电波产生吸收和反射。考虑到空气的性质和数据传输中经过障碍物，无线电波衰减的程度有时可以达到与传输距离的四次方成正比。影响数据传输距离的因素还包括：发射、接收天线的设计和布置，噪声干扰等。

5.3 RFID 技术的标准

5.3.1 RFID 标准现状

目前，RFID 还未形成统一的全球化标准，市场为多种标准并存的局面，但随着全球物流行业 RFID 大规模应用的开始，RFID 标准的统一已经得到业界的广泛认同。RFID 系统主要由数据采集和后台数据库网络应用系统两大部分组成。目前已经发布或者是正在制定中的标准主要是与数据采集相关的，其中包括电子标签与读写器之间的空气接口、读写器与计算机之间的数据交换协议、RFID 标签与读写器的性能和一致性测试规范以及 RFID 标签的数据内容编码标准等。后台数据库网络应用系统目前并没有形成正式的国际标准，只有少数产业联盟制定了一些规范，现阶段还在不断演变中。

1. 国际现状

从全球的范围来看，美国已经在 RFID 标准的建立、相关软硬件技术的开发、应用领域走在世界的前列。欧洲 RFID 标准追随美国主导的 EPC global 标准。在封闭系统应用方面，欧洲与美国基本处在同一阶段。日本虽然已经提出 UID 标准，但主要得到的是本国厂商的支持，如要成为国际标准还有很长的路要走。RFID 在韩国的重要性得到了加强，政府给予了高度重视，但至今韩国在 RFID 标准上仍模糊不清。

（1）美国

在产业方面，TI、Intel 等美国集成电路厂商目前都在 RFID 领域投入巨资进行芯片开发。Symbol 等已经研发出同时可以阅读条码和 RFID 的扫描器。IBM、Microsoft 和 HP 等也在积极开发相应的软件及系统来支持 RFID 的应用。目前美国的交通、车辆管理、身份识别、生产线自动化控制、仓储管理及物资跟踪等领域已经开始逐步应用 RFID 技术。在物流方面，美国已有 100 多家企业承诺支持 RFID 应用，这其中包括：零售商沃尔玛，制造商吉列、强生、宝洁，物流行业的联合包裹服务公司以及政府方面国防部的物流应用。

另外，值得注意的是美国政府是 RFID 应用的积极推动者。按照美国国防部的合同规定，2004 年 10 月 1 日或者 2005 年 1 月 1 日以后，所有军需物资都要使用 RFID 标签；美国食品及药物管理局（FDA）建议制药商从 2006 年起利用 RFID 跟踪最常造假的药品；美国社会福利局（SSA）于 2005 年年初正式使用 RFID 技术追踪 SSA 各种表格和手册。

（2）欧洲

在产业方面，欧洲的 Philips、STMicroelectronics 在积极开发廉价 RFID 芯片；Checkpoint 在开发支持多系统的 RFID 识别系统；诺基亚在开发能够基于 RFID 的移动电话购物系统；SAP 则在积极开发支持 RFID 的企业应用管理软件。在应用方面，欧洲在诸如交通、身份识别、生产线自动化控制、物资跟踪等封闭系统与美国基本处在同一阶段。目前，欧洲许多大型企业都纷纷进行 RFID 的应用实验。例如，英国的零售企业 Tesco 最早于 2003 年 9 月结束了第一阶段试验。试验由该公司的物流中心和英国的两家商店进行，试验是对物流中心和两家商店之间的包装盒及货盘的流通路径进行追踪，使用的 915MHz 频段。

（3）韩国

韩国主要通过国家的发展计划，再联合企业的力量来推动 RFID 的发展，即主要是由产业资源部和情报通信部来推动 RFID 的发展计划。特别值得注意的是从 2004 年 3 月韩国提出 IT 839 计划以来，RFID 重要性得到了进一步的加强。虽然目前韩国在 RFID 的开发和应用领域乏善可陈，但值得引起关注的是在韩国政府的高度重视下，韩国关于 RFID 的技术开发和应用试验正在加速展开。同日本类似，韩国也出现了将 RFID 引入开放系统的趋势。2005 年 3 月，韩国政府将耗资 7.84 亿美元在仁川新建技术中心，主要从事电子标签技术包括 RFID 研发以及生产，以帮助韩国企业快速确立在全球 RFID 市场的主流地位。该中心在 2007 年年前建成，RFID 标签和传感器在 2008 年批量出货。

（4）日本

日本是一个制造业强国，它在电子标签研究领域起步较早，政府也将 RFID 作为一项关键的技术来发展。MPHPT 在 2004 年 3 月发布了针对 RFID 的“关于在传感网络时代运用先进的 RFID 技术的最终研究草案报告”，报告称 MPHPT 将继续支持测试在 UHF 频段的被动及主动的电子标签技术，并在此基础上进一步讨论管制的问题；2004 年 7 月，日本经济产业省 METI 选择了七大产业做 RFID 的应用试验，包括消费电子、书籍、服装、音乐 CD、建筑机械、制药和物流。从近来日本 RFID 领域的动态来看，与行业应用相结合的基于 RFID 技术的产品和解决方案开始集中出现，这为 2005 年 RFID 在日本应用的推广，特别是在物流等非制造领域，奠定了坚实的基础。

2004 年年中至 2005 年年初日本 RFID 发展大事记：

2005 年 2 月　日本 Personal Media 开始销售配备无线标签（RFID 标签）读取器和条码读取器的 PHS"UC - Phone"及其评测工具组。

2004 年 12 月　日本 SGI 从 12 月 15 日开始供应使用无线 IC 标签来收集、分析物品及环境信息的微型传感器系统。

2004 年 12 月　由日立 ULSI Systems 研制的两款 RFID 标签芯片通过了 UID Center 关于 Ucode 标签标准的认证。

2004 年 11 月　三菱成功地开发出了避免 RFID 读写器之间干扰的新技术。主要面向设想在物流过程中进行批量读取时使用的 UHF 频带无线标签。

2004 年 10 月　NEC 宣布，生产笔记本电脑的 NEC 个人产品公司已在米泽工厂中引进了使用 RFID 标签的生产管理系统。

2004 年 7 月　富士通 Prime Software Technologies 将销售基于 RFID 标签的位置检测系统"Local Positioning System（LPS）"。

2004 年 6 月　日立的 WirelessInfo Venture Company 开发出遵循 IEEE 802. 11 规格、面向位置检测系统的无线标签"AirLocation Tag"。

随着 RFID 技术的发展演进以及成本的降低，未来几年内，全球开放的市场将为 RFID 带来巨大的商机。

2. 国内现状

RFID 已经被有关专家认定为 21 世纪最具影响力的科技领域之一，然而它在我国的发展才刚刚开始。国内 RFID 技术与应用的标准化研究工作起步比国际上要晚 4 ~ 5 年时间，2003 年 2 月国家标准化委员会颁布强制标准《全国产品与服务统一代码编码规则》，为中国实施产品的电子标签化管理打下基础，并确定在药品、烟草防伪和政府采购项目上实施。2004 年 2 月，中国国家标准化委员会宣布成立电子标签国家标准工作组，负责起草、制定中国有关电子标签的国家标准。2004 年 4 月底，中国企业家加入了 RFID 的全球化标准组织 EPC global，同期，EPC global China 也已成立。与此同时，日本的 RFID 标准化组织 T - Engine 论坛与中国企业实华开电子商务有限公司合作成立了基于日本 UID 标准技术的实验室——UID 中国中心。此外，我国正在制定的 RFID 领域技术标准采用了 ISO/IEC 15693 系列标准，该系列标准与 ISO/IEC 18000 - 3 相对应，均在 13. 56MHz 的频率下工作，前者以卡的形式封装。目前，在这一频率下工作的电子标签技术已相对成熟。

RFID 目前只能在闭环中应用，因为 860MHz ~ 960MHz 频段还未开放，更重要的是，由于国家尚未颁布 RFID 标准，上下游企业间难以信息共享而且将冒设备不符合规定的风险，因而多数企业不愿意贸然推广 RFID。

5.3.2 三大 RFID 技术标准简介

目前 RFID 技术存在三个标准体系：ISO 标准体系、EPC global 标准体系和 Ubiquitous ID 标准体系。

（1）ISO 标准体系

国际标准化组织（ISO）以及其他国际标准化机构如国际电工委员会（IEC）、国际电信联盟（ITU）等是 RFID 国际标准的主要制定机构。大部分 RFID 标准都是由 ISO（或与 IEC 联合组成）的技术委员会（TC）或分技术委员会（SC）制定的。

RFID 领域的 ISO 标准可以分为以下四大类：

① 技术标准（如射频识别技术、IC 卡标准等）；

② 数据内容与编码标准（如编码格式、语法标准等）；

③ 性能与一致性标准（如测试规范等标准）；

④ 应用标准（如船运标签、产品包装标准等）。

具体如图 5－4 所示。

ISO/IEC标准

技术标准　数据结构标准　性能标准　应用标准

标准号	标准名称/内容
ISO 18000-1	空中接口一般参数
ISO 18000-2	低于135 kHz频率的空中接口一般参数
ISO 18000-3	13.56 MHz频率下的空中接口一般参数
ISO 18000-4	2.45 GHz频率下空中接口一般参数
ISO 18000-6	860~960 MHz频率下空中接口一般参数
ISO 18000-7	433.92 MHz频率下空中接口一般参数

标准号	标准名称/内容
ISO 10536	（Close coupled cards）非接触集成电路卡
ISO 15693	（Vicinity cards）非接触集成电路卡、进程卡
ISO 14443	（Proximity cards）非接触集成电路卡、进程卡

标准号	标准名称/内容
ISO 18046	RFID 设备性能测试方法
ISO 18047	有源及无源的RFID 一致性性能测试方法

标准号	标准名称/内容
ISO 15424	数据载体/特征标识符
ISO 15418	EAN，UCC应用标识符及ASC MH 10数据标识符
ISO 15434	高容量 ADC 媒体用的传递语法
ISO 15459	物品管理的唯一ID（第1部分：技术标准，第2部分：规程标准）
ISO 15961	数据协议：应用接口
ISO 15962	数据编码规则和逻辑存储功能的协议
ISO 15963	RF标签的唯一标识

标准号	标准名称/内容
ISO 10374	货运集装箱标签（自动识别）
ISO 18185	货运集装箱电子封条RF通信协议
ISO 11784	基于动物的无线射频识别的代码结构
ISO 11785	基于动物的无线射频识别技术准则
ISO 17358	应用需求

规范	名称/内容
ISO 17363	货运集装箱
ISO 17364	可回收运输单品
ISO 17365	运输单元
ISO 17363	产品包装
ISO 17364	产品标识

图 5－4　ISO/IEC 已制定的 RFID 相关标准

（2）EPC global 标准体系

EPC global 是由美国统一代码协会（UCC）和国际物品编码协会（EAN）于 2003 年 9

月共同成立的非营利性组织，其前身是1999年10月1日在美国麻省理工学院成立的非营利性组织Auto-ID中心，以创建“物联网”为自己的使命。为此，该中心将与众多成员企业共同制定一个统一的、类似于Internet的开放技术标准，在现有计算机互联网的基础上，实现商品信息的交换与共享。旗下有沃尔玛集团、英国Tesco等100多家欧美的零售流通企业，同时有IBM、微软、飞利浦、Auto-ID Lab等公司提供技术研究支持。

EPC global致力于建立一个向全球电子标签用户提供标准化服务的EPC global网络，前提是遵循该公司制定的技术规范。目前EPC global Network技术规范1.0版给出了所有的系统定义和功能要求。EPC global已在加拿大、日本、中国等国建立了分支机构，专门负责EPC码段在这些国家的分配与管理、EPC相关技术标准的制定、EPC相关技术在本土的宣传普及以及推广应用等工作。

EPC global提出的“物联网”体系架构由EPC编码、EPC标签及读写器、EPC中间件、ONS服务器和EPCIS服务器等部分构成。EPC是赋予物品的唯一的电子编码，其位长通常为64位或96位，也可扩展为256位。对不同的应用，规定有不同的编码格式，主要存放企业代码、商品代码和序列号等。最新的GEN2标准的EPC编码可兼容多种编码。EPC中间件对读取到的EPC编码进行过滤和容错等处理后，输入到企业的业务系统中。它通过定义与读写器的通用接口（API）实现与不同制造商的读写器的兼容。ONS服务器根据EPC编码及用户需求进行解析，以确定与EPC编码相关的信息存放在哪个EPCIS服务器上。EPCIS服务器存储并提供与EPC相关的各种信息。这些信息通常以PML的格式存储，也可以存放于关系数据库中。

（3）Ubiquitous ID Center

Ubiquitous ID Center是由日本政府的经济产业省牵头，主要由日本厂商组成，目前有日本电子厂商、信息企业和印刷公司等达300多家参与。该识别中心实际上就是日本有关电子标签的标准化组织。

Ubiquitous ID Center的泛在识别技术体系架构由泛在识别码（Ucode）、信息系统服务器、泛在通信器和Ucode解析服务器四部分构成。Ucode是赋予现实世界中任何物理对象的唯一识别码。它具备了128位的充裕容量，并可以用128位为单元进一步扩展至256、384或512位。Ucode的最大优势是能包容现有编码体系的元编码设计，可以兼容多种编码。Ucode标签具有多种形式，包括条码、射频标签、智能卡、有源芯片等。泛在识别中心把标签进行分类，设立了9个级别的不同认证标准。信息系统服务器存储并提供与Ucode相关的各种信息。Ucode解析服务器确定与Ucode相关的信息存放在哪个信息系统服务器上。Ucode解析服务器的通信协议为UcodeRP和eTP，其中eTP是基于eTron（PKI）的密码认证通信协议。泛在通信器主要由IC标签、标签读写器和无线广域通信设备等部分构成，用来把读到的Ucode送至Ucode解析服务器，并从信息系统服务器获得有关信息。

泛在识别中心对网络和应用安全问题非常重视，针对未来可能出现的安全问题如截听和非法读取等，节点进行信息交换时需要相互认证，而且通信内容是加密的，避免非法阅读。

日本UID标准和欧美EPC标准，主要涉及产品电子编码、射频识别系统及信息网络系统三个部分，其思路在大多层面上都是一致的。在使用的无线频段、信息位数和应用领域等方面有许多不同点。例如，日本的电子标签采用的频段为2.45GHz和13.56MHz，欧美的EPC标准采用UHF频段，从902MHz~928MHz；日本的电子标签的信息位数为128位，EPC标准的位数为96位。在RFID技术的普及战略方面，EPC global将应用领域限定在物流领域，着重于成功的大规模应用；而UID Center则致力于RFID技术在人类生产和生活的各个领域中的应用，通过丰富的应用案例来推进RFID技术的普及。表5-3列出了EPC global和UID Center的概要对比。

表5-3　EPC global和UID Center的概要对比

		EPC global	UID Center
编码体系		EPC编码，通常为64位或96位，也可扩展为256位。对不同的应用，规定有不同的编码格式，主要存放企业代码、商品代码和序列号等。最新的GEN2标准的EPC编码可兼容多种编码	Ucode编码，码长为128位，并可以用128位为单元进一步扩展至256、384或512位。Ucode的最大优势是能包容现有编码体系的元编码设计，可以兼容多种编码
技术支撑体系	对象名解析服务	ONS	Ucode解析服务器
技术支撑体系	中间件	EPC中间件	泛在通信器
技术支撑体系	网络信息共享	EPCIS服务器	信息系统服务器
技术支撑体系	安全认证	基于互联网的安全认证	提出了可用于多种网络的安全认证体系eTron

5.4　RFID使用的频率范围

RFID的工作频率是射频识别系统最基本的技术参数之一。工作频率的选择在很大程度上决定了射频标签的应用范围、技术可行性以及系统成本的高低。射频识别系统是一种无限点传播系统，必须占据一定的空间通信信道。在空间通信信道中，射频信号只能以电感耦合或电磁耦合的形式表示出来，因此，射频系统的工作性能要收到电磁波空间传输特性的影响。

目前RFID主要使用频段以低频的134.2kHz及13.56MHz为主，其他的频率也有厂商投入生产。而这两个频段传输距离较短为5cm~70cm，数据传输率也因频宽的关系，速度也只有10kbps左右，所以为求有更远的传输距离及更高的传输速率，目前厂商都往更高频300MHz ~ 1GHz的UHF频带及2.4GHz的SHF频带上，开发智能型的RFID卷标。目前 UHF 频段的 RFID 卷标最远可达近 5 米的传输距离，且每秒最多达 40 个封包的传送，可大幅提升现阶段的应用层次。依据国际电信联合会（ITU）的规范，目前 RFID 使用的频率共有 6 种，分别为 135KHz 以下、13.56MHz、433.92MHz、860MHz～930MHz（即 UHF）、2.45GHz 以及 5.8GHz（详见表 5－4）。表 5－4 简单说明了常见频率的基本用途与区别。

表 5－4　　无线电波频谱分类

无线电频谱	频率范围	波　长	大量应用	RFID 应用频率
极低频 VLF（Very Low Frequency）	10kHz～30kHz	40000 ft.	语音（Voice）	
低频 LF（Low Frequency）	20kHz～300kHz	4000 ft.	航空与玩具（Aeronautical Maritime，Toys）	125kHz 135kHz
中频 MF（Medium Frequency）	300kHz～3MHz	400 ft.	收音机（AM Radio）	
高频 HF（High Frequency）	3MHz～30MHz	40 ft.	短波收音机（Short Wave Radio）	13.56MHz
特高频 VHF（Very High Frequency）	30MHz～300MHz	4 ft.	电视与收音机（FM Radio）	433.92MHz
超高频 UHF（Ultra High Frequency）	300MHz～3GHz	4 ft.	电视、手机与微波炉	860MHz～950MHz 2.45GHz
极高频 SHF（Super High Frequency）	3GHz～30GHz	0.4 ft.	卫星	5.8GHz
至高频 EHF（Extremely High Frequency）	30GHz～300GHz	0.04 ft.	研究用	

目前，RFID 主要运用的无线电波段和微波波段参差不齐，其中主要以 125kHz 和 134kHz 低频、13.56MHz 高频、433.92MHz 超高频（UHF）、860MHz～960MHz（UHF）、2.45GHz（UHF）以及 5.8GHz 极高频为主。125/134kHz 多数的国家属于开放频道，然而数据传输速度慢，主要使用在宠物、门禁管制和防盗追踪。13.56MHz 的最佳传输距离为 1m 以下，主要应用于生产管理、会员卡、识别证、飞机机票和建筑物出入管理。860MHz～960MHz 最远可达近 10m 的传输距离，通信品质佳，适合供应链管理，然而各

国频率法规不一，跨区应用必然会成为现阶段运用的障碍。至于2.45GHz的最佳传输距离为100m，穿透性较差，适合电子收费系统（Electronic Toll Collection，ETC）、及时定位系统（Real－Time Locating System，RTLS），如表5－5所示。

表5－5　常见频率的基本用途与区别

频　率	优　点	缺　点	应用范围
低频（9kHz～135kHz）	此频段在绝大多数的国家属于开放，不涉及法规开放和执照申请的问题。一般这个频段的电子卷标都是被动式的，低频的最大的优点在于其卷标靠近金属或液体的物品上时能够有效发射讯号，不像其他较高频率之卷标，在这种情况下讯号会被金属或液体反射回来	读取范围受限制（在1.5m内）、读取距离短、无法同时进行多卷标读取以及信息量较低	①畜牧或宠物的管理 ②门禁管理、防盗系统
高频（13.56MHz）	这个频段的卷标主要还是以被动式为主，传输速度较快且可进行多卷标辨识，高接受度的频段，在绝大多数的环境都能正常运行	①在金属物品附近无法正常运作 ②读取范围在1.5m左右	①图书馆管理 ②货物追踪 ③大楼识别证 ④航空行李卷标或电子机票 ⑤会员卡
超高频（300MHz～3GHz）	主动式和被动式的应用在这个频段都很常见，被动式卷标读取距离为3m～4m，传输速率较快，而且因为天线可采用蚀刻或印刷的方式制造，因此成本较低，虽然在金属与液体的物品上的应用较不理想，但由于读取距离较远、信息传输速率较快，而且可以同时进行大数量卷标的读取与辨识，因此目前已成为市场的主流，读取范围超过1.5m，不易受气候影响	①此频段在日本不允许作为商业用途 ②频率太相近时会产生同频干扰 ③在阴湿的环境下会影响系统运作	①工厂的物料清点系统 ②卡车与拖车的追踪 ③航空旅客与行李管理系统 ④货架及栈板管理 ⑤出货管理、物流管理
微波（2.45GHz或0.8GHz）	和超高频段相似，超过1.5m的读取范围	①此频段在某些欧洲国家不允许作为商业用途 ②复杂的系统开发流程 ③对于环境敏感性较高	①高速公路收费系统 ②行李追踪 ③物品管理 ④供应链管理

由于各频段有其特性可交替运用，以 Wal - Mart 为例，美国加利福尼亚使用 UHF 915MHz 频段（902MHz ~ 928MHz），第一波配合厂商虽然以美国加利福尼亚为主，这些厂商的制造厂却遍布世界。由于各国 UHF 可使用频段不同，现有生产之 RFID 读取器及 Tag 势必造成问题。解决方式之一，如 EMS（Escort Memory Systems）所预计生产之 RFID 多频段读取器（Multi - Frequency Reader），便涵盖了 860MHz ~ 960MHz 频段；解决方式之二，制造可接收多频段 Tag，允许以 868MHz 在新加坡写入后，在美国、加利福尼亚以 915MHz 读出，然而这势必增加 Tag 成本。当今世上的两大标准组织 EPC global 与 ISO 皆对 RFID 系统制定标准，EPC global 制定 EPC（Electronic Product Code），ISO 则制定 ISO 14443A/B、ISO 15693 及 ISO 18000 标准，前两者采用 13.56MHz，后者则是 860MHz ~ 930MHz，每个 ISO 标准使用的工作频段不同，而现阶段每个国家开放给 RFID 频段也不相同，特别是在 UHF 频段，美国为 902MHz ~ 938MHz、欧洲是 868MHz、日本为 950MHz ~ 956MHz 由于各国尚有其他应用在分享无线频率其他不同的频段，所以跨国的统一看来是不太可能实现了。若标准与工作频率无法趋于一致，将导致 RFID Reader 与 Tag 之产品互通性降低，进而影响精准度，对未来 RFID 技术的发展将形成阻碍。

5.5 我国 RFID 标准建立面临的困境及应采取的策略

5.5.1 我国 RFID 标准建立面临的困境

1. 标准政策的缺陷

一方面是标准建立的缺陷。过去的几十年，我国大多是参照国外标准制定国家标准，或者直接采用国外标准。标准是知识产权的最集中的体现，参照国际标准制定我国标准，或者直接采用国际标准，这相当于强制实施国外标准，导致我国产业界掉入国外的专利陷阱，跳出陷阱要付出巨大的代价。另一方面是标准推广的缺陷。我国的标准审定以行政审批为主，企业在标准制定过程中只能被动执行，几乎没有发言权。

2. 产业发展的滞后

目前，我国仅有少数企业已有能够规模化生产基于 13.56MHz 频段的芯片，而国际上应用最广的 UHF 芯片则还在研制之中；HF 频段的标签封装技术和生产已经成熟，但还不能进行 UHF 频段的标签封装，封装设备还依靠进口；基本具有 HF 频段读写器设计和集成制造能力但还没有 UHF 频段以上读写器设计和制造能力。RFID 的特性要求整个产业链必须同步发展，而我国在超高频技术、芯片制造、封装等关键环节跟不上，造成成本居高不下，从而制约了整个产业的发展。

3. 相关应用的落后

我国 RFID 潜在用户主要分为两类，一类是主动的，这些用户本身存在一些问题，如库存控制难，数据采集效率低下等，而 RFID 技术是解决这类问题的最佳方式，另一类是被动的，传统的生产商对 RFID 技术原本没有特殊的需求，但迫于进入国外市场的要求或销售渠道如沃尔玛的要求而不得不考虑实施 RFID。目前，国内只有极少数单位在试点应用 RFID，如铁道部利用 RFID 进行列车调度，中国邮政利用 RFID 分拣邮包，上汽集团将 RFID 应用于汽车制造质量管理中等。这种初级闭环小规模的应用无法充分体现 RFID 的优势。

4. 使用频率的限制

当前国际上 RFID 在 UHF 频段主要使用430MHz 和860MHz ~ 960MHz 两段频率，但在我国860MHz ~ 960MHz 已分配给专用业务、集群和公众移动通信等关系国计民生的重要无线电业务，没有空闲的频率直接规划给 RFID 使用，这就决定了现阶段该频段的 RFID 无法使用。

5. 国际社会的压力

发达国家以标准为依据，采用以技术标准、标准和合格评定程序设置的技术性贸易措施，强化其经济和技术在国际中的竞争地位。如果我国试图建立自己的 RFID 标准，对标准背后的数万亿美元的市场施加决定性影响，必然遭到标准先发国家的强烈抵制。

5. 5. 2　国家应对 RFID 标准之争应采取的策略

统计资料显示，在现行 ISO/IEC 的国际标准中，99. 8% 由国外机构制定，而中国参与制定的不足千分之二。我国的巨大市场以及日益壮大的技术能力为我国提供了独一无二的优势，使我国有能力挑战国际经济领域中现有的体系结构，实现从加工制造大国向标准大国转变的梦想。在 RFID 标准争夺上，我们必须最大可能地坚持自主知识产权，通过向国际标准借鉴、与国际标准兼容的方式，建立我国的 RFID 标准体系。

1. 积极参与各种标准组织

我国应该努力将本国的技术法规、标准转变成国际标准。这不仅需要我们加大研发力度，还要求我们积极参与 ISO/IEC 等国际性标准组织的各种技术活动，特别在国际标准制定、修订方面，积极争取承担起草工作，并在世界范围内积极推广自己制定的标准。欧洲国家承担 TC/SC 秘书处工作的在 ISO 和 IEC 分别占 66% 和 54% 。他们在产品的研究开发阶段针对新的开发研究成果，制定欧洲标准，并努力将其推荐为国际标准，力争贸易上的主动。我们也应该通过积极参与标准组织的活动，充分利用规则，加大我国在 RFID 标准制定中的发言权，通过这些平台，充分表达自己的意见，努力促使未来的 RFID 国际标准向着相对有利于我国的方向发展。

2. 强化政府的协调作用

RFID 标准建立涉及国家多个部门，可以考虑建立由国务院信息办、国家发改委、信息产业部、科技部、国家标准化管理委员会等部门参与的领导小组，对 RFID 标准涉及部委进行协调，广泛与国内各大部委横向接触、沟通和联合推广，要求各部委从国家整体利益而不是本部门利益出发制定我国的 RFID 标准，尽可能让 RFID 技术在各行各业中得到充分的应用。自身的协调一致是成功制定标准的前提条件。通过这些协调，使国家管理部门、研发力量和最终用户拧成一股绳，不搞内讧，使适合我国国情，体现我国国家利益和本土企业利益的 RFID 标准体系早日出台。

3. 建立健全相关法律法规

受 WTO 规则的制约，我国的关税壁垒、进口许可证、配额限制等措施和一些保护性政策，都将随着过渡期的结束而被取消，“后 WTO 时期”政府如何扶持本国企业，发展本土产业是一个需要慎重对待的问题。国家应该出台相关的法律法规，从法理上保护我国包括 RFID 在内的关键产业。近十年来，跨国公司凭借技术、品牌和规模等优势，已经影响到国内企业充分、自由、公平地参与市场正常竞争。所以应倡导《反不正当竞争法》和修订《反垄断法》，对相关产业进行合理的保护，支持本土企业的发展。

4. 扶持本国研发力量

RFID 标准工作是一项投资大、风险高、收益慢的工作，且影响着国家信息和产业结构优化，因此政府支持十分必要。目前有关 RFID 的专利数目超过了 3000 种，但基本上是以欧、美、日为主的。为扭转这种劣势，在 RFID 标准研制项目上，国家应提供稳定而充足的资金支持，走有中国特色的 RFID 标准制定之路，实现 RFID 标准制定的跨越式发展。在 RFID 领域，我国不乏在技术、科研力量、资金方面具备相对优势的企业或实体，国家可以考虑通过政策扶持、税收优惠、国家参股等方式推它们一把，让它们在政府的帮助下更迅速地成长起来。

5. 提高政策的透明性和连续性

对未来 RFID 标准的建立和推广，政府决策必须要有透明性和连续性，才能树立其公信力，提高企业对政府政策的信心和参与政府倡议的热情。

5.5.3 企业应对 RFID 标准之争应采取的对策

“技术专利化—专利标准化—标准许可化”是标准运作的基本模式。跨国企业成功将自己的知识产权塞进标准，通过运作标准达到出售技术的目的，是超一流企业的战略。IBM 的知识产权收益从 1990 年的 3000 万美元上升到近年来的 10 亿美元以上。我国 RFID 相关企业在 RFID 标准斗争中不能坐等标准形成，而应该采取更为积极主动的态度参与进来。

1. 标准产业化与标准开发并重

任何一个标准，它之所以能够成为标准，是因为其中包括大量的知识产权，或者有核心的知识产权支撑它。因而我们必须要重视技术的研发，拥有自主知识产权，形成标准。但标准形成并不意味着结束，实际上让标准真正起作用的，是后续产业的强有力支撑。无论是谁建立的 RFID 标准，最终能否产业化，是决定标准成败最关键的因素。简单地想靠一个标准来垄断一个行业，或者说从标准当中简单地获利，是一种十分幼稚的想法。如果我们的标准没有强有力的产业支持，特别是我们自己的产业支持，这个标准做出来以后，很可能就是为他人做嫁衣裳。我们在建立 RFID 标准的同时，要积极开拓国内 RFID 市场，发展 RFID 用户。2004 年 12 月 1 日起中国人民解放军全军更换的军车车牌中“非接触式防伪及信息射频卡”全部是由中山市某公司加工封装的，可以说，该公司从中国 RFID 大规模应用的金矿中挖掘到沉甸甸的一桶金，而且其后续的 RFID 系统维护与升级，又可以给该公司带来可观的经济利益。

2. 积极吸纳成员，组建广泛联盟

当前行业联盟已经成为标准制定和推广的必要条件和重要推动力。国内企业制定和推广信息技术标准的经验表明，组建行业联盟，以信息技术企业为主导，采用开放的工作原则和运行机制，顺应了信息产业的发展趋势，体现了分工协作的整体优势，有利于信息技术标准的产业化。

随着市场分工的不断细化，一个企业必须也只能关注于其中的一个或若干个细分市场。当一个企业拓展自己的竞争地位时，往往需要更多的补充优势，联盟可以帮助企业达到这个目的。企业联盟不仅可以避免大量资金的重复投入，节省了时间，同时又可迅速把握市场上最好或最适合自己的机会。“闪联”企业联盟的成功就是我国后发企业获取行业优势的典型成功案例。我国企业在 RFID 标准制定与产业化过程中，可以尽可能地与国内外具有技术或资金优势的企业和机构建立联盟，优势互补，风险共担，以“捆绑式”参与国际国内的竞争。

3. 坚持开放原则，争取市场认同

一个成功的标准，应该是一个开放性的标准，降低准入的门槛，让更多的企业参与标准制定、推广和标准产业化。从国内制定标准的方式来看，这一点可以说对标准的成败有着关键的意义。对照“闪联”和 AVS，他们始终坚持开放的原则，充分利用成员之间的团结协作和联合的所形成的合力。RFID 标准，不仅涉及软件和硬件、兼容和升级，还对系统的可靠性、安全性以及运行和管理提供保障，涉及一个产业链所有环节，单凭一个或几个企业很难做到，在初期联盟形成后，要不断努力吸收新的成员，对 RFID 产业链上所有节点进行壮大，在国内甚至国际市场上做大做强，争取最大限度的市场认可，让自己倡导的标准成为类似微软 Windows 一样的事实标准，为将来成为事实上的国际标准铺平道路。

4. 寻求国际合作，协调相互关系

国外的标准组织和巨头企业，事实上处于更强势的地位，对于标准的选择和主导具有不可忽视的作用，我们在制定和推行一个标准的时候，如果能保持和国外标准组织的积极沟通，积极参与制定国际标准，形成良好的互动，注重与国外标准组织合作层面上的关系，协调好竞争和合作，争取更多的认同度，对我们国内标准的制定和推广无疑会起到更为积极的作用。值得注意的是，与国外的标准组织和巨头企业之间的关系不仅是合作的，更有竞争的内涵。我们要本着“引进—吸收—开发”的原则，以最终形成完全自主知识产权的 RFID 标准，形成真正的标准核心竞争力为目标。

5. 寻找费效比最高的突破口

在当前形势下，ISO/IEC 等标准组织有关 RFID 的标准体系已经相对健全，而且他们有先天的推广优势、组织优势和技术优势。撇开他们的标准完全自主开发新的 RFID 标准在时间和资金上的压力都比较大。我国企业可以考虑在 RFID 数据内容标准、技术标准和性能标准上采取与之兼容，而在应用标准上可以根据我国国情，利用中国市场的优势，参照现有标准，制定出符合中国国情的新标准。这样可以在标准之争中走出一条投入少、见效快的发展新路。

全球化时代，我国企业在全球和本土市场都面临着巨大的危机。原因是核心技术和标准已经取代原先的价格、资源等因素，成为新的竞争优势的源泉。中国要么形成完整的高科技产业链，实现科技强国的梦想，要么沦落为发达国家的经济附庸。中国的本土企业，要么掌握核心技术和标准，主导产业的发展，要么沦为加工厂，甚至完全被淘汰。RFID 标准的竞争是高新技术标准竞争的一个缩影，关系着国家利益的实现和国家发展战略的实施。在 RFID 这个新兴的领域里，我们国家有关部委和国内相关企业必须尽快尽早地拿出标准对策，争取为国家以及本企业获得最大化的利益。

5.6 RFID 的应用及发展趋势

2004 年起，“*Business Week*”等国际商业媒体竞相报道无线射频技术，一些市场分析机构已将其列为 21 世纪 10 大重要技术项目之一。台湾工研院分析，在 2002—2008 年，全球 RFID 市场增长包括：电子标签从每年 200 亿元新台币提高至 750 亿元新台币，读取器从每年 91 亿元提高至 330 亿元，应用软件从每年 121 亿元提高至 300 亿元，RFID 市场总产值从每年的 411 亿元提高至 1380 亿元，年均复合增长率为 22%。对此，ABI Research 针对不同行业进行了成长性分析，如表 5－6 所示。

表 5－6　行业市场年均复合成长率

产　业	2002 年收入（百万美元）	2008 年收入（百万美元）	年均复合增长率（%）
汽　车	561.8	1084.8	11
消费性包装业	9.3	343.1	82
零　售	19.3	546.1	74
国　防	19.6	178	44
运　输	183.2	585	21
安　防	66	300.2	29
制造业	101	293.9	19
生命科学	13.4	46.5	23
其　他	180.6	401.3	14

从表5-6中数据可以看出，汽车产业在全球RFID行业应用市场中居于首位。RFID产品以及嵌入于汽车制造平台上的RFID系统，通常作为供应链与资产管理的主要手段。另外，汽车自动识别（AVI）系统，如车辆电子收费系统（ETC）、电子车牌（E-Plate）、轮胎追踪（Tire Tracking）、车辆电子芯片防启动（Vehicle Immobilization）也是RFID的潜力市场。

消费性包装业（Consumer Packaged Goods，CPG）是一个需要处理大量商品的行业，CPG制造商必须与零售商配合，共同降低库存与流通成本。在零售业，不仅包含RFID零售商店、智能货架的应用，也包含零售商店和企业内的物流管理系统（Point of Sale，POS）、供应链后端、封闭式库存管理系统等应用。在国防产业，RFID主要着重于后勤补给系统中的应用。在2003年SARS疫情爆发后，RFID在医院应用方面取得迅速发展。目前，许多医院正在与RFID解决方案提供商进行医药品管理、病人接触史、病人身份识别、仪器设备追踪、注射药品管理、医嘱监控、医疗过失防止、血袋质量监控、制药过程的错误防止等方面的应用测试。

5.6.1 RFID的应用范围

作为最简单的身份识别系统，近年来，RFID因其所具备的远距离读取、高储存量等特性而备受瞩目。表5-7列出了RFID在各个领域的应用，图5-5为RFID应用示意。

表5-7 RFID的应用列表

	应用领域	应用说明
1	物流	物流仓储是RFID最有潜力的应用领域之一，UPS、DHL、FedEx等国际物流巨头都在积极试验RFID技术，以期在将来大规模应用提升其物流能力。可应用的过程包括：物流过程中的货物追踪、信息自动采集、仓储管理应用、港口应用、邮政包裹、快递等
2	交通	高速公路不停车、出租车管理、公交车枢纽管理、铁路机车识别等。已有不少较为成功的案例，应用潜力大
3	汽车	可以应用于汽车的自动化、个性化生产，汽车的防盗，汽车的定位，可以作为安全性极高的汽车钥匙
4	零售	由沃尔玛、麦德隆等大超市一手推动的RFID应用，可以为零售业带来包括降低劳动力成本、商品的可视度提高，降低因商品断货造成的损失，减少商品被偷窃现象等好处。可应用的过程包括：商品的销售数据实时统计、补货、防盗等
5	身份识别	RFID技术由于天生的快速读取与难伪造性，而被广泛应用于个人的身份识别证件。如我国的第二代身份证
6	制造业	应用于生产过程的生产数据实时监控、质量追踪、自动化生产、个性化生产等。在贵重及精密的货品生产领域应用更为迫切

续 表

	应用领域	应用说明
7	服装业	可以应用于服装的自动化生产、仓储管理、品牌管理、单品管理、渠道管理等过程，随着标签价格的降低，这一领域将有很大的应用潜力。但是在应用时，必须得仔细考虑如何保护个人隐私的问题
8	医 疗	可以应用于医院的医疗器械管理、病人身份识别、婴儿防盗等领域。医疗行业对标签的成本比较不敏感，所以该行业将是RFID应用的先锋之一
9	防 伪	RFID技术具有很难伪造的特性，但是如何应用于防伪还需要政府和企业的积极推广。可以应用的领域包括：贵重物品（烟、酒、药品）的防伪、票证的防伪等
10	资产管理	随着标签价格的降低，几乎可以涉及所有的物品
11	食 品	由于食品、水果、蔬菜，生鲜上含水分多，会影响正常的标签识别，所以该领域的应用将在标签的设计及应用模式上有所创新
12	动物识别	驯养动物、畜牧牲口、宠物等识别管理、动物的疾病追踪、畜牧牲口的个性化养殖等，在国际上已有不少较为成功的案例
13	图书馆	书店、图书馆、出版社等应用。可以大大减少书籍的盘点、管理时间，可以实现自动租、借、还书等功能。在美国、欧洲、新加坡等已有图书馆应用成功案例。在国内有图书馆正在测试中
14	航 空	制造、旅客机票、行李包裹追踪
15	军 事	弹药、枪支、物资、人员、卡车等识别与追踪
16	其 他	门禁、考勤、电子巡更、一卡通、消费、电子停车场等

5.6.2 主要国家应用发展情况

RFID应用拓展已成为世界各国IT技术发展的重要内容，以下对有代表性国家和中国台湾地区进行简要说明。

1. 美国

美国食品药物管理局于2005年2月宣布，将引进RFID技术进行药品真伪追踪识别；美国零售业巨头沃尔玛公司宣布，将于2005年1月起要求旗下前100家大供货商开始采用RFID，2006年起所有供货商将全面适用；美国国防部要求四万余位军备商于2005年导入RFID；海关、运输部以RFID推动货柜安全计划；农业部组建了一个动物标签识别发展团队，拟订了RFID动物身份识别办法。

2. 日本

日本政府于2003年开始推动4个产业的RFID先导性应用，包括家电、服饰、图书出版及食品流通业，并于2004年计划发展至10个产业。日本经产省成立了“商品追踪管理

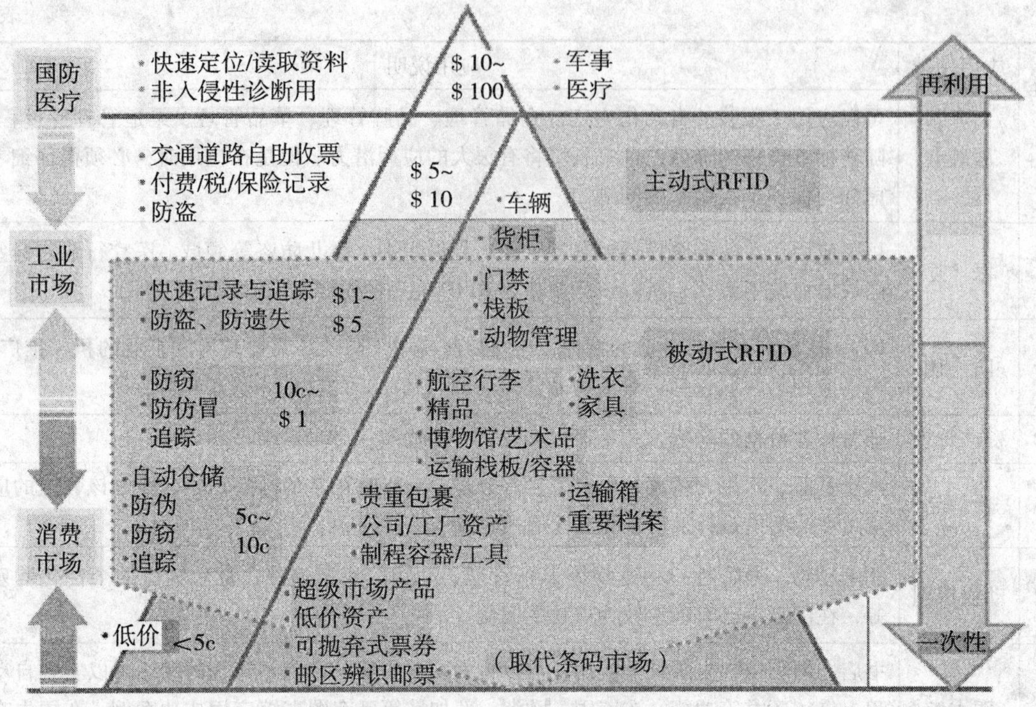

图 5－5　RFID 应用示意

研究会”，对 RFID 应用与技术标准进行研究（如图 5－5 所示）。由于日本是电子产业的重要输出国之一，因此在其 RFID 推动政策中，包含电子标签技术研发，开放 UHF 频谱的共同标准，并希望成为国际标准等内容。

3. 新加坡

新加坡分别在公路电子收费、图书馆服务、医院人员追踪等系统中率先导入 RFID 应用。新加坡信息通信发展局投入 1000 万新币，在 2006 年完成 53 个 RFID 供应链体系，同时积极参与国际标准的制定工作。

4. 中国台湾

2004 年 3 月，中国台湾成立了“RFID 研发及产业应用联盟”。该联盟结合庆康、光宝、特力、精业、工研院等 64 家中国台湾厂商与研究单位，以强化 RFID 产品设计、开发、量产及系统应用能力，促进中国台湾 RFID 产业发展。中国台湾经济部商业司与工业局共同推出 S 计划与 R 计划：S 计划是推动大物流联盟计划，其将以新加坡为标杆，除提供港口基础设施建设、企业联盟奖励等办法以外，还包括修改中国台湾物流责任与保险法规等内容。R 计划是大力推动 RFID 平台服务的研发计划，以期所有货柜的运输、通关等业务均可通过无线通信进行追踪管理。此外，在电子标签、读写器、系统软件等技术研发上也有许多相关计划，以共同提高中国台湾 RFID 应用水平。

5. 中国

2005 年被称为 RFID 中国应用年。易观国际研究发现，尽管 RFID 在近两年才成为市场热点，但在中国市场上，RFID 在低频及高频的应用已经相对成熟。从行业来看，政府部门、交通行业、制造行业的部分环节是近期的重要发展领域，而物流行业、制造业的供应链管理完善则是中期的主要发展领域，如图 5－6 所示。

易观国际预测，到 2009 年中国 RFID 市场规模将达到 50. 59 亿元，年复合增长率为 33. 2%，其中 RFID 标签市场将达到 38. 07 亿元，读写器将达到 6. 84 亿元，软件及服务将达到 5. 67 亿元。

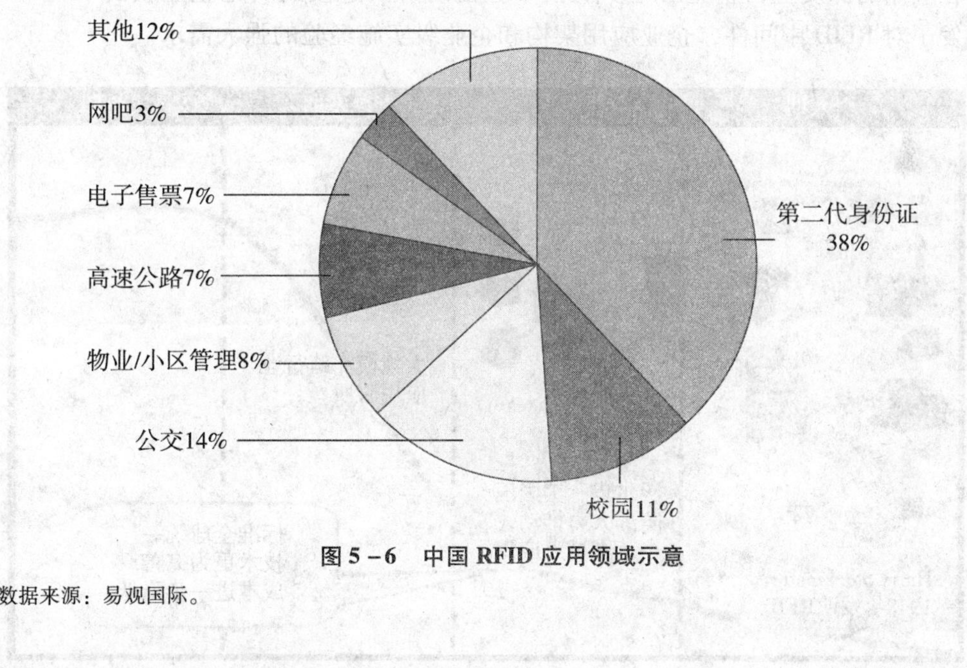

图 5－6　中国 RFID 应用领域示意

数据来源：易观国际。

5. 6. 3　RFID 的发展趋势

RFID 的应用前景广阔是众所周知的。由于应用频段的灵活性和不同应用环境下的适应能力，笼统地说，RFID 技术可以应用于各行各业。

RFID 最早是在战机的敌我识别系统中使用的，现在最先进的隐形战斗机中仍然在使用这种技术。美国军方早在 20 世纪后半叶就开始研究 RFID 技术，目前这项技术已经广泛使用在武器和后勤管理系统上。美国在“伊战”中利用 RFID 对武器和物资进行了非常准确地调配，保证了前线弹药和物资的准确供应。

目前包括沃尔玛在内的很多跨国公司已开始采用 RFID 技术辅助企业管理，同时，国外也有多家仓库采用 RFID 技术实现仓储自动化管理。据有关权威数据显示，射频识别产品在全世界的销量以每年 25. 3% 的比例增长。

就中国的 RFID 市场来说，来自业界的调研表明，有 88. 1% 的调研对象认为 RFID 应用中潜力最大的市场是仓库、运输、物流，35.71%认为RFID应用中潜力最大的市场是零售、卖场，21.4%认为RFID应用中潜力最大的市场是汽车行业。

近期来看，相信RFID应用会在以下的行业有较大的发展，譬如制造、物流、公共安全、零售、资产管理、医疗等；而从长期来看，可以用“泛在”来形容，如图5－7所示。

另外，RFID应用除了在量上有了长足的发展之外，业界的领导企业们开始了质上的精雕细琢。这类企业在以下两个纬度上进行着RFID应用在企业内部的深入展开：

①在应用的广度上，企业逐步倾向于打通企业的“任督二脉”，实现生产制造和物流运输的全程跟踪。

②在应用的深度上，企业已逐步从技术验证的阶段过渡到实施企业级的RFID应用，由此引发了对RFID中间件，企业应用架构和企业级实施经验的强大需求。

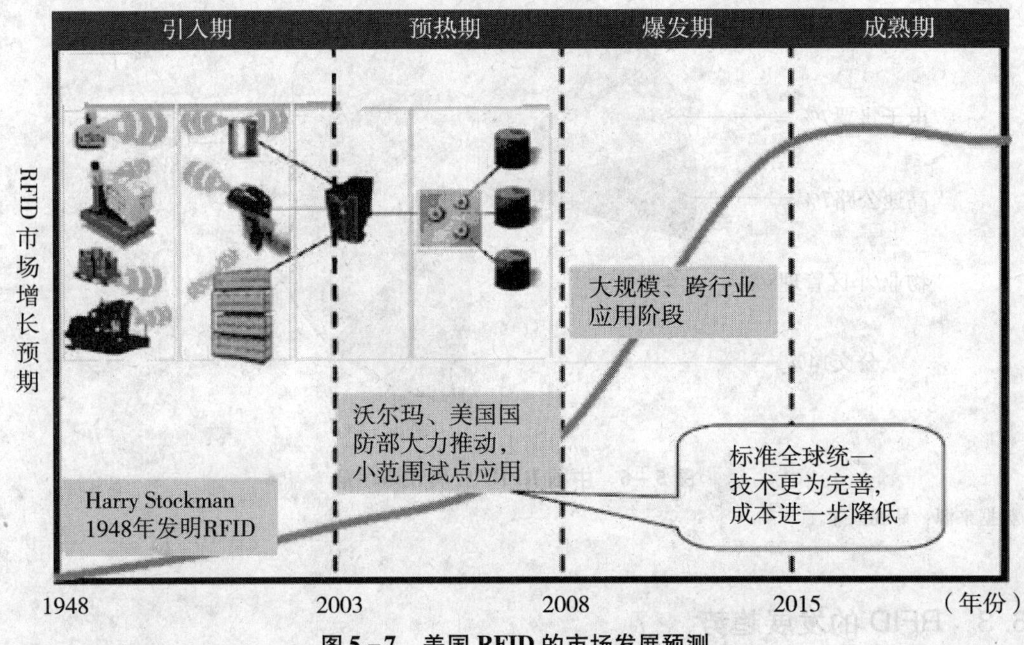

图5－7　美国RFID的市场发展预测

随着RFID技术的发展演进以及成本的降低，未来几年内，全球开放的市场将为RFID带来巨大的商机。据F&S公司预测，到2009年，全球RFID市场从2003年的20亿美元猛增到100亿美元。该公司将这个市场分为四大类应用：门禁控制、资产管理、供应链管理和交通运输，此外，还有其他类的应用，包括运动和医疗卫生。该公司的分析认为，仅安全类的应用将占到全球100亿美元份额中的30亿美元市场，而供应链的需求量届时会达到40亿美元。

5.6.4　目前面临的主要问题

在现阶段，RFID应用仍有一些关键性的问题等待解决，具体包括：

1. 成本问题

成本影响了 RFID 的拓展速度。美国号称电子标签目标价格为 5 美分，日本也正朝着推出 5 日元的标签而努力。改善制造流程与提高市场规模是 RFID 降价的关键。

2. 信号干扰问题

RFID 主要是基于无线电波传送原理，当无线电波遇到金属或是液体时，信号传导会产生干扰与衰减，进而影响数据读取的可靠性与准确度。在一些特殊环境中，如将 RFID 标签贴于装饮料的铝罐外，或是计算机金属外壳上，都会遇到这类问题。

3. 频段管制问题

目前，各国电磁波管制频段的范围不尽相同，尤其是在超高频和微波频段，各国开放的频率不一，使得 RFID 在跨国应用时产生许多问题。RFID 设备制造商正朝着提供多频段功能的方式来解决此问题，但此举会增加设备成本，从而不利于应用推广。

4. 国际标准制定

目前，RFID 技术及标准的制定机构包括 EPC global 与 ISO。其中，EPC global 制定了 EPC（Electronic Product Code）标准，使用 UHF 频段。ISO 制定了 ISO 14443A/B、ISO 15693 与 ISO 18000 标准，前两者采用 13.56MHz，后者采用 860.930MHz。在当前主要应用的 UHF 频段，两大标准势必会有一番争斗。同时，由于各国开放的频段不同，特别是 UHF 频段，美国为 902.938MHz、欧洲为 868MHz、日本为 950.956MHz，而且各国还有其他应用在分享无线频率的不同频段。标准与频率不一，将导致 RFID 读写器与标签的互通性降低，影响精确度，从而难以统一适用。

5. 隐私权问题

RFID 具有追踪物品的功能，尤其是在消费性商品的使用上。当消费者在超市中购买商品时，商品的 RFID 信息存在着被少部分人刻意收集，从而出现侵犯他人隐私权的可能性。该项质疑使 RFID 的大量应用存在不确定性，还需各国主管机关制定法规并加以解决。

我国 RFID 开发和应用尚处于起步阶段，存在着起点低、分散重复开发和应用缺乏规模优势等问题；在技术上还存在信号识别范围有限，干扰射频信号正确性等问题；在经济上成本过高影响推广；在标准方面，还没有成熟的统一标准，电子标签产品兼容性不高，使用频率不一致，难于互联互通等问题。还必须看到：由于我国信息化应用整体水平较低，制约了电子标签作用的充分发挥。

由于 RFID 是一项复杂的系统工程，涉及多个领域和部门，急需加强统筹规划和协调。必须在国家层面上各部门通力合作，共同推动 RFID 发展，才能实现资源的有效整合、优势互补，避免分散和低水平重复。

我们认为，大力发展电子标签产业并广泛开拓应用，对发展信息产业、促进传统产业和行业的技术进步、加快社会信息化具有重要意义。我们必须抓住这一机遇，拟订标准，加快发展自主知识产权的 RFID 产品并广泛开拓应用，努力在这一具有战略方向性的重大技术领域占有一席之地。目前科技部、发改委、商务部等共 13 个部委联合开展“中国

RFID 与电子标签 EPC 技术政策白皮书”的编写工作，只要大家统一认识，形成合力，发扬金卡工程 10 年团结奋斗的成功经验，我国是有能力在全球电子标签产业和应用发展中起主导作用的，为此我们必须抓住机遇，齐心协力，务实推进。

医疗物资追踪系统智能解决方案

美国密歇根大学医疗系统（UMHS），拥有 6 个设施和 60 间手术室，采用了 RFID 追踪系统，迈出追踪资产、医疗设备和实验室物品的第一步，实现管理自动化。RFID 系统由 Mobile Aspects 提供，实现医院追踪外科手术中医疗组织物品去向，物品用于哪位病人或者取走物品的医务人员、冷藏的物品，冷藏外的时间都有记录。

有了这一数据，医院可以为监管机构提供更好的记录，包括所存储的人类、动物和人工合成的组织和外科手术所用的物品。该 RFID 系统还可以减少浪费，因为工作人员从存储室中拿走物品都有记录，其负有责任。

医院储存了多达 190 种不同组织的物品，包括皮肤和骨头碎片，其中一些价值高达 10000 美元。所有物品都有有效期，有效期过了以后，医院必须处理还未使用的物品。在医院成人外科区管理这些组织，先前员工将物品储存在不同地点，分布在 26 个手术室。护理人员在纸面上手工记录信息，每次他们从存储室拿出物品，记录物品为给谁用的，如果物品未用送回时，再次登记。尽管物品非常昂贵，医院却不能将其锁在柜子里，因为护理人员需要在一天中的任何时间，都能实现物品的简单快捷获取。通常情况下，各种大小不同物品全都被拿出，特别是在外科手术中，这样外科医生就可以在手术过程中选择最佳的器具，顺利完成手术。而后未使用的组织物品被返回存储室。

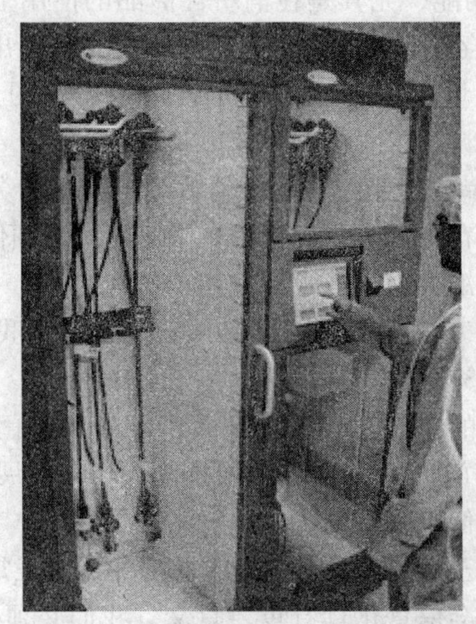

图 5－8

该医院手术室的业务系统领导 Patricia Silverman 表示，“所有这一切，极大浪费了医务人员的时间，并且组织的进出情况有时也没有详细记录”。

Silverman 表示，Mobile Aspects 系统带来了多个好处。不仅是 RFID 系统所追踪组织物品的去向，还有柜子、冰柜和冰箱门都被锁定，直到工人扫描标签并选择相应的病人，显示了哪位医务人员拿走了哪些物品，以及哪些病人用到这些物品，从而减少组织物品的丢失或浪费。

每个组织物品都黏附了（HF）无源 RFID 标签，由 Texas Instruments 提供，频率为 13.56 MHz，符合 ISO 15693 标准。RFID 标签黏附在包装组织的纸箱或塑料袋底部。医院打印出物品的序号。Mobile Aspects 软件，运行在医院内的服务器上，包含了每个物品标签的独特 RFID 编码，及相对应的物品序号和批号、说明、过期时间、温度要求和其他数据等。

而后这些物品被放置在三个相互关联的机柜、冰箱或冰柜里，其中有两个机柜部署了 RFID 技术。每两个主机柜有一个高频 RFID 读写器安装在架子上，还有一个高频 RFID 读写器安装机柜外部，来跟踪物品从冰箱或冰柜、副机柜（副机柜没有读写器）放进或取出。该系统由计算机从阅读器中获取信息，并传送到医院后端系统的 Mobile Aspects 软件，同时也管理锁定单元和一个单独的低频（LF）阅读器来扫描工作人员编号卡，每张卡都包含 HID125 kHz RFID 标签，遵守空中接口协议。

当护士需要某组织物品，他首次在中央阅读器扫描其感应卡。当天进行手术的病人清单就显示在触摸屏显示器上，护士选择哪位病人采用某组织物品。而后存储室门自动解锁。当机柜、冰箱或冰柜门是关闭时，它会自动上锁。机柜内部架子的阅读器获取在内组织物品的 ID 代码，Mobile Aspects 软件确定哪些 ID 代码已经不在柜子中，然后搜寻到相关联的物品、病人和护士信息。当任何物品归还时，被放置在副机柜、冰箱或冰柜中。由于在冰柜内或冰箱内没有阅读器，所以不管物品被取走或归还时，工作人员都需要使用外部高频 RFID 读写器来读取物品标签。

Mobile Aspects 公司营销副总裁 Bryan Christianson 表示，“大约 18 个月前，Mobile Aspects 开发了一技术，名为智能射频识别系统安全（iRISecure），管理外科部门。该系统也利用在波士顿儿童医院，以及美国其他医院中”。

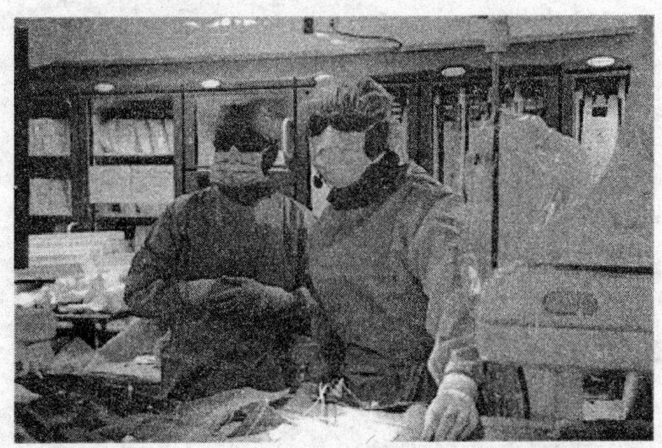

图 5－9

Mobile Aspects 为美国密歇根大学提供了三个机柜，规格为 7 英尺高，3 英尺宽，3 英尺长，在室温下存储物品。Mobile Aspects 产品研发负责人 Gino N. Iasella 表示，“医务人员需要知道不仅仅是手头上物品的数量，还有物品的动向。该软件实现医院可以报告某物品是用于哪位病人，以及取走和归还物品的工作人员。未使用物品的归还时间和哪些物品快要过期都一目了然。该软件还实现医院跟踪日常使用的物品，并重新采购这些物品”。

Christianson 表示，“该 RFID 系统提醒医院在物品过期之前利用它，彰显了该技术所带来的效益”。据 Silverman 称，该系统在部署三个星期来，已削减了手术单元的成本，并实现医院人员提高工作效率。过去，组织物品很容易消失不见。现在，随着部署了 Mobile Aspects 的 RFID 系统，取走和归还物品的工作人员都有详细记录，物品就有迹可循。

Silverman 指出，该 RFID 技术还有一些缺陷。由于架子上的阅读器不能在冰箱和冰柜内如此低的温度下正常工作，所以只能在外部的 RFID 阅读器扫描物品。而且 RFID 标签也是一个问题，黏附在金属薄片（箔）上读取效果不佳。如果物品被倒置放在柜子中，就不易读取。为了使读取顺利，医院最初黏附了一纸板在物品上，再将标签黏附在纸板表面。

Silverman 表示，医院计划将 RFID 系统部署到其他所有的外科领域，用于资产追踪。然而有源 RFID 标签和射频技术等的环境要求使得此解决方案更具挑战性。

6 RFID 硬件

6.1 RFID 系统构成及工作原理

6.1.1 RFID 系统基本组成

射频识别系统的基本模型如图 6－1 所示。其中，电子标签又称为射频标签、应答器、数据载体；阅读器又称为读出装置、扫描器、读头、通信器、读写器（取决于电子标签是否可以无线改写数据）。电子标签与阅读器之间通过耦合元件实现射频信号的空间（无接触）耦合；在耦合通道内，根据时序关系、实现能量的传递和数据的交换。

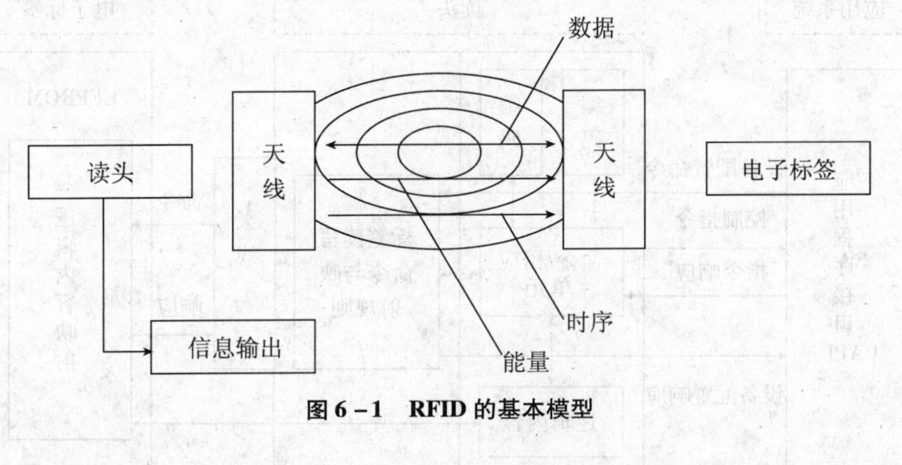

图 6－1 RFID 的基本模型

6.1.2 RFID 系统工作原理

发生在阅读器和电子标签之间的射频信号的耦合类型有两种。

①电感耦合。变压器模型，通过空间高频交换磁场实现耦合，依据的是电磁感应定律。如图 6－2 所示。

②电磁反向散射耦合。雷达原理模型，发射出去的电磁波碰到目标后反射，同时携带回目标信息，依据的是电磁波的空间传播规律。如图 6－3 所示。

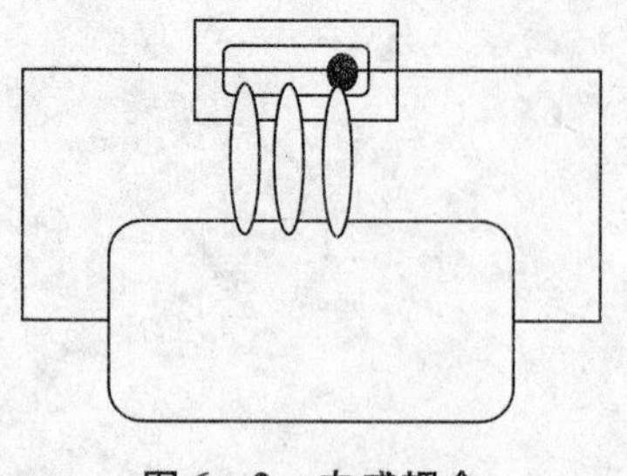

图6-2　电感耦合

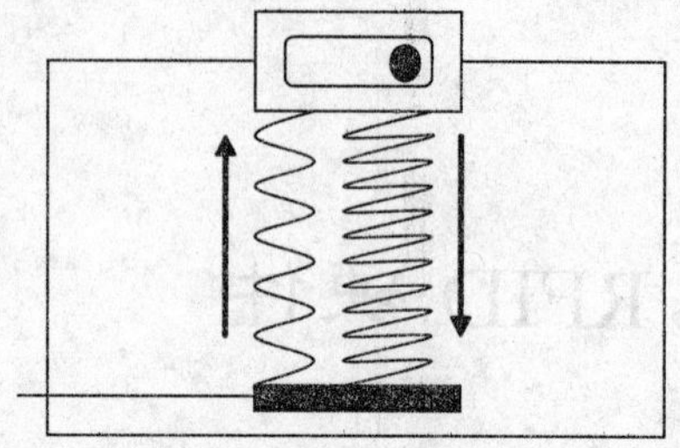

图6-3　电磁耦合

电感耦合方式一般适合于中、低频工作的近距离射频识别系统。典型的工作频率有：125kHz，225kHz和13.56MHz。识别作用距离小于1m，典型作用距离为10cm~20cm。

电磁反向散射耦合方式一般适合于高频，微波工作的远距离射频识别系统。典型的工作频率有：433MHz，915MHz，2.45GHz和5.8GHZ。识别作用距离大于1m，典型作用距离为3m~10m。

图6-4是典型的读头原理框图以及读头与电子标签，读头与应用系统之间的接口关系图。

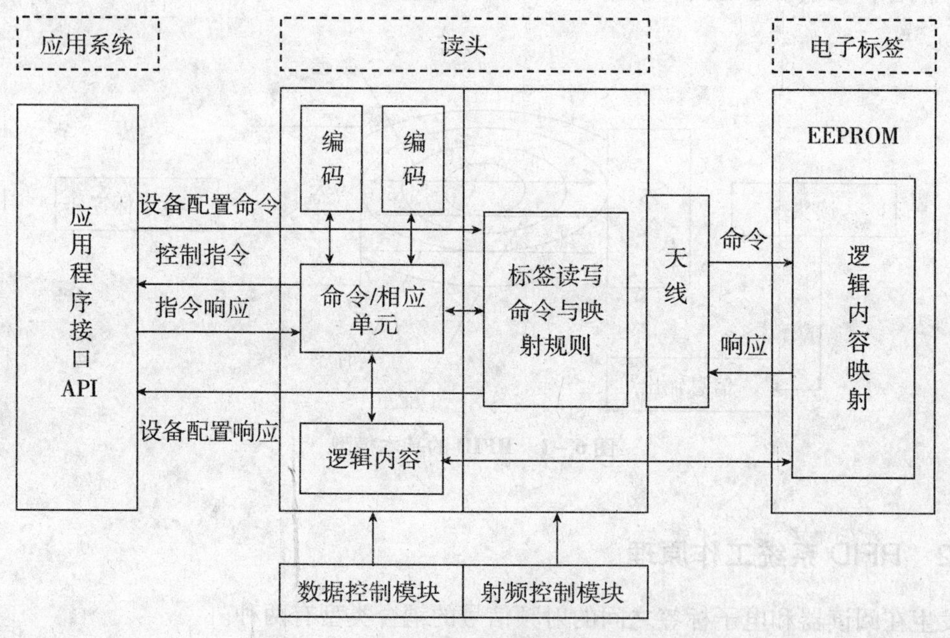

图6-4　RFID读头工作原理与接口关系

由图6-1可以看出，在射频识别系统的工作过程中，始终以能量为基础，通过一定的时序方式来实现数据的交换。因此，在RFID工作的空间通道中存在三种事件模型：以能量提供为基础的事件模型，以时序方式实现数据交换的实现形式事件模型，以数据交换为目的的事件模型。下面分别给予说明。

读头向电子标签提供工作能量。对于无源标签（被动标签）来讲，当标签离开射频识别场时，标签由于没有能量的激活而处于休眠状态，当标签进入射频识别场时，读头发射出来的射频波激活标签电路，标签通过整流的方法将射频波转换为电能存储在标签中的电容里，从而为标签的工作提供能量，完成数据的交换。对于半有源标签来讲，射频场只起到了激活的作用。有源标签（主动标签）始终处于激活状态，处于主动工作状态，和读头发射出的射频波相互作用，具有较远的识读距离。

时序指的是读头和标签的工作次序问题，也就是读头主动唤醒标签（相当于读头发出“你在哪里，你在哪里?”的询问。Reader Talk First，RTF)，这时标签首先自报家门（相当于标签一直在呼唤“我在这里，我在这里。”Tag Talk First，TTF)。对于无源标签来讲，一般是读头先讲的形式；对于多标签同时识读来讲，可以采用读头先讲的形式，也可以是标签先讲的形式。对于多标签同时识读，“同时”也只是相对的概念。为了实现多标签无冲撞同时识读，对于读头先讲的方式，读头先对一批标签发出隔离指令，使得读头识读范围内的多个电子标签被隔离，最后只保留一个标签处于活动状态与读头建立无冲撞的通信联系。通信结束后指令该标签进入休眠，指定一个新的标签执行无冲撞通信指令。如此重复，完成多标签同时识读。对于标签先讲的方式，标签随机地反复发送自己的识别 ID，不同的标签可在不同的时间段被读头正确读取，完成多标签的同时识读。

读头和标签之间的数据通信包括读头向标签的数据通信和标签向读头的数据通信。

在读头向标签的数据通信中，又包括离线数据写入和在线数据写入。无论是只读射频标签还是可读写的射频标签，都存在离线写入的情况。这是因为，对于任何一个射频电子标签来讲，都具有唯一的 ID 号，这个 ID 号对于一个标签来讲，是不可更改的。这样的 ID 号码可以在标签制造时由工厂固化写入（工厂编程)，终身不变。但是，无论哪种写入方式，ID 号一旦写入，就不能在 RFID 系统中更改，ID 号的写入也可以是非接触方式的写入。对子数据的在线写入来讲，指的是可写标签。射频标签的可写性能对系统提出了很高的技术要求，要求具有较大的能量、较短的写入距离、较慢的写入速度、较低的数据写入速率、较复杂的写入校验过程等。这样，就在较大程度上提高了射频标签的成本，也在某种程度上增加了标签数据的安全隐患。从目前市场上的射频系统来看，可读写的标签系统并不多，而且写入性能也不是很高。因此，在大多数应用场合，使用的都是只读 RFID 系统，都是运用后台来支持标签的数据属性的。

对于标签向读头的数据通信过程，其工作方式包括以下两种：

①标签收到读头的射频能量时，即被激活并向读头反射标签存储的数据信息；

②标签被激活后，根据读头指令转入数据发送状态或休眠状态。

在这两种工作方式中，前者属于单向通信，后者属于半双工双向通信。

电子标签与阅读器构成的射频识别系统是为应用服务的，应用的需求可能多种多样，各不相同。阅读器与应用系统之间的接口通常用一组可由应用系统开发工具（如 VC + +、VB、PB 等）调用的标准接口函数来表示。

标准接口函数的功能大致包括以下 4 个方面：

①应用系统根据需要向阅读器发出阅读器配置命令。

②阅读器向应用系统返回所有可能的阅读器的当前配置状态。

③应用系统向阅读器发送各种命令。

④阅读器向应用系统返回所有可能命令的执行结果。

6.2 RFID 系统相关技术

6.2.1 RFID 系统技术参数

可以用来衡量射频识别系统的技术参数比较多，比如，系统使用的频率、协议标准、识别距离、识别速度、数据传输速率、存储容量、防碰撞性能以及电子标签的封装标准等。这些技术参数相互影响和制约。

其中，读写器的技术参数有：读写器的工作频率、读写器的输出功率、读写器的数据传输速度、读写器的输出端口形式和读写器是否可调等；电子标签的技术参数有：电子标签的能量要求、电子标签的容量要求、电子标签的工作频率、电子标签的数据传输速度、电子标签的读写速度、电子标签的封装形式、电子标签数据的安全性等。

1. 工作频率

工作频率是射频识别系统最基本的技术参数之一。工作频率的选择在很大程度上决定了射频识别系统的应用范围、技术可行性以及系统的成本高低。从本质上说，射频识别系统是无线电传播系统，必须占据一定的无线通信信道。在无线通信信道中，射频信号只能以电磁耦合或者电磁波传播的形式表现出来。因此，射频识别系统的工作性能必然会受到电磁波空间传输特性的影响。

从电磁波的物理特性、识读距离、穿透能力等特性上来看，不同射频频率的电磁波存在较大的差异。特别是在低频和高频两个频段上。低频电磁波具有很强的穿透能力，能够穿透水、金属、动物等导体材料，但是传播距离比较近。另外，由于频率比较低，可以利用的频带窄，数据传输速率较低，信噪比较低，容易受到干扰。

相比低频电磁波而言，要得到同样的传输效果，高频系统的发射功率较小，设备比较简单，成本也比较低。高频电磁波的数据传输速率较高，没有低频的信噪比限制。但是，高频电磁波的穿透能力较差，很容易被水等导体媒质所吸收，因此，高频电磁波对障碍物的敏感性较强。

2. 作用距离

射频识别系统的作用距离指的是系统的有效识别距离。影响读写器识别电子标签有效距离的因素很多，主要包括：读写器的发射功率、系统的工作频率和电子标签的封装形式等。

其他条件相同时，低频系统的识别距离最近，其次是中高频系统、微波系统，微波系统的识别距离最远。只要读写器的频率发生变化，系统的工作频率就会随之改变。

射频识别系统的有效识别距离和读写器的射频发射功率成正比。发射功率越大，识别距离也就越远。但是电磁波产生的辐射超过一定的范围时，就会对环境和人体产生有害的影响。因此，在电磁功率方面必须遵循一定的功率标准。

电子标签的封装形式也是影响系统识别距离的原因之一。电子标签的天线越大，即电子标签穿过读写器的作用区域内所获取的磁通量越大，存储的能量也越大。

应用项目所需要的作用距离取决于多种因素：电子标签的定位精度，实际应用中多个电子标签之间的最小距离，在读写器的工作区域内，电子标签的移动速度。

通常在 RFID 应用中，选择恰当的天线，即可适应长距离读写的需要。例如，Fast-Track 传送带式天线就是设计安装在滚轴之间的传送带上，REID 载体则安装在托盘或产品的底部，以确保载体直接从天线上通过。

3. 数据传输速率

对于大多数数据采集系统来说，速度是非常重要的因素。由于当今不断缩短产品生产周期，要求读取和更新 RFID 载体的时间越来越短。

①只读速率。RFID 只读系统的数据传输速率取决于代码的长度、载体数据发送速率、读写距离、载体与天线间载波频率，以及数据传输的调制技术等因素。传输速率随实际应用中产品种类的不同而不同。

②无源读写速率。无源读写 REID 系统的数据传输速率决定因素与只读系统一样，不过除了要考虑从载体上读数据外，还要考虑往载体上写数据。传输速率随实际应用中产品种类的不同而有所变化。

③有源读写速率。有源读写 RFID 系统的数据传输速率决定因素与无源系统一样，不同的是无源系统需要激活载体上的电容充电来通信。很重要的一点是，一个典型的低频读写系统的工作速率可能仅为 100bit/s 或 200bit/s。这样，由于在一个站点上可能会有数百字节数据需要传送，数据的传输时间就会需要数秒钟，这可能会比整个机械操作的时间还要长。EMS 公司已经通过采用数项独到且专有的技术，设计出一种低频系统，其速率高于大多数微波系统。

4. 安全要求

安全要求，一般指的是加密和身份认证。对一个计划中的射频识别系统应该就其安全要求做出非常准确的评估，以便从一开始就排除在应用阶段可能会出现的各种危险攻击。为此，要分析系统中存在的各种安全漏洞，攻击出现的可能性等。

5. 存储容量

数据载体存储量的大小不同，系统的价格也不同。数据载体的价格主要是由电子标签的存储容量确定的。

对于价格敏感、现场需求少的应用，应该选用固定编码的只读数据载体。如果要向电子标签内写入信息，则需要采用 EEPROM 或 RAM 存储技术的电子标签，系统成本会有所增加。

基于存储器的系统有一个基本的规律，那就是存储容量总是不够用。毋庸置疑，扩大系统存储容量自然会扩大应用领域。只读载体的存储容量为 20 位，有源读写载体的存储容量从 64B 到 32KB 不等，也就是说在可读写载体中可以存储数页文本，这足以装入载货清单和测试数据，并允许系统扩展。无源读写载体的存储空间从 48B 到 736B 不等，它有许多有源读写系统所不具有的特性。

6. RFID 系统的连通性

作为自动化系统的发展分支，RFID 技术必须能够集成现存的和发展中的自动化技术。重要的是，REID 系统应该可以直接与个人计算机、可编程逻辑控制器或工业网络接口模块（现场总线）相连，从而降低安装成本。连通性使 RFID 技术能够提供灵活的功能，易于集成到广泛的工业应用中去。

7. 多电子标签同时识读性

由于系统可能需要同时对多个电子标签进行识别，因此，对读写器提供的多标签识读性也需要考虑。这与读写器的识读性能，电子标签的移动速度等都有关系。

8. 电子标签的封装形式

针对不同的工作环境，电子标签的大小、形式决定了电子标签的安装与性能的表现，电子标签的封装形式也是需要考虑的参数之一。电子标签的封装形式不仅影响到系统的工作性能，而且影响到系统的安全性能和美观。

对射频识别系统性能指标的评估十分复杂，影响到射频识别系统整体性能的因素很多，包括了产品因素、市场因素以及环境因素等。

6.2.2 能量传送

如果 RFID 卡内无电源，供芯片运行所需要的全部能量必须要由阅读器传送。阅读器和 RFID 卡之间能量的传递基于耦合变压器原理，参见图 6-5 所示。阅读器终端天线产生强大的高频磁场以便传送能量，最常用的频率有 125kHz 和 13.56MHz。如果一个 RFID 卡被放到阅读器天线附近，阅读器天线的磁场的一部分就会穿过卡的线圈，在卡的线圈里感生电压 U_i。这个电压被整流后就用来对芯片供电。由于阅读器天线与卡片线圈的耦合非常弱，因此需要使天线线圈里的电流量增大，以便达到必要的磁场强度，这通过给线圈 LT 并联一个电容 CT 来实现。电容的值要经过选择，以使其和天线的并联谐振频率与所传递的信号频率相匹配。

6.2.3 数据传送

1. 信号调制

从阅读器到 RFID 卡的数据传送，可以使用所有已知的数字调制技术。常用的技术有

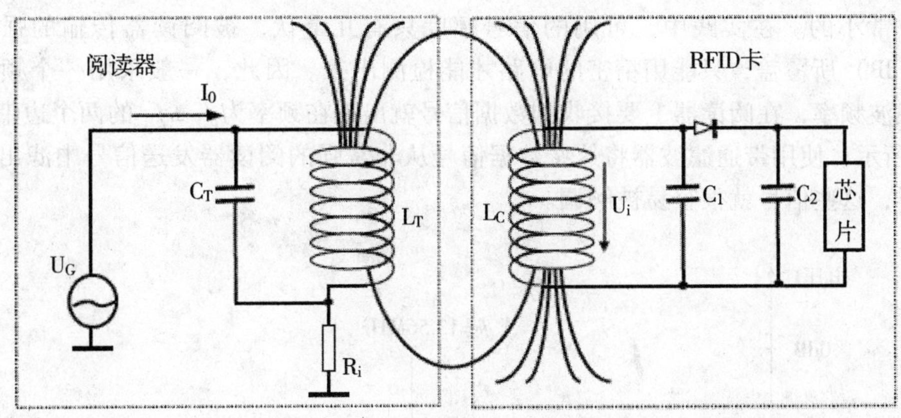

图 6－5 用电感耦合方式给 RFID 卡供电

振幅键控（Amplitude Shift Keying，ASK）、频移键控（Frequency Shift Keying，FSK）和相移键控（Phase Shift Keying，PSK），是对电磁波的 3 个参数——功率、频率和相位分别进行调制的方法。由于容易解调，ASK 和 PSK 更为常用。

从 RFID 卡到阅读器，使用的是幅度调制方式 ASK，用数据信号来对卡里的负载进行数字调节（负载调谐）。如果把一个调谐为终端谐振频率的 RFID 卡放到阅读器附近的磁场中，它就从磁场中汲取能量。这将引起阅读器感应线圈里的电流 I_0 增加，可以通过跨内部电阻 R_i 所增加的压降把它检测出来（参见图 6－6）。RFID 卡可以通过改变其线圈的负载（在电路中把负载电阻 R_2 接入和断开）来改变终端的电压 U_0（振幅调制）。如果电阻 R_2 的开关是由数据信号控制，那么数据在阅读器里就可以被检测和计算出来。

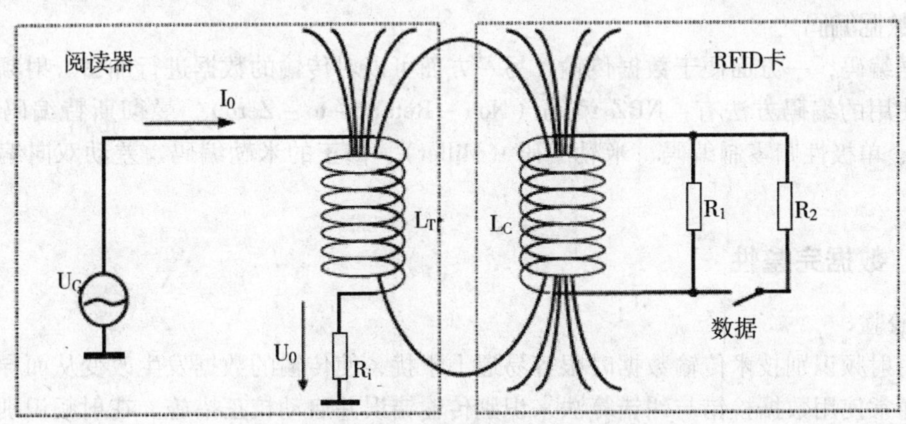

图 6－6 RFID 卡传送数据的电路原理

由于阅读器和卡的线圈间的耦合度较低，所以在阅读器里由负载调制所感应的电压变化也是非常小的。在实践中，可用的信号幅度只有几毫伏，被阅读器传输的强大信号（大约80dB）所覆盖，只能用精密的电路才能检测出来。因此，一般采用一个频率为f_H的辅助载波频率，在阅读器上要接收的数据信号就出现在频率为$f_T \pm f_H$的两个边带上，如图6-7所示。使用带通滤波器将这些数据信号从非常强的阅读器发送信号中滤出来并放大。这样，这些信号就很容易被解调。

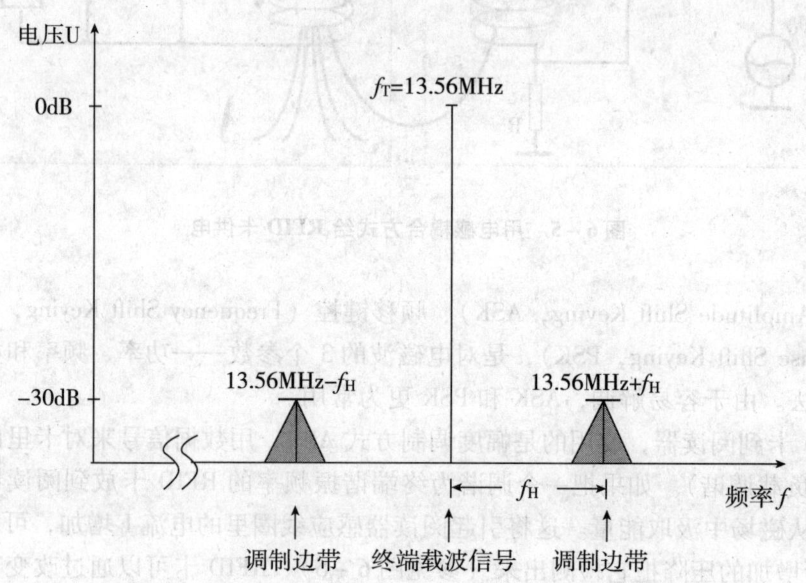

图6-7 用辅助载频进行负载调制产生两个边带（从阅读器的传输频率中把辅助载波f_H值分出，实际的信息包含在两个辅助载频边带里）

2. 数据编码

数据编码，一方面便于数据传输，另一方面可以对传输的数据进行加密。射频识别系统通常使用的编码方法有：NRZ编码（Non-Return-to-Zero）、曼彻斯特编码（Manchester）、单极性归零制编码、米勒编码（Miller）、修正的米勒编码、差动双向编码、差动编码。

6.2.4 数据完整性

1. 校验

使用射频识别技术传输数据时很容易遇上干扰，使传输的数据发生改变从而导致传输错误。通常使用数据检错与纠错算法来识别传输错误并启动校正措施。在射频识别的通信过程中最常用的校验方法是奇偶校验、循环冗余校验（CRC）还有纵向冗余校验。

2. 多标签同时识别与系统防冲突

射频识别系统的一个优点是同时识别多个标签。射频识别系统工作时，在一个阅读器的作用范围内，可能同时有多个标签。这时，系统中有两种最基本的通信：从阅读器到标签的通信和从标签到阅读器的通信。

从阅读器到标签的通信，阅读器发送的数据流同时被所有的标签接收，这种通信方式类似于无线电广播方式，被称做“无线电广播”。从标签到阅读器的通信，是多个标签的数据同时传送给阅读器，这种通信方式称做多路存取。无线电通信系统中多路存取方法基本上有以下几种：空分多路法（SCDMA）、时分多路法（TDMA）、频分多路法（FDMA）、码分多路法（CDMA）。在射频识别系统中，一般采用的是 TDMA。

时分多路法是把整个可供使用的通道容量按时间分配给多个用户的技术。可以通过阅读器控制实现，即所有的标签同时由阅读器进行观察和控制。通过一种特定的算法，在阅读器工作范围内的标签中选中一个，然后完成阅读器和标签之间的通信（如读出、写入数据等）。在同一时间只能建立一个通信关系，阅读器在解除与原来的标签的通信关系后，继续与下一个标签通信。上述实现 TDMA 的特定算法也被称做防冲突算法。

6.2.5 数据安全性

在与安全有关的射频识别系统的应用中，例如，出入系统或支付系统，必须采取安全措施来防止遭受恶意攻击。射频识别系统常用的安全手段有：

1. 相互对称的鉴别

当某个标签进入阅读器的工作范围时，需要断定参与通信的双方是否同属一个应用系统。从阅读器看，需要防止伪造的数据。从应答器看，同样需要防止其存储数据未被认可的读取或写入。阅读器和标签使用相同的密钥 K，采用相互对称的鉴别方式，阅读器和标签在通信中互相检验对方的密码。

2. 加密的数据传输

通信时的数据在传输时可能会受到非法的攻击。射频识别系统在阅读器与应答器之间传输数据时，使用密钥和加密算法将传输数据（明文）变换为秘密数据（密文），可以有效防止攻击。若不了解加密算法和密钥 K，攻击者无从解释其截获的密文。

6.3 RFID 标签

6.3.1 射频识别卡

射频识别卡（简称射频卡、RFID 卡），也被称做非接触式 IC 卡（Contactless Smart Card，CSC）或非接触 IC 卡、非接触卡、感应卡，诞生于 20 世纪 90 年代初，RFID 标签可以根据需要采用多种材质，做成各种形状，如图 6－8 所示。

由于成功地结合射频识别技术和 IC 卡技术，解决了无源（卡内无电池）和免接触的难题，RFID 卡拥有磁卡和接触式 IC 卡不可比拟的优点。其一问世便立即引起广泛关注，

图 6－8　RFID 标签外形

并以惊人的速度得到推广应用。RFID 卡由 IC 芯片、感应天线组成，完全密封在一个标准 PVC 卡片中，无外露部分如图 6－9 所示。

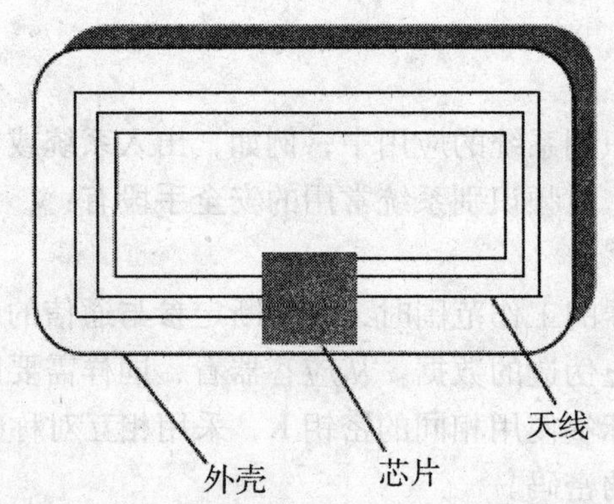

图 6－9　RFID 卡结构示意（卡上带芯片和天线）

1. RFID 卡的优点

与接触式 IC 卡相比，RFID 卡具有以下优点：

①高可靠性：由于无触点，避免了由接触读写而产生的各种故障。提高了抗静电和环境污染（如油烟、灰尘、水汽等）的能力，因此提高了使用的可靠性、读写设备和卡片的使用寿命。

②易用性：操作方便、快捷，无须插拔卡，完成一次操作只需 0.1s～0.3s。使用时，卡片可以任意方向掠过读写设备表面。

③高安全性：序列号是全球唯一的，出厂后不可更改。卡与读写设备之间采用双向互认验证机制，即读写器验证卡的合法性，同时卡验证读写器的合法性。通信过程中所有的数据都加密。卡片上不同分区的数据可用不同的密码和访问条件进行保护。

④高抗干扰性：对有防冲突电路的 RFID 卡，在多卡同时进入读写范围内时，读写设备可一一对卡进行处理，抗干扰性高。

⑤一卡多用：卡片上的数据分区管理，可以很方便的实现一卡多用、一卡通用。

⑥多种工作距离：作用距离从几厘米到几米，适应不同的应用场合。

2. RFID 卡的应用

RFID 卡以其方便交易、速度快、应用领域广而增长迅速，从长远角度看，RFID 卡将会替换目前广泛使用的接触式 IC 卡。在国内，RFID 卡主要应用在公共交通、身份识别、门禁控制等领域。

①公共交通。RFID 卡应用潜力最大的领域之一就是公共交通领域。例如，公交、地铁，乘客将 RFID 卡做的电子车票放在钱包或者包里就可以检票，方便快捷。公交经营者也宜于管理、减少支出。

②身份识别。使用 RFID 卡作为身份识别方式，比一般的证件卡片具有更高的防伪性，存储更多信息，便于管理。我国第二代公民身份证即采用 RFID 卡，卡中输入生物特征信息及身份信息，以进一步加强防伪，同时便于全国实施管理。

③门禁控制。采用基于 RFID 卡的控制系统，可以自动检查每个人进入大楼、管理区的准入权限，并记录出入时间。

另外，还有高速公路收费、停车场收费、加油站收费，智能卡水表、电表、煤气表等应用，使用非接式 IC 卡都是首选。

RFID 卡的应用前景日益广泛，其应用关键需要大量的读写设备。

6.3.2 RFID 卡结构设计

Philips 是世界上最早研制 RFID 卡的公司，其 Mifare 技术已经被制定为 ISO/IEC14443 TYPE A 国际标准。使用 Mifare 芯片的 RFID 卡占世界范围同类智能卡销量的 60% 以上，在我国市场也占据着绝对优势，这里以 Mifare standard 卡：MF 1 IC S50（以下简称 Mifare 1 或 MF1 卡）为例作相应介绍。

1. Mifare 1 卡的特性

Mifare 1 卡片除了微型芯片 IC 及一个高效率天线外，无任何其他元件。卡片电路不用任何电池供电，工作时的能量由读写器天线发送频率为 13.56MHz 无线电载波信号，以非接触方式耦合到卡片天线上而产生电能，通常可达 2V 以上。标准操作距离高达 10cm，卡与读写器之间的通信速率高达 106kbit/s。芯片设计有增/减值的专项数学运算电路，非常适合公共交通、地铁车站等行业的检票/收费系统，或充值等多项应用，其典型交易时间最长不超过 100ms。

芯片内建 8K Bits 的 E2PROM 存储器。其空间被划分为可由用户单独使用的 16 个扇区。数据的读写能力超过 10 万次以上，数据保存期大于 10 年，抗静电保护能力达 2kV。

Mifare 1 卡的芯片在制造时具有全球唯一的序列号。具有先进的数据通信加密和双向密码验证功能。具有防冲突功能，可以在同一时间处理重叠在读写器天线有效工作距离内的多张卡片。

2. Mifare 1 芯片逻辑结构

Mifare 1 芯片内部结构较为复杂，可分为射频接口、数字处理单元、E^2PROM（1Kbit）

三部分，逻辑框图见图6－10。

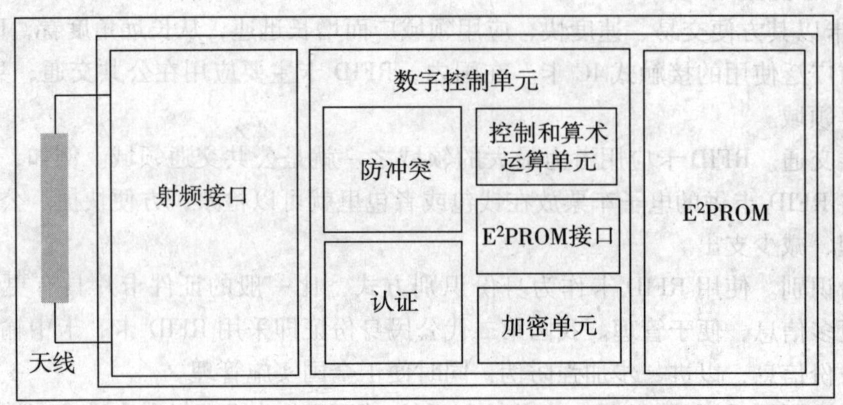

图6－10　MF1卡逻辑结构

① 射频接口：在RF射频接口电路中，包括有波形转换模块。它可接收读写器上的13.56MHZ的无线电调制频率，一方面送调制/解调模块，另一方面进行波形转换，然后对其整流滤波，接着对电压进行稳压等进一步地处理，最终输出供给卡片上的电路工作。

② 防冲突模块：如果有多张Mifare 1卡片处在读写器的天线的工作范围之内时，防冲突模块的防冲突功能将被启动工作：根据卡片的序列号来选定一张卡片。被选中的卡片将直接与读写器进行数据交换，未被选择的卡片处于等待状态，准备与读写器进行通信。

③ 认证模块：在选中一张卡片后，任何对卡片上存储区的操作都必须要经过认证过程，只有经过密码校验才可对数据块进行访问。Mifare 1卡片上有16个扇区，每个扇区都可分别设置各自的密码，互不干涉。因此每个扇区可独立地应用于一个应用场合。整个卡片可以设计成“一卡通”形式来应用。

④ 控制和算术运算单元：这一单元是整个卡片的控制中心，是卡片的“大脑”。它主要对整个卡片的各个单位进行微操作控制，协调卡片的各个步骤；同时还对各种收/发的数据进行算术运算处理、CRC运算处理等。

⑤ E^2PROM接口：连接到E^2PROM。

⑥ 加密单元：Mifare的CRYPTO1数据流加密算法将保证卡片与读写器通信时的数据安全。

⑦ E^2PROM：1K字节，分16个扇区。每扇区4个块，每块16字节。

3. 存储器组织结构

Mifare 1卡片的存储容量为8192×1位字长（即1K×8位字长），采用E^2PROM作为存储介质。整个结构划分为16个扇区，编为扇区0～15。每个扇区有4个块（Block），分别为块0、块1、块2和块3。每个块有16个字节。一个扇区共有16 Byte×4＝64 Byte。

如表 6－1 所示。

表 6－1　　　　　　　　　　MF1 卡存储区的组织示意

扇　区	块	描　述
15	63	第 15 扇区尾块
	62	数据块
	61	数据块
	60	数据块
14	59	第 14 扇区尾块
	58	数据块
	57	数据块
	56	数据块
	……	
1	7	第 1 扇区尾块
	6	数据块
	5	数据块
	4	数据块
0	3	第 0 扇区尾块
	2	数据块
	1	数据块
	0	厂商标志块

每个扇区的块 3（即第四块）也称做尾块，包含了该扇区的密码 A（6 个字节）、存取控制（4 个字节）、密码 B（6 个字节）。其余三个块是一般的数据块。

扇区 0 的块 0 是特殊的块，包含了厂商代码信息，在生产卡片时写入，不可改写。其中：第 0～4 个字节为卡片的序列号；第 5 个字节为序列号的校验码；第 6 个字节为卡片的容量"SIZE"字节；第 7，8 个字节为卡片的类型号字节，即 Tagtype 字节；其他字节由厂商另加定义。

4. 对 Mifare 1 卡的读写控制

每个扇区的尾块（16 字节）包含了该扇区的两个密码信息以及对本扇区中各块的读写权限信息，是扇区的控制块。控制块使用两个密码，为用户提供多重控制方式。例如，用户可以用一个密码控制对数据块的读操作，用另一个密码控制对数据块的写操作。尾块的组成结构（参见表 6－2）中，前 6 个字节为 A 密码（KeyA），KeyA 是永远不能读出的，但在满足一定条件下，可被改写；后 6 个字节为 B 密码（KeyB），KeyB 当密钥使用时，也是不可读的，但 KeyB 的六个字节可用来存储数据，此时 KeyB 可读；中间四个字节为权限位（Access Bits），存放本扇区的 4 个数据块的访问条件。

表 6－2　　尾块组成及访问权限字节结构

字节	0	1	2	3	4	5	6	7	8	9	10	11	12	13	14	15
	密码A						权限位				密码B					

位:	7	6	5	4	3	2	1	0
6	$\overline{C2_3}$	$\overline{C2}$	$\overline{C2_1}$	$\overline{C2_0}$	$\overline{C1_3}$	$\overline{C1_2}$	$\overline{C1_1}$	$\overline{C1_0}$
7	$C1_3$	$C1_2$	$C1_1$	$C1_0$	$\overline{C3_3}$	$\overline{C3_2}$	$\overline{C3_1}$	$\overline{C3_0}$
8	$C3_3$	$C3_2$	$C3_1$	$C3_0$	$C2_3$	$C2_2$	$C2_1$	$C2_0$
9								

表 6－3 中，用 C1，C2，C3 三个数据位表达各块的具体访问权限，下标 0、1、2、3 分别表示在扇区内的块号。“$C1_3$，$C2_3$，$C3_3$”即为扇区第 3 块（尾块）的访问权限。为了可靠，访问条件的每一位都同时用原码和反码存储，存储了两遍。尾块的读写权限的意义见表 6－3。

表 6－3　　尾块的权限代码与访问权限

权限代码			访问权限						说　明
			密码 A		权限字节		密码 B		
$C1_3$	$C2_3$	$C3_3$	读	写	读	写	读	写	—
0	0	0	N	A	A	N	A	A	密码 B 可读
0	1	0	N	N	A	N	A	N	密码 B 可读
1	0	0	N	B	A/B	N	N	B	—
1	1	0	N	N	A/B	N	N	N	—
0	0	1	N	A	A	A	A	A	密码 B 可读
0	1	1	N	B	A/B	B	N	B	—
1	0	1	N	N	A/B	B	N	N	—
1	1	1	N	N	A/B	N	N	N	—

注：N 表示不能，A 表示 KeyA，B 表示 KeyB，A/B 表示 KeyA 或者 KeyB。

在空卡状态下每个扇区的尾块数据（16 进制）为："Ox 000000000000 FF078069FFFFFFFFFFF"。空卡时的密码 A 和密码 B 均为"OxFFFFFF"，由于 A 密码不可读，读出的数据显示为"Ox000000"。在空卡默认读写权限下可以利用密码 A 对所有块进行读写操作，以及更改各块的读写权限。但不可以利用密码 B 进行读写操作（此时 B 密码可读）。

权限位为："OxFF078069"，由表 6－2，有：

$C1_3=0$　$C1_2=0$　$C1_1=0$　$C1_0=0$

$C2_3=0$　$C2_2=0$　$C2_1=0$　$C2_0=0$

$C3_3=1$　$C3_2=0$　$C3_1=0$　$C3_0=0$

"$C1_3$　$C2_3$　$C3_3$"＝001，对应图 6－13 的第 5 行，表示 A 密码不可读，可用 A 密码改写（即通过 A 密码校验后，可改写 A 密码），权限字节及 B 密码的读写权限均可用 A 密码读写。

由图 6－3 可知尾块的下列属性：密码 A 永远不可读，因此一旦设定就必须记住，不过在 000、100、001、011 几种情况下可以改写；访问权限字节仅在 001、011、101 三种状态下可写；密码 B 在 000、100、001、011 四种状态下可写；在 000、010、001 三种状态下可读（此时 B 密码的六个字节用于存储数据，不再作为密钥）。

表 6－4　数据块（i＝0、1、2）的权限代码与访问权限

权限代码			访问权限				应用
$C1_i$	$C2_i$	$C3_i$	读	写	增值	减值	
0	0	0	A/B	A/B	A/B	A/B	空卡默认状态
0	1	0	A/B	N	N	N	读写块
1	0	0	A/B	B	N	N	读写块
1	1	0	A/B	B	B	A/B	数值块
0	0	1	A/B	N	N	A/B	数值块
0	1	1	B	B	N	N	读写块
1	0	1	B	N	N	N	读写块
1	1	1	N	N	N	N	读写块

数据块的读写权限，如表 6－4 所示。对数据块的增值、减值操作，仅在状态"110"和"001"时可进行。而第 0 块（厂商数据块）虽然也属数据块，但是它不受权限字节影响，永远只读。在空卡情况下，数据块的读写权限代码：$C1_i$、$C2_i$、$C3_i$＝0 0 0（对应于图中第 1 行），A 密码和 B 密码读写均为 A/B，表示可用密码 A 或者是密码 B 对各数据块进行读写，但实际上由于在空卡默认状态下 B 密码是可读的，所以不可用 B 密码读写数据。

6.3.3 电子标签与读写器的耦合

根据射频识别系统作用距离的远近情况，射频标签天线与读写器天线之间的耦合可分为三类。射频识别系统中，射频标签与读写器之间的作用距离，是射频识别系统应用中的一个重要问题，通常情况下这种作用距离定义为，射频标签与读写器之间能够可靠交换数据的距离。射频识别系统的作用距离是一项综合指标，与射频标签及读写器的配合情况密切相关。

根据射频识别系统作用距离的远近情况，射频标签天线与读写器天线之间的耦合可分为以下三类：①密耦合系统；②遥耦合系统；③远距离系统。

1. 密耦合系统

密耦合系统的典型作用距离范围 0～1cm。实际应用中，通常需要将射频标签插入阅读器中或将其放置到读写器的天线的表面。密耦合系统利用的是射频标签与读写器天线无功近场区之间的电感耦合（闭合磁路）构成无接触的空间信息传输射频通道工作的。密耦合系统的工作频率一般局限在 30MHz 以下的任意频率。由于密耦合方式的电磁泄漏很小、耦合获得的能量较大，因而可适合要求安全性较高，作用距离无要求的应用系统，如电子门锁等。

2. 遥耦合系统

遥耦合系统的典型作用距离可以达到 1m。遥耦合系统又可细分为近耦合系统（典型作用距离为 15cm）与疏耦合系统（典型作用距离为 1m）两类。遥耦合系统利用的是射频标签与读写器天线无功近场区之间的电感耦合（闭合磁路）构成无接触的空间信息传输射频通道工作的。遥耦合系统的典型工作频率为 13.56MHz，也有一些其他频率，如 6.75MHz、27.125MHz 等。遥耦合系统目前仍然是低成本射频识别系统的主流。

3. 远距离系统

远距离系统的典型作用距离从 1m 到 10m，个别的系统具有更远的作用距离。所有的远距离系统均是利用射频标签与读写器天线辐射远场区之间的电磁耦合（电磁波发射与反射）构成无接触的空间信息传输射频通道工作的。远距离系统的典型工作频率为：915MHz、2.45GHz、5.8GHz，此外，还有一些其他频率，如 433MHz 等。远距离系统的射频标签根据其中是否包含电池分为有无源射频标签（不含电池）和半无源射频标签（内含电池）。一般情况下，包含有电池的射频标签的作用距离较无电池的射频标签的作用距离要远一些。半无源射频标签中的电池并不是为射频标签和读写器之间的数据传输提供能量，而是只给射频标签芯片提供能量，为读写存储数据服务。

远距离系统一般情况下均采用反射调制工作方式实现射频标签到读写器方向的数据传输。远距离系统一般具有典型的方向性，射频标签与读写器成本目前还处于较高的水平。从技术角度来说，满足以下特点的远距离系统是理想的射频识别系统：

(1) 射频标签无源;

(2) 射频标签可无线读写;

(3) 射频标签与读写器支持多标签读写;

(4) 适合应用于高速移动物体的识别(物体移动速度大于 80km/h);

(5) 远距离(读写距离大于 5m 小于 10m);

(6) 低成本(可满足一次性使用要求)。

现实的远距离系统一般均只能满足其中的几款要求。

6.3.4 电子标签的制作及封装概述

作为终极产品,智能标签不受“卡”的限制,形态、材质也有多姿多彩的发展空间。它的产品分三大类:标签类、注塑类和卡片类。

1. 标签类

带自粘功能的标签,可以在生产线上由贴标机揭贴在箱、瓶等物品上,或手工粘在车窗(如出租车)上、证件(如学生证)上,也可以制成吊牌挂、系在物品上,用标签复合设备完成加工过程。产品结构由面层、芯片线路(INLAY)层、胶层、底层组成。面层可以用纸、PP、PET 作覆盖材料(印刷或不印刷)等多种材质作为产品的表面;芯片线路(INLAY)有多种尺寸、多种芯片、多种 EEPROM 容量,可按用户需求配置后定位在带胶面;胶层由双面胶式或涂胶式完成;底层有两种情况:一为离型纸(硅油纸),二为覆合层(按用户要求)。成品形态可以为卷料或单张。

2. 注塑类

可按应用不同采用各种塑料加工工艺,制成内含 Transponder 的筹码、钥匙牌、手表等异形产品。

3. 卡片类

(1) PVC 卡片

相似于传统的制卡工艺即印刷、配 Transponder(INLAY)、层压、冲切。可以符合 ISO-7810 卡片标准尺寸,也可按需加工成异形。

(2) 纸、PP 卡

由专用设备完成,它在尺寸、外形、厚度上并不受限制。结构为面层(卡纸类)、Transponder(INLAY)层、底层(卡纸等)黏合而成。

6.3.5 射频标签通信协议

射频标签与读写器之间的数据交换构成的是一个无线数据通信系统。射频标签与读写器之间交换的是数据,由于采用无接触方式通信,还存在一个空间无线信道。因而,射频标签与读写器之间的数据交换构成的是一个无线数据通信系统。在这样的数据通信系统模型下,射频标签是数据通信的一方,读写器是通信的另一方。要实现安全、可靠、有效的数据通信目的,数据通信的双方必须遵守相互约定的通信协议。没有这样一个通信双方公认的基础，数据通信的双方将互相听不懂对方在说什么，步调也无从协调一致，从而造成数据通信无法进行。

所涉及的问题包括：时序系统问题、通信握手问题、数据帧问题、数据编码问题、数据的完整性问题、多标签读写防冲突问题、干扰与抗干扰问题、识读率与误码率问题、数据的加密与安全性问题、读写器与应用系统之间的接口问题。

6.3.6 射频标签内存信息的写入方式

内存信息的写入方式概述

射频标签读写装置的基本功能是无接触读取射频标签中的数据信息。从功能角度来说，单纯实现无接触读取射频标签信息的设备称为阅读器、读出装置、扫描器。单纯实现向射频标签内存中写入信息的设备称为编程器、写入器。综合具有无接触读取与写入射频标签内存信息的设备称为读写器、通信器等。

射频标签信息的写入方式大致可以分为以下三种类型：

（1）射频标签在出厂时，即已将完整的标签信息写入标签。这种情况下，应用过程中，射频标签一般具有只读功能。只读标签信息的写入，在更多的情况下是在射频标签芯片的生产过程中即标签信息写入芯片，使得每一个射频标签拥有一个唯一的标识 UID（如64bits)。应用中，需再建立标签唯一 UID 与待识别物品的标识信息之间的对应关系（如车牌号)。只读标签信息的写入也有在应用之前，由专用的初始化设备将完整的标签信息写入。

（2）射频标签信息的写入采用有线接触方式实现，一般称这种标签信息写入装置为编程器。这种接触式的射频标签信息写入方式通常具有多次改写的能力。例如，目前在用的铁路货车电子标签信息的写入即为这种方式。标签在完成信息注入后，通常需将写入口密闭起来，以满足应用中对其防潮、防水、防污等要求。

（3）射频标签在出厂后，允许用户通过专用设备以无接触的方式向射频标签中写入数据信息。这种专用写入功能通常与射频标签读取功能结合在一起形成射频标签读写器。具有无线写入功能的射频标签通常也具有其唯一的不可改写的 UID。这种功能的射频标签趋向于一种通用射频标签，应用中，可根据实际需要仅对其 UID 进行识读或仅对指定的射频标签内存单元（一次读写的最小单位）进行读写。

应用中，还广泛存在着一次写入多次读出 WORM（Write Once Read Many）的射频标签。这种 WORM 概念即有接触式改写的射频标签存在，也有无接触式改写的射频标签存在。这类 WORM 标签一般大量用在一次性使用的场合，如航空行李标签，特殊身份证件标签等。

无论是怎样的情况，对射频标签的写操作均应在一定的授权控制之下进行。否则，将失去射频标签标识物品的意义。

6.4 RFID 读写设备

6.4.1 RFID 读写器结构

RFID 卡读写设备（或称阅读设备、读写器）是连接 RFID 卡与应用系统间的桥梁，是 RFID 卡应用中至关重要的一个环节。RFID 卡读写设备的基本任务就是启动 RFID 卡，与 RFID 卡建立通信，在应用系统和卡片间传递数据。RFID 卡读写器将要发送的信息编码后加载到一个固定频率的载波上，当 RFID 卡（卡片内有一个谐振电路，其频率与读写器发送的载波频率相同）进入读写器的工作区域后，谐振电路产生共振并产生电荷积累，当电荷积累到一定数值时，就能为 RFID 卡内的电路提供工作电压，使 IC 卡内的芯片开始正常工作，处理读写器发送的数据信息。一个典型的 RFID 读写器外型结构如图 6 – 11 所示。

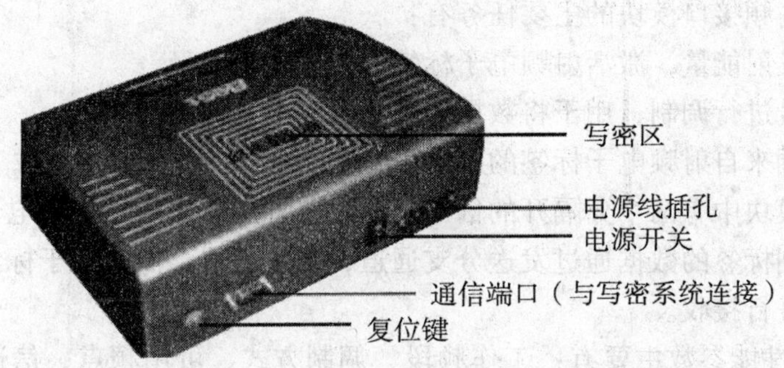

图 6 – 11　读写器基本功能构造示意

虽然在耦合方式（电感耦合或电磁耦合）、通信方式和数据传输方法以及系统频率的选择上存在着很大的区别，但是读写器的功能原理以及由此决定的构造设计基本上都具有图 6 – 12 所示的结构。

图中虚线框所围部分即为读写器，读写器主要由两大基本功能模块组成：基带控制模块和高频接口模块。基带控制模块通常采用 ASIC 组件和微处理器来实现其功能。高频接口模块主要由发送器和接收器组成。

基带控制模块也称为读写模块。基带控制模块的主要任务有：

①与应用系统软件进行通信，并执行从应用系统软件发来的动作指令。

②控制与射频电子标签的通信过程。

③信号的编、解码。

④执行防碰撞算法。

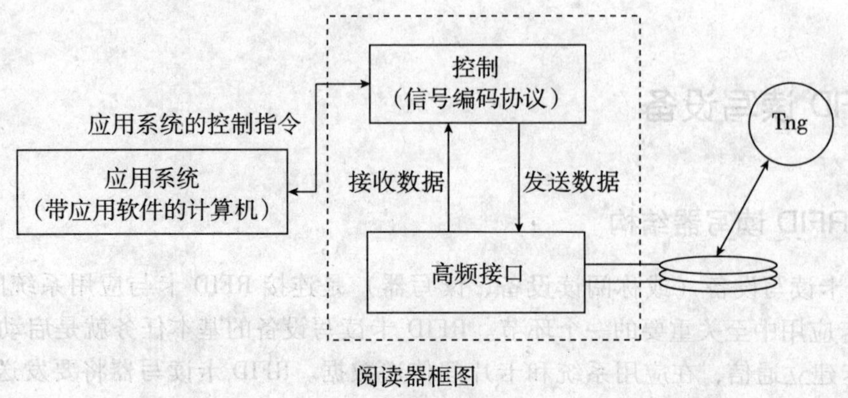

图 6-12　RFID 卡读写设备系统组成

⑤对读写器和电子标签之间传送的数据进行加密和解密。

⑥进行读写器和电子标签之间的身份验证。

大多数情况下，控制器以微处理器作为其核心部件来完成主要功能。高频接口模块也称为射频模块。高频接口模块的主要任务有：

①产生高频发射能量，激活射频电子标签并为其提供能量。

②对发射信号进行调制，用于将数据传输给射频电子标签。

③接收并解调来自射频电子标签的射频信号。

在高频接口模块中有两个分隔开的信号通道，分别用于来往于射频电子标签的两个方向的数据。传送到标签的数据通过发送分支通道，即发送器；而来自于标签的数据通过接收器分支通道来进行接收。

RFID 读写器性能参数主要有：工作频段、调制方式、可用频点、信道间隔、空气接口、数据速率、阅读距离（取决于采用的电子标签）、天线、RF 输出功率、通信接口等。

6.4.2　RFID 读写器作用

在无线射频识别系统中，读写器是 RFID 构成的主要部分之一。我们通过计算机应用软件对射频标签写入或读取其所携带的数据信息；由于标签的非接触性质，因此，我们必须借助于位于应用系统与标签之间的读写器来实现数据读写功能。

读写器完成的主要功能如下：

①读写器与电子标签之间的通信功能。

②读写器与计算机之间的通信功能。

③对读写器与电子标签之间要传送的数据进行编码、解码。

④对读写器与电子标签之间要传送的数据进行加密、解密。

⑤能够在读写作用范围内实现多标签同时识读功能，具备防碰撞功能。

读写器与电子标签的所有行为均由应用软件控制完成。在系统结构中，应用系统软件作为主动方对读写器发出读写指令，而读写器则作为从动方只对应用软件的读写指令作出回应。读写器接收到应用软件的动作指令后，回应的结果就是对电子标签作出相应的动作，建立某种通信关系。电子标签响应读写器的指令，因此，相对于电子标签而言，读写器变成指令的主动方。

在 RFID 系统的工作程序中，应用软件向读写器发出读取指令，作为响应，读写器和电子标签之间就会建立起特定的通信。读写器触发电子标签，并对所触发的电子标签进行身份验证，然后电子标签开始传送所要求的数据。

因此，读写器的基本任务是触发作为数据载体的电子标签，与这个电子标签建立通信联系并且在应用软件和一个非接触的数据载体之间传输数据。这种非接触通信的一系列任务包括通信的建立、防止碰撞和身份验证等，均由读写器来进行处理。

6.4.3 读写器与电子标签的通信过程

首先，读写器发送命令字给电子标签，电子标签从接收到的 RF 信号中接收命令，同时提取电子标签工作需要的能量。

其次，电子标签解调命令并准备要反射的信息（这是介于读写器发送命令与发送 CW 信号之间的时间段完成的动作）。

最后，读写器发送未经调制的连续载波（CW）信号，电子标签将要反射的信息调制到 CW 上反射给读写器。

从以上的通信过程中，可以得知：读写器在接收电子标签发送过来的数据同时要发送 CW 信号为电子标签提供能量。因此，如何从较大的发送功率信号中提取标签发送来的非常微弱的有用数据信号就成为读写器与电子标签进行通信时必须谨慎考虑的一个技术难题。

RFID 系统的读写器与电子标签之间的通信与普通的通信系统有一个很大的不同之处，即读写器发送 CW 信号的同时接收电子标签返回的信号。而 CW 的信号强度要比电子标签返回的信号强度大很多倍，会将电子标签返回的信号完全湮没。同时，CW 信号经过一定的空间距离传播后，在读写器端接收到的电子标签反射回的射频信号的相位会有一定的偏移。于是进入读写器、解调器的信号就由两部分的代数和组成：一部分为相位有偏移的电子标签反射回的有用数据信号，另一部分为读写器发送的 CW 信号。这会带来很大的误码率。一般对于 ASK 信号的解调一般有两种方法：包络检波法和相干解调法。

6.4.4 RFID 读写器原理

通常情况下，射频标签读写设备应根据射频标签的读写要求以及应用需求情况来设计。随着射频识别技术的发展，射频标签读写设备也形成了一些典型的系统实现模式，这里介绍一下读写器的实现原理。

从最基本的原理角度出发，射频标签读写设备一般均遵循如图 6-11 所示的基本模式。

读写器即对应于射频标签读写设备，读写设备与射频标签之间必然通过空间信道实现读写器向射频标签发送命令，射频标签接收读写器的命令后作出必要的响应，由此实现射频识别。此外，在射频识别应用系统中，一般情况下，通过读写器实现的对射频标签数据的无接触收集或由读写器向射频标签中写入的标签信息均要回送应用系统中或来自应用系统，这就形成了射频标签读写设备与应用系统程序之间的接口 API（Application Program Interface)。一般情况下，要求读写器能够接收来自应用系统的命令，并且根据应用系统的命令或约定的协议作出相应的响应（回送收集到的标签数据等)。

读写器本身从电路实现角度来说，又可划分为两大部分，即射频模块（射频通道）与基带模块。

射频模块实现的任务主要有两项，第一项是实现将读写器欲发往射频标签的命令调制（装载）到射频信号（也称为读写器/射频标签的射频工作频率）上，经发射天线发送出去。发送出去的射频信号（可能包含有传向标签的命令信息）经过空间传送（照射）到射频标签上，射频标签对照射其上的射频信号作出响应，形成返回读写器天线的反射回波信号。射频模块的第二项任务即是实现将射频标签返回到读写器的回波信号进行必要的加工处理，并从中解调（卸载）提取出射频标签回送的数据。

基带模块实现的任务也包含两项，第一项任务是将读写器智能单元（通常为计算机单元 CPU 或 MPU）发出的命令加工（编码）实现为便于调制（装载）到射频信号上的编码调制信号。第二项任务是实现对经过射频模块解调处理的标签回送数据信号进行必要的处理（包含解码)，并将处理后的结果送入读写器智能单元。

一般情况下，读写器的智能单元也划为基带模块部分。智能单元从原理上来说，是读写器的控制核心，从实现角度来说，通常采用嵌入式 MPU，并通过编制相应的 MPU 控制程序对实现收发信号实现智能处理以及与后终应用程序之间的接口 API。

射频模块与基带模块的接口为调制（装载）/解调（卸载)，在系统实现中，通常射频模块包括调制/解调部分，并且也包括解调之后对回波小信号的必要加工处理（如放大、整形）等。射频模块的收发分离是采用单天线系统时射频模块必须处理好的一个关键问题。

6.4.5 RFID 读写器结构设计

相对于标签来说，阅读器属于主控单元，一方面为无源标签提供能量场，另一方面对标签进行读/写操作。一般的阅读器需要遵循 EPC/ISO 标准，需要具有高频模块（接收器和发送器)、信号处理单元、控制单元等，并且向上提供 RS232/485、RJ45 和 USB 接口等。

下面以文献“基于 EPC Class - 1 Generation - 2 标准的 RFID 阅读器设计”为例描述一个典型的阅读器设计，主要包括射频模块、信号处理模块（DSP)、逻辑控制模块（CPLD)、主控制模块（ARM)，其组成框图如图 6 - 13 所示：

图 6 - 13 中，(1）是主控模块，采用 Atmel 的 AT91RM9200；(2）属于信号处理模

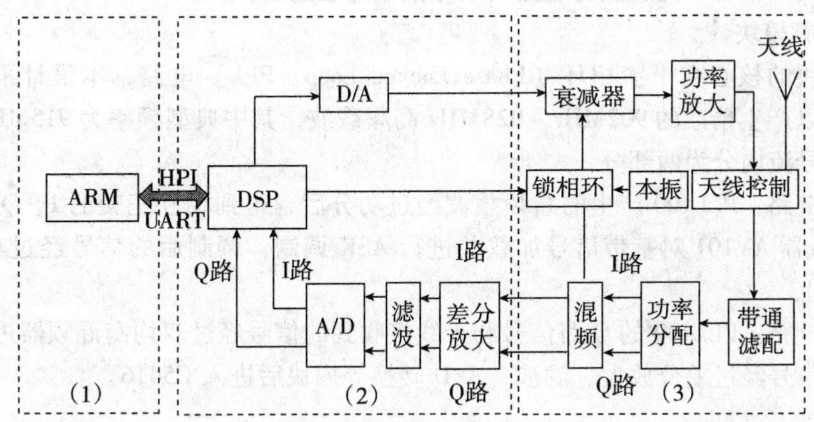

图 6－13 阅读器硬件结构

块，其中 DSP 采用 TI 的 TMS320VC5416，逻辑控制模块的 CPLD 未画出；（3）属于射频模块。由于本文重点在于阅读器基带信号处理的软件实现，所以着重阐述 DSP 单元的功能实现。

（1）主控模块

ARM 主要实现与上层管理程序的通信，实现对阅读器的配置、中继，并过滤 DSP 单元传过来的标签数据，并且这三个功能分别通过 RJ45 网口、UART 和 DSP 的 HPI 口实现。考虑 AT91RM9200 芯片具有丰富的网络功能，便于阅读器叠加到互联网中，实现物联网。

（2）信号处理模块

信号处理模块采用的 DSP 芯片为 TI 公司的 TMS320VC5416（以下简称 C5416），最高主频达到 160MIPS，可实时地完成基带信号的各项处理任务，其与标签的通信可分为两部分：

①下行链路：C5416 根据具体的命令或标签数据产生脉冲间隔编码，通过多通道缓冲串口（MCBSP）发送给 D/A 转换器进行数模转换，再以得到的基带模拟信号对锁相环出来的 915MHz 载波进行调制，然后经过一系列功率匹配电路，加载至天线上并向外辐射。

②上行链路：天线接收到信号，将信号通过功率分配器得到相互正交的 I、Q 两信号，两路信号分别与锁相环输出的本地载波进行混频，得到基带信号，基带信号经过 A/D 转换器得到数字信号，C5416 对传入的数字信号进行解调、解码。

EPC Class－1 Generation－2 标准规定，阅读器对标签的通信采用调制深度为 90% 的 DSB－ASK、SSB－ASK 或者 PR－ASK，具体采用位速率为 26.7kbit/s ~ 128kbit/s 的 PIE 编码对载波进行调制；标签对阅读器的通信则采用 ASK 或 PSK 调制，由标签商选择采用 FM0 编码或者 Miller 调制副载波（Miller 调制中的 M 值由阅读器发送的 Query 命令中的 M 值确定），C5416 将调制载波经过 A/D 转换后得到的数字信号进行 ASK/PSK 检波，并进行相应的解码和校验，完成上行链路的信号接收处理过程。

（3）射频模块

射频模块的核心在于锁相环（Phase Locked Loop，PLL）电路，本设计采用 PLL400 芯片，它可以产生精准的 902MHz ~ 928MHz 高频载波，其中典型频率为 915MHz。射频同样可以按信号流向分为两部分：

①下行链路：PLL400 产生的高频载波经过功分后，得到相互正交的 I、Q 两路信号，I 路通过衰减器 AV101 对基带信号加载并进行 ASK 调制，调制后的信号经过功率放大并加载到天线上。

②上行链路：PLL400 的 Q 路信号与天线接收到的信号经过双均衡混频器进行下变频，得到的基带信号经过差分放大、滤波、A/D 转换等模块后进入 C5416。

6.4.6 RFID 读写器防碰撞实现机理

在 RFID 系统工作时，不排除可能会有一个以上的标签同时存在于阅读器作用范围之内，如果多个标签同时发送数据给阅读器，就会由于争用信道而引起数据碰撞（collision）。为了正确地、迅速地读取标签数据，就必须在 RFID 系统中加入防碰撞机制。

当前，主要的防碰撞机制有 SDMA、FDMA、CDMA 和 TDMA 等。SDMA 的实现需要部署比较复杂的天线系统；FDMA 的实现需要占用多个载波且每个通路都要有自己的接收器；CDMA 则算法复杂、硬件实现困难。由于上述三种方法代价昂贵，因此 TDMA 成为现有防碰撞机制的最大一族。经典的 TDMA 无线信道共享方法可应用于防碰撞机制，例如，轮询、纯 ALOHA、时隙 ALOHA、CSMA/CD 等。其中，轮询效率低下较少使用，而无源标签因为无法侦测载波而无法使用 CSMA/CD，时隙 ALOHA 则因为实现简单且吞吐量比纯 ALOHA 高一倍而被广泛使用。

我们来简单地说明防碰撞（防冲撞）功能的工作原理。即使是具有防碰撞（防冲撞）功能的 RFID 系统，实际上并非同时读取所有标签的内容。在同时查出有复数个标签存在的情况下，检索信号并防止冲突的功能开始运行。为了进行检索，首先要确定检索条件。例如，13.56MHz 频带的 RFID 系统里应用的 ALOHA 方式的防碰撞功能的工作步骤如下。

①阅读器指定电子标签内存的特定位数（1 ~4 位左右）为次数批量。

②电子标签根据次数批量，将响应的时机离散化。例如，在两位数的次数批量“00、01、10、11”时，读写器将以不同的时机对这 4 种可能性逐一进行响应。

③若在各个时机里同时响应的电子标签只有一个的场合下才能得到这个电子标签的正常数据。信息读取之后阅读器对于这个电子标签发送在一定的时间内不再响应的睡眠的指令（Sleep/Mute）使之再休眠，避免再次响应。

④若在各个时机内同时由几个电子标签响应，判别为“冲突”。在这种情况下，内存内的另外两位数所记录的次数批量，重复以上从②开始的处理。

⑤所有的电子标签都完成响应之后，阅读器向他们发送唤醒的指令（Wake Up），从而完成对所有电子标签的信息读取。

在这种搭载有防碰撞（防冲撞）功能的 RFID 系统中，为了只读一个标签，几经调整次数批量、反复读取进行检索。所以，一次性读取具有一定数量的标签的情况下，所有的标签都被读到为止其速度是不同的，一次性读取的标签数目越多，完成读取所需时间要比单纯计算所需的时间越长。

一方面，实现防止抗碰撞（防冲撞）的功能是 RFID 在物流领域中取代图形码所必不可少的条件。例如，在超市中，商品是装在购物车里面进行计价的。为了实现这种计价方式，抗碰撞（防冲撞）功能必须完备。另一方面，在电子货币和个人认证方面利用 RFID 系统时，同时识别几个标签是发生差错的主要原因。

具有抗碰撞（防冲撞）功能的 RFID 系统的价格比不具有这种功能系统的要昂贵。当个人用户在制作 RFID 系统的时候，如果没有必要进行复数个 ID 同时认证时就没有必要选择抗碰撞机能的读写器。

6.5 RFID 天线

6.5.1 RFID 天线的作用与分类

天线是一种以电磁波形式把前端射频信号功率接收或辐射出去的装置，是电路与空间的界面器件，用来实现导行波与自由空间波能量的转化。在 RFID 系统中，天线分为电子标签天线和读写器天线两大类，分别承担接收能量和发射能量的作用。当前的 RFID 系统主要集中在 LF、HF（13.56MHz）、UHF（860MHz ~ 960MHz）和微波频段，不同工作频段的 RFID 系统天线的原理和设计有着根本上的不同。RFID 天线的增益和阻抗特性会对 RFID 系统的作用距离等产生影响，RFID 系统的工作频段反过来对天线尺寸以及辐射损耗有一定要求。所以 RFID 天线设计的好坏关系到整个 RFID 系统的成功与否。各种形式的天线如图 6 - 14 所示。

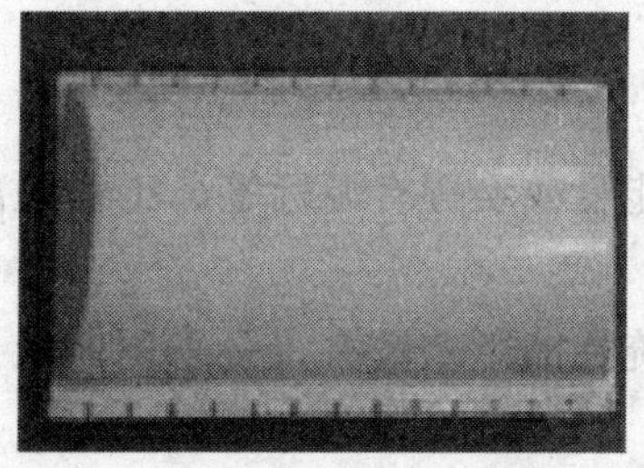

图 6 - 14　RFID 天线

无线电发射机输出的射频信号功率，通过馈线（电缆）输送到天线，由天线以电磁波形式辐射出去。电磁波到达接收地点后，由天线接下来（仅仅接收很小很小一部分功率)，并通过馈线送到无线电接收机。可见，天线是发射和接收电磁波的一个重要的无线电设备，没有天线也就没有无线电通信。天线品种繁多，以供不同频率、不同用途、不同场合、不同要求等不同情况下使用。对于众多品种的天线，进行适当的分类是必要的：按用途分类，可分为通信天线、电视天线、雷达天线等；按工作频段分类，可分为短波天线、超短波天线、微波天线等；按辐射距离可分为近场天线、远场天线等；按方向性分类，可分为全向天线、定向天线等；按外形分类，可分为线状天线、面状天线等。

微带天线自20世纪70年代以来引起了广泛的重视和研究，已在100MHz~50吉赫的宽广频域上获得多方面应用。其主要特点是剖面低、体积小、重量轻、造价低，可与微波集成电路一起集成，且易于制成共形天线等。从电性能上来说，它有便于获得圆极化、容易实现多频段工作等优点。主要缺点是频带窄、辐射效率较低及功率容量有限。目前主要有微带贴片天线、微带振子天线、微带阵列天线三种类型。

6.5.2 RFID近场天线和远场天线

1. 近场天线

对于LF和HF频段，系统工作在天线的近场，标签所需的能量都是通过电感耦合方式由读写器的耦合线圈辐射近场获得，工作方式为电感耦合。

近场天线能量不向外辐射，只在天线表面附近进行电能和磁能的交换。因为在近场实际上不涉及电磁波传播的问题，天线设计比较简单，一般采用工艺简单、成本低廉的线圈型天线。

线圈型天线实质上就是一个谐振电路。在指定的工作频率上，当感应阻抗等于电容阻抗的时候，线圈天线就会产生谐振。HF段RFID的线圈天线谐振工作频率通常为13.56MHz.，RFID应用系统就是通过这一频率载波实现双向数据通信的。某些应用环境要求RFID线圈天线外形很小，且需一定的工作距离，这样必然会使线圈天线的互感量减小。为了解决这个问题，我们通常在线圈内部插入具有高导磁率的铁氧体材料，以增大互感量，从而补偿线圈横截面减小的问题。很明显，近场天线的工作原理完全类似我们熟知的变压器原理，理论相对比较简单。

2. 远场天线

对于超高频和微波频段，读写器天线要为标签提供能量或唤醒有源标签，工作距离较远，一般位于读写器天线的远场。

电磁场以电磁波形式向外辐射能量，天线设计对系统性能影响较大，多采用偶极子型或微带贴片天线。

(1) 偶极子天线

偶极子天线，也称为对称振子天线，由两段同样粗细和等长的直导线排成一条直线构成。信号从中间的两个端点进入，在偶极子的两臂上将产生一定的电流分布，这种电流分布就会在天线周围空间激发起电磁场。一般在RFID电子标签中使用的是曲折型的折合偶极子天线。

（2）微带贴片天线

微带贴片天线通常是由金属贴片贴在接地平面上，微带贴片天线质量轻、体积小、剖面薄，馈线和匹配网络可以和天线同时制作，与通信系统的印刷电路集成在一起，贴片又可采用光刻工艺制造，成本低、易于大量生产。微带贴片天线以其馈电方式和极化制式的多样化以及馈电网络、有源电路集成一体化等特点而成为印刷天线类的主角。

通常微带贴片天线的辐射导体与金属地板距离为几十分之一波长，假设辐射电场沿导体的横向与纵向两个方向没有变化，仅沿约为半个波长的导体长度方向变化。则微带贴片天线的辐射基本上是由贴片导体开路边沿的边缘场引起，方向基本确定。因此，微带贴片天线非常适用于通信方向变化不大的 RFID 应用系统中。

6.5.3 RFID 天线的设计与使用

1. RFID 天线设计要点

RFID 天线结构和环境因素对天线性能有很大影响。天线的结构决定了天线方向图、阻抗特性、驻波比、天线增益、极化方向和工作频段等特性。天线特性也受所帖附物体形状及物理特性的影响。例如，磁场不能穿透金属等导磁材料，金属物附近磁力线形状会发生改变，而且，由于磁场能会在金属表面引起涡流，由楞次定律可知，涡流会产生抵抗激励的磁通量，导致金属表面磁通量大大衰减。读写器天线发出的能量被金属吸收，读写距离就会大大减小。另外，液体对电磁信号有吸收作用，弹性基层会造成标签及天线变形，宽频带信号源（如发动机、水泵、发电机）会产生电磁干扰等，这些都是我们设计天线时必须细致考虑的地方。目前，研究领域根据天线的以上特性提出了多种解决方案，如采用曲折型天线解决尺寸限制，采用倒 F 形天线解决金属表面的反射问题等。

天线的目标是传输最大的能量进出电路，这就需要仔细的设计天线和自由空间以及其电路的匹配，天线匹配程度越高，天线的辐射性能越好。当工作频率增加到超高频区域的时候，天线与标签芯片之间的匹配问题变得更加严峻。在传统的天线设计中，我们可以通过控制天线尺寸和结构，使用阻抗匹配转换器使其输入阻抗与馈线相匹配。一般天线的开发基于的是 50Ω 或 75Ω 阻抗，而在 RFID 系统中，芯片的输入阻抗可能是任意值，并且很难在工作状态下准确测试，天线的设计也就难以达到最佳。

对于近距离 RFID 应用，天线一般和读写器集成在一起，对于远距离 RFID 系统，读写器天线和读写器一般采取分离式结构，通过阻抗匹配的同轴电缆连接。一般来说，方向性天线由于具有较少回波损耗，比较适合标签应用；由于标签放置方向不可控，读写器天线一般采用圆极化方式。读写器天线要求低剖面、小型化以及多频段覆盖。对于分离式读写器，还将涉及天线阵的设计问题。国外已经开始研究在读写器应用智能波束扫描天线阵，读写器可以按照一定的处理顺序，“智能”的打开和关闭不同的天线，使系统能够感知不同天线覆盖区域的标签，增大系统覆盖范围。

2. RFID 天线的应用问题

(1) 可选的天线

在435 MHz, 2. 45GHz 和5. 8GHz 频率是用的 RFID 系统中，可选的天线有几种，见表6－5，它们重点考虑了天线的尺寸。这样的小天线的增益是有限的，增益的大小取决于辐射模式的类型，全向的天线具有峰值增益0到2dBi；方向性的天线的增益可以达到6dBi。增益大小影响天线的作用距离。表6－5中的前三个种类的天线是线极化的，但是微带面天线可以使圆极化的，对数螺旋天线仅仅是圆极化的。由于 RFID 标签的方向性是不可控的，所以读卡机必须是圆极化的。一个圆极化的标签天线可以产生3dB 以上的信号。

表6－5　RFID 天线的可选类型

天　线	模式类型	自由空间带宽（bps）	波　长	阻　抗（Ω）
双偶极子	全　向	10～15	0.5	50～80
折叠偶极子	全　向	15～20	0.5　0.05	100～300
印制偶极子	方向性	10～15	0.5　0.5　0，1	50～100
微带面	方向性	2～3	0.5　0.5	30～100
对数螺旋	方向性	100	0.3 高　0.25 底直径	50～100

(2) 阻抗问题

为了最大功率传输，天线后的芯片的输入阻抗必须和天线的输出阻抗匹配。几十年来，设计天线与50Ω或70Ω的阻抗匹配，但是可能设计天线具有其他的特性阻抗。例如，一个缝隙天线可以设计具有几百欧姆的阻抗。一个折叠偶极子的阻抗可以是做一标准半波偶极子阻抗的20倍。印刷贴片天线的引出点能够提供一个很宽范围的阻抗（通常是40Ω～100Ω）。选择天线的类型，以至于它的阻抗能够和标签芯片的输入阻抗匹配是十分关键的。另一个问题是其他的与天线接近的物体可以降低天线的返回损耗。对于全向天线，例如，双偶极子天线，这个影响是显著的。改变双偶极子天线和一听西红柿酱的间距做了一些实际测量，显示了一些变化。其他的物体也有相似的影响。此外是物体的介电常数，而不是金属，改变了谐振频率。一塑料瓶子水降低了最小返回损耗频率16%。当物体与天线的距离小于62. 5mm 的时候，返回损耗将导致一个3. 0 dB 的插入损耗，而天线的自由空间插入损耗才0. 2dB。可以设计天线使它与接近物体的情况相匹配，但是天线的行为对于不同的物体和不同的物体距离而不同。对于全向天线是不可行的，所以设计方向性强的天线，它们不受这个问题的影响。

3. 局部结构的影响

在使用手持的仪器的时候，大量的其他临近物体使读卡机天线和标签天线的辐射模式严重失真。这可以对于2. 45GHz 的工作频率计算，假设一个代表性的几何形状，和自由空间相比，显示返回信号降低了 10dB，在双天线同时使用的时候，比预料的模式下降的更多。在仓库的使用环境下，一个物品盒子会有一个标签有问题，几个标签贴在一个盒子上以确保任何时候都有一个标签是可以看见的。便携系统的使用有几个天线的问题。每个盒子两个天线足够适合门禁装置探测，这样局部结构的影响变得不再重要，因为门禁装置的读卡机天线被固定在仓库的出入，并且直接指向贴标签的物体。

4. 辐射模式

在一个无反射的环境中测试了天线的模式，包括了各种需要贴标签的物体，在使用全向天线的时候性能严重下降。圆柱金属所引起的性能下降是最严重的，在它与天线距离 50mm 的时候，返回的信号下降大于 20dB 。天线与物体的中心距离分开到 100mm ~ 150mm 的时候，返回信号下降约 10dB ~ 12dB。在与天线距离 100mm 的时候，测量了几瓶水（塑料和玻璃），返回信号降低大于 10dB。在蜡纸盒的液体，甚至苹果上做试验得到了类似的结果。

5. 距离

RFID 天线的增益和是否使用有源的标签芯片将影响系统的使用距离。乐观的考虑，在电磁场的辐射强度符合 UK 的相关标准时，2. 45GHz 的无源情况下，全波整流，驱动电压不大于 3 伏，优化的 RFID 天线阻抗环境（阻抗 200 或 300 欧姆），使用距离大约是 1 米。如果使用 WHO 限制则更适合于全球范围的使用，但是作用距离下降了一半。这些限制了读卡机到标签的电磁场功率。作用距离随着频率升高而下降。如果使用有源芯片作用距离可以达到 5mm ~ 10mm。

总的来说，全向天线应该避免在标签中使用，然而是可以使用方向性天线，它具有更少的辐射模式和返回损耗的干扰。天线类型的选择必须使它的阻抗与自由空间和 ASIC 匹配。在一个仓库中使用天线好像是不可行的，除非使用有源标签，但是在任何情况下，仓库内的天线辐射模式将严重失真。一个门禁系统的使用将是好的选择，可以使用短作用距离的无源标签。当然门禁系统比手持的仪器昂贵，但是手持仪器工作人员需要使用它到仓库搜寻物品，人员费用同样昂贵。在门禁系统中，每一个物品盒子，仅需要 2 个而不是 4 个或 6 个 RFID 标签。

在具体使用时，RFID 天线的选择有各有具体要求，比如，在零售商品中使用时，天线必须满足：足够的小以至于能够贴到需要的物品上；有全向或半球覆盖的方向性；提供最大可能的信号给标签的芯片；无论物品什么方向，天线的极化都能与读卡机的询问信号相匹配；具有鲁棒性；非常便宜等。在选择天线的时候的主要考虑是：天线的类型、天线的阻抗，在应用到物品上的射频系统的性能；在有其他的物品围绕贴标签物品时的射频系统性能等。

RFID 在军事上的应用：美国两次海湾战争后勤比对

几十年来，美陆军物流系统的基础是物资的大量库存，其中许多物资都是为以防万一而提前准备的。该物流系统是世界级的，当初的设计目的是保障冷战中的美军作战。冷战结束以后，该系统工作效率越来越低，对军队不断变化需求的反应迟钝，并且费用昂贵，已经不能满足军队的需求。

20 世纪 90 年代初以后，美军越来越感到其物流系统的质量远远落后于优秀的商业公司。同时，美军认为，新军事革命中最根本、革命性变革是作战勤务支援领域，于是率先开始了对后勤保障新模式的探索。第一次海湾战争给美军带来的教训促使美军进行后勤改革。面对种种技术难题，且意识到了在正确的时间将正确的物资送到正确的地点的重要性，美军开始着力利用最新的技术对后勤系统进行改革。

当战争后勤真正运作起来时，后勤军官及指挥官必须知道“什么物资在什么地方”，同样也要清楚地了解何种物资在运输途中，他们何时能够得到这些物资。全资可视能力是各个军种在作战行动中必须具备的能力，在 2003 年伊拉克自由行动中，美军已经基本实现了全资可视能力。

(1) 第一次海湾战争“强力”后勤

在 1990 年和 1991 年第一次海湾战争中，担任美国军事交通司令部行动与后勤主任的空军少将 Kross 指出，在第一次海湾故争中，美军将大量的作战人员和物资运送到前线，这是第二次世界大战后美军规模最大的后勤行动。可是当后勤任务完成之后，美军发现后勤工作远没有达到要求。美军当时没有任何工具或方法来弥补后勤上的不足。实际上，第一次海湾战争中的后勤工作仅仅是把作战人员和物资运送到前方，是“强力”后勤的体现。

在海湾战争中，军方几乎对任何物资都缺乏完整的信息，既没有良好的跟踪能力，也没有全资可视化能力。物资在需求不明的情况下进入后勤通道，而且也得不到真正的跟踪。当物资到达目的地时，后勤人员不得不处理剩下的大批问题。

由于无法“看”到流经后勤渠道的资产，使得后勤的灵活、机动性大大降低。美国国防部给前线陆军运送了 4 万多个集装箱，港口、机场、车站和调度场都堆满了等待处理及配送的货物。士兵和后勤负责人要在数以万计的集装箱中找到重要设备和补给品。最后，由于标识不清，其中的 2.5 万多个集装箱被迫打开登记封装，并再次投入运送系统。当战争结束后，还有 8000 多个打开的集装箱未能加以利用。

后来证实，从美国本土运至前线的后勤物资远比所需物资要多得多。战争结束时仍有 101 艘弹药船停留在公海上。据估计，如果当时采用了 RFID 技术来追踪后勤物资的去向并获得集装箱的内容清单，将可能为国防部节省大约 20 亿美元的支出。

一般来说，如果前线的指挥官无法确定他们手头有什么以及所需物资何时到达等诸如此类的问题时，他们就会申请更多的物资。前线的供应士官手头并没有与战争计划相匹配的后勤计划，他们对物资何时到达何地缺乏必要的了解，所有的工作都是在混乱中进行。

美国中央司令都对此也是束手无策。这是名副其实的“强力后勤”。因为无法得知货物运送的状况，军人不知道自己申请的物资是否已发出，所以常常超额申请。在沙漠风暴部署行动中，美军在没有互联网、没有加密卫星情报的情况下应用了传输速率比较低的 286 处理器。此外，还应用了电信技术和传真技术（当时并没有使用电子邮件的条件）。当时美军并没有大规模使用自动化技术的经验，没有商业法规可以遵循，并且也没有无线电射频识别标签。每一个运输货物箱上只贴一张政府装载单，甚至五六个货物箱共用一装载单。在后一种情况下，如果货物被分开，那么分开的货物基本上就“丢失”了。据战后统计，光是修理零件超额申请部分就高达 27 亿美元。

战后，美国军方一直在考虑如何才能省下这几十亿美元，于是美国国防部开始测试新的追踪技术，以掌握后勤物资的动向。1991 年海湾战争后，美军为解决物资在申领、运输、分发等环节中存在的严重现实问题，给作战部队提供快速、准确的后勤保障模式的深刻反思。借鉴沃尔玛等现在物流公司的高效经营模式，将“即时后勤补给”的理念应用于军事后勤变革中，取代了此前的“以防万一”式的后勤补给战略，并将这一模式成功地运用于伊拉克战争。美军的这一做法，在世界军事后勤领域中掀起了一场变革风暴。

所谓资产的可视性是指及时、准确地向用户提供部队、人员、装备和补给品等的数量、位置、状态及其特性等信息，全面提高后勤保障能力。联合全资产可视性作为美国军事后勤革命的目标之一，是美国国防部后勤发展战略计划的重要内容。根据新的构想，美军后勤应能在各种军事行动全过程中，在准确的地点与时间向联合作战部队提供数量适当的所需人员、装备与补给品。要实现这一目标就必须做到后勤保障中资产的高度透明化。而射频识别无疑为自动获取在储、在运、在用资产可视性提供了方便灵活的解决方案。

吸取海湾战争教训后，美军开始研究能实时或者近实时掌握物资信息的三种系统。第一种是特定物品寻找系统，即能在集装箱场上快速确定出某种特定物品装在哪个箱子内；第二种是运输途中物资可见性系统，可立即跟踪在运物资的品名、数量、目的地、用户和途中所在位置等各种相关信息；第三种是全资产可见性系统，可全面掌握所有物资从仓库到散兵坑全过程中的所有情况。

（2）第二次伊拉克战争“自由行动”的精确后勤

在过去的 12 年中，国防部一直在波黑、科索沃、南联盟等地通过联合军事行动军事部署、军事冲突来删选和试验后勤所需的技术。国防部特别重视后勤的管理与跟踪，并着力研究如何使后勤真正成为战斗力的倍增器。国防部通过两种方式来提高军队的后勤管理与跟踪能力。一是通过指令性文件的指导；二是与 SAVI 技术等民间公司合作解决后勤技术上的难题。通过运用 RFID 技术，SAVI 公司帮助美军建成了可视化供应链，实现了即时管理，加快了从生产工厂到散兵坑的运送，并改善了对运送的掌控，消除了超额的后勤补给，减少了人工失误。

美军在此次的波斯湾战争中，在沙特阿拉伯、科威特、土耳其、阿拉伯联合酋长国、卡达及也门的集结点，依所装置的射频识别标签来即时获取后勤的物资到位情况。在作战时，在美军的后勤补给钱也以移动的射频识别读取器来确保前往前线的补给可以准时达到，并且利用自动识别科技，缩短了在交接物资及盘点时间，将后勤补给的效益充分发挥出来。

在这次伊拉克战争中，SAVI 公司成了帮助美英联军打到萨达姆政权的关键成功因素之一。利用 RFID 技术建置的可视化后勤网络，是美军的后勤补给能力变得前所未有的强大，美军可以轻松掌握所有后勤补给的即时信息；英军也利用这个网络，让高达 90% 的后勤物资能够有效地运抵前线，为美军省下几十亿美元。这与 1990 年波斯湾战争时的情况相比，可谓天壤之别，当时在整个后勤补给上被批评为过分补给，造成浪费。

在伊拉克自由行动中，由于无线射频技术的应用，以及在战略和战术上提出整体解决方案的软件系统及关键信息技术的出现，使美军所有在运物资都成为可视物资。国防部对于所有用于运输的飞机、轮船及其装载的货物都了如指掌。军事运输司令部已经数字化了，这代表其能力及效率都发生了量的飞跃，地面的作战人员能够准确地了解到地面的情况，空中、海中的作战人员也是如此。

美国陆军装备部长 Kern 少将在 2003 年 4 月举行的美国陆军后勤协会的座谈会上指出，国防部的文件规定，所有在运输途中的物资都要有无线射频标签。

7 RFID 中间件技术

射频识别技术指对物品对象的标签进行编码，采用读写器识别被标识对象，获取标识对象的位置、生产商等相关属性信息的过程。RFID 技术被产业界视为第二次 IT 革命，列为 21 世纪十大策略性产业之一。

随着 RFID 技术应用的不断推广及深入，越来越多的分布式复杂问题开始显现。在底层，读写器网络遍布全球，不同种类规格的读写器关注不同区域及不同商业步骤流程，硬件的异构带来管理及数据采集与表示上的困难；在上层，不同应用对 RFID 事件数据的需求层次不同，难以从庞杂的阅读器网络快速有效获取输入信息。

在分布式异构问题亟待解决的前提下，RFID 中间件的概念应运而生。RFID 中间件是在底层读写器网与上层企业应用之间的一个功能层淡，它能屏蔽 RFID 设备的复杂性和 ID 数据的表达差异，为异构读写器网络提供统一的管理服务，为企业应用提供 RFID 事件数据采集、处理与分析等公共功能，实现 RFID 硬件与企业信息系统的融合。

RFID 事件从边缘流入企业信息系统，可引发业务流程、监控物品实时信息或提供流程优化数据，已被广泛应用在生产、销售、物流、邮政、医药、航空、国防、交通及食品安全追溯等领域，极大的提高了生产效率。根据美国阿肯色州大学的一项调研报告，应用 RFID 系统后沃尔玛产品缺货率减少 16%，补货速度比用条码快 3 倍且手工干预订货率减少了 10%。

目前，RFID 市场中的大多数投入集中在硬件设施上，包括标签及阅读器等，可以预见，随着硬件基础设施的齐备，RFID 相关软件与服务，特别是 RFID 中间件将越来越重要，成为 RFID 技术发挥效应的核心组件，RFID 中间件能帮助企业融合硬件、原始数据及信息系统，使 RFID 数据产生价值。

在我国，RFID 主要应用于铁路、邮政、公安、制造、物流、烟草、零售、医药、金融收费、电信等诸多行业和相关领域，其应用还属于初级阶段。由于不同行业对 RFID 技术的应用环境千差万别，导致对 RFID 软硬件设施的技术要求迥异。因此，如何针对不同行业的应用特点，提供统一的公共基础中间件平台，实现硬件的统一管理及 RFID 信息的处理，满足不同应用是对 RFID 中间件的重要要求。

RFID 技术跟踪的是物品信息，相比较于其他的业务系统，事件数量发生了千倍级的增长，容易产生爆炸性的 RFID 事件，任何传统 IT 系统都无法直接处理，其对 RFID 中间件处理事件的功能及性能要求更为苛刻，如何快速、高效的从原始事件生成面向用户的高级事件是 RFID 中间件面临的一个关键问题。

同时由于 RFID 系统的主要应用是一项分布式的、涉及多种硬件、多个企业及复杂企业流程的系统工程，这一从上到下的过程被称为电子产品代码（Electronic Product Code，EPC）系统，它包含了本地网络与全球联网的结合，实时监控物品对象信息，实现信息管理与流通功能，实现全球“实物互联的物联网”。这对 RFID 中间件提出了另一项要求，即如何确保广域范围内的高级事件信息共享。

7.1 RFID 中间件的概念

当人们逐步了解并熟悉 RFID 技术的时候，同时也感觉到了应用 RFID 技术的一些困惑，例如，不同设备与应用系统之间的接口问题，大量而复杂的 RFID 数据如何处理和利用，如何将 RFID 系统与现有信息系统之间无缝集成等问题。解决这些问题的方法就是要构建并部署一套 RFID 中间件。

美国麻省理工学院的 Auto - ID 实验室最先提出 RFID 中间件的概念，称之为 Savant。Savant 是一种位于读写器和企业应用系统之间的中介软件，用来处理从一个或多个 RFID 读写器设备传来的 RFID 标签或者 RFID 事件的数据流。Savant 对标签的数据执行过滤、聚合以及统计等功能，从而降低传向企业应用系统的数据量。在 Savant 1.0 的规范中，Savant 被定义为一系列处理模块的容器，通过读写器接口和应用接口分别与前端的 RFID 读写器设备和后端的企业应用系统进行互联。Savant 1.0 的规范中讨论了读写器接口、应用接口和部分标准的处理模块，并给出了基于 XML - RPC/HTTP 的 SOAP - RPC/HTTP 两种消息与传输的绑定实现机制。

简而言之，RFID 中间件是 RFID 读写器和应用系统之间的中介，从应用程序端使用中间件所提供一组通用的应用程序接口（API），即能连到 RFID 读写器，读取 RFID 标签数据。这样一来，即使存储 RFID 标签情报的数据库软件、后端应用程序增加、改由其他软件取代，或者读写 RFID 读写器种类增加等情况发生时，应用端不需修改也能处理，省去多对多连接的维护复杂性问题。详细来讲，RFID 中间件是一种消息导向（Message - Oriented Middleware，MOM）的软件中间件，信息是以消息的形式，从一个程序传送到另一个或多个程序。信息可以以异步的方式传送，所以传送者不必等待回应。面向消息的中间件包含的功能不仅是传递信息，还必须包括解释数据、安全性、数据广播、错误恢复、定位网络资源、找出符合成本的路径、消息与要求的优先次序以及延伸的排错工具等服务。

7.1.1 中间件的概述

无线射频识别（RFID）技术，是一种通过无线射频方式进行非接触双向数据通信对目标加以识别的技术，具有快速、准确、可靠的特点。与传统的识别方式相比，RFID 技术无须直接接触、无须光学可视、无须人工干预即可完成信息的输入和处理，操作十分方便快捷，因而能够广泛应用于生产、物流、交通、运输、医疗、防伪、跟踪、设备和资产管理等需要收集和处理数据的应用领域。自从 RFID 问世以来，其技术和产业都得到了迅速的发展，并已开始在工业自动化、商业自动化、交通运输控制管理等众多领域得到应用，成为 IT 产业一个新的经济增长点，具有十分广阔的市场发展前景。从 RFID 的技术与应用的发展趋势来看，RFID 应用具有标识、定位与事件驱动等特点。通过标识与定位，使人类在虚拟的网络世界中识别、锁定和控制被标记物体成为一种可能。通过 RFID 实时产生的事件，可以驱动业务流程，实现业务流程的智能化与自动化。

基本的 RFID 系统一般由三部分组成：标签、阅读器以及应用支撑软件。中间件是应用支撑软件的一个重要组成部分，是衔接硬件设备如标签、阅读器和企业应用软件，如企业资源规划（ERP）、客户关系管理（CRM）等的桥梁。中间件的主要任务是对阅读器传来的与标签相关的数据进行过滤、汇总、计算、分组，减少从阅读器传往企业应用的大量原始数据，生成加入了语意解释的事件数据。可以说，中间件是 RFID 系统的“神经中枢”，如图 7－1 所示。

图 7－1 RFID 中间件在解决方案中的位置

RFID 中间件是实现 RFID 硬件设备与应用系统之间数据传输、过滤、数据格式转换的一种中间程序，将 RFID 读写器读取的各种数据信息，经过中间件提取、解密、过滤、格式转换、导入企业的管理信息系统，并通过应用系统反应在程序界面上，供操作者浏览、选择、修改、查询。中间件技术也降低了应用开发的难度，使开发者不需要直接面对底层架构，而通过中间件进行调用。

RFID 中间件扮演 RFID 标签和应用程序之间的中介角色，应用程序端使用中间件所提供的一组通用应用程序接口（API），可以连接到 RFID 读写器，读取 RFID 标签数据。这样一来，即使存储 RFID 标签信息的数据库软件或后端发生变化，如应用程序增加、替换或者 RFID 读写器数量、种类变化等情况发生时，应用端不需修改也能处理，避免多对多连接的维护复杂性。

7.1.2 RFID 中间件的网络框架结构

1. 无线射频识别网络的框架结构

无线射频识别网络的框架结构，如图 7－2 所示。

在全球产品电子代码管理中心（EPC global）定义的 RFID 网络框架中，包含了 RFID 标签、RFID 读写器、RFID 中间件、RFID 读写器管理、电子产品码信息服务（EPCIS）捕获应用、EPCIS 存储、EPCIS 访问应用、本地对象命名服务（ONS）等角色以及 ONS 根节点、EPC 发放、标签信息转换模型、标签信息发现等公共服务。

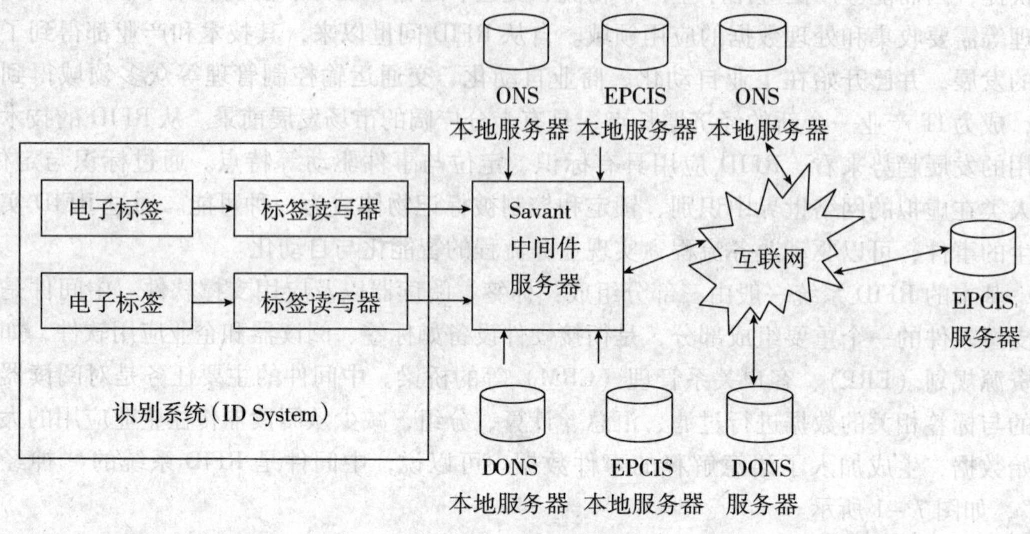

图 7－2　RFID 网络组成

如图 7－2 所示，RFID 中间件系统位于 EPCIS 捕获应用（如企业资源计划（EPR）系统等）和 RFID 读写器之间，根据 EPCIS 捕获应用设置的规则将从读写器获取的标签信息进行过滤和聚集，并按照其指定的格式和方式上报。

标签数据经过中间件的分组、过滤等处理上报给应用系统，应用系统负责事件数据的持久化存储以及标签绑定的业务信息的管理。

RFID 系统共享公共服务平台提供根节点对象名称服务（ONS）、企业应用鉴权管理、标签信息发现和企业授权码管理等公共服务。其中，根节点 ONS 连同所有企业级 RFID 系统的内部 ONS，组成一个 ONS 树，任何一个标签都可以在 ONS 树上找到标签所对应的标签信息库的地址，即可以进一步访问到标签对应的详细信息。

2. LLRP 协议与 ALE 协议

在 EPC global 标准体系中，与中间件最相关的两个协议是 LLRP 与 ALE 协议，LLRP 之所以被称为低级别，是由于其提供了对空口操作和空口协议命令参数的控制能力，提供更底层读写器操作的访问能力。ALE 是 EPC global 定义的 RFID 应用系统和 RFID 中间件之间的接口规范，通过 ALE 接口，从应用程序端使用中间件有了一组 API，通常 RFID 中间件接口定义了一个相对稳定的高层应用环境，不管底层的计算机硬件和系统软件怎样更新换代，只要将中间件升级更新，并保持中间件 RFID 采集系统的接口定义不变，应用软件几乎不需任何修改，从而保护企业在应用软件开发和维护中的重大投资。同时，使用 RFID 中间件有助于减轻企业二次开发时的负担，使他们升级现有软件系统时显得得心应手，同时能保证软件系统的相对稳定，及对软件系统的功能扩展等，简化了开发的复杂性等。

LLRP 是 EPC global 公布的第二代读写器协议，定义了 RFID 读写器和客户端之间的接口。与上一代读写器协议相比，LLRP 更接近读写器运行时所需的空口协议的细节，或者更明确的说是对 EPC global Class1 Gen2 协议中读写器参数和控制参数的支持。LLRP 除了目前对 EPC global Class1 Gen2 的支持外，其架构也提供相应的扩展能力，可以方便的支持未来其他空口协议。

7.1.3 RFID 中间件的分类

RFID 中间件可以从架构上分为两种：

以应用程序为中心（Application Centric）的设计概念是通过 RFID Reader 厂商提供的 API，以 Hot Code 方式直接编写特定 Reader 读取数据的 Adapter，并传送至后端系统的应用程序或数据库，从而达成与后端系统或服务串接的目的。

以架构为中心（Infrastructure Centric）随着企业应用系统的复杂度增高，企业无法负荷以 Hot Code 方式为每个应用程式编写 Adapter，同时面对对象标准化等问题，企业可以考虑采用厂商所提供标准规格的 RFID 中间件。这样一来，即使存储 RFID 标签情报的数据库软件改由其他软件代替，或读写 RFID 标签的 RFID Reader 种类增加等情况发生时，应用端不做修改也能应付。

7.1.4 RFID 中间件的构成

如图 7 –3 所示，RFID 中间件在应用中位于应用程序系统层之上，读写器系统层之下。由于业务场景千变万化，RFID 应用系统架构也各不相同。但若要达到 RFID 数据信息的良好运用，其参考架构一般应采取四层结构形式。而 RFID 中间件的总架构就是在 RFID 应用系统架构的中间两层，即边缘层和集成层（如图 7 –3 中虚线所示）。边缘层通过边缘服务器定期轮询阅读器，以清除重复操作，并执行过滤和设备管理功能，同时产生 ALE（应用事件管理协议）事件并发送到集成层。集成层接收多个 ALE 事件，将它们合并到工作流中，工作流作为更大业务流程的一部分与不同系统接触应用。

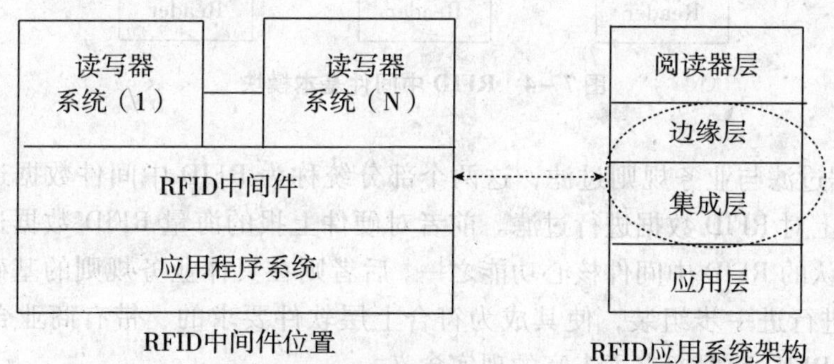

图 7 –3 RFID 系统总架构分析

另外，根据 RFID 权威研究机构 Auto – ID 实验室对其 EPC 物联网 Savant 中间件的定义，以及后来由 EPC global 提出的 EPC 应用层事件规范和低层读写器接口协议，一个最基本的 RFID 中间件应该包含如下几个功能模块：Reader 接口模块、逻辑驱动器映射模块、RFID 数据过滤模块、业务规则过滤模块、设备管理与配置模块、上层服务接口模块，如图 7－4 所示。

Reader 接口用于中间件与 RFID 读写器的数据通信，主要有获取 RFID 数据以及下达设备管理模块的读写器指令两个功能。

设备管理配置模块用于调整 RFID 读写设备的工作状态，配置相应的 Reader 接口参数等．逻辑读写器映射模块用于将多个物理读写器，或者读写器的多条天线映射成为一个逻辑读写器。一个逻辑读写器代表了一个有具体含义的数据采集点（如 5 号货架），而不管该采集点在物理上由多少个读写器和天线组成。它屏蔽了数据采集点的具体实现方式，减少了数据过滤等上层模块与下层数据采集部分的软件耦合度。对于上层模块来说，可见的只有逻辑读写器，所以逻辑读写器映射模块对 RFID 数据有初步过滤的功能。

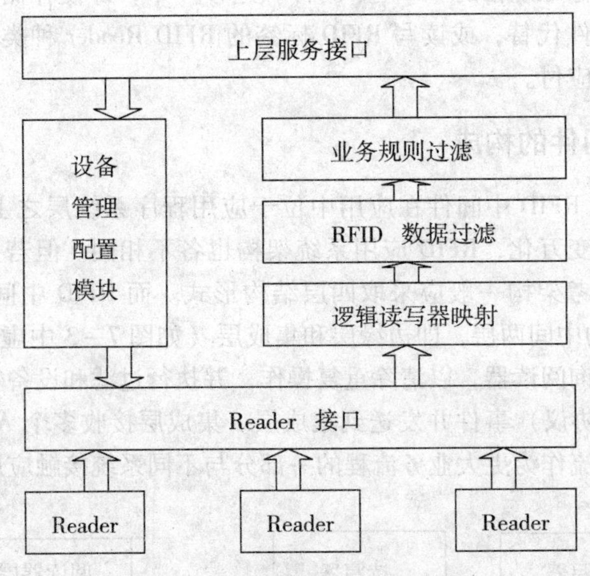

图 7－4 RFID 中间件基本模块

RFID 数据过滤与业务规则过滤，这两个部分统称为 RFID 中间件数据过滤模块，分别在两个层次上对 RFID 数据进行过滤。前者对硬件上报的海量 RFID 数据进行去冗余化等处理，是公认的 RFID 中间件核心功能之一。后者则在具体业务规则的基础上对过滤后的 RFID 数据进行进一步组装，使其成为符合上层软件要求的、带有商业含义的事件数据，使抽象的 RFID 数据拥有了丰富的现实含义。

上层服务接口将经过过滤和组装的 RFID 数据向上层应用软件发送，以实现更为丰富和贴近现实的功能。

7.1.5 RFID 中间件的特点

RFID 中间件是一种消息导向的软件中间件。信息是以消息的形式从一个程序模块传递到另一个或多个程序模块。消息可以以非同步的方式传送，所以传送者不必等待回应。RFID 中间件在原有的企业应用中间件发展的基础之上，结合自身应用特性进一步扩展并深化了企业应用中间件在企业中的应用。其主要特点是：

①独立性，RFID 中间件独立并介于 RFID 读写器与后端应用程序之间，不依赖于某个 RFID 系统和应用系统，并且能够与多个 RFID 读写器以及多个后端应用程序连接，以减轻架构及其维护的复杂性。

②数据流，它是 RFID 中间件最重要的组成部分，它的主要任务在于将实体对象格式转换为信息环境下的虚拟对象，因此数据处理是 RFID 最重要的功能。RFID 中间件具有数据的采集、过滤、整合与传递等特性，以便将正确的对象信息传到企业后端的应用系统。

③处理流，RFID 中间件是一个消息中间件，功能是提供顺序的消息流，具有数据流设计与管理的能力。在系统中需要维护数据的传输路径，数据路由和数据分发规则。同时在数据传输中对数据的安全性进行管理，包括数据的一致性，保证接收方收到的数据和发送方一致。同时还要保证数据传输中的安全性。

7.2 RFID 中间件功能及实现原理

7.2.1 RFID 中间件的主要功能

RFID 中间件 3 个主要的功能：

1. 屏蔽读写器的接口差异

传统的读写器厂商都通过提供一套驱动程序来实现应用层软件对设备的控制，这些驱动程序提供了相同的设备访问功能，但各厂商之间却拥有互不相容的控制模块、命令参数甚至是支持不同空口协议。而且当厂商的驱动程序更新时，相对上层的应用软件也不得不随着相应 API 的改变而改变，尤其是当使用者同时使用了大量不同厂商的设备时，整体的维护成本也随之增加。RFID 中间件屏蔽了读写器接口和驱动的细节，向应用系统提供了标准的 ALE 报告接口，使应用系统不必关心各个物理设备的具体接口和驱动，而是集中精力关注应用业务逻辑的实现。

2. 标签的过滤

在 RFID 网络中，存在大量的读写器和标签。对于一个特定的应用系统，它只会关注与其业务相关的读写器清点的标签。RFID 中间件可以根据应用系统设置的 ALE 规则，过滤掉应用系统不关注的标签信息，大大减轻应用系统对标签信息的处理量，提高应用系统的处理效率。

3. 标签的聚集

提到标签的聚集，首先要说明逻辑读写器的概念。逻辑读写器可以包含一个或多个物理读写器，或者一个或多个物理读写器的天线。应用系统可以通过定义逻辑读写器，使RFID中间件按其需要的方式，对RFID标签进行聚集和分组。例如，某个门禁系统，在大门入口包含两个物理阅读器的天线，应用系统可以将这两个天线定义为一个名叫“大门入口”的逻辑读写器。RFID中间件在上报标签信息的时候，可以将两个天线清点的标签聚集在“大门入口”逻辑阅读器的分组中，方便应用系统对标签信息进行处理。

一言蔽之，中间件的功能就是接受应用系统的请求，对指定的一个或者多个阅读器发起操作命令如标签清点、标签标识数据写入、标签用户数据区读写、标签数据加锁、标签杀死等，并接收、处理、向后台应用系统上报结果数据。

其中，标签清点是最为基本，也是应用最为广泛的功能。

7.2.2 标签清点的工作流程

标签清点的工作流程可简单描述为：

应用系统以规则的形式定义对标签数据的需求，规则由应用系统向中间件提出，由中间件维护。规则中定义了：需要哪些阅读器的清点数据，标签数据上报周期（事件周期）的开始和结束条件，标签数据如何过滤，标签数据如何分组，上报数据为原始清点数据、新增标签数据还是新减标签数据，标签数据包含哪些原始数据等。

应用系统指定某项规则，向中间件提出对标签数据的预订。

中间件根据应用系统对标签数据的预订情况，适时启动事件周期，并向阅读器下发标签清点命令。

阅读器将一定时间周期（读取周期）中清点到的数据，发送给中间件。读取周期可由中间件与阅读器制定私下协商确定。

中间件接收由阅读器上报的数据。

中间件根据规则的定义，对接收数据做过滤、分组、累加等操作，并在事件周期结束时，按照规则的要求生成数据结果报告，发送给规则的预订者。过滤过程可去除重复数据、应用系统不感兴趣的数据，大大降低了组件间的传输数据量。此流程可参见图7-5。

此处，需要说明一下逻辑阅读器的概念。中间件将事件源抽象为一个逻辑概念——逻辑阅读器，一个逻辑阅读器可以包含多个物理阅读，甚至可更细化为包含多个物理阅读器的多个天线。

逻辑阅读器的划分可以根据实际的系统部署情况来确定，比如，某一个仓库两个出口部署了4个阅读器，可根据需要将这4个阅读器配置成为一个逻辑阅读器，不妨命名为“仓库出口”。应用系统在需要仓库出口的标签数据时，可基于这个逻辑阅读器下发清点命令，而逻辑阅读器名称作为部分应用程序接口（API）调用的参数。

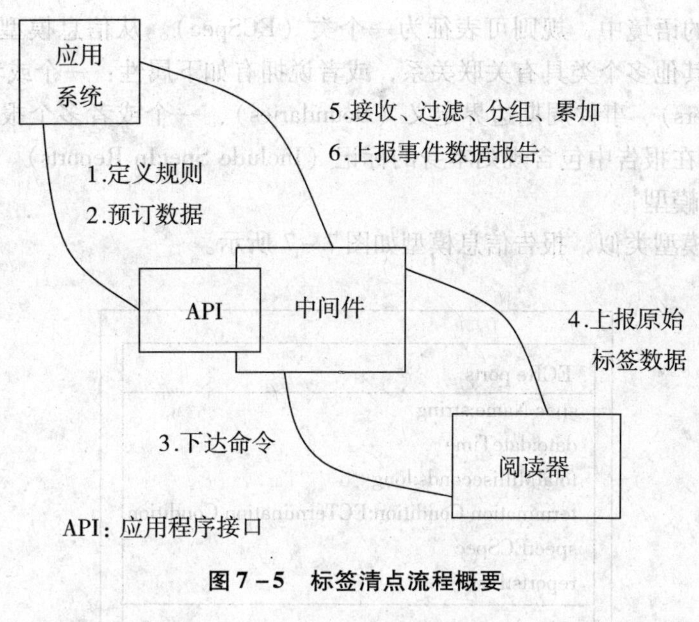

图 7－5　标签清点流程概要

7.2.3　标签清点的实现原理

如前所述，规则是整个中间件功能的关键元素。规则相当于应用系统发给中间件的订货单，定义了对货品（标签数据）的时间（事件周期）和规格（如何过滤、如何分组、报告样式等）的要求，原理描述部分参考 EPC global 相关内容。

规则、报告有自身的信息模型，表征其承载的信息，同时，规则拥有其自身的状态机模型。在接受应用系统的长期预订、单次预订时，这些预订操作会激发规则的状态变迁，如从"未被请求"状态跃迁到"已被请求"状态。

规则由应用系统通过 API 定义。

1. 规则信息模型

规则信息模型的描述采用了统一建模语言（UML），如图 7－6 所示。

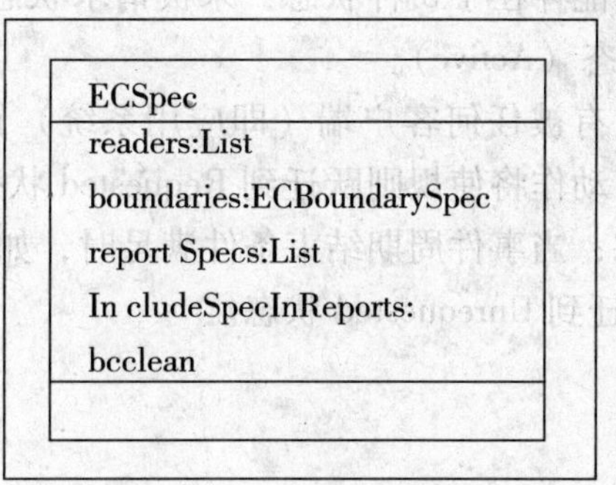

图 7－6　规则信息模型

在面向对象的语境中，规则可表征为一个类（ECSpec）。从信息模型描述中可看出，一个规则类，与其他多个类具有关联关系，或者说拥有如下属性：一个或者多个逻辑阅读器的列表（Readers）、事件周期边界定义（Boundaries）、一个或者多个报告的定义（ReportSpecs）、是否在报告中包含规则本身的标记（Include SpecIn Reports）。

2. 报告信息模型

与规则信息模型类似，报告信息模型如图 7－7 所示。

ECRe ports
spec Name:string date:dateTime totalMilliseconds:long termination Condition:ECTermination Condition spec:ECSpec reports:List

图 7－7　报告信息模型

其中，事件报告组类（ECReports）拥有如下属性：规则名称（Spec Name）、事件上报时间（Date）、事件周期时长（TotalMilliseconds）、事件周期结束条件（Termination Condition）、规则定义类实例（Spec）、一个或者多个报告类的实例列表（Reports）。

报告类（ECReport）中包含了具体的标签数据信息。

3. 标签清点 API

应用系统下发的定义规则、预订数据等请求，以调用中间件提供的 API 的方式完成。API 调用过程可采用 Java RMI、SOAP 等相关具体技术实现。

4. 规则状态机模型

规则从其定义开始，可能存在于 3 种状态：未被请求状态（Unrequested）、已被请求状态（Requested）、激活状态（Active）。

当规则创建之后，还没有被任何客户端（即应用系统）预订，规则处于 Unrequested 状态；对规则的第一个预订动作将使规则跃迁到 Requested 状态；当事件周期开始条件满足时，规则进入 Active 状态；当事件周期结束条件满足时，如果规则存在预订者，则跃迁到 Requested 状态，否则跃迁到 Unrequested 状态。

7.3 RFID 中间件系统架构

7.3.1 体系架构要素

中间件系统作为一个软件系统（或称组件），在实现一定功能、性能要求之外，可理解性、可扩展性、可修改性（或称可重构性）、可插入性、可重用性等质量属性都将作为软件设计的要求被提出来。

近十余年来，面向对象思想几乎全面占领软件设计领域，成为最主流的分析、设计方法。而近年来，对设计模式的研究也已日臻完善，模式几乎已成为一种“更高级编程语言”（相比于 Java、C ++ 等高级编程语言）被广泛应用。

面向对象思想、设计模式都是以实现软件的可理解、可扩展、可修改、可插入、可重用等目标为己任的，本文也将应用面向对象思想、参考模式语言，对中间件的软件架构作一个初步的探讨，下文的例子如涉及高级编程语言，均采用 Java 语言。

1. 封装、隔离处理流程中的各个节点

将中间件的业务流程中的各个节点分作不同模块处理，可以获得封装、高内聚、低耦合等优势，参见图 7 - 8。

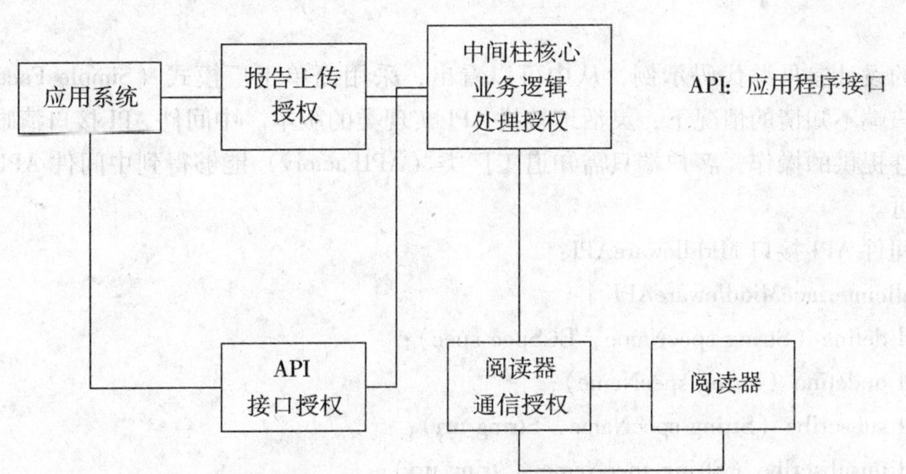

图 7 - 8　中间件系统模块划分

其中，报告上传模块，负责实现不同类型的报告上传方式，如 HTTP、JMS 等；API 接口模块，负责隔离应用系统和中间件核心业务逻辑处理模块，向应用系统提供中间件 API 接口；中间件核心业务逻辑处理模块，负责中间件核心业务，包括数据接收过滤、数据分组、报告生成、规则对象的状态跳转等；阅读器通信模块，负责中间件系统与阅读器的通信。

2. 门面模式、工厂模式对外部暴露 API 接口

为了避免后台应用系统，即中间件的客户端过分耦合，采用门面模式（Facade）对系统内部、外部实现清晰的隔离。处理流程可参见图 7 - 9 所示的序列图。客户端仅仅与 Facade 类建立联系，如果 Facade 接口定义得足够清晰，客户端可以对中间件的内部实现一无所知，这体现了面向对象中的封装性。

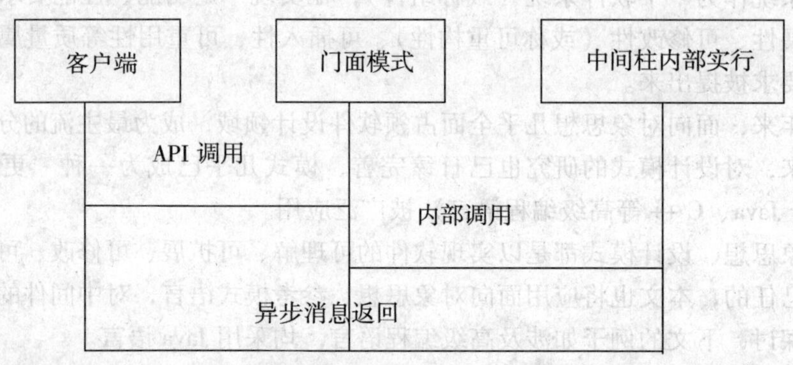

API：应用程序接口

图 7 - 9 客户端调用 API 序列

类的设计参见源代码示例，从中可以看出，采用简单工厂模式（Simple Factory）能够在客户端不知情的情况下，灵活地替换 API 实现类的版本。中间件 API 接口清晰地定义了中间件提供的操作，客户端只需知道工厂类（APIFactory）能够得到中间件 API 接口的实例即可。

中间件 API 接口 MiddlewareAPI：

```
publicinterfaceMiddlewareAPI {
void define (String specName, ECSpec spec);
void undefine (String specName);
void subscribe (String specName, String uri);
void unsubscribe (String specName, String uri);
EPCReports poll (String specName);
EPCReports immediate (ECSpec spec);
}
```

工厂类 APIFactory：

```
publicclassAPIFactory {
publicstaticMiddlewareAPIgetAPIInstance () {
```

```
}
}
```

API 的实现类 A：

```
publicclassClient {
publicstaticvoidmain (String [ ] args) {
MiddlewareAPI api = APIFactory. getAPIInstance ( );
api. define (" a new spec", new EPCSpec ( ));
}
}
```

3. 状态模式模拟规则的状态机

规则在其生命周期中拥有不同的状态，在每个状态对一系列操作都有着不同的表现，于是可以利用状态模式（state）来模拟规则的状态机，将不同状态的不同表现作为可变化因素封装起来，参见代码示例。

规则状态接口 ECState：

```
publicinterfaceECState {
voidsubscribe (StringspecName, String uri);
voidunsubscribe (StringspecName, String uri);
P >      EPCReportspoll (StringspecName);
}
```

未被请求状态类 ECStateUnrequested：

```
publicclassECStateUnrequestedimplements ECState {
}
```

已被请求状态类 ECStateRequested：

```
publicclassECStateRrequestedimplements ECState {
}
```

激活状态类 ECStateActive：

```
publicclassECStateActiveimplements ECState {
}
```

规则类 ECSpec：

```
publicclassECSpec {
privateECStatestate;
publicECStategetState ( ) {
return state;
}
publicvoidsetState (ECStatestate) {
this. state = state;
```

```
}
}
```

这样，在针对规则实施相应操作的时候，就可以直接把相应操作委派给其状态属性（ECState）去做即可。比如，ECSpec 的 subscribe 操作，只需一行代码“state. suscribe (specName，uri)；”即可。其中，specName、uri 为临时变量，具体取值在方法调用之前确定。

由面向对象的多态性特征，根据 State 字段目前所指向的对象来动态确定由 ECState 接口的哪一个具体的实现类的代码来完成工作。ECState 接口的实现类根据实际情况确定是否需要在处理过程中修改 ECSpec 对象的状态属性（State），此处在应用状态模式时，需要设计多个定时器类来辅助状态机的跳转。

4. 策略模式切换多种报告上传、命令下发方式

事件周期结束之后，中间件需要组装报告上传给规则的预订者，即应用系统。上传的方式有多种，如 HTTP、Socket、JMS 等。中间件的核心逻辑处理模块不应该关心具体的上传技术，相应工作应交给报告上传模块来做，核心逻辑处理模块只须完成自己的工作，然后把一定格式的数据通过报告上传模块发送，参见代码示例。

报告发送接口 ReportSender：

```
publicinterfaceReportSender {
voidsendReport (ECReportsreports);
}
```

通过 Http 方式发送报告的 ReportSender 接口实现类 ReportSenderByHttp：

```
publicclassReportSenderByHttpimplements ReportSender {
public void sendReport (ECReports reports) {
}
}
```

通过 Socket 方式发送报告的 ReportSender 接口实现类 ReportSenderBySocket：

```
publicclassReportSenderBySocketimplements ReportSender {
publicvoidsendReport (ECReportsreports) {
}
}
```

通过 JMS 方式发送报告的 ReportSender 接口实现类 ReportSenderByJms：

```
publicclassReportSenderByJmsimplements ReportSender {
publicvoidsendReport (ECReportsreports) {
}
}
```

报告发送示例客户端类

SendReportWorker：

```
publicclassSendReportWorker {
privateReportSendersender;
privateECReportsreports;
publicvoidsetReports (ECReportsreports) {
this. reports = reports;
}
publicstaticvoidmain (String [ ] args) {
SendReportWorker worker = new
SendReportWorker ();
worker. sender. sendReport (reports);
}
publicvoidsetSender (ReportSendersender) {
this. sender = sender;
}
}
```

这样，发送消息的工人类可通过设置 ReportSender 的实例来灵活设置其发送方式。

同样，中间件的清点命令下发，即中间件与阅读器之间的接口，也存在多种方式，如 Socket、SOAP 等，也可采用类似的设计。

5. 观察者模式处理上报消息

阅读器的消息上报转换为消息对象，对消息对象的接收、分发可采用经典的观察者模式实现。

7.3.2 典型 RFID 中间件体系架构

1. IBM 的 RFID 中间件产品架构

IBM 的 RFID 中间件产品提供了一套完整的端到端的电子商务解决方案。它通过一个集成电子商务平台帮助企业进行数据管理和传送，以提升企业的 RFID 应用系统的效能。其产品主要分为 IBM Web Sphere RFID Device Infrastructure 和 Premises Server 两个部分。下面从 3 个方面进行分析。

(1) 架构层及功能

IBM 公司提出了解决 RFID 应用系统的逻辑域模型（如图 7 - 10 所示）。该模型分为 6 个域：标签对象域、天线阅读域、边缘域、集成域、业务流程整合域、企业与商业应用域。

由图 7 - 10 可看出，Device Infrastructure 和 Premises Server 所分别归属的边缘域和集成域，也就是 RFID 应用系统架构中的边缘层和集成层。边缘域处于最前端，是连接物理世界和逻辑世界的桥梁。集成域处于中部，是连接边缘域和业务流程整合域的桥梁。其功能同边缘层和集成层。

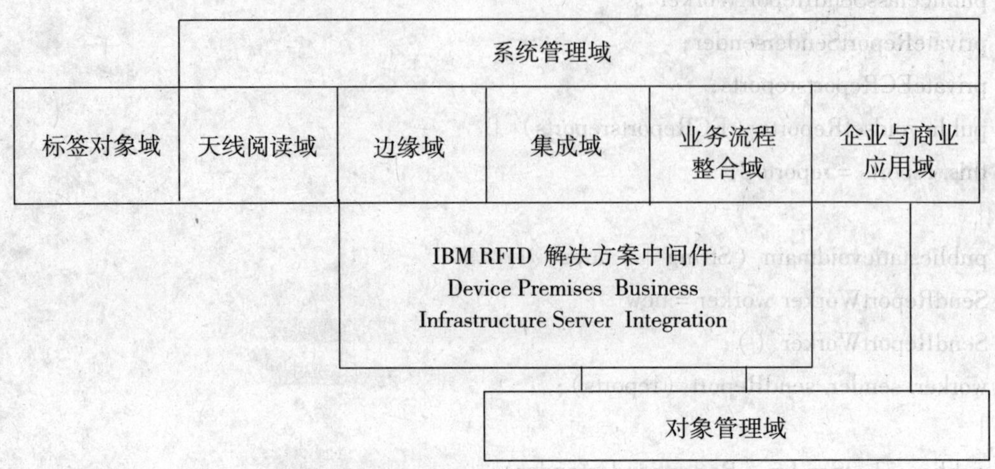

图 7－10 IBM RFID 应用系统逻辑域模型

（2）架构体系

IBM 的 RFID 中间件产品的架构体系如图 7－11 所示。由图 7－11 中可知：

① Device Infrastructure 产品的架构体系包含：设备适配器模块、代理服务器模块、控制触发器模块、Web Sphere Micro Bioker 通信模块、MB Bridge 模块。

② Premises Server 产品的架构体系包含：MB Bridge 模块、事件路由模块、消息驱动模块、会话实体模块、网络服务器模块、JSPs 服务器模块。

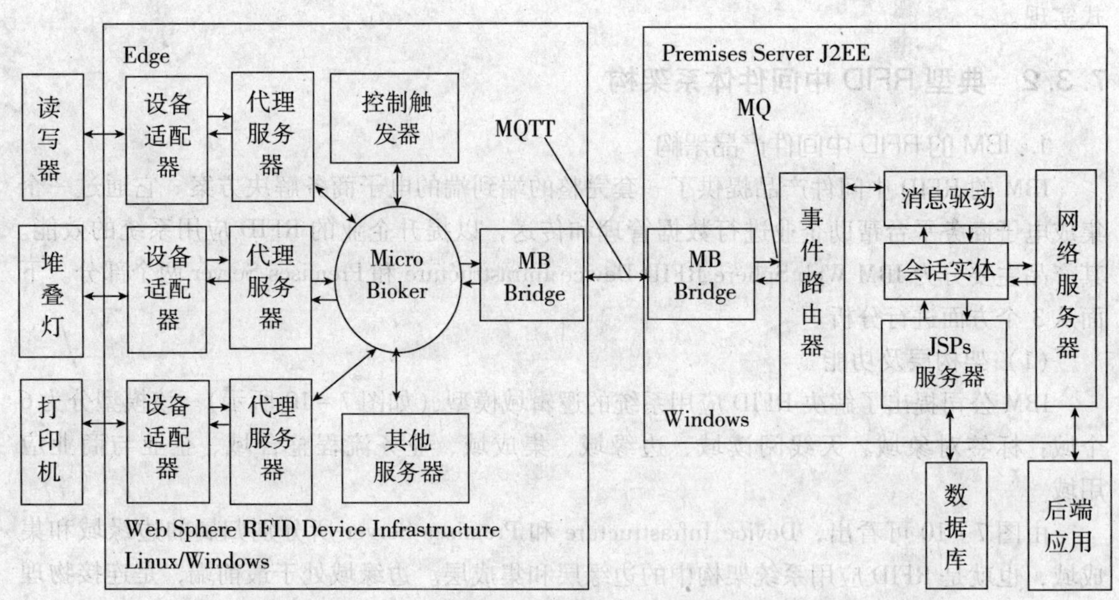

图 7－11 IBM RFID 中间件产品架构体系

（3）数据流程

① 数据流的上传：事件（数据流）从 RFID 读写器、堆叠灯等硬件设备中流入设备适配器模块，设备适配器模块与代理服务器模块交互信息。之后经 WebSphere Micro Bioker 通信模块将事件传递给控制触发器模块，控制触发器模块对事件分析过滤，将有用的事件再经过 WebSphere Micro Bioker 通信模块、MB Bridge 模块发送到前置服务器（Premises Server）软件系统。前置服务器软件系统基于 J2EE 标准环境，由 MB Bridge 模块通过 MQTT、MQ 等形式将事件传递给事件路由模块。而后事件路由模块把每一事件以任务的形式发送给消息驱动模块，经消息驱动模块认证后流入会话实体模块，最后发送给网络服务器模块。进而流入应用层为用户所用。与此同时，经过认证筛选后的有用事件将通过 JSPs 服务器模块存入数据库之中。

② 数据流的下传：即控制信息的传送，是数据流上传的逆过程。

2. BEA 的 RFID 中间件产品架构

BEA 的 RFID 中间件产品是一个端到端的基于标准的 RFID 基础架构平台，能自动运行具有 RFID 功能的业务流程。其产品包括数据采集中间件（BEA WebLogic RFID Edge Server）、强制供货功能软件（BEA WebLogic RFID Compliance Express）、数据管理中间件（BEA WebLogic RFID Enterprise Server）三个部分。而数据采集中间件是 BEA 公司主要的 RFID 中间件产品，本文重点对其架构进行分析。

（1）所属架构层及功能

数据采集中间件属于 RFID 中间件总架构中的边缘层范围。该产品不仅具备边缘层的所有功能，还为用户提供了广泛的设备支持、数据筛选和汇总、RFID 基础架构监控和管理的功能，以及将数据与现有平台的无缝集成功能。

（2）架构体系

图 7－12 给出了数据采集中间件软件的架构体系。中间部分即为其内部体系结构。其体系包括边缘服务器运行包和软件控制平台两部分。其中：

① 边缘服务器运行包功能模块包括：网络连接模块、边缘流管理模块、ALE 事件过滤引擎模块、设备管理模块、远程管理模块。

② 软件控制平台功能模块包括：配置模块、监测模块、开发工具包。

（3）数据流程

① 数据流的上传：RFID 事件（数据流）首先流入设备管理模块。由设备管理模块确认硬件连接的正确性后，向下传递事件流。而后事件过滤模块将会对事件进行过滤，消除设备提供的冗余数据，并进行简单的数据和业务逻辑处理。边缘流管理模块将对事件进行最后的处理，通过过滤、筛选，从中提取出用户有价值的事件。有价值的事件将被网络连接模块通过网络传入用户或企业应用层设备，以供应用程序软件管理使用。在数据进行传输时，远程管理模块可通过调用应用层设备的信息和规则对事件流进行管理和简单的编辑。软件控制平台中的配置模块、监测模块也可以提供对设备进行有效配置和随时监测的功能，开发工具包还可以方便用户或企业管理人员利用数据信息进行系统的编程开发操

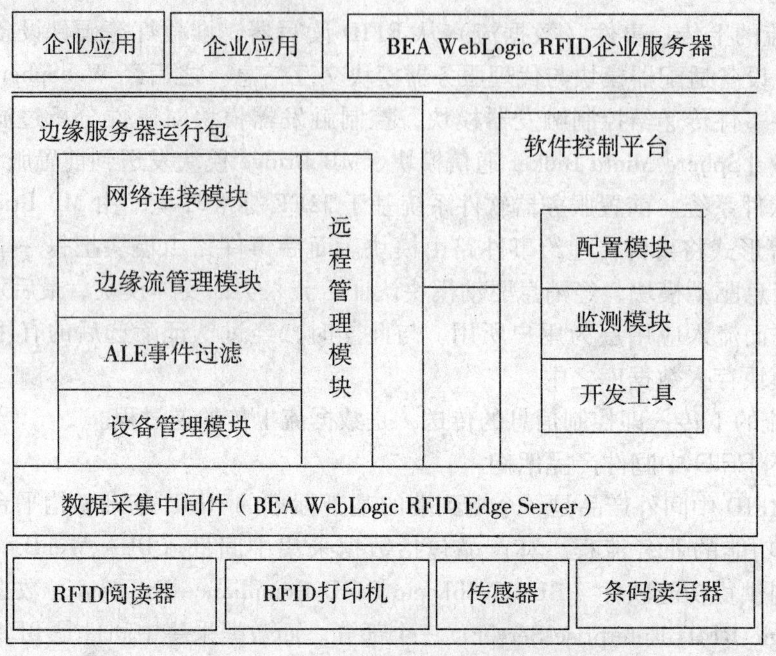

图 7－12　BEA WebLogic RFID Edge Server 软件架构体系

作。这样数据流信息的上传操作实施完毕。

② 数据流的下传：是数据流上传的逆过程。

3. 对比分析

由架构体系来看，IBM 和 BEA 的 RFID 中间件产品在实现功能和方法上既有相同点又有不同点。

（1）相同点：从总架构层次看，均是在边缘层和集成层两个层面上进行的产品技术开发。

（2）不同点：

①IBM 的是一个整体配套的系统平台，偏重的是产品功能的一体性。

②BEA 的是一个组合的整体系统平台，偏重的是产品应用的灵活性。

7.4　RFID 物联网中间件的关键技术

根据 RFID 权威研究机构 Auto－ID 实验室对其 EPC 物联网 Savant 中间件的定义，以及后来由 EPC global 提出的 EPC 应用层事件规范和低层读写器接口协议，一个最基本的 RFID 中间件应该包含如下几个功能模块：Reader 接口模块、逻辑驱动器映射模块、RFID 数据过滤模块、业务规则过滤模块、设备管理与配置模块、上层服务接口模块。

RFID 中间件在物联网中处于读写器和企业应用程序之间，相当于该网络的“神经系统”。Savant 系统采用分布式的结构，以层次化进行组织、管理数据流，具有数据的收集、过滤、整合与传递等功能，因此能将有用的信息传送到企业后端的应用系统或者其他 Savant 系统中。

各个 Savant 系统分布在供应链的各个层次节点上，如生产车间、仓库、配送中心以及零售店，甚至在运输工具上。每一个层次上的 Savant 系统都将收集、存储和处理信息，并与其他的 Savant 系统进行交流。例如，一个运行在商店的 Savant 系统可能要通知分销中心还需要其他的产品，在分销中心的 Savant 系统则通知一批货物已经于一个具体的时间出货了。

由于读写器异常或者标签之间的相互干扰，有时采集到的 EPC 数据可能是不完整的或是错误的，甚至出现漏读的情况。因此，Savant 系统要对 Reader 读取到的 EPC 数据流进行平滑处理，平滑处理可以清除其不完整和错误的数据，将漏读的可能性降至最低。

读写器可以标识读写范围内的所有标签，但是不对数据进行处理。RFID 设备读取的数据并不一定只由某一个应用程序来使用，它可能被多个应用程序使用（包括企业内部各个应用系统甚至是企业商业伙伴的应用系统），每个应用系统还可能需要许多数据的不同集合。因此，Savant 系统需要对数据进行相应的处理（如冗余数据过滤、数据聚合）。在研究 RFID 中间件中需要解决的问题很多，在这里主要讨论 3 个关键问题：数据过滤、数据聚合和信息传递。

7.4.1 数据过滤

Savant 系统接收来自读写器的海量 EPC 数据，这些数据存在大量的冗余信息，并且也存在一些错读的信息。所以要对数据进行过滤，消除冗余数据，并且过滤掉“无用”信息以便传送给应用程序或上级 Savant 以“有用”信息。

冗余数据包括：

①在短期内同一台读写器对同一个数据进行重复上报。如在仓储管理中，对固定不动的货物重复上报，在进货、出货的过程中，重复检测到相同物品。

②多台临近的读写器对相同数据都进行上报。读写器存在一定的漏检率，这和阅读器天线的摆放位置、物品离阅读器远近、物品的质地都有关系。通常为了保证读取率，可能会在同一个地方相邻摆放多台阅读器。这样多台读写器将监测到的物品上报时，可能会出现重复。除了上面的问题外，很多情况下用户可能还希望得到某些特定货物的信息、新出现的货物信息、消失的货物信息或者只是某些地方的读写器读到的货物信息。用户在使用数据时，希望最小化冗余，尽量得到靠近需求的准确数据，这就要靠 Savant 系统来解决。

对于冗余信息的解决办法是设置各种过滤器处理。可用的过滤器有很多种，典型的过滤器有 4 种：产品过滤器、时间过滤器、EPC 码过滤器和平滑过滤器。产品过滤器只发送与某一产品或制造商相关的产品信息，也就是说，过滤器只发送某一范围或方式的 EPC 数据。时间过滤器可以根据时间记录来过滤事件，例如，一个时间过滤器可能只发送最近

10min 内的事件。EPC 码过滤器可以只发送符合某个规则的 EPC 码。平滑过滤器负责处理那些出错的情况，包括漏读和读错。根据实际需要过滤器可以像拼装玩具一样被一个接一个地拼接起来，以获得期望的事件。例如，1 个平滑过滤器可以和 1 个产品过滤器结合，将反盗窃应用程序感兴趣的事件分离出来。

7.4.2 数据聚合

从读写器接收的原始 RFID 数据流都是些简单零散的单一信息，为了给应用程序或者其他的 RFID 中间件提供有意义的信息，需要对 RFID 数据进行聚合处理，可以采用复杂事件处理 CEP 技术来对 RFID 数据进行处理以得到有意义的事件信息。复杂事件处理是一个新兴的技术领域，用于处理大量的简单事件，并从其中整理出有价值的事件，可帮助人们通过分析诸如此类的简单事件，并通过推断得出复杂事件，把简单事件转化为有价值的事件，从中获取可操作的信息。

7.4.3 信息传递

经过过滤和聚合处理后的 RFID 数据需要传递给那些对它感兴趣的实体，如企业应用程序、EPC 信息服务系统或者其他 RFID 中间件，这里采用消息服务机制来传递 RFID 信息 RFID 中间件是一种面向消息的中间件（MOM），信息以消息的形式从一个程序传送到另一个或多个程序，信息可以以异步的方式传送，所以传送者不必等待回应，面向消息的中间件包含的功能不仅是传递信息，还必须包括解释数据、安全性、数据广播、错误恢复、定位网络资源、找出符合成本的路径、消息与要求的优先次序以及延伸的除错工具等服务。

通过 J2EE 平台中的 Java 消息服务（JMS）实现 RFID 中间件与企业应用程序或者其他 Savant 系统的消息传递结构。这里采用 JMS 的发布订阅模式，RFID 中间件发布给一个主题发布消息，企业应用程序和其他一个或者多个 Savant 系统都可以订购该主题信息，其中消息是物联网的专用语言——物理标示语言 PML 格式。这样一来，即时存储 RFID 标签信息的数据库软件或增加 RFID 读写器种类等情况发生，应用端都不需要修改也能进行数据的处理，省去了多对多连接的维护复杂性的问题。

7.4.4 基于 SOA 的 RFID 中间件解决方案

1. 面向服务的体系结构 SOA

面向服务的体系结构是一种技术架构风格，它代表了一种开放的、敏捷的、可扩展的、可组合的架构，定义了服务提供者和消费者之间的松散耦合关系。其业务敏捷的特点，帮助企业把业务变得更加灵活，能够适时、快速地响应变化。SOA 的核心概念就是服务，其基本结构如图 7-13 所示。其中包含服务的 3 个基本角色：服务提供者、服务请求者和服务注册。在这些角色之间使用了 3 种操作：服务发布、服务发现和服务绑定。作为 SOA 的一种实现技术，Web Services 提供了基于 XML 的标准接口，具有完好的封装性、松散的耦合性、协议规范的标准性以及高度的可集成性等特点，能够良好地满足 SOA 应用模式的需求。

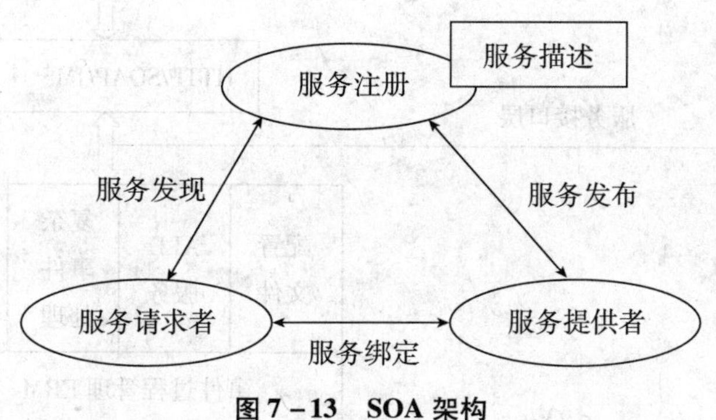

图 7－13　SOA 架构

2. 基于 SOA 的 RFID 中间件架构

利用 SOA 松耦合、面向业务的特点，结合 RFID 中间件实现的应用系统集成的方案可提供丰富的接口，能够帮助实现对 RFID 设备的管理以及对数据的处理，简化了对底层设备应用的支持，避免了对底层设备的低级别接口的处理。利用 Web Service 技术实现 RFID 中间件与企业系统的集成，完成两者的松耦合集成。

基于 SOA 的 RFID 中间件架构，其基础架构层分为设备管理层、事件处理层和服务接口层，并通过 Web Service 技术包装了每一层相应的功能，且进行了具体实现。本文重点介绍该 RFID 中间件架构中的基础架构的 3 个功能层。这 3 个层次有着明确的功能划分和层间的交互接口。RFID 中间件架构如图 7－14 所示。

中间件设计包括 RFID 设备管理组件和事件过程管理组件。RFID 设备管理组件是分布式的代理，负责第 1 级的事件过滤；设备管理包括设备询问器，对每一个阅读器和传感器设备，代理必须互相作用。过程管理组件是通过 RFID 事件下一级的过滤，把事件放置到交易环境中，然后发布应用层事件 ALE（Application Layer Event）。

3. 设备管理层

设备管理层位于架构的最底层，直接与阅读器交互，实现的主要功能包括：

①采集射频卡上的数据。

②对于来自不同类型的阅读器的数据进行适配处理，得到统一的、格式化的数据，并进行数据校验。

③将校验无误的数据按照用户定义的协议进行封包，并将消息包发送到事件处理层的消息系统。

依据其实现的功能，分别针对射频卡阅读器模块、阅读器接口、数据校验和数据打包 4 个方面进行研究和开发。阅读器模块是根据硬件供应商提供的规范进行编码实现的；阅读器接口主要解决将来自协议格式的数据转化为系统所需要的 EPC 码；数据校验采用 CRC 校验；数据打包先依据获取的卡片编码中“数据分类”内容，判断出该标签数据属

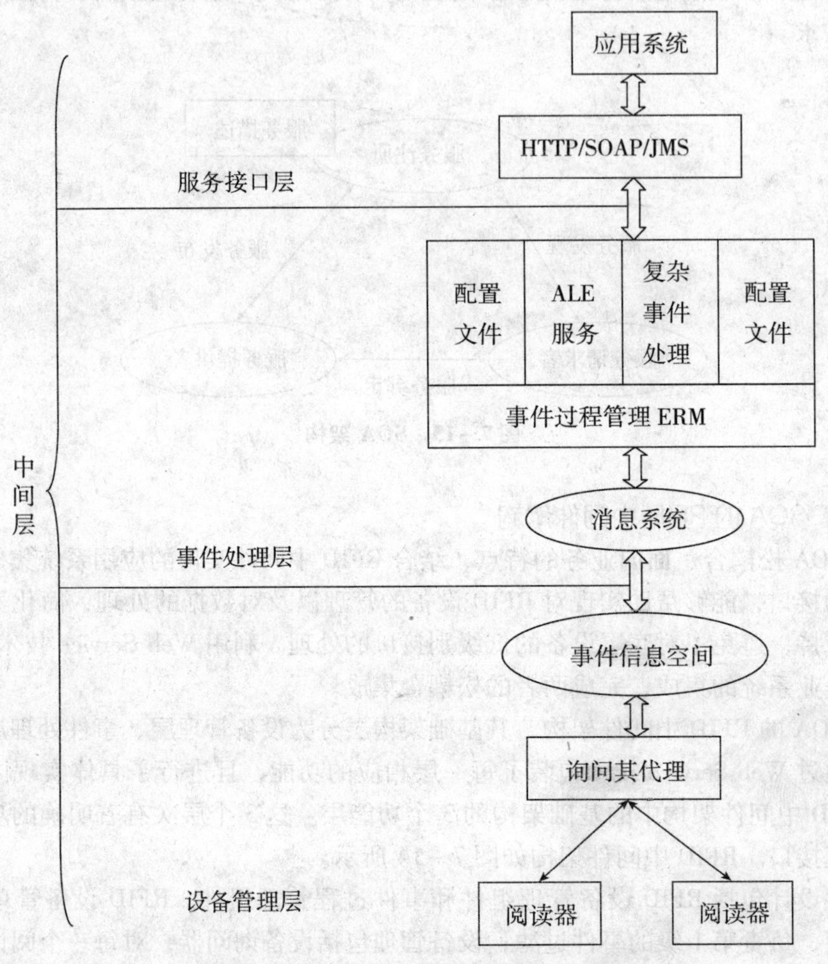

图 7－14　基于 SOA 的 RFID 中间件架构

于哪种类型，然后按照这种数据类型将标签数据封装成相应的消息包。

由于每个 ALE 阅读器事件流可能来自多个物理设备配置表，因此设备管理器为每个设备表创建 1 个询问器，并通知询问器哪种传感器被绑定到指定的阅读器上。询问器发送传感器事件流到设备管理器，设备管理器将 1 个或多个传感器事件流构造成阅读器事件。设备管理器把初步处理的阅读器事件发送到 ALE 服务器。

询问器代理：1 个设备管理器的配置由它管理的设备和它要咨询的询问器组成，然后与它所对应的设备管理器交互。每个设备概要表由物理设备属性和询问器配置组成。物理设备属性是被命名过的传感器（如天线和 1 个金属传感器）。

事件信息空间：事件信息空间类似于公共的容错事件信息经纪人。它支持异步接收来自设备管理器的事件、ALE 事件以及其他来自事件过程管理的配置需求。事件信息空间同时提供一个存储转发机制，确保重要的事件在中断的网络或其他组件失效的情况下不丢失。

在系统中，将每个阅读器模块的远程方法调用封装为 1 个管理组件（MBean）作为 JMX 服务器的实例注册到 JMX 服务器中。通过 JMX 框架对阅读器进行监控和管理，使 RFID 中间件系统能提供管理、监控阅读器的功能。本部分描述为阅读器管理组件添加时间服务，以达到定时控制阅读器的目的。

4. 事件处理层

在 RFID 系统中，一方面是各种应用程序以不同的方式频繁地从 RFID 系统中取得数据；另一方面却是有限的网络带宽，其存在的矛盾，使其有必要设计 1 套消息传递系统，使设备管理层产生的事件能够传递到消息系统中，由事件管理过程进行处理，然后把数据传递到相关的应用系统。在这种模式下，阅读器不必关心哪个应用系统需要什么数据。同时，应用程序也不需要维护与各个阅读器之间的网络通道，仅需要将需求发送到消息系统中即可。由此，设计出的消息系统应具有 3 个功能：①数据缓存功能；②基于内容的路由功能；③数据分类存储功能。

下面描述创建一个 MBean 来实现一个数据处理节点。消息组件可以按照 MBean 来部署。消息处理组件执行功能：从源队列中获取消息，对消息执行处理，然后将结果消息放置到目标队列。消息处理 UML 如图 7－15 所示。

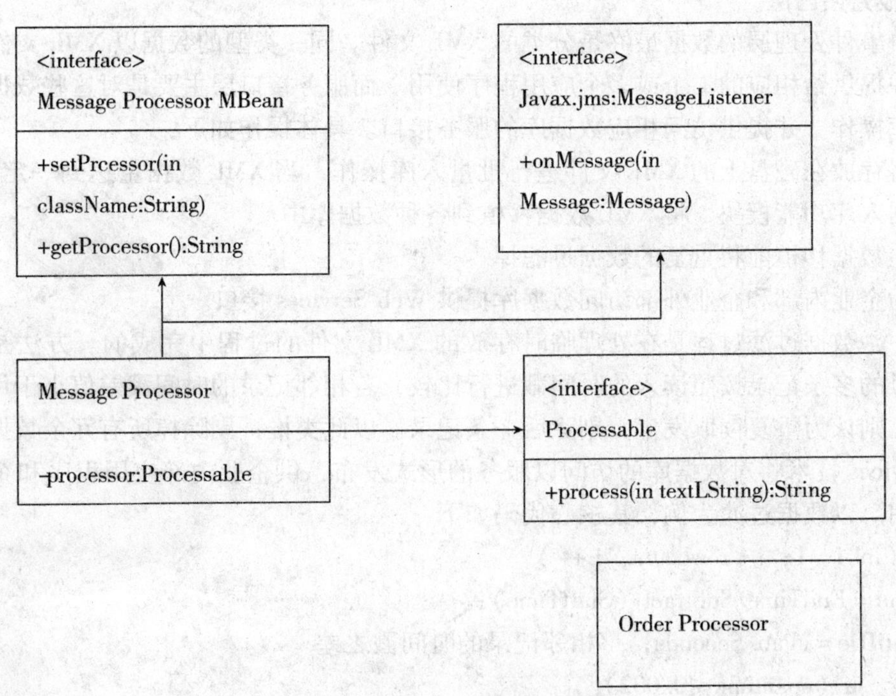

图 7－15　消息处理 UML

JBossMQ 是通过 XML 文件 jbossmq－destinations－service. xml 进行配置的。以下是获

得 JBOSS JNDI 初始化上下文（Context）的代码：

```
Hashtable props = newHashtable ( );
props. put (Context. INITIAL CONTEXT FACTORY," org. jnp. interfaces. NamingContext-Factory");
props. put (Context. PROVIDER URL, ip + ": 1099");
props. put (" java. naming. rmi. security. manager"," yes");
props. put (Context. URL PKG PREFIXES," org. jboss. naming");
Context context = new InitialContext (props);
```

来自消息系统的消息以临时 XML 文件的形式和磁盘文件方式保存，供数据接口使用。消息系统完成消息缓存、分类整合、路由转发、临时存放等操作。

事件过程管理 EPM（Event Process Managment）由 ALE 服务、配置管理、复杂事件过程以及交易规则执行组成，对 EVP 的访问能通过 HTTP、JMS 以及网络服务接口实现。

EPM 登记/订阅其感兴趣的事件，当在信息空间中有事件发生时，即会通知 EPM，一旦接收到这些事件，随后会应用复杂事件处理（过滤器），结合交易规则对这些事件进行处理。另一种情况下是：外部的客户端（如 EPC－IS）已经注册接收 ALE，这些过滤后的事件会被发送到 ALE 客户端指定的位置。

5. 服务接口层

来自事件处理层的数据最终是分类的 XML 文件。同一类型的数据以 XML 文件的形式保存，并提供给相应的 1 个或多个应用程序使用。而服务接口层主要是对这些数据进行过滤、入库操作，并提供访问相应数据库的服务接口。具体操作如下：

①将存放在磁盘上的 XML 文件进行批量入库操作，当 XML 数据量达到一定数量时，启动数据入库功能模块，将 XML 数据移植到各种数据库中。

②在数据移植前将重复的数据过滤掉。

③为企业内部和企业外部访问数据库提供 Web Services 接口。

其中，数据过滤过程是在处理临时存放的 XML 文件的过程中完成的。方法是：将同一个卡号的多条记录按照读入的时间戳进行比较，若相邻记录的时间戳差值小于用户定义的阈值，则认为重复读取发生，剔除后一条记录。以此类推，剔除掉所有冗余数据。利用 Web Services 技术将对数据库的访问以服务的形式发布，供企业内部应用程序和企业合作伙伴调用。以数据过滤为例，其核心代码如下：

```
for (int i = 1; i < rowcount; i ++)
{span = EndTime. Subtract (StartTime);
spantiIDe = sPan. Seconds; //相邻记录的时间戳之差
        if (spantime≤0. 002)
            {subtime [i] = i;}
                        //若相邻时间戳差值小于 2 ms,
                          //标记第 2 条记录为冗余数据
```

```
        else subtime [i]` =0;}
for (int j =1; j < rowcount; j ++)                    //删除冗余记录
    {if (subtime [j]. ToString ()! ="0")
            {ds. Tables [0]. Rows [j]. Delete (); j =j -1;
            rowcount = rowcount11;}
}
```

以下是服务接口层向应用系统发送 SOAP 响应，返回处理结果的部分代码。

```
<report xmlns ="" >
<process procInsID ="503" givenID ="231" givenName =
 "ShipOut" >
<event eventType ="report_ tag_ event" >
<header > Product Quantity Match Success
</header >
<status > success </status >
<tagList >
<tag ID =" 00110011" detectTime ="2008 -11 -01 T13:13:
 00.110 +08:00" />
</tagList >
```

6. RFID 中间件的实现及测试

RIFD 中间件系统开发工具采用 Eclipse3.2，应用服务器软件采用 JBOSS4.0，Web 容器为 Tomcat5.5。此外，服务器端采用了基于 Struts 的 MVC 多层次结构框架，数据服务层则采用 MySQL5.0 数据库。

实验中，终端通过 485 网络组网，应用系统使用的是仓库管理系统。仓库管理系统作为服务请求者，根据服务接口层公布的入库信息核对服务 WSDL，得到该服务的接口定义和服务端侦听地址，由入库管理模块通过服务代理接口向 Web 服务发送 SOAP 请求消息，请求入库信息核对服务，Web 服务平台收到该服务请求后，向 RFID 中间件发送消息，创建 1 个出库信息核对服务的实例，设备管理层根据服务请求参数，启动相应的 RFID 阅读器读取标签信息。然后将读取的标签信息经处理后打包传给事件处理层，根据服务请求的参数与捕获的标签信息进行核对处理，处理后向服务接口层返回核对数据正确或者错误的信息，如图 7 –16 所示。最后，服务接口层向仓库管理系统发送 SOAP 响应，返回处理结果。

实验表明，原来的应用系统仅仅支持 1 种固定卡型的阅读器，采用 RFID 中间件以后，可以在 1 个系统中采用各种卡型的阅读器，而上层程序不需要再进行修改，增加了系统的可扩展性和易维护性，节约了时间和成本。系统稳定性也有大的提高，有效解决了企业应用中所关心的问题。

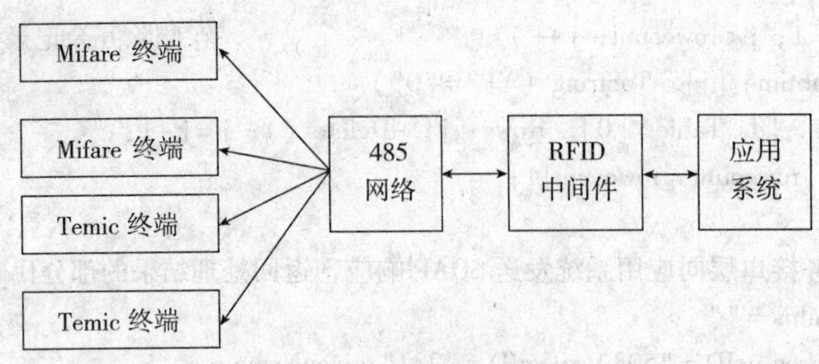

图 7-16　实验环境示意

7.5　RFID 中间件的发展

7.5.1　RFID 中间件的发展阶段

从发展趋势看，RFID 中间件可分为 3 大类：

1. 应用程序中间件（Application Middleware）发展阶段

RFID 初期的发展多以整合、串接 RFID 读写器为目的，本阶段多为 RFID 读写器厂商主动提供简单 API，以供企业将后端系统与 RFID 读写器串接。以整体发展架构来看，此时企业的导入须自行花费许多成本去处理前后端系统连接的问题，通常企业在本阶段会通过 Pilot Project 方式来评估成本效益与导入的关键议题。

2. 架构中间件（Infrastructure Middleware）发展阶段

本阶段是 RFID 中间件成长的关键阶段。由于 RFID 的强大应用，沃尔玛与美国国防部等关键使用者相继进行 RFID 技术的规划并进行导入的 Pilot Project，促使各国际大厂持续关注 RFID 相关市场的发展。本阶段 RFID 中间件的发展不但已经具备基本数据收集、过滤等功能，同时也满足企业多对多（Devices - to - Applications）的连接需求，并具备平台的管理与维护功能。

3. 解决方案中间件（Solution Middleware）发展阶段

未来在 RFID 标签、读写器与中间件发展成熟过程中，各厂商针对不同领域提出各项创新应用解决方案，例如，Manhattan Associates 提出"RFIDinaBox"，企业不需再为前端 RFID 硬件与后端应用系统的连接而烦恼，该公司与 Alien Technology Corp 在 RFID 硬件端合作，发展 Microsoft. Net 平台为基础的中间件，针对该公司 900 家的已有供应链客户群发展 Supply Chain Execution（SCE）Solution，原本使用 Manhattan Associates SCE Solution 的企业只需通过"RFIDinaBox"，就可以在原有应用系统上快速利用 RFID 来加强供应链管理的透明度。

7.5.2 RFID 中间件的应用方向

根据 ABIResearchInc. 的预测，2008 年之前全球各产业的需求所创造出来的 RFID 市场规模可达到 200 亿美元，其中软件市场约占 47 亿美元，2007 年 RFID 的整合服务收入将超越 RFID 产品收入。随着硬件技术逐渐成熟，庞大的软件市场商机促使国内外信息服务厂商莫不持续注意与提早投入，RFID 中间件在各项 RFID 产业应用中居于神经中枢，特别受到国际大厂的关注，未来在应用上可朝下列方向发展：

1. Service Oriented Architecture Based RFID 中间件

面向服务的架构（SOA）的目标就是建立沟通标准，突破应用程序对应用程序沟通的障碍，实现商业流程自动化，支持商业模式的创新，让 IT 变得更灵活，从而更快地响应需求。因此，RFID 中间件在未来发展上将会以面向服务的架构为基础的趋势，提供给企业更弹性灵活的服务。

2. Security Infrastructure

RFID 应用最让外界质疑的是 RFID 后端系统所连接的大量厂商数据库可能引发的商业信息安全问题，尤其是消费者的信息隐私权。通过大量 RFID 读写器的布置，人类的生活与行为将因 RFID 而容易追踪，WalMart、Tesco（英国最大零售商）初期 RFIDPilot-Project 都因为用户隐私权问题而遭受过抵制与抗议。为此，飞利浦半导体等厂商已经开始在批量生产的 RFID 芯片上加入“屏蔽”功能。RSASecurity 也发布了能成功干扰 RFID 信号的技术“RSABlocker 标签”，通过发射无线射频扰乱 RFID 读写器，让 RFID 读写器误以为收集到的是垃圾信息而错失数据，达到保护消费者隐私权的目的。目前 Auto - IDCenter 也正在研究 Security 机制以配合 RFID 中间件的工作。相信 Security 将是 RFID 未来发展的重点之一，也是成功的关键因素。

7.5.3 国内发展情况

RFID 技术进入中国的时间比较短，各方面的工作还处于起始阶段。虽然政府在国家“十一五”规划和“863”计划中，对 RFID 技术应用提供了政策、项目和资金的支持，并且 RFID 在国内的应用发展也较为迅速，但与国际 RFID 技术的发展相比，在很多方面还存在较大的差距。

在学术界，RFID 中间件和公共服务方面已经有一些研究。依托国家“863 计划”“无线射频关键技术研究与开发”课题。中科院自动化所开发了 RFID 公共服务体系基础架构软件和血液、食品、药品可追溯管理中间件。华中科技大学开发了支持多通信平台的 RFID 中间件产品 Smarti。上海交通大学开发了面向商业物流的数据管理与集成中间件平台。这些上层应用大多只是领域内的特性应用，没有符合标准的公共阅读器管理模块或是 ALE 事件处理功能。

东方励格公司的 LYNK - O - ALE 中间件，基于开放式架构设计的、模块化的、可升级的数据处理系统。主要用来加工和处理来自读写器的所有信息和事件流的软件，以实现对数据的捕获、监控和传送。但只包括简单的标签数据过滤、分组、计数防错读和防漏读等功能，而没有更高层次的复杂事件处理及跨企业共享。

清华同方的czRFID是一种基于J2EE平台的中间件平台，它可以整合企业应用和商业伙伴的RFID和传感器数据，虽然具备了硬件管理及基本事件数据过滤和传输功能，同样没有分层的处理机制及复杂事件处理。

总的来说，目前我国中间件技术和产品还很薄弱，国内已开展的一些应用，所采用的RED中间件多是国外的产品，其中有影响的如IBM、BEA、SAP、Microsoft、Oracle、Sun等公司的中间件产品。

虽然国内目前已经有了一些初具规模的RFID中间件产品，但大多没有在企业进行实际大规模的分布式应用，与国外产品相比，还有较大的距离。如果国内的企业能够在业界大规模实施RFID项目之前，开发出完整、成熟、可靠的RFID中间件产品，加上国内的天时、地利、人和、成本优势，其效应将是令人期盼的。

7.5.4 国外发展情况

最先提出RFID中间件概念的是美国。美国企业在实施RFID项目改造期间，发现最耗时、耗力，复杂度和难度最高的问题是如何保证RFID数据正确导入企业的管理系统，为此企业做了大量的工作用于保证ROD数据的正确性。经企业和研究机构的多方研究、论证、实验，最终找到了一个比较好的解决方法，这就是RED中间件。

在产业界，知名的RFID中间件厂商有IBM、Oracle、Microsoft、SAP、BEA等国际知名企业。

Sun开发的RFID中间件产品分为事件管理器和信息服务器两个部分。事件管理器用来帮助处理通过RFID系统收集的信息或依照客户的需求筛选信息；信息服务器用来得到和储存使用RFIE技术生成的信息，并将这些信息提供给供应链管理系统中的软件系统。

由于Sun公司在RFID中间件系统中集成了Jini网络工具，有新的RFID设备接入网络时，立刻能被系统自动发现并集成到网络中，实现新设备数据的自动收集。为了进一步扩大SUN RFID中间件产品的影响力，Sun公司已经与SAP等几家厂商组建了RFID中间件联盟，将各个厂家的RED中间件产品整合到一起，利用各自的企业资源，进行RFID中间件产品推广工作。

Sybase原来是一家数据库公司，其开发的Sybase数据库在20世纪八九十年代曾辉煌一时，在收购Xcellenet公司后，Sybase公司正式介入RFID中间件领域，并开始使用Xcellenet公司技术开发RFID中间件产品。

Sybase中间件包括Edgeware软件套件、昨拍业务流程、集成和监控工具。该工具采用基于网络的程序界面，将RED数据所需要的业务流程映射到现有企业的系统中。客户可以建立独有的规则，并根据这些规则监控实时事件流和RFID中间件取得的信息数据。

Sybase中间件的安全套件被SAP看中，被SAP整合进SAP企业应用系统，双方还签订了 RFID 中间件联盟协议，利用双方资源共同推广 RFID 中间件的企业的解决方案。

7.5.5 RFID 中间件的发展趋势

目前 RFID 中间件的应用很多还是局限于企业内部，妨碍着 RFID 标签成本的降低及性能的提高，RFID 中间件必然会大量应用到跨企业环境中，从而给 RFID 中间件的设计造成很多挑战。其中如何实时地对巨量的 RFID 数据进行高效处理，如何充分挖掘 RFID 数据所包含的有用信息成为亟待研究的重要课题。

近年来，随着 RFID 应用的迅速扩展，吸引了包括 IBM、Sun、BEA、Microsoft 等软件巨头在内的众多厂商和研究机构的参与。目前，在工业界，国外 RFID 中间件产品的技术路线可分为以下 3 类：

1. 基于纯 RFID 应用，扩充事件及数据交换等接口

典型产品包括 OAT Systems 的 OAT Foundation Suite 和 Globe Ranger 的 iMotion 等，这些中间件与标准 RFID 硬件设备连接，从中采集数据，完成读写器控制、数据过滤和流程控制等功能，向上层应用提供简单的事件通知或者数据交换等接口。其优点是切合实际应用，系统开销小，执行效率高；缺点是受到架构的限制，没有灵活的可配置手段，在应用开发时需要数据中间件提供的应用程序接口（API）进行编程，或者通过软件自带的一些可视开发工具辅助编程，才可以满足特定应用的要求。

2. 基于成熟的商品中间件，增加 RFID 读写模块

典型产品有 BEA 收购专业厂商 Connec Terra 之后形成的 WebLogic、Sun 的 Java Sygtetn RFID Software、IBM 的 WebSphere RFID Premises Server、SAP 的 AutoID Infrastructure 等。这些产品的共同特点是将 RFID 设备有关的功能封装在 Edge Server（边缘服务器）或类似名称的组件中，以高级事件的形式，与已有商品化中间件系统集成。其优点是在可靠性、安全性、易使用性及开发周期上具有较大的优势。其缺点是和原有产品结合紧密，虽然提供一些可重构的手段（比如利用 Java 反射机制，体现一定的可配置性），但是代价却比较高。另外，这些中间件都定位于大型应用，很难直接适用于嵌入式和移动计算环境。

3. 基于数据采集与交换，开发专用硬件

典型产品有 CISCO. BlueVector 等公司的产品，将读写器控制、数据过滤、简单用户定制等功能，以固件的形式，集成在硬件交换设备中，使用时用设备连接 RFID 读写器和网络。其优点是可靠性与性能等指标优于同类软件实现，缺点是所支持的读写器种类、数据文换形式都比较固定，一般用在特定的嵌入式应用中。

从发展趋势看，事件采集与处理技术、信息挖掘与共享技术，RFID 信息安全技术是 RFID 中间件研究有待突破的重点。

（1）事件采集与处理

包括 Tag Event 过滤及聚合、读取窗口大小的选择，事件的平滑过滤确保 RFID 事件的一致性、准确性问题；在海量原始事件前提下，如何高效过滤如何进行事件处理，缩减数据量，节省带宽的问题。

(2) 信息挖掘与共享技术

原始的 RFID 事件信息经过简单模式匹配过滤及聚合后还难以为客户应用所直接使用，同时大量的初级数据带来网络传输是否实时性的问题，研究从原始事件信息中挖掘对商业、生产、监控有意义的高级事件是方向之一。随着部署 RFID 应用的企业增多，物流网的实体将出现，借助 QNS，如何高效快速地将物品信息共享给外部，增加物品透明度已出现了一些探索。

(3) RFID 信息安全

包括 Reader 与 Tag 的相互认证，保证 Tag 的 RFID 信息只被授权的 Reader 所读取，并在读取的过程中，保证数据的完整性、保密性及防篡改性。还包括被边缘服务处理好的事件信息安全的传输到订阅者，且加以基于角色的访问控制（Role Based Access Control，RBAC）以控制访问过程。另外，由于 EPC - ONS 中包含了厂商的所有产品元信息以供合作方查找，如何防止未授权用户对触感数据的访问及数据的传输安全也纳入了考虑范围之内。

可的冷链物流周转箱 RFID 智能管理解决方案

目前，在可的的冷链物流中，从集货完成到装车，中间还需完成一个周转箱复核的业务流程。周转箱复核的主要功能是检查门店集货位上的周转箱数量是否正确，是否有属于该门店的周转箱不在该门店的集货位上，而不属于该门店的周转箱却在该门店的集货位上。该流程需要复核人员把所有的周转箱都扫描一次，如果哪个门店的周转箱数量较多的话，所需的时间是相当可观的，有可能导致集货完成后，不能及时地装车出货。那么，如何才能提高周转箱复核的效率及准确性，并保证集货完成后及时装车呢?

1. 简述

周转箱复核效率提高的“瓶颈”主要是由于条码技术原因造成的。众所周知，识别条码时，必须将扫描器对准条码，且一次只能读组条码。而无线射频识别技术（Radio Frequency Identification，RFID）却能克服条码应用中的上述缺陷。

RFID 主要通过无线射频读取或写入 RFID 标签信息，因此，不仅读取距离可近可远，而且可同时识读大量的 RFID 标签。更为重要的是，RFID 可以穿透物体，识别置于物体内部的 RFID 标签。所以，相比条码而言，RFID 具有非常大的技术优势。

2. 应用方案

基本的 RFID 系统由 RFID 标签（Tag）、RFID 阅读器（Reader）以及应用支撑软件 3 部分构成。

(1) RFID 标签的选择

RFID 标签（Tag）由芯片与天线（Antenna）组成，每个标签具有唯一的电子编码。标签附着在物体上以标识目标对象。

RFID 标签依据发送射频信号的方式不同，分为主动式（Active）和被动式（Passive）

两种。主动式标签主动向读写器发送射频信号，通常由内置电池供电，又称为有源标签；被动式标签不带电池，又称为无源标签，其发射电波及内部处理器运行所需能量均来自阅读器产生的电磁波。被动式标签在接收到阅读器发出的电磁波信号后，将部分电磁能量转化为供自己工作的能量。

其中主动式标签通常具有更远的通信距离，其价格相对较高，主要应用于贵重物品远距离检测等应用领域。被动式标签具有价格相对较低的优势，但其工作距离、存储容量等受到能量来源的限制。

由于可的冷链物流应用中，工作距离在 2m 以内，存储容量需求也不是太大，因而采用无源的 RFID 标签即可。

(2) 频段的选择

工作频率的选择是 RFID 技术应用中的一个关键问题，它既影响标签的性能和尺寸大小，还影响标签与读写器的价格。

RFID 工作频率存在多个频段，不同的频段具有各自的优缺点。目前，应用在物流周转箱上的 RFID 工作频率主要有高频 13. 56MHz 和超高频 UHF 两种频段。

高频 RFID 的识读距离相对比较近，一般不超过 1. 5m，但穿透物体识读标签的能力相对较强而超高频 RFID 的识读距离相对较远，一般为 3m ~ 9m，但穿透识读能力相对较差。

对于可的冷链物流，由于其仓库门的中间距离在 2m 左右，且不需要穿透周转箱及各种商品，所以采用识读距离为 3m ~ 9m 的超高频门形天线。

(3) RFID 和周转箱

可将经过不干胶封装方式处理的 RFID 标签贴在周转箱表面不易被撞击到的地方，以便使用 RFID 阅读器对其进行快速而准确地识别。考虑到周转箱在搬运过程中，可能会撞击到贴放在表面的 RFID 标签，进而造成标签损毁，我们可以将 RFID 标签内嵌于周转箱内，因为 RFID 采用无线电波识读技术，可以透过周转箱读取内嵌的 RFID 标签数据。

另外，为了保证在 RFID 标签损坏的情况下正常读取周转箱信息，可采用如下两种办法：

①周转箱表面粘贴普通的条码，通过条码也可识别此周转箱；

②RFID 不是粘贴在周转箱上，而是以可拆卸的方式捆绑在周转箱上。

(4) 信息识别

可的冷链物流需要在短时间内将大量安放有 RFID 标签的周转箱快速、准确地识读。因此，实际应用时，我们采用阵列天线组（超高频）的方式以保证快速而准确地识读。

当工作人员拉着一拖车周转箱通过时，系统自动将通过的 RFID 标签识读，并通过 RS485 网络实时传送到后台服务器处理。后台服务器接收到 RFID 信息后，把这些 RFID 所代表的周转箱信息及时地显示到电子看板上。工作人员只需看一下电子看板，确定一下扫描数量即可。如果发现扫描数量不对，工作人员需要把拖车重新通过一下，以便 RFID 再次被扫描到。如果有移动扫描的需求，比如，校验周转箱的信息时，可通过手持式

RFID 数据终端识读。

通过 RFID 进行周转箱识别的最大优势就是可以一次性地把一整车的周转箱信息读出，与一个一个地扫描条码相比，大大地节约了时间和人力成本。

3. 结语

预计，可的冷链物流周转箱复核时使用 RFID 后，在业务流程不需要作太大调整的情况下，将使周转箱复核所花的时间至少减少一半，从而令集货完成到装车结束间隔时间极大缩短，物流把货品运输到门店的时间也将提前，从而使冷链配送的门店数增加，为企业带来更大的利润。在此基础上，把 RFID 技术还可以推广到可的常温物流的周转箱使用，进而用 RFID 技术进一步取代条码技术。

8 无线传感器网络

8.1 无线传感器网络概述

"后 PC 时代"更小、更廉价的低功耗计算设备冲破了传统台式计算机和高性能服务器的设计模式；网络化的普及带来的计算处理能力是难以估量的；微机电系统（Micro – Electro – Mechanism System，MEMS）的迅速发展奠定了设计和实现片上系统（System on Chip，SOC）的基础。以上 3 方面的高度集成又孕育出了许多新的信息获取和处理模式，传感器网络就是其中一例。

随机分布的集成有传感器、数据处理单元和通信模块的微小节点通过自组织的方式构成网络，借助于节点中内置的形式多样的传感器测量所在周边环境中的热、红外、声纳、雷达和地震波信号，从而探测包括温度、湿度、噪声、光强度、压力、土壤成分、移动物体的大小、速度和方向等众多我们感兴趣的物质现象。在通信方式上，虽然可以采用有线、无线、红外和光等多种形式，但一般认为短距离的无线低功率通信技术最适合传感器网络使用，为明确起见，一般称作无线传感器网络。但也不绝对，Berkeley 的 Smart Dust 因为可以像尘埃一样悬浮在空中，有效地避免了障碍物的遮挡，因此采用光作为通信介质。

无线传感器网络与传统的无线网络（如 WLAN 和蜂窝移动电话网络）有着不同的设计目标，后者在高度移动的环境中通过优化路由和资源管理策略最大化带宽的利用率，同时为用户提供一定的服务质量保证。在无线传感器网络中，除了少数节点需要移动以外，大部分节点都是静止的。因为它们通常运行在人无法接近的恶劣甚至危险的远程环境中，能源无法替代，设计有效的策略延长网络的生命周期成为无线传感器网络的核心问题。从理论上讲，太阳能电池能持久地补给能源，但工程实践中生产这种微型化的电池还有相当的难度。在无线传感器网络的研究初期，人们一度认为成熟的 Internet 技术加上 Ad – hoc 路由机制对传感器网络的设计是足够充分的，但深入的研究表明：传感器网络有着与传统网络明显不同的技术要求。前者以数据为中心，后者以传输数据为目的。为了适应广泛的应用程序，传统网络的设计遵循着"端到端"的边缘论思想，强调将一切与功能相关的处理都放在网络的端系统上，中间节点仅仅负责数据分组的转发，对于传感器网络，这未必是一种合理的选择。一些为自组织的 Ad - hoc 网络设计的协议和算法未必适合传感器网络的特点和应用的要求。节点标识（如地址等）的作用在传感器网络中就显得不是十分重要，因为应用程序不怎么关心单节点上的信息，中间节点上与具体应用相关的数据处理、融合和缓存也显得很有必要。在密集性的传感器网络中，相邻节点间的距离非常短，低功耗的多跳通信模式节省功耗，同时增加了通信的隐蔽性，也避免了长距离的无线通信易受外界噪声干扰的影响。这些独特的要求和制约因素为传感器网络的研究提出了新的技术问题。

8.1.1 传感器

1. 传感器的定义

我国国家标准（GB 7765—1987）中，传感器（Transducer/Sensor）的定义是："能够感受规定的被测量并按照一定规律转换成可用输出信号的器件或装置"。我们的定义是：传感器是一种以一定的准确度把被测量转换为与之有确定对应关系的、便于应用的某种物理量的测量装置。

这一定义包含了以下几方面的意思：①传感器是测量装置，能完成检测任务。②它的输入量是某一被测量量，可能是物理量，也可能是化学量、生物量等。③它的输出量是某种物理量，这种量要便于传输、转换、处理、显示等，这种量可以是气、光、电物理量，但主要是电物理量。④输出、输入有对应关系，且应有一定的精确程度。

关于传感器，我国曾出现过许多种名称，如发送器、传送器等，它们的内涵相同或者相似，所以近来已逐趋向统一，大都使用传感器这一名称了。从字面上可以作如下解释：传感器的功用是"一感二传"，即感受被测信息，并传送出去。

2. 传感器的组成

传感器一般由敏感元件、转换元件、基本转换电路 3 部分组成，组成框图见图 8 - 1。

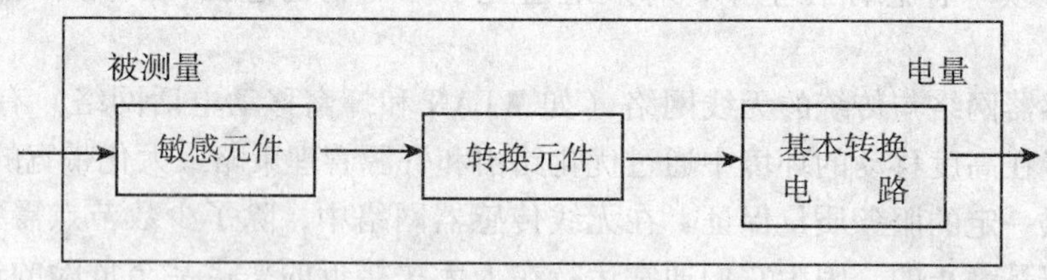

图 8 - 1　传感器组成

①敏感元件：它是直接感受被测量，并输出与被测量成确定关系的某一物理量的元件。

②转换元件：敏感元件的输出就是它的输入，它把输入转换成电路参量。

③基本转换电路：上述电路参数接入基本转换电路（简称转换电路），便可转换成电量输出。传感器只完成被测参数至电量的基本转换，然后输入到测控电路，进行放大、运

算、处理等进一步转换，以获得被测值或进行过程控制。

实际上，有些传感器很简单，有些则较复杂，大多数是开环系统，也有些是反馈的闭环系统。最简单的传感器由1个敏感元件（兼转换元件）组成，它感受被测量时直接输出电量。有些传感器由敏感元件和转换元件组成。因转换元件的输出已是电量，故无须转换电路。

有些传感器，转换元件不只1个，要经过若干次转换。

敏感元件与转换元件在结构上常是装在一起的，而转换电路为了减小外界的影响也希望和它们装在一起，不过由于空间的限制或者其他原因，转换电路常装入电箱中。尽管如此，因为不少传感器要在通过转换电路后才能输出电信号，从而决定了转换电路是传感器的组成环节之一。

3. 传感器的分类

传感器是知识密集、技术密集的行业，它与许多学科有关，它的种类十分繁多。为了很好地掌握它、应用它，需要有一个科学的分类方法。

下面将目前广泛采用的分类方法作一些简单介绍。

①按传感器的工作机理，可分为物理型、化学型、生物型等。

②按构成原理，可分为结构型与物理型两大类。

结构型传感器是利用物理学中场的定律构成的，包括动力场的运动定律、电磁场的电磁定律等。物理学中的定律一般是以方程式给出的。对于传感器来说，这些方程式也就是许多传感器在工作时的数学模型。这类传感器的特点是传感器的工作原理是以传感器中元件相对位置变化引起场的变化为基础，而不是以材料特性变化为基础。

物理型传感器是利用物质定律构成的，如虎克定律、欧姆定律等。物质定律是表示物质某种客观性质的法则。这种法则，大多数是以物质本身的常数形式给出。这些常数的大小，决定了传感器的主要性能。因此，物理型传感器的性能随材料的不同而异。例如，光电管就是物理型传感器，它利用了物质法则中的外光电效应。显然，其特性与涂覆在电极上的材料有着密切的关系。又如，所有半导体传感器，以及所有利用各种环境变化而引起的金属、半导体、陶瓷、合金等特性能变化的传感器，都属于物理型传感器。

此外，也有基于守恒定律和统计定律的传感器，但为数较少。

③根据传感器的能量转换情况，可分为能量控制型传感器和能量转换型传感器。

能量控制型传感器在信息变化过程中，其能量需要外电源供给。如电阻、电感、电容等电路参量传感器都属于这一类传感器。基于应变电阻效应、磁阻效应、热阻效应、光电效应、霍尔效应等的传感器也属于此类传感器。

能量转换型传感器主要是由能量变化元件构成，它不需要外电源。如基于压电效应、热电效应、光电动势效应等的传感器都属于此类传感器。

④按照物理原理分类，可分为：

a. 电参量式传感器。包括电阻式、电感式、电容式3个基本型式。

b. 磁电式传感器。包括磁电感应式、霍尔式、磁栅式等。

c. 压电式传感器。

d. 光电式传感器。包括一般光电式、光栅式、激光式、光电码盘式、光导纤维式、红外式、摄像式等。

e. 气电式传感器。

f. 热电式传感器。

g. 波式传感器。包括超声波式、微波式等。

h. 射线式传感器。

i. 半导体式传感器。

j. 其他原理的传感器等。

有些传感器的工作原理是两种以上原理的复合形式，如不少半导体式传感器，也可看成电参量式传感器。

⑤可以按照传感器的用途来分类，如位移传感器、压力传感器、振动传感器、温度传感器等。

另外，根据传感器输出是模拟信号还是数字信号，可分为模拟传感器和数字传感器；根据转换过程可逆与否，可分为双向传感器和单向传感器等。

8.1.2 无线传感器网络概念

无线传感器网络（Wireless Sensor Network）是由大量低成本且具有传感、数据处理和无线通信能力的传感器节点通过自组织方式形成的网络。它独立于基站或移动路由器等基础通信设施之外，通过分布式协议自主组成网络。

无线传感器网络由大量无线传感器节点互连而成，是传感器向微型化、智能化和无线通信化的延伸。根据传感器节点在使用中是否移动，可将无线传感器网络分为静态网络和动态网络，其中大多数是静态网络。在静态网络中，传感器节点被随机地或按一定要求布置在监测区域内，并根据用户的要求，可对温度、湿度、噪声、光强度、压力等环境参数进行测量，或者感知物体的运动速度和方向等。在动态网络中，传感器节点一般被安置在可移动的物体上，如车辆或被监测的动物，它将随物体的移动而移动。无线传感器网络中有一个特殊节点，称为会聚（Sink）节点，它是中心处理节点，也称网关节点。该节点可向区域内的传感器节点发送数据采集命令，并接收和处理传感器节点传送来的数据，如图 8-2 所示。

无线传感网络综合了传感器技术、嵌入式计算技术、现代网络及无线通信技术、分布式信息处理技术等，能够通过各类集成化的微型传感器协作地实时监测、感知和采集各种环境或监测对象的信息，这些信息通过无线方式被发送，并以自组多跳的网络方式传送到用户终端，从而实现物理世界、计算世界以及人类社会三元世界的连通。WSN 以最少的成本和最大的灵活性，连接任何有通信需求的终端设备，采集数据，发送指令。无线传感器网络是把一定数量的传感器或执行单元设备任意分布，在有限时间内，从某一个传感器获知其他传感器的信息。作为无线自组双向通信网络，传感网络能以最大的灵活性自动完

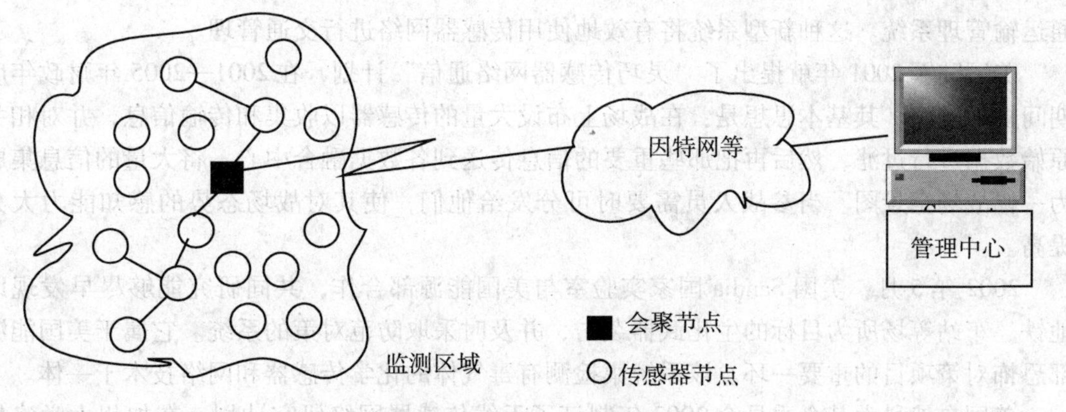

图 8－2　无线传感器网络

成不规则分布的各种传感器与控制节点的组网，同时具有一定的移动能力和动态调整能力。

无线传感器网络是信息科学领域中一个全新的发展方向，同时也是新兴学科与传统学科进行领域间交叉的结果。无线传感器网络经历了智能传感器、无线智能传感器、无线传感器网络 3 个阶段。智能传感器将计算能力嵌入到传感器中，使得传感器节点不仅具有数据采集能力，而且具有滤波和信息处理能力；无线智能传感器在智能传感器的基础上增加了无线通信能力，大大延长了传感器的感知触角，降低了传感器的工程实施成本；无线传感器网络则将网络技术引入到无线智能传感器中，使得传感器不再是单个的感知单元，而是能够交换信息、协调控制的有机结合体，实现物与物的互联，把感知触角深入世界各个角落，必将成为下一代互联网的重要组成部分。

8.1.3　主要发展历程

早在 20 世纪 70 年代，就出现了将传统传感器采用点对点传输、连接传感控制器而构成传感器网络雏形，我们把它归之为第一代传感器网络。

随着相关学科的不断发展和进步，传感器网络同时还具有了获取多种信息信号的综合处理能力，并通过与传感控制器的相连，组成了有信息综合和处理能力的传感器网络，这是第二代传感器网络。

第三代传感器网络出现在 20 世纪 90 年代后期和 21 世纪初，现场总线技术开始应用于传感器网络，人们用其组建智能化传感器网络，大量多功能传感器被运用，并使用无线技术连接，无线传感器网络逐渐形成。无线传感器网络是新一代的传感器网络，具有非常广泛的应用前景，其发展和应用，将会给人类的生活和生产的各个领域带来深远影响。发达国家如美国，非常重视无线传感器网络的发展。

美国交通部 1995 年提出了“国家智能交通系统项目规划”，预计到 2025 年全面投入使用。该计划试图有效集成先进的信息技术、数据通信技术、传感器技术、控制技术及计算机处理技术并运用于整个地面交通管理，建立一个大范围、全方位的实时高效的综合交通运输管理系统。这种新型系统将有效地使用传感器网络进行交通管理。

美国陆军2001年就提出了“灵巧传感器网络通信”计划，在2001—2005年财政年度期间批准实施。其基本思想是：在战场上布设大量的传感器以收集和传输信息，并对相关原始数据进行过滤，然后再把那些重要的信息传送到各数据融合中心，将大量的信息集成为一幅战场全景图。当参战人员需要时可分发给他们，使其对战场态势的感知能力大大提高。

2002年5月，美国Sandia国家实验室与美国能源部合作，共同研究能够尽早发现以地铁、车站等场所为目标的生化武器袭击，并及时采取防范对策的系统。它属于美国能源部恐怖对策项目的重要一环。该系统集检测有毒气体的化学传感器和网络技术于一体。

美国自然科学基金委员会2003年制订了无线传感器网络研究计划，在加州大学洛杉矶分校成立了传感器网络研究中心，联合周边的加州大学伯克利分校、南加州大学等，展开“嵌入式智能传感器”的研究项目。

英特尔公司在2002年10月24日发布了“基于微型传感器网络的新型计算发展规划”。计划宣称，英特尔将致力于微型传感器网络在预防医学、环境监测、森林灭火乃至海底板块调查、行星探查等领域的应用。

我国在国家“十一五”规划和《国家中长期科技发展纲要》中将“传感器网络及信息处理”列入其中，国家863、973计划中也将WSN列为支持项目。

研究发现，无线传感器网络与传统无线网络的设计目标和标准具有明显不同的要求，后者注重在移动的环境中通过优化路由和充分利用带宽为用户提供质量较高的服务，而前者常常工作在人无法接近的恶劣环境中，无法更换能源和重复利用网络节点，因此高效能、低成本、自组织等问题是无线传感器网络首先要解决的。

由于WSN目前处于研发与不断完善的阶段，功能有限，其应用范围只能局限在数据监控和采集方面，尚不能用在控制和安全的场合，大规模商业应用还有待时日。目前应用水平也只能是有限的补充。当然，由于用户的需要、技术的发展，WSN的前景光明。

据有关专家统计，要克服用了无线就不能要求用电缆供电而必须用电池以及成本高的难点，大概还需要5~10年的时间。根据现场总结的经验，只要没有多标准，制造厂商和研发部门不刻意去炒作，坚持以最少的投入实现最大的生产效益，这样WSN才能获得健康而较快的发展。

目前，已有艾默生、霍尼韦尔两家大公司推出了WSN产品，前者符合无线HART7.1版本标准，后者采用了ISA100标准。但大多数只限于温度、压力、流量及物位耗电量小的变送器。国内川仪和重庆邮电大学合作也生产出无线系列变送器及执行器样机，而WIA—PA在鞍钢冷轧机测量轴承温度时使用成功。

一项工业界企业调查表明，40%的受访企业计划采用无线解决方案，监控机器品质。调研公司ONWorld预计到2011年，世界市场无线传感器网络（WSN）系统与服务将飞升至46亿美元，比现在增长5亿美元。无线传感器网络才刚刚开始发展，国内企业应该抓住商机，加大投入力度，推动整个行业的发展。

8.1.4 无线传感器网络的工作原理

现代意义的无线传感器网络是一种新型的分布式测控系统，由分布在监测区域内的大量传感器节点组成。得益于无线通信技术和微电子技术的飞速发展，开发低成本、低能耗、多功能的微型无线传感器节点已成现实。

图 8－3 是一个典型的无线传感器网络应用系统的示意图，它描述了无线传感器网络系统所包含的三种类型的节点，即传感器节点（Sensor Node）、会聚节点（Sink）和任务管理节点（Task Manager Node）。图中白色的监测区域中已经部署了大量的无线传感器节点，每个节点都可以采集其覆盖区域的现场数据并且路由到 Sink 节点并通过一种多跳的方式来路由数据，节点 A 就是经过了 A < - - >B < - - >C < - - >D < - - >Sink 的多跳路由来实现数据转发，其他传感器节点的情况依此类推。Sink 节点是一个类似于网关的特殊节点，它的处理能力、存储能力和通信能力相对较强，能够把无线传感器网络桥接到其他的通信网络，比如 Internet，从而使终端用户能够方便实时地通过任务管理节点来进行各种操作。Sink 节点既可以是一个具有增强功能的传感器节点，也可以是仅带有无线通信接口的网关设备。任务管理节点可以是各种智能终端，如 PC、PDA 甚至是智能手机。

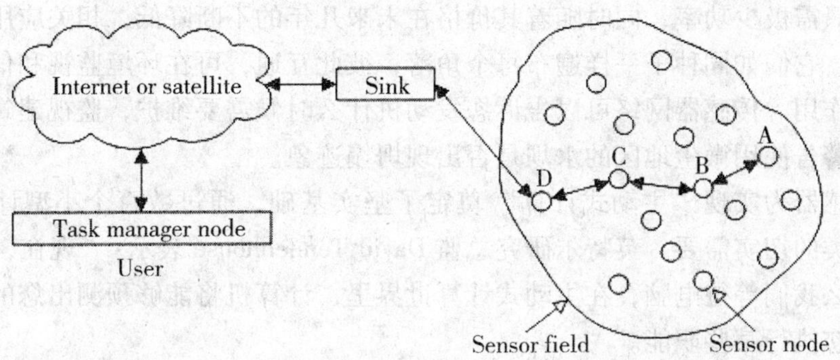

图 8－3 无线传感器网络系统的典型结构

如图 8－4 所示，每个微型节点都集成了传感、数据处理、通信和电源模块，可以对原始数据按要求进行一些简单的计算处理后再发送出去。大量的智能节点通过先进的网状联网（Mesh Networking）方式，可以灵活紧密地部署在被测对象的内部或周围，把人类感知的触角延伸到物理世界的每个角落。尽管单个节点的能力是微不足道的，但是成百上千节点组成的网络系统能带来强大的规模效应。一个典型的无线传感器节点由 4 个基本模块组成：传感模块、计算模块、无线通信模块和电源模块。根据不同的应用场合，有的无线传感器节点可能还会有一些附加模块，比如，定位系统、连续供电系统以及移动基座等。传感模块包含传感器和 ADC，计算模块包含 MCU 和存储器。由于有的 MCU 内部集成了 ADC，所以 ADC 在这种情况下也可以划入到计算模块。现场采集到的原始传感信息经过

A/D 转换后被发送到计算模块进行处理，再通过无线通信模块发送到指定地点。电源模块一般采用电池，可以是碱性电池、锂电池或镍氢电池。为了在执行比较耗能的任务时能够保证持续的电力供应，也可以采用太阳能电池。

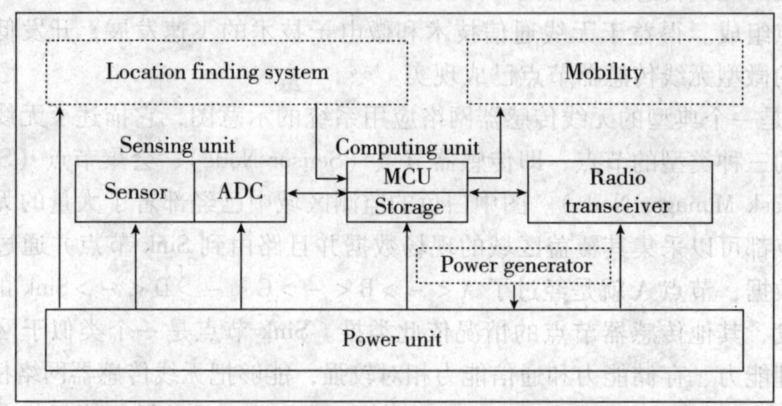

图 8－4　无线传感器节点的组成

这些传感器相互连接的方式类似于无线笔记本电脑、台式机和 PDA 与互联网连接的方式。它们只需极少功率，同时随着其价格在未来几年的不断降低，相关应用将可以得到进一步推广。它们如同种子一样遍布每个角落，彼此互通，可在环境监视和信息收集过程中发挥重要作用。传感器网络可以告诉您发动机什么时候需要维护，监视建筑物或森林以预防火灾或警告使用微尘地区的水坝是否出现坍塌迹象。

这些传感器为实现“主动式计算”奠定了坚实基础，通过数百个小型计算机共同协作来预测人类的切实需要。英特尔研究总监 David Tennenhouse 表示：“现在，要么电脑等待我们，要么我们等待电脑，在主动式计算世界里，计算机将能够预测出您的需要，甚至有时会代表您执行某些职能。”

无线传感器网络（WSN）由一些独立、完全嵌入式操作的小体积低功耗节点组成，这些节点能够检测来自目标环境的数据或控制目标环境，并且相互间通过无线方式通信。检测和控制是通过互连着的传感器和激励器完成的，而这些传感器和激励器或通过远程、或通过嵌入式应用程序进行管理。这些节点的数量从十几个到数千个不等，一个典型系统由数百个分布于整座大楼或室外空间的节点组成。

许多无线传感器网络采用私有标准实现无线组网，但最近的趋势是逐渐向标准化的低功耗无线通信发展。基于著名的 802. 15. 4 规范的 Zig Bee 就是一种用于无线检测和控制的标准。虽然 802. 15. 4 文档仅描述了协议的 PHY 和 MAC 层，但基于 802. 15. 4 构建的 Zig Bee 还提供网络和应用层规范。

Zig Bee 具有许多优点，包括可以实现多跳路由和数据发送的网格协议、安全规范和针对应用层互操作性的整套参数设置。总之，Zig Bee 向嵌入式应用开发人员提供了管理网络以及连接其他节点的更高抽象层次。

8.1.5 无线传感器网络的主要特点

移动自组网（Mobile Ad Hoc Network，MANET）是一种不依赖于任何通信基础设施、没有中心控制节点的对等无线移动网络。WSN 与 MANET 相比有很多相似之处，如自组织、分布式、多跳路由、拓扑变化、安全性差等；但同时也有新的特点，主要表现在以下几个方面：

1. 传感器节点的能量、通信、计算和存储能力都十分有限

传感器节点依靠电池供电。由于传感器节点的微型化和成本低廉，节点的电池容量有限。节点经常部署在环境恶劣的无人区，通过更换电池来补充能量是不现实的。因此传感器网络的首要设计目标是降低和平衡节点能耗、延长网络寿命，这也是传感器网络与传统网络最重要的区别之一。传感器节点的通信带宽非常有限，通常仅有几百 kbps（目前常用的 Micaz 节点为 250kbps）。节点的最大发送功率仅有几十毫瓦，节点的覆盖范围有限；又由于通信能耗与通信距离的 3 次方成正比，随着通信距离的增加，能耗急剧增加，因此，节点通常只与其邻居节点直接通信。如果要与其覆盖范围以外的节点进行通信，则需要通过中间节点进行多跳中继转发。传感器节点通常携带 8 位或 16 位、频率仅为十几兆赫兹的微处理器，功能较弱；存储器容量较小。但随着微电子技术的发展，节点性能已有较大幅度提高，如 Imote2 节点具有 32MB 内存，频率最高可达到 416MHz。处理单元和传感器单元的能耗已变得很低，绝大部分能量消耗在通信单元。

2. 部署规模大、密度高

由于功耗和性能上的限制，单个传感器节点的感知范围有限。要达到较大的覆盖范围和较强的感知能力就需要部署较多的节点。为了获取精确、完整的信息，在监测区域通常密集部署大量传感器节点，以降低对单个节点传感精度的要求。由于大量冗余节点的存在，也使得网络具有较强的容错性能，并且能增大网络覆盖的监测区域，减少盲区。协议或算法必须具有良好的可扩展性（Scalability）。

3. 动态性强

传感器节点要能够随着环境的变化而适时调整自身的工作状态。传感器节点绝大多数是静止的，但是节点容易失效，容易造成网络拓扑的变化。另外，新节点加入、拓扑控制、功率控制和休眠调度都可能导致网络拓扑发生变化。而在 MANET 中，拓扑结构的变化主要源于节点的移动。

4. 以数据为中心

Internet 是以地址为中心的网络。WSN 是一个任务型网络，用户关心的是感知事件的区域及事件信息本身，而不是哪个节点汇报的数据。传感网络中节点数目很大，没有统一的标识。一般不是按 IP 地址而是按数据属性寻址。传感器网络是一个以数据为中心的网络。传感器网络中的通信主要是传感器节点向 Sink 传输数据的一种单向通信，类似一种逆向的组播通信。

5. 可靠性

由于节点本身的尺寸限制和控制成本的需要，传感器节点的器件性能受到了限制，节点较容易出现故障。由于无线通信受环境、信号干扰和能量耗尽等因素的影响，无线传感器网络的可靠性也较差。此外，为防止监测数据被盗取和伪造，WSN 的通信保密和认证机制也十分重要。要求 WSN 的设计具有鲁棒性和容错性。

6. 应用相关

不同的传感器网络应用关心不同的物理量，因此对传感器网络的要求也不同，其硬件平台、软件系统、通信协议都可能有很大的差异。因此传感器网络的设计是应用相关的，需要针对每一个具体应用来开展设计工作，才能实现高效、可靠的系统目标。

8.2 无线传感器网络结构

8.2.1 通信结构

在传感器网络中，节点任意散落在被监测区域内，除了感测特定的对象，还进行简单的计算并维持互相之间的网络连接。传感器网络具有自组织的功能，单个节点经过初始的通信和协商，形成一个传输信息的多跳网络。每个传感网络装备有一个连接到传输网络的网关，传输网络是由一个单跳链接或一系列的无线网络节点组成的。网关通过这个传输网络把感测数据从传感区域发送到提供远程连接和数据处理的基站，基站再通过 Internet 联系到远程数据库。最后采集到的数据经过分析、挖掘后通过一个界面提供给终端用户。

8.2.2 无线传感器节点结构

传感器网络节点的基本组成包括 4 个基本单元：传感单元（由传感器和模数转换功能模块组成）、处理单元（包括 CPU、存储器、嵌入式操作系统等）、通信单元（由无线通信模块组成）以及电源。此外，可以选择的其他功能单元包括：定位系统、移动系统以及电源自供电系统等。节点结构如图 8 - 5 所示。

电源为传感器提供正常工作所必需的能源。感知单元用于感知、获取外界的信息，并将其转换为数字信号。处理单元负责协调节点各部分的工作，如对感知单元获取的信息进行必要的处理、保存，控制感知单元和电源的工作模式等。通信模块负责与其他传感器或收发者的通信。软件则为传感器提供必要的软件支持，如嵌入式操作系统、嵌入式数据库系统等。

8.2.3 拓扑结构

无线传感器网络的拓扑结构有 3 种：星状网、网状网及混合网。每种拓扑结构都有自身的优点和缺点，开发人员必须充分了解这些网络特点以满足不同无线传感器网络的应用

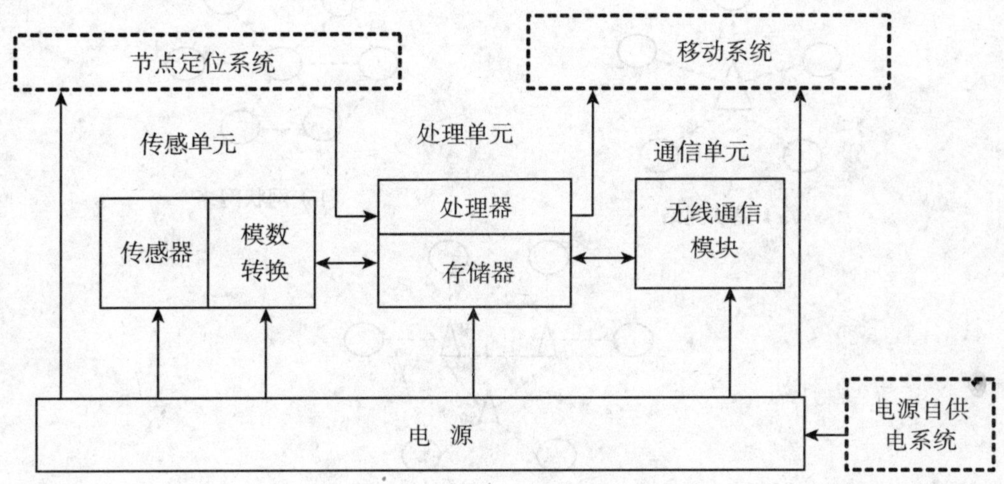

图 8-5 无线传感器节点

要求。

基本的星状网拓扑结构是一个单跳（Single - Hop）系统，网络中所有无线传感器节点都与基站和网关进行双向通信［图 8-6（a）］。基站可以是一台 PC、PDA、嵌入式网络服务器或其他与高数据率设备通信的网关，除了向各节点传输数据和命令外，基站还与互联网等更高层系统之间传输数据。各节点将基站作为一个中间点，相互之间并不传输数据或命令。在各种无线传感器网络中，星状网整体功耗最低，但节点与基站间的传输距离有限，一般只有几十米。网状拓扑结构是多跳（multi2hop）系统，其中所有无线传感器节点都相同，而且直接互相通信［图 8-6（b）］。网状网的每个传感器节点都有多条路径到达网关或其他节点，因此它的容故障能力较强。这种多跳系统比星状网的传输距离远得多，但功耗也更大，因为节点必须一直“监听”网络中某些路径上的信息和变化。

混合网力求兼具星状网的简洁和低功耗以及网状网的长传输距离和自愈性等优点［图 8-6（c）］。在混合网中，路由器和中继器组成网状结构，而传感器节点则在它们周围呈星状分布。中继器扩展了网络传输距离，同时提供了容故障能力。当某个中继器发生故障或某条无线链路出现干扰时，网络可在其他路由器周围进行自组。

8.2.4 无线传感器网络的协议栈

图 8-7 是早期提出的一个协议栈，包括物理层、数据链路层、网络层、传输层和应用层。另外，协议栈还包括能量管理平台、移动管理平台和任务管理平台。各层协议与平台的功能如下：

①物理层负责频段选择、信号调制、无线收发等。

②数据链路层用于解决信道的多路传输问题。主要负责数据流量的多路复用、数据帧检测、介质接入和差错控制，它保证了 WSN 中点到点或一点到多点的可靠连接。可分为

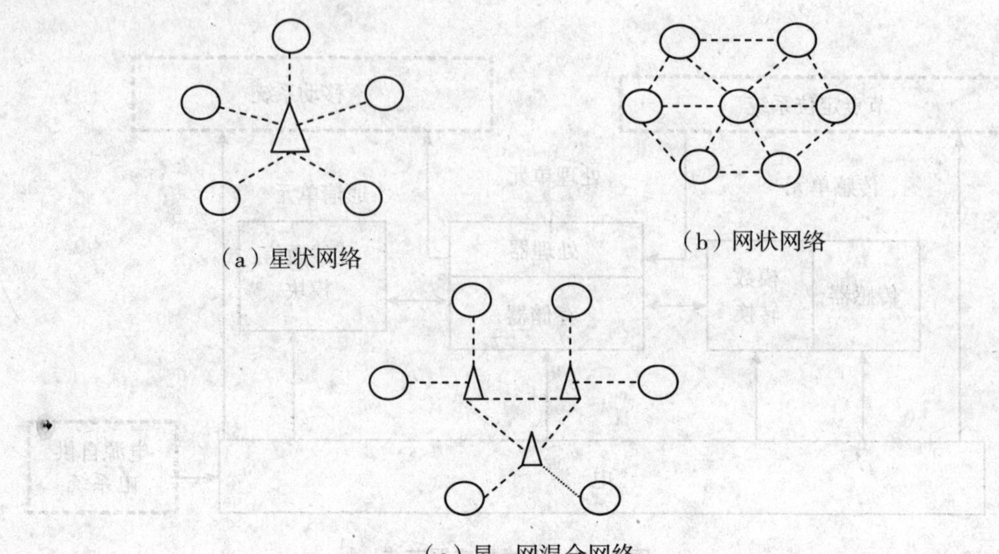

图 8-6 无线传感器网络拓扑结构

逻辑链路控制（LLC）子层与介质接入控制（MAC）子层。

③网络层负责端到端的路由发现与路由选择。大量的传感器节点散布在监测区域中，需要设计路由协议来供采集数据的传感器节点和基站节点之间的通信使用。与负责邻居节点间一跳连接的数据链路层不同，网络层决定数据如何在节点之间进行多跳传输，通过选择最佳的路径来传输数据报。

④传输层负责传感器网络中数据流的传输控制，是保证通信服务质量的重要部分。目前对于 WSN 传输层的研究不多，主要是 WSN 与其他网络的互联。

⑤应用层为用户的各种具体应用提供支撑，包括一系列服务于监测任务的应用层软件或中间件，如时间同步、节点定位、应用服务接口、网络管理接口。

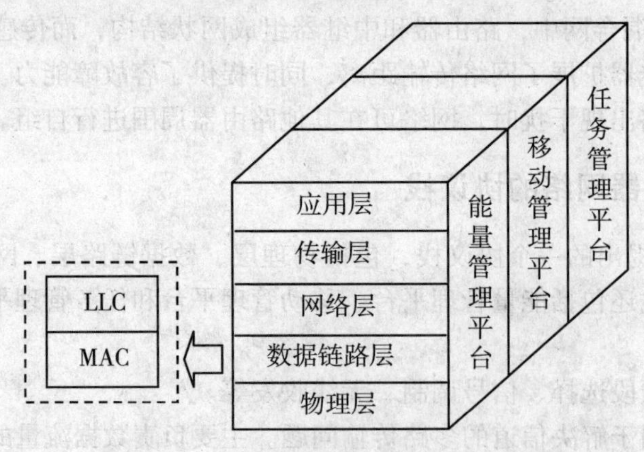

图 8-7 无线传感器网络的一种协议栈

能量管理平台管理传感器节点如何使用电能资源，在各个协议层进行统一考虑如何节省能量。移动管理平台检测并注册节点的移动，维护到 Sink 节点的路由，从而使节点能够动态跟踪其邻居的位置。任务管理平台用来平衡和调度某个监测区域的感知任务。并不是所有节点都要参与到监测活动中，在一般情况下，剩余能量较高的节点要承担多一点的感知任务，这时需要任务管理平台负责分配与协调各个节点的任务量的大小。

无线传感器网络协议栈与传统网络协议栈对比表

<table>
<tr><th>ISO/OSI 协议模型</th><th>WSN 协议模型</th><th>TCP/IP 协议模型</th></tr>
<tr><td>应用层</td><td rowspan="3">用户层</td><td rowspan="4">应用层</td></tr>
<tr><td>表示层</td></tr>
<tr><td>会话层</td></tr>
<tr><td></td><td>数据层</td></tr>
<tr><td>传输层</td><td rowspan="2">网络层</td><td>传输层</td></tr>
<tr><td>网络层</td><td>网络层</td></tr>
<tr><td>数据链路层</td><td>数据链路层</td><td>数据链路层</td></tr>
<tr><td>物理层</td><td>物理层</td><td>物理层</td></tr>
</table>

WSN 与传统网络的应用目标不同，因此网络协议也具有不同的结构。如上表所示，无线传感器网络的网络协议参考模型和 ISO/OSI 七层模型相比，网络协议有所简化：物理层和数据链路层分别与 ISO/OSI 模型的相应层对应；网络层等价于传统网络的网络层和传输层；在网络层之上增加了额外的数据层；模型的最上层为用户层，对应于 ISO/OSI 模型中的表示层、会话层和应用层。与 TCP/IP 模型相比，物理层和数据链路层提供相同的功能；而网络层则等价于 TCP/IP 模型的网络层与传输层；同样在网络层之上增加了额外的数据层；用户层与 TCP/IP 模型的应用层相对应。

数据层是无线传感器网络所特有的协议层，主要完成数据融合、数据管理。

数据融合是将网络内汇集的多个传感器数据进行关联、分类、聚集、压缩等处理操作，以缩减成数据量更小、可信度更高的出口报文转发给下一跳，从而减少网络中传输的数据量，最终实现降低传输能耗的目的。传感器节点在数据的收集、查询和转发过程中，采用适当的融合技术，去除冗余信息，可节约能量，但数据融合会增加延时，影响实时性，需要根据具体的应用进行折中。

数据管理是将传感器网络数据的逻辑视图独立于网络的底层实现，从而有效地支持感知数据的存储、查询、索引和挖掘，为用户层的数据访问提供更高效的支持。由于节点数量较多，产生的数据庞大，而节点能量又有限，因此需要设计节能的、鲁棒的数据管理技术。从数据存储的角度看，WSN 可以看做一个分布式数据库。因此，可使用数据库技术对网络数据进行抽象，提供数据的逻辑视图，方便用户的使用。通常，对传感器网络的数据查询是连续或者随机抽样查询，与传统分布式数据库技术不尽相同，需要研究适合无线传感器网络的查询语言、查询优化技术等。数据索引为数据存储和查询提供支持。感知数据的挖掘主要研究感知数据相关的新知识模型、分布式挖掘技术等。

8.3 WSN 相关技术

WSN 技术是多学科交叉的研究领域，因而包含众多研究方向，WSN 技术具有天生的应用相关性，利用通用平台构建的系统都无法达到最优效果。WSN 技术的应用定义要求网络中节点设备能够在有限能量（功率）供给下实现对目标的长时间监控，因此网络运行的能量效率是一切技术元素的优化目标。下面从核心关键技术和关键支撑技术两个层面分别介绍应用系统所必需的设计和优化的技术要点。

8.3.1 网络拓扑控制

组网模式决定了网络的拓扑结构，但还需要对节点连接关系的时变规律进行细微的控制，以达到无线传感器网络的低功耗性能，即所谓的拓扑控制。

对于无线的自组织的传感器网络而言，网络拓扑控制具有特别重要的意义。通过拓扑控制自动生成良好的网络拓扑结构，能够提高路由协议和 MAC 协议的效率，可为数据融合、时间同步和目标定位等很多方面奠定基础，有利于节省节点的能量来延长网络的生存期。所以，拓扑控制是 WSN 研究的核心技术之一。

最主要的拓扑控制技术有时间控制、空间控制和逻辑控制。时间控制是控制节点的睡眠、工作时间比以及调节节点间睡眠起始时间，让节点交替工作，完成有限的拓扑结构之间的切换；空间控制是控制节点的发送功率，改变节点的连通区域，使网络呈现不同的连通形态，达到低功耗、网络容量提高的目的；逻辑控制是通过邻居表将不理想的节点排除在外，以达到拓扑的稳固、可靠和强健。

8.3.2 路由协议

传感器网络拓扑结构动态变化，网络资源也在不断变化，这些都对网络协议设计提出了更高的要求。传感器网络协议负责使各个独立的节点形成一个多跳的数据传输网络，目前研究的重点是网络层协议和数据链路层协议。网络层的路由协议负责将数据分组从源节点通过网络发送到目的节点，路由协议不仅关心单个节点的能量损耗，更需要将整个网络的能耗均匀地分布到各个节点，只有这样才能延长整个网络的生命周期。同时，传感器网络的路由以数据为中心，网络关心的不是和某个特定节点通信，而是将所有节点采集的数据传输到会聚节点进行处理。

传统无线通信网络研究的重点放在无线通信的服务质量（QOS）上，而无线传感器节点是随机分布，电池供电，因此目前无线传感器网络路由协议的研究重点是放在如何提高能量效率上，当前流行的几个无线传感器网络的路由协议如下：

1. 泛洪协议

泛洪（Flooding）协议是一种传统的无线通信路由协议。该协议规定，每个节点接受来自其他节点的信息，并以广播的形式发送给其他邻居节点。如此继续下去，最后将信息数据发送给目的节点。但这个协议容易引起信息的“内爆”（Implosion）和“重叠”（Overlap），造成资源的浪费。因此在泛洪协议的基础上，提出了闲聊（Gossiping）协议。

2. Gossiping 协议

Gossiping 协议是在泛洪协议的基础上进行改进而提出的。它传播信息的途径是通过随机地选择一个邻居节点，获得信息的邻居节点以同样的方式随机地选择下一个节点进行信息的传递。这种方式避免了以广播形式进行信息传播的能量消耗，但其代价是延长了信息的传递时间。虽然 Gossiping 协议在一定程度上解决了信息的内爆，但是仍然存在信息的重叠现象。

3. SPIN 协议

SPIN（Sensor Protocol for Information via Negotiation）协议是一种以数据为中心的自适应路由协议。SPIN 协议的目的是：通过节点之间的协商，解决 Flooding 协议和 Gossiping 协议的内爆和重叠现象。SPIN 协议有 3 种类型的消息，即 ADC、REQ 和 DATA。

ADC 用于数据的广播，当某一个节点有数据可以共享时，可以用其进行数据信息广播。

REQ 用于请求发送数据，当某一个节点希望接受 DATA 数据包时，发送 REQ 数据包。

DATA 为传感器采集的数据包。

在发送一个 DATA 数据包之前，一个传感器节点首先对外广播 ADV 数据包，如果某一个节点希望接受要传来的数据信息，则向发送 ADV 数据包的节点回复 REQ 数据包，因此，便建立起发送节点和接受节点的联系，发送节点便向接受节点发送 DATA 数据包。

4. 定向扩散（Directed Diffusion）协议

定向扩散协议是一种基于查询的路由机制。整个过程可以分为兴趣扩散、梯度建立以及路径加强 3 个阶段。在兴趣扩散阶段，会聚节点向传感器节点发送其想要获取的信息种类或内容。兴趣消息中含有任务类型、目标区域、数据发送速率、时间戳等参数。每个传感器节点在收到该信息后，将其保存在 CACHE 中。当整个信息要求传遍整个传感器网络后，便在传感器节点和会聚节点之间建立起一个梯度场，梯度场的建立是根据成本最小化和能量自适应原则。一旦传感器节点收集到会聚节点感兴趣的数据，就会根据建立的梯度场寻求最快路径进行数据传递。

5. LEACH 协议

LEACH（LOW－Energy Adaptive Clustering Hierarchy）协议是一种以最小化传感器网络能量损耗为目标的分层式协议。该协议的主要思想是通过随机选择类头节点，平均分担无线传感器网络的中继通信业务来达到平均消耗传感器网络中节点能量的目的，进而可以延长网络的生命周期。LEACH 协议可以将网络生命周期延长 15%。LEACH 协议分为两个阶段：类准备阶段和数据传输阶段。类准备阶段和就绪阶段所持续的时间总和称为一个轮回。

在类准备阶段，LEACH 协议随机选择一个传感器节点作为类头节点，随机性确保类头与基站之间数据传输的高能耗成本均匀地分摊到所有传感器节点上。

8.3.3 分布式数据管理和信息融合

分布式动态实时数据管理是以数据中心为特征的 WSN 网络的重要技术之一。该技术通过部署或者指定一些节点为代理节点，代理节点根据监测任务收集兴趣数据。监测任务通过分布式数据库的查询语言下达给目标区域的节点。在整个体系中，WSN 网络被当做分布式数据库独立存在，实现对客观物理世界的实时和动态的监测。

传感器网络存在能量约束。减少传输的数据量能够有效地节省能量，因此在从各个传感器节点收集数据的过程中，可利用节点的本地计算和存储能力处理数据的融合，去除冗余信息，从而达到节省能量的目的。由于传感器节点的易失效性，传感器网络业需要数据融合技术对多份数据进行综合，提高信息的准确度。

数据融合技术可以与传感器网络的多个协议层次进行结合。在应用层设计中，可以利用分布式数据库技术，对采集到的数据进行逐步筛选，达到融合的效果；在网络层中，很多路由协议均结合了数据融合机制，以期减少数据传输量。数据融合技术已经在目标跟踪、目标自动识别等领域得到了广泛的应用。

数据融合技术在节省能量、提高信息准确度的同时，要以牺牲其他方面的性能为代价。首先是延时的代价，在数据传送过程中寻找易于进行数据融合的路由、进行数据融合操作、为融合而等待其他数据的到来，这 3 个方面都可能增加网络的平均延时。其次是鲁棒性的代价，传感器网络相对于传统网络有更高的节点失效率以及数据丢失率，数据融合可以大幅度降低数据的冗余性，但丢失相同的数据量可能损失更多的信息，因此相对而言也降低了网络的鲁棒性。

8.3.4 嵌入式操作系统

传感器节点是一个微型的嵌入式系统，携带非常有限的硬件资源，需要操作系统能够节能高效地使用有限的内存、处理器和通信模块，且能够对各种特定对应环境提供最大的支持。在面向 WSN 的操作系统的支持下，多个应用可以并发地使用系统的有限资源。

传感器节点有两个突出的特点。一个特点是并发性密集，即可能存在多个需要同时执行的逻辑控制，这需要操作系统能够有效地满足这种发生频繁、并发程度高、执行过程比较短的逻辑控制流程；另一个特点是传感器节点模块化程度很高，要求操作系统能够让应用程序方便地对硬件进行控制，且保证在不影响整体开销的情况下，应用程序中的各个部分能够比较方便地进行重新组合。上述这些特点对设计面向 WSN 的操作系统提出了新的挑战。

作为深度嵌入的网络系统，WSN 网络对操作系统也有特别的要求，既要能够完成基本体系结构支持的各项功能，又不能过于复杂。从目前发展状况来看，TinyOS 是最成功的 WSN 专用操作系统。但随着芯片低功耗设计技术和能量工程技术水平的提高，更复杂的嵌入式操作系统，如 Vxworks、Uclinux 和 Ucos 等，也可能被 WSN 网络所采用。

8.3.5 基于 WSN 的自定位和目标定位技术

定位跟踪技术包括节点自定位和网络区域内的目标定位跟踪。节点自定位是指确定网络中节点自身位置，这是随机部署组网的基本要求。GPS 技术是室外惯常采用的自定位手段，但它一方面成本较高，另一方面在有遮挡的地区会失效。传感器网络更多采用混合定位方法：手动部署少量的锚节点（携带 GPS 模块），其他节点根据拓扑和距离关系进行间接位置估计。目标定位跟踪通过网络中节点之间的配合完成对网络区域中特定目标的定位和跟踪，一般建立在节点自定位的基础上。

WSN 的定位就是未知节点通过定位技术获得自身位置信息的过程。在 WSN 定位中，通常使用三边测量法、三角测量法和极大似然估计法等算法计算节点位置。

8.3.6 应用层技术

传感器网络应用层由各种面向应用的软件系统构成，部署的传感器网络往往执行多种任务。应用层的研究主要是各种传感器网络应用系统的开发和多任务之间的协调，如作战环境侦察与监控系统、军事侦查系统、情报获取系统、战场监测与指挥系统等。

传感器网络应用开发环境的研究旨在为应用系统的开发提供有效的软件开发环境和软件工具，需要解决的问题包括传感器网络程序设计语言，传感器网络程序设计方法学，传感器网络软件开发环境和工具，传感器网络软件测试工具的研究，面向应用的系统服务，基于感知数据的理解、决策和举动的理论与技术（如感知数据的决策理论、反馈理论、新的统计算法、模式识别和状态估计技术等）。

8.3.7 WSN 存在的主要问题

尽管传感器网络有完善的支撑技术，客观地说它的发展也是非常迅速，然而从很多方面来说，现在的无线传感器网络就如同 1970 年的互联网，那时互联网仅仅连接了不到 200 所大学和军事实验室，并且研究者还在试验各种通信协议和寻址方案。而现在，大多数传感器网络只连接了不到 100 个节点，更多的节点以及通信线路会使其变得十分复杂、难缠而无法正常工作。另外，一个原因是单个传感器节点的价格目前还并不低廉，而且电池寿命在最好的情况下也只能维持几个月。所以无线传感器网络中还存在以下问题：

1. 能量问题

在多数情况下，传感器网络中的节点都是由电池供电，电池容量有限，使得节点的生存时间也受到限制。如果网络中节点因为能量耗尽不能工作，则会带来网络拓扑的改变以及路由的重新建立等问题，甚至可能使得网络分成不连通的部分，造成通信的中断。如何提高能量效率，是无线传感器网络设计的一个重要问题。

首先，在功能上，由于无线传感器网络大都是为某一专用目的而设计的，去掉不必要的功能，可以节省能量，延长节点的生存时间。因此，无线传感器网络需要考虑两点设计原则：延长网络工作时间，减少不必要的功能，突出专用性。其次，可以设计专门的提高传感器网络能量效率的协议以及采用专门的技术，这些协议和技术涉及网络的各个层次，如物理层可以采用超宽带无线通信技术，MAC 层可以采用适合节点在休眠和工作状态间切换的接入协议，网络层可以以节点能量作为路由度量等。此外，还可以采用跨层设计的方式，提高网络的能量效率。

2. 跨层设计问题

设计一个传感器网络，使其在不同应用下都能保持最优的性能是非常困难的。目前，研究者在网络协议栈的各层（包括 MAC 层、网络层、应用层等）都对能量约束、不同应用要求、网络的差异性等进行了相当的研究，但这些研究往往都局限于网络的某一层，而忽略了各层之间的相互联系。分层的设计方法使设计简化，使互联网稳定、兼容性好，但在无线传感器网络中，却带来了灵活性差、效率不高等缺点。因此，在传感器网络中，需要采用自适应的跨层优化协议，从而可以在能量受限的情况下，满足应用的高吞吐量、低延迟等要求。

在跨层设计中，各层协议相互联系，统一设计，如协议的自适应性就要求各层相互协作来完成。网络中的各种变化时间跨度各不相同，比如，信噪比的变化很快，用户数的变化较慢等。这就需要首先在不同的层自适应地处理与之相应时间跨度的网络变化，处理不了的，再由其他层来处理。再如网络的能耗方面，也需要各层统一考虑。在物理层降低信息传输速率即可降低能耗，但会对上层应用产生影响；最优的路由方式也有可能因为很快消耗完某些节点的能量，而不能被采用。因此，在跨层协议设计中，需要在能量、业务要求的约束条件下，对各层进行统一的优化，同时，还需要在各层之间适当地传递和共享信息，为最优化设计提供条件。

3. 安全问题

同其他无线网络一样，安全问题是无线传感器网络的一个重要问题。由于采用的是无线传输信道，传感器网络存在窃听、恶意路由、消息篡改等安全问题。同时，无线传感器网络的两个特点使安全问题的解决更为复杂化了，这两个特点是数据在网络中的整合和节点的有限能量和有限处理、存储能力。

数据在网络中的整合可以有效地压缩网络中传输的数据量，节省网络资源，但同时将数据的内容暴露给了进行整合的节点。因此，需要对进行数据整合的节点进行认证，仅让通过认证的节点进行数据整合，这就带来了节省网络资源和提高网络安全性的折中，需要根据不同应用的要求进行不同的选择。传感器网络保密协议（Secure Network Encryption Protocol，SNEP）对节点设立不同安全等级并在通信节点间采用数据鉴权、加密技术等，防止了数据被截获后造成的信息泄露。

无线传感器网络中的节点通常只有有限的能量，同时处理、存储能力较小，使得一些在一般网络中采用的算法无法执行。比如，在 SPIN 中使用的 RC5 算法，就有可能因为运算过于复杂、占用存储单元过多，而不适用于某些传感器网络中。在无线传感器网络的安全设计中，可以通过算法选择，将大部分的实现网络安全的计算量放在信息收集节点或簇头节点处，而减轻一般传感器节点的计算和存储压力，这也可以作为一种可选的解决方案。

8.4 WSN 的主要应用

由于传感器网络潜在的巨大应用价值，它已经引起了世界各国的军事部门、工业界和学术界的极大关注。2003 年，美国自然科学基金委员会制订了传感器网络研究计划，投资 3400 万美元，支持相关基础理论的研究。美国加州大学伯克利分校、麻省理工学院等一批高校分别开展了传感器网络的基础理论和关键技术的研究。美国国防部也对传感器网络给予了高度重视，把传感器网络作为一个重要研究领域，设立了一系列研究项目。英特尔、微软等信息业巨头也开始了传感器网络应用开发方面的工作。我国国家自然科学基金会在 2004 年度也设置了传感器网络的重点项目，目前不少部门已启动相关的研究工作，加强科技界和产业界的合作，推动我国无线传感器网络领域的技术快速发展和广泛应用。

无线传感器网络在军事和民用领域有着广阔的应用前景，如军事侦查、环境监测、医疗监护、空间探索、城市交通管理、仓储管理等，成为信息技术的一个新的应用领域。

1. 军事应用

信息技术正推动着一场新的军事变革。信息化战争要求作战系统“看得明、反应快、打得准”，谁在信息的获取、传输、处理上占据优势（取得控制信息权），谁就能掌握战争的主动权。传感器网络以其独特的优势，能在多种场合满足军事信息获取的实时性、准确性、全面性等需求。

无线传感器网络可以协助实现有效的战场态势感知，满足作战力量“知己知彼”的要求。典型设想是用飞行器将大量微传感器节点散布在战场的广阔地域，这些节点自组成网，将战场信息边收集、边传输、边融合，为各参战单位提供“各取所需”的情报服务。

无线传感器网络还可为火控和制导系统提供准确的目标定位信息。网络嵌入式系统技术（NEST）战场应用实验是美国国防高级研究计划局（DARPA）主导的一个项目，它应用了大量的微型传感器、先进的传感器融合算法、自定位技术等方面的成果。2003 年，该项目成功地研制了能够准确定位敌方狙击手的传感器网络技术，它采用多个廉价音频传感器协同定位敌方射手，并标识在所有参战人员的个人计算机中，三维空间的定位精度可达 1.5m，定位延迟达 2s，甚至能显示敌方射手采用跪姿和站姿射击的差异。

无线传感器网络还可在对付化学武器方面发挥重要作用。美国 Cyrano Sciences 公司已将化学剂检测和数据解释组合到一种专有的芯片技术中，称为 Cyrano Nose Chip。基于这一技术可创建一个低成本的化学传感器系统，捕获和解释数据，并提供实时报警，以应付恐怖分子使用化学武器进行攻击。该系统在前端使用一个C320手持传感器，负责收集有关化学剂的数据。该传感器能与后端笔记本电脑进行无线连接，电脑上运行着远程监控和服务器过程。该系统使用IBM公司的无线通信设备WebSphere MQ Everyplace传输数据。这个手持设备还可以小型化为微小节点，部署到监测环境中去，形成自主工作的无线传感器网络。

2. 环境应用

WSN可以用于气象和地理研究，自然和人为灾害（如洪水和火灾）的监测，监视农作物灌溉及土壤、空气变化的情况、牲畜和家禽的环境状况，以及大面积的地表检测和跟踪珍稀鸟类、动物和昆虫，进行濒危种群的研究等。

美国的ALERT计划中，研究人员开发了数种传感器来分别监测降雨量、河水水位和土壤水分，并依此预测山洪暴发的可能性。2002年，美国加州大学伯克利分校Intel实验室和大西洋学院联合，在大鸭岛上部署了用来监测岛上海鸟生活习性的无线传感器网络。哈佛大学Mate Wel的研究小组用WSN对活火山Volcan Tungurahua进行观测。2005年，澳洲的科学家利用传感器网络探测北澳大利亚的蟾蜍分布情况。挪威科学家利用WSN监测冰河的变化情况，目的在于通过分析冰河环境的变化来推断地球气候的变化。Intel在俄勒冈州的一个葡萄园内，利用WSN测量葡萄园气候的细微变化。

3. 医疗应用

WSN可以用于检测人体的生理数据和健康状况，对医院药品进行管理以及用于远程医疗等医疗领域。在SSIM项目中，100个微型传感器被植入病人眼中，帮助盲人获得了一定程度的视觉。科学家还创建了一个“智能医疗之家”，即一个5间房的公寓住宅，使用无线传感器网络来测量居住者的重要生命体征（血压、脉搏和呼吸）、睡觉姿势以及每天24小时的活动状况，所收集的数据被用于开展相应的医疗研究。哈佛大学的一个研究小组利用无线传感器网络构建了一个医疗监测平台。

4. 家庭应用

嵌入家具和家电中的传感器和执行单元组成的无线网络与Internet连接在一起，能够为人们提供更加舒适、方便和具有人性化的智能家居环境。用户可以方便地对家电进行远程监控，如在下班前遥控家里的电饭锅、微波炉、电话机、录像机、电脑等家电，按照自己的意愿完成相应的煮饭、烧菜、查收电话留言、选择电视节目以及下载网络资料等工作。在家居环境控制方面，将传感器节点放在家庭里不同的房间，可以对各个房间的环境温度进行局部控制。此外，利用无线传感器网络还可以监测幼儿的早期教育环境，跟踪儿童的活动范围，让研究人员、父母或是老师全面地了解和指导儿童的学习。

5. 工业应用

WSN可以用于车辆的跟踪、机械故障的诊断、工业生产的监控、建筑物状态的监测等。将WSN和RFID技术融合，是构建智能交通系统的绝好途径。在一些危险的工作环境，如煤矿、石油钻井、核电厂等，利用无线传感器网络可探测工作现场的一些重要信息。

在机械故障诊断方面，Intel 曾在芯片制造设备上安装过 200 个传感器节点，用来监控设备的振动情况，并在测量结果超出规定时提供监测报告。美国贝克特营建集团公司已在伦敦地铁系统中采用了无线传感器网络进行检测。采用 WSN 可以让大楼、桥梁及其他建筑物感知并汇报自身的状态信息。英国的一家博物馆利用无线传感器网络设计了一个警告系统。

6. 其他应用

在太空探索方面，WSN 可以实现对星球表面长期的监测。美国国家航空与航天局（NASA）的 JPL 实验室的 Sensor Webs 计划，就是为将来的火星探测进行技术准备的。德国某研究机构正在利用 WSN 为足球裁判研制一套辅助系统，以降低足球比赛中越位和进球的误判率。

在商务方面，WSN 可用于物流和供应链的管理。WSN 在大型工程项目、防范大型灾害方面也有着良好的应用前景，如西气东输、青藏铁路、海啸预警等。

此外，在基础设施安全、灾难拯救、先进制造、物流管理、交互式博物馆等众多领域，无线传感器网络都会孕育出全新的设计和应用模式。

光电传感器在机场物流行业的应用

近年来，随着国内航空运输业的持续快速发展，机场物流项目逐渐增多，技术水平不断提高。民航总局预计，“十一五”期间，中国内地航空运输将有 14% 的增长，机场建设投资将达到 1400 亿元人民币，这无疑为机场物流相关领域的发展提供了巨大的市场空间。明确到 2010 年年底，约需投资 4 万亿元以加快建设进度，2009 年民航固定资产投资总规模将达 800 亿 ~ 1000 亿元，较上年增长 33% 以上。

机场物流系统主要包括三大类：机场行李处理系统、航空货运处理系统、航空配餐处理系统。在此主要分析传感器在行李与货运处理系统的应用情况。行李处理系统英文名称为 BHS（Baggage Handling System），是在民航机场的航站楼内为旅客输送和处理托运行李的系统，是旅客航站楼内物流地位最重要、占据建筑空间最大以及系统性最强的机械化物流输送系统。在如此庞大复杂的系统中，利用现代传感器检测处理行李货物，不仅提高了效率，而且可以降低错误发生率，传感器的应用在各类尤其是大型民航机场航站楼建设和运营管理中起着重要的作用。

以下以美国邦纳公司传感器为例分别介绍传感器在机场行李处理系统几个典型的应用：

1. 工作站分拣测量

机场仓库出口点与进口货物的 DC 点不同，早上入库的货物在当天下午就可能要出库，基本上属于“通过型”物流运作，所以平面库的设施需实现更加流畅的作业。其中货架通常有不同的尺寸规格，因此货物在放入哪一货架前通常需要按照货物大小进行分类，测量光幕可以协助实现分类的自动化以及货物体积的测量（图 8 - 8）。

图 8-8 MINI-ARRAY 测量光幕的检测应用

图 8-8、图 8-9 中邦纳 EZ-ARRAY 两片式测量光幕安装于机场的物流工作站上，测量所经过光幕扫描区域货物的大小，光幕的高度可以为 143mm ~ 1.8m，检测范围 400mm ~ 4m，光束间距为 19.1mm，检测距离为 0.9m ~ 15m；其直接工作方式时的扫描时间范围为 2.8ms ~ 26.5ms。无须特别控制器，MINI-ARRAY 测量光幕可迅速快捷地测量货物的大小，后台 PCL 系统根据光幕检测的数据从而进行分类分拣货物。当处理货物的种类繁杂，规格尺寸千差万别时，从一个小的快件到一个大型的 13.6t 的集装单元处理箱，从一个电子产品到一辆豪华轿车，从一件服装到一箱军火枪支，这些都是货运处理工作站需考虑到的问题，测量光幕可有效地帮助处理这些问题。

图 8-9 MINI-ARRAY 测量光幕的尺寸大小检测应用

2. 物流输送带到位检测应用

在行李处理系统内部，按照处理行李的类别分为：

(1) 离港行李处理系统：处理出港旅客的交运行李。

(2) 进港行李处理系统：处理进港旅客的交运行李，相对于离港行李处理系统较为简单。当货物出货或者进货的时候，必须准时、准确、准量、合理而有效，通过对流水线的单向化向混流化的改造和自动化管理，物流输送带系统成为行李处理运输的纽带，下面

两张实物图 8－10、图 8－11 介绍利用邦纳的光电传感器 Q45，对所经的货物进行计数处理，达到自动化输送管理。

图 8－10　Q45 光电传感器在输送带上计数应用

图 8－10，安装于输送带上的邦纳 Q45 光电传感器，对所经货物进行计数，配备了光电传感器的自动化输送带，使物流处理过程实现了自动化，这样不仅提高了作业质量，在确保安全作业的同时，也兼顾了工作效率的提升，还削减了人工费用。

图 8－11　在输送带首尾端 Q45 光电传感器

图 8－11，在输送带首尾端 Q45 光电传感器不仅具有计数的功能，还有节能的作用，当输送带上没有行李货物的时候，该光电传感器感测到这种状态后反馈给后台的 PCL 系统，由 PCL 系统控制输送带的运行，达到节能的功效。

3. 办票口行李到位检测

行李在进出机场物流系统的开始，需要进行安全检查，目前大多数机场都采用 X 射线安全检查设备进行行李安检，而传感器就被应用在该设备中，进行行李到位检测应用（图 8－12）。

图 8－12　X 射线安全检查设备

图 8－12 是某一机场办票口在旅客行李进站安检的时候使用的 X 射线安全检查设备。图 8－13 中的两只小孔分别开设于在 X 射线安全检查设备两侧，在小孔后面装有邦纳的 QS18 光电传感器，对面两只小孔各装有反射板，当行李放置于机器的履带上时，QS18 光电传感器检测到行李，然后发出信号，后台启动传动装置，行李开始被输送进机器安全检测。利用 QS18 光电传感器达到半自动化节能输送处理，节省能源，提高工作效率。

图 8－13　安装于 X 射线安全检查设备内的 QS18 光电传感器

以上分别介绍了在机场物流系统中，3 个环节的传感器应用。其实，不仅仅是此 3 个环节，在登机桥地面检测，立体仓库货物堆放、货物突出、货架监视，行李上架定位，堆垛车定位，货物信息读取等环节，都可处处见到传感器的应用。

9 通信与网络技术

形形色色的感知技术、通信技术、无线技术、网络技术共同组成了以物联网为核心的智慧网络。亚里士多德曾说过“给我一个支点我可以撬起地球”，而今随着技术的发展，这句豪言完全可以与时俱进地改为“给我一个物联网我能够感知地球”。有一个关于以传感器网络为主体的物联网的形象比喻：传感器网络如果是“头”，传感器就是“五官”，而网络则是“大脑和神经”，这可以很形象地概括出传感网的工作原理和过程，即通过多个不同种类传感器的协同和融合对物体进行全面的感知。通信与网络技术是支撑物联网运转的重要部分，是物联网应用发展的关键。

9.1 通信网与 IPv6

9.1.1 通信网络

通信网是一种由通信端点、节（结）点和传输链路相互有机地连接起来，以实现在两个或更多个规定通信端点之间提供连接或非连接传输的通信体系。通信网按功能与用途不同，一般可分为物理网、业务网和支撑管理网 3 种。

物理网是由用户终端、交换系统、传输系统等通信设备所组成的实体结构，是通信网的物质基础，也称装备网。用户终端是通信网的外围设备，它将用户发送的各种形式的信息转变为电磁信号送入通信网路传送，或将从通信网路中接收到的电磁信号等转变为用户可识别的信息。用户终端按其功能不同，可分为电话终端、非话终端及多媒体通信终端。电话终端指普通电话机、移动电话机等；非话终端指电报终端、传真终端、计算机终端、数据终端等；多媒体通信终端指可提供至少包含两种类型信息媒体或功能的终端设备，如可视电话、电视会议系统等。交换系统是各种信息的集散中心，是实现信息交换的关键环节。传输系统是信息传递的通道，它将用户终端与交换系统之间以及交换系统相互之间联接起来，形成网路。传输系统按传输媒介的不同，可分为有线传输系统和无线传输系统两类。有线传输系统以电磁波沿某种有形媒质的传播来实现信号的传递。无线传输系统则是以电磁波在空中的传播来实现信号的传递。

业务网是疏通电话、电报、传真、数据、图像等各类通信业务的网络，是指通信网的服务功能。按其业务种类，可分为电话网、电报网、数据网等。电话网是各种业务的基础，电报网是通过在电话电路加装电报复用设备而形成的，数据网可由传输数据信号的电话电路或专用电路构成。业务网具有等级结构，即在业务中设立不同层次的交换中心，并根据业务流量、流向、技术及经济分析，在交换机之间以一定的方式相互连接。

支撑管理网是为保证业务网正常运行，增强网路功能，提高全网服务质量而形成的网络。在支撑管理网中传递的是相应的控制、监测及信令等信号。按其功能不同，可分为信令网、同步网和管理网。信令网由信令点、信令转接点、信令链路等组成，旨在为公共信道信令系统的使用者传送信令。同步网为通信网内所有通信设备的时钟（或载波）提供同步控制信号，使它们工作在同一速率（或频率）上。管理网是为保持通信网正常运行和服务所建立的软件、硬件系统，通常可分为话务管理网和传输监控网两部分。

9.1.2 IPv6

IPv6 是 Internet Protocol Version 6 的缩写，其中 Internet Protocol 译为“互联网协议”。IPv6 是互联网工程任务组（Internet Engineering Task Force，IETF）设计的用于替代现行版本 IP 协议（IPv4）的下一代 IP 协议。目前 IP 协议的版本号是 4（简称为 IPv4），它的下一个版本就是 IPv6。

目前我们使用的第二代互联网 IPv4 技术，核心技术属于美国。它的最大问题是网络地址资源有限，从理论上讲，编址 1600 万个网络、40 亿台主机。但采用 A、B、C 三类编址方式后，可用的网络地址和主机地址的数目大打折扣，以致目前的 IP 地址近乎枯竭。其中北美占有 3/4，约 30 亿个，而人口最多的亚洲只有不到 4 亿个，中国只有 3000 多万个，只相当于美国麻省理工学院的数量。地址不足，严重地制约了我国及其他国家互联网的应用和发展。

一方面是地址资源数量的限制，另一方面是随着电子技术及网络技术的发展，计算机网络将进入人们的日常生活，可能身边的每一样东西都需要连入全球互联网。在这样的环境下，IPv6 应运而生。单从数字上来说，IPv6 所拥有的地址容量约是 IPv4 的 8×10^{28} 倍，达到 2^{128} 个。这不但解决了网络地址资源数量的问题，同时也为除电脑外的设备连入互联网在数量限制上扫清了障碍。

但是与 IPv4 一样，IPv6 一样会造成大量的 IP 地址浪费。准确地说，使用 IPv6 的网络并没有 2^{128} 个能充分利用的地址。首先，要实现 IP 地址的自动配置，局域网所使用的子网的前缀必须等于 64，但是很少有一个局域网能容纳 2^{64} 个网络终端；其次，由于 IPv6 的地址分配必须遵循聚类的原则，地址的浪费在所难免。

但是，如果说 IPv4 实现的只是人机对话，而 IPv6 则扩展到任意事物之间的对话，它不仅可以为人类服务，还将服务于众多硬件设备，如家用电器、传感器、远程照相机、汽车等，它将是无时不在，无处不在地深入社会每个角落的真正的宽带网。而且它所带来的经济效益将非常巨大。

当然，IPv6 并非十全十美、一劳永逸，不可能解决所有问题。IPv6 只能在发展中不断完善，也不可能在一夜之间发生，过渡需要时间和成本，但从长远看，IPv6 有利于互联网的持续和长久发展。目前，国际互联网组织已经决定成立两个专门工作组，制定相应的国际标准。

IPv6 的优点之一就是提供灵活的路由机制。由于分配 IPv4 网络 ID 所用的方式，要求位于 Internet 中枢上的路由器维护大型路由表。这些路由器必须知道所有的路由，以便转发可能定向到 Internet 上的任何节点的数据包。通过其聚合地址能力，IPv6 支持灵活的寻址方式，大大减小了路由表的规模。在这一新的寻址结构中，中间路由器必须只跟踪其网络的本地部分，以便适当地转发消息。

信息社会的飞速发展正在我们眼前呈现，国际上各类网络体系与信息技术正在发生重大转型，其中两大趋势就是融合趋势和应用趋势。而这之中自然少不了作为下一代网络基础的 IPv6 协议的存在。

通信技术的发展结果是一个结构复杂、功能强大的全网通信系统。要实现全网通信，其最基础的是能够对任何产品都给予标准化的、独立的标记，并且要可以短距离自动无线识别，形成短距离传感网络；此外还需要对每件物品都可以分配网址，便于互联互通。这些基础工作是实现全网络通信的基础，也是最关键的技术。

基于 RFID 的“标记”“地址号码”和“传感功能”；基于 IPv6 的丰富的网址资源，再加上基于 RFID 技术标准的 EPC 技术，IPv6 与 RFID 结合能够极大地扩展通信网络“监测”与“控制”功能，从而催生出许多新的应用。

RFID 标签可以与真实世界中的任何物体相捆绑，同时通过信息的写入提示系统该物品的属性和特征；通过“地址号码”功能和“传感功能”实现物品的自动识别与短距离通信。基于 RFID/EPC 技术而提出的“物联网”概念，就是利用了 RFID 的技术特点，将网络延伸到物品，“物联网”是比互联网还要复杂得多的网络系统。也是今后构成未来全网通信业务的基础网络之一。

但是，要实现全网络融合，无限地延伸网络边界，实现全网络通信，开展全网络协同服务，还必须要使全网系统中最基础层的被标记物具有网络 IP 地址。现在互联网系统的 IPv4 技术，IP 地址资源有限，难以满足未来全网络通信的需求。下一代互联网的 IPv6 技术恰恰提供了 IP 网址资源的解决方案。因此，IPv6 与 RFID 结合，才构成了全网通信的基础。

从本质上看，IPv6 提供了巨大的地址资源，如果与 RFID 的编码对应使每一件被标记物品都具有一个 IP 地址，就可以通过虚拟的网络实现对现实中具体物品的监控和管理，使每一个产品和信息都能够通过网络管理来控制。

IPv6 与 RFID 结合能够使我们的生活变得更加简便，使未来的网络更加普及而无处不在，使我们能够享受到全网络通信、全网络协同服务。可以想象通过借助 RFID 技术手段，你可以检测、追踪、控制、分析、研究每种产品，可以与每件物品通信，甚至每件物品或设备之间也可以通过全网实现互相通信。而你则可以在未来的卡车、移动办公室、家庭、室外以及商场、大街上享受到全网协同的全业务通信服务。

总之，全网通信的世界正在向我们走来，而 RFID 及 IPv6 技术正是实现这一目的的革命性技术。

9.2 3G 与 4G 技术

9.2.1 3G 技术

3G 是英文 3rd Generation 的缩写，指第三代移动通信技术。相对第一代模拟制式手机（1G）和第二代 GSM、TDMA 等数字手机（2G），第三代手机一般地讲，是指将无线通信与国际互联网等多媒体通信结合的新一代移动通信系统。它能够处理图像、音乐、视频流等多种媒体形式，提供包括网页浏览、电话会议、电子商务等多种信息服务。为了提供这种服务，无线网络必须能够支持不同的数据传输速度，也就是说在室内、室外和行车的环境中能够分别支持至少 2Mbps（Mbit/s）、384kbps（kbit/s）以及 144kbps 的传输速度。

1. 3G 的技术标准

国际电信联盟（ITU）在 2000 年 5 月确定 W—CDMA、CDMA2000 和 TDS—CDMA 三大主流无线接口标准，写入 3G 技术指导性文件《2000 年国际移动通信计划》（简称 IMT—2000）。

（1）W—CDMA

即 WidebandCDMA，也称为 CDMADirectSpread，意为宽频分码多重存取，其支持者主要是以 GSM 系统为主的欧洲厂商，日本公司也或多或少参与其中，包括欧美的爱立信、阿尔卡特、诺基亚、朗讯、北电，以及日本的 NTT、富士通、夏普等厂商。这套系统能够架设在现有的 GSM 网络上，对于系统提供商而言可以较轻易地过渡，而 GSM 系统相当普及的亚洲对这套新技术的接受度预料会相当高。因此 W—CDMA 具有先天的市场优势。

W—CDMA 是一种由 3GPP 具体制定的，基于 GSMMAP 核心网，UTRAN（UMTS 陆地无线接入网）为无线接口的第三代移动通信系统。目前 WCDMA 有 Release99、Release4、Release5、Release6 等版本。

W—CDMA 采用直接序列扩频码分多址（DS—CDMA）、频分双工（FDD）方式，码片速率为 3.84Mcps，载波带宽为 5MHz。基于 Release99/Release4 版本，可在 5MHz 的带宽内，提供最高 384kbps 的用户数据传输速率。

在 Release5 版本引入了下行链路增强技术，即高速下行分组接入（High Speed Downlink Packet Access，HSDPA）技术，在 5MHz 的带宽内可提供最高 14.4Mbps 的下行数据传输速率。

在 Release6 版本引入了上行链路增强技术，即高速上行分组接入（High Speed Uplink Packet Access，HSUPA）技术，在 5MHz 的带宽内可提供最高 6Mbps 的上行数据传输速率。

（2）CDMA2000

CDMA2000 是由 IS—95A/B 标准演进而来的第三代移动通信标准，CDMA2000 也称为 CDMAMulti—Carrier，由美国高通北美公司为主导提出，摩托罗拉、Lucent 和后来加入的韩国三星都有参与，韩国现在成为该标准的主导者。这套系统是从窄频 CDMAOne 数字标准衍生出来的，可以从原有的 CDMAOne 结构直接升级到 3G，建设成本低廉。但目前使用 CDMA 的地区只有日、韩和北美，所以 CDMA2000 的支持者不如 W—CDMA 多。不过 CDMA2000 的研发技术却是目前各标准中进度最快的，许多 3G 手机已经率先面世。

（3）TD—SCDMA

TD—SCDMA（Time Division - Synchronization Code Division Multiple Access）的中文含义为时分同步码分多址接入。TD—SCDMA 从 2001 年 3 月开始，正式写入 3GPP 的 Release4 版本。目前 TD—SCDMA 已有 Release4、Release5、Release6 等版本。

该标准是由中国大陆独自制定的 3G 标准，1999 年 6 月 29 日，中国原邮电部电信科学技术研究院（大唐电信）向 ITU 提出。该标准将智能无线、同步 CDMA 和软件无线电等当今国际领先技术融于其中，在频谱利用率、对业务支持具有灵活性、频率灵活性及成本等方面的独特优势。另外，由于中国内的庞大的市场，该标准受到各大主要电信设备厂商的重视，全球一半以上的设备厂商都宣布可以支持 TD—SCDMA 标准。

TD—SCDMA 采用不需成对频率的 TDD 双工模式以及 FDMA/TDMA/CDMA 相结合的多址接入方式，使用 1.28Mcps 的低码片速率，扩频带宽为 1.6MHz。基于 Release4 版本，TD—SCDMA 可在 1.6MHz 的带宽内，提供最高 384kbps 的用户数据传输速率。

TD—SCDMA 在 Release5 版本引入了 HSDPA 技术，在 1.6MHz 带宽上理论峰值速率可达到 2.8Mbps。

2. 3G 各主流技术的比较

3G 三大技术体制主要的区别是空中接口的不同，即无线传输技术的不同，主要区别如表 9－1 所示。

表 9－1　　3G 三大技术区别

项　目	WCDMA	CDMA2000	TD—SCDMA
核心网	基于 GSM－MAP	基于 ANSI－41	基于 GSM－MAP
双工方式	FDD	FDD	TDD
双向信道带宽（MHz）	10	2.5	1.6
码片速率（Mcps）	3.84	1.2288	1.28
帧长（ms）	10	可变	10（分两个 5ms 子帧）
基站同步	异步（同步可选）	同步	同步
功率控制（Hz）	开环＋快速闭环 1500	开环＋快速闭环 800	开环＋慢速闭环 200

3. 3G 主流技术的优势

(1) 漫游能力

良好的全球漫游能力。目前全球大部分国家已经开通 3G 网络，其中 80% 运营商选择 WCDMA 和 20% 运营商选择 CDMA2000。良好的全球漫游能力有利于与其他运营商的合作和吸引高端用户。

(2) 安全性

3G 采用了很多种加密技术，保证通话和数据的安全，不管是话音还是数据都具备很强的保密性，通过多层的协议控制，数据在网络中可以非常安全地传输。

(3) 技术成熟度

3G 于 1996 年提出标准，2000 年完成包括上层协议在内的完整标准的制定工作。3G 网络部署已具备相当的实践经验，有一成套建网的理论，包括对网络的链路预算，传播模型预算，以及计算机仿真等。

(4) 商业模式

商业运作模式成熟，3G 网络得到众多设备商、终端制造商、内容提供商支持，具备一个非常全的产业链。

4. 3G 网络发展存在问题

(1) 资金投入大覆盖范围有限

大规模的 3G 网络建设需要耗费巨资，而国外运营商由于种种原因没有投入足够的资金进行全覆盖的网络建设。

(2) 3G 技术标准的版本仍不断演进

由于害怕与以后新的标准在漫游和兼容性等方面出现问题，各大运营商仍在综合评估以现有技术进行网络建设的合理规模。

(3) 缺乏重量级应用，市场需求并不明朗

在 3G 业务对用户没有足够吸引力的情况下，用户更不愿意花高价购买 3G 终端，因此终端的补贴也成为各运营商的主要市场策略之一。除此之外，市场上可供用户选择的 3G 终端仍十分有限，而前景较好的 3G 类业务如视频电话、网络游戏等对终端的要求都很高，3G 终端的完备性目前仍无法充分满足这些要求。

不过，从 3G 投入运营以来的过程我们可以清楚地看到，全球范围内 3G 市场环境及相关产业链一直在不断完善，各种制约因素的影响也在逐渐变小，3G 发展的环境总体来说得到了相当的改善。

5. 3G 的衔接性技术——2.5G

目前已经进行商业应用的 2.5G 移动通信技术是从 2G 迈向 3G 的衔接性技术，由于 3G 是个相当浩大的工程，所牵扯的层面多且复杂，要从目前的 2G 迈向 3G 不可能一下就衔接得上，因此出现了介于 2G 和 3G 之间的 2.5G。HSCSD、WAP、EDGE、蓝牙（Bluetooth）、EPOC 等技术都是 2.5G 技术。

（1）HSCSD（高速电路交换数据服务）

这是GSM网络的升级版本，HSCSD（High Speed Circuit Switched Data）能够透过多重时分同时进行传输，而不是只有单一时分而已，因此能够将传输速度大幅提升到平常的2～3倍。目前新加坡M1与新加坡电讯的移动电话都采用HSCSD系统，其传输速度能够达到57.6kbps。

（2）WAP（无线应用通信协议）

WAP（Wireless Application Protocol）是移动通信与互联网结合的第一阶段性产物。这项技术让使用者可以用手机之类的无线装置上网，透过小型屏幕遨游在各个网站之间。而这些网站也必须以WML（无线标记语言）编写，相当于国际互联网上的HTML（超文件标记语言）。

（3）Bluetooth（蓝牙）

蓝牙是一种短距的无线通信技术，电子装置彼此可以透过蓝牙而连接起来，传统的电线在这里就毫无用武之地了。透过芯片上的无线接收器，配有蓝牙技术的电子产品能够在10m的距离内彼此相通，传输速度可以达到每秒钟1Mbit。以往红外线接口的传输技术需要电子装置在视线之内的距离，而现在有了蓝牙技术，这样的麻烦也可以免除了。

9.2.2 4G技术

1. 4G的关键技术

由于第三代移动通信系统（3G）还存在一些不足，包括很难达到较高的通信速率，提供服务速率的动态范围不大，不能满足各种业务类型要求，以及分配给3G系统的频率资源已经趋于饱和等，于是人们提出了第四代移动通信系统（4G）的构想。4G通信系统的特点决定了它将采用一些不同于3G的技术。对于4G中将使用的核心技术，业界并没有太大的分歧。总结起来，有以下几种。

（1）正交频分复用（OFDM）技术

OFDM是一种无线环境下的高速传输技术，其主要思想就是在频域内将给定信道分成许多正交子信道，在每个子信道上使用一个子载波进行调制，各子载波并行传输。尽管总的信道是非平坦的，即具有频率选择性，但是每个子信道是相对平坦的，在每个子信道上进行的是窄带传输，信号带宽小于信道的相应带宽。OFDM技术的优点是可以消除或减小信号波形间的干扰，对多径衰落和多普勒频移不敏感，提高了频谱利用率，可实现低成本的单波段接收机。

（2）软件无线电

软件无线电的基本思想是把尽可能多的无线及个人通信功能通过可编程软件来实现，使其成为一种多工作频段、多工作模式、多信号传输与处理的无线电系统。也可以说，是一种用软件来实现物理层连接的无线通信方式。

（3）智能天线技术

智能天线具有抑制信号干扰、自动跟踪以及数字波束调节等智能功能，是未来移动通信的关键技术。智能天线应用数字信号处理技术，产生空间定向波束，使天线主波束对准用户信号到达方向，旁瓣或零陷对准干扰信号到达方向，达到充分利用移动用户信号并消除或抑制干扰信号的目的。这种技术既能改善信号质量又能增加传输容量。

（4）多输入多输出（MIMO）技术

MIMO 技术是指利用多发射、多接收天线进行空间分集的技术，它采用的是分立式多天线，能够有效地将通信链路分解成为许多并行的子信道，从而大大提高容量。信息论已经证明，当不同的接收天线和不同的发射天线之间互不相关时，MIMO 系统能够很好地提高系统的抗衰落和噪声性能，从而获得巨大的容量。在功率带宽受限的无线信道中，MIMO 技术是实现高数据速率、提高系统容量、提高传输质量的空间分集技术。

（5）基于 IP 的核心网

4G 移动通信系统的核心网是一个基于全 IP 的网络，可以实现不同网络间的无缝互联。核心网独立于各种具体的无线接入方案，能提供端到端的 IP 业务，能同已有的核心网和 PSTN 兼容。核心网具有开放的结构，能允许各种空中接口接入核心网，同时核心网能把业务、控制和传输等分开。采用 IP 后，所采用的无线接入方式和协议与核心网络（CN）协议、链路层是分离独立的。IP 与多种无线接入协议相兼容，因此，在设计核心网络时具有很大的灵活性，不需要考虑无线接入究竟采用何种方式和协议。

研究表明，在基于 CDMA 技术的 3G 中使用多天线技术能够有效降低多址干扰，空时处理能够极大增加 CDMA 系统容量。凭在提高频谱利用率方面的卓越表现，MIMO 和智能天线成为 4G 发展中炙手可热的课题。

2. 4G 技术标准的遴选

中国自主知识产权的 TD－LTE－Advanced 成功入围国际电信联盟的 4G 候选标准。

2009 年 10 月 26 日，工信部在网站上发布信息称，国际电联在德国德累斯顿征集遴选新一代移动通信（IMT－Advanced 技术）候选技术，包括中国的 TD－LTE－Advanced 在内，共有 6 项 4G 技术入围成为候选技术提案。工信部称，中国表示将全力推动 TD－LTE－Advanced 成为 4G 国际标准，积极推进相关产业发展。TD－LTE－Advanced（LTE－Advanced TDD 制式）是中国继 TD—SCDMA 之后，提出的具有自主知识产权的新一代移动通信技术。它吸纳了 TD—SCDMA 的主要技术元素，但它将提供更宽的带宽，差不多几十兆的下载速度，可以进行更多的数据业务。

3. 4G 技术的研发及其应用

2004 年，中国在标准化组织 3GPP 提出了第三代移动通信 TD—SCDMA 的后续演进技术 TD－LTE。2007 年，中国政府面向国内组织开展了 4G 技术方案征集遴选。经过 2 年多的攻关研究，最终中国产业界达成共识，在 TD－LTE 基础上形成了 TD－LTE－Advanced 技术方案。

目前，国际上主流的 4G 技术主要是 LTE－Advanced 和 802.16m 两种技术，TD－LTE 技术方案属于 LTE－Advanced 技术。LTE－Advanced 得到国际主要通信运营企业和制造企业的广泛支持。法国电信、德国电信、美国 AT&T、日本 NTT、韩国 KT、中国移动、爱立信、诺基亚、华为、中兴等明确表态支持 LTE - Advanced。802.16m 也获得部分芯片、网络产品制造企业如英特尔、思科等的联合推荐。

国际电信联盟确定 LTE - Advanced 和 802.16m 为 4G 国际标准候选技术。工信部表示，这必将对未来 4G 国际标准和产业发展产生重大影响。

根据工作计划，国际电信联盟下一步将对两种候选技术进行分析评估和试验验证，并于 2010 年 10 月最终决定 4G 国际标准。

4. TD - LTE - Advanced 简介

TD - LTE - Advanced（LTE - Advanced TDD 制式）是中国继 TD—SCDMA 之后，提出的具有自主知识产权的新一代移动通信技术。它吸纳了 TD—SCDMA 的主要技术元素，体现了我国通信产业界在宽带无线移动通信领域的最新自主创新成果。2004 年，中国在标准化组织 3GPP 提出了第三代移动通信 TD—SCDMA 的后续演进技术 TD - LTE，主导完成了相关技术标准。

目前，TD - LTE - Advanced 已获得欧洲标准化组织 3GPP 和亚太地区通信企业的广泛认可和支持。在 4G 国际标准制定过程中，TD - LTE - Advanced 将面临其他候选技术的挑战。中国将全力推动 TD - LTE - Advanced 成为 4G 国际标准，积极推进相关产业发展。

与 TD—SCDMA 3G 标准相比，TD - LTE 更为开放，吸引了多家企业参与研发和技术跟踪，TD - LTE 与其他国际上同类技术的差距在缩小。“TD 由于前期无论是企业还是政府投入的资源都很少，导致商用步伐比其他国家标准 CDMA2000 和 WCDMA 要晚好几年，但是国家已经意识到这一问题，对 TD - LTE 非常重视，未来比较乐观。”

中国刚刚开展 3G 商用业务，国际上已经在紧锣密鼓确定 4G 国际标准。技术标准确立到最终商用化还需要很长时间，3G 标准确立到最终商用也经历了差不多 10 年。专家表示：“未来 10 年都无法看到 3G 退出市场，4G 建网不可能完全替代 3G，4G 也不可能全球大范围建网，至多在一些对数据信息需求量大的特大城市布网，比如，上海、北京等城市，其他人口少的城市 3G 已经够用了。”

5. 4G 技术发展特征及趋势分析

业界关于下一代移动通信网络技术的叫法很多，4G 只是一个通用的名称，除此之外，还有 B3G、BeyondIMT - 2000、IMT - Advanced 技术等名称。不同组织在对 4G 技术的设想上存在着很大的差异。

此前，世界很多组织给 4G 下了不同的定义，而 ITU 代表了传统移动蜂窝运营商对 4G 的看法，认为 4G 是基于 IP 协议的高速蜂窝移动网，现有的各种无线通信技术从现有 3G 演进，并在 3GLTE 阶段完成标准统一。ITU4G 要求传输速率比现有网络高 1000 倍，达到 100Mbit/s。

在 2005 年 10 月的 ITU - RWP8F 第 17 次会议上，ITU 给了 4G 技术一个正式的名称 IMT - Advanced。按照 ITU 的定义，当前的 WCDMA、HSDPA 等技术统称为 IMT - 2000 技术；未来的新的空中接口技术，叫做 IMT - Advanced 技术。IMT - Advanced 标准继续依赖 3G 标准组织已发展的多项新定标准加以延伸，如 IP 核心网、开放业务架构及 IPv6。同时，其规划又必须满足整体系统架构能够由3G系统演进到未来4G架构的需求。

总之，4G是3G技术的进一步演化，是在传统通信网络和技术的基础上不断提高无线通信的网络效率和功能。同时，它包含的不仅仅是一项技术，而是多种技术的融合。不仅仅包括传统移动通信领域的技术，还包括宽带无线接入领域的新技术及广播电视领域的技术。

9.3 WiFi

WiFi（发音为/ˈwaɪfaɪ/，音译唯非）是一个无线网络通信技术的品牌，由WiFi联盟（WiFi Alliance）所持有，使用在经验证的基于IEEE 802.11标准的产品上，目的是改善基于IEEE 802.11标准的无线网络产品之间的互通性。

现时一般人会把WiFi及IEEE 802.11混为一谈。甚至把WiFi等同于无线互联网。WiFi联盟成立于1999年，当时的名称叫做Wireless Ethernet Compatibility Alliance（WECA）。在2002年10月，正式改名为WiFi Alliance。

9.3.1 WiFi的由来和标准

1. WiFi的由来

IEEE 802.11第一个版本发表于1997年，其中定义了介质访问接入控制层（MAC层）和物理层。物理层定义了工作在2.4GHz的ISM频段上的两种无线调频方式和一种红外传输的方式，总数据传输速率设计为2Mbit/s。两个设备之间的通信可以自由直接（ad hoc）的方式进行，也可以在基站（Base Station，BS）或者访问点（Access Point，AP）的协调下进行。1999年加上了两个补充版本：802.11a定义了一个在5GHz ISM频段上的数据传输速率可达54Mbit/s的物理层，802.11b定义了一个在2.4GHz的ISM频段上但数据传输速率高达11Mbit/s的物理层。

2.4GHz的ISM频段为世界上绝大多数国家通用，因此802.11b得到了最为广泛的应用。苹果公司把自己开发的802.11标准起名叫AirPort。1999年工业界成立了WiFi联盟，致力解决符合802.11标准的产品的生产和设备兼容性问题。WiFi为制定802.11无线网络的组织，并非代表无线网络。

2. 802.11标准和补充

802.11，1997年，原始标准（2Mbit/s，2.4GHz频道）。

802.11a，1999年，物理层补充（54Mbit/s，5GHz频道）。

802.11b，1999年，物理层补充（11Mbit/s，2.4GHz频道）。

802.11c，符合802.1D的媒体接入控制层（MAC）桥接（MAC Layer Bridging）。

802.11d，根据各国无线电规定做的调整。

802.11e，对服务等级（Quality of Service，QOS）的支持。

802.11f，基站的互连性（Interoperability）。

802.11g，物理层补充（54Mbit/s，2.4GHz 频道）。

802.11h，无线覆盖半径的调整，室内（indoor）和室外（outdoor）信道（5GHz 频段）。

802.11i，安全和鉴权（Authentification）方面的补充。

802.11n，导入多重输入输出（MIMO）和 40Mbit 信道宽度（HT40）技术，基本上是 802.11a/g 的延伸版。

除了上面的 IEEE 标准，另外有一个被称为 IEEE 802.11b + 的技术，通过 PBCC 技术（Packet Binary Convolutional Code）在 IEEE802.11b（2.4GHz 频段）基础上提供 22Mbit/s 的数据传输速率。但这事实上并不是一个 IEEE 的公开标准，而是一项产权私有的技术（产权属于美国德州仪器，Texas Instruments）。也有一些被称为 802.11g + 的技术，在 IEEE 802.11g 的基础上提供 108Mbit/s 的传输速率，跟 802.11b + 一样，同样是非标准技术，由无线网络芯片生产商 Atheros 所提倡的则为 SuperG。

9.3.2 技术简述

1. WiFi 网络结构

一个 WiFi 基地台网络成员和结构：

①站点（Station），网络最基本的组成部分。

②基本服务单元（Basic Service Set，BSS）。网络最基本的服务单元。最简单的服务单元可以只由两个站点组成。站点可以动态的连接（Associate）到基本服务单元中。

③分配系统（Distribution System，DS）。分配系统用于连接不同的基本服务单元。分配系统使用的媒介（Medium）逻辑上和基本服务单元使用的媒介是截然分开的，尽管它们物理上可能会是同一个媒介，例如，同一个无线频段。

④接入点（Access Point，AP）。接入点即有普通站点的身份，又有接入到分配系统的功能。

⑤扩展服务单元（Extended Service Set，ESS）。由分配系统和基本服务单元组合而成。这种组合是逻辑上，并非物理上的——不同的基本服务单元物有可能在地理位置相去甚远。分配系统也可以使用各种各样的技术。

⑥关口（Portal），也是一个逻辑成分。用于将无线局域网和有线局域网或其他网络联系起来。

这儿有 3 种媒介，站点使用的无线的媒介，分配系统使用的媒介，以及和无线局域网集成一起的其他局域网使用的媒介。物理上它们可能互相重叠。IEEE 802.11 只负责在站点使用的无线的媒介上的寻址（Addressing）。分配系统和其他局域网的寻址不属无线局域网的范围。

IEEE802.11 没有具体定义分配系统，只是定义了分配系统应该提供的服务（Service）。整个无线局域网定义了 9 种服务：

5 种服务属于分配系统的任务，分别为：连接（Association）、结束连接（Diassociation）、分配（Distribution）、集成（Integration）、再连接（Reassociation）。

4 种服务属于站点的任务，分别为：鉴权（Authentication）、结束鉴权（Deauthentication）、隐私（Privacy）、MAC 数据传输（MSDU delivery）。

2. 运作原理

WiFi 的设置至少需要一个 Access Point（AP）和一个或一个以上的 client（hi）。AP 每 100ms 将 SSI（Service Set Identifier）经由 beacons（信号台）封包广播一次，beacons 封包的传输速率是 1 Mbit/s，并且长度相当短，所以这个广播动作对网络效能的影响不大。因为 WiFi 规定的最低传输速率是 1 Mbit/s，所以确保所有的 WiFi client 端都能收到这个 SSID 广播封包，client 可以借此决定是否要和这一个 SSID 的 AP 连接。用户可以设置要连接到哪一个 SSID。WiFi 系统总是对客户端开放其连接标准，并支持漫游，这就是 WiFi 的好处。但也意味着，一个无线适配器有可能在性能上优于其他的适配器。由于 WiFi 通过空气传送信号，所以和非交换以太网有相同的特点。近两年，出现一种 WIFI over cable 的新方案。此方案属于 EOC（Ethernet Over Cable）中的一种技术。通过将 2.4G WiFi 射频降频后在 cable 中传输。此种方案已经在中国大陆小范围内试商用。

3. WiFi 认证

目前 WiFi 联盟所公布的认证种类有：

（1）WPA/WPA2

WPA/WPA2 是基于 IEEE 802.11a、802.11b、802.11g 的单模、双模或双频的产品所建立的测试程序。内容包含通信协议的验证、无线网络安全性机制的验证，以及网络传输表现与兼容性测试。

（2）WMM（WiFi MultiMedia）

当影音多媒体通过无线网络的传递时，要如何验证其带宽保证的机制是否正常运作在不同的无线网络设备及不同的安全性设置上是 WMM 测试的目的。

（3）WMM Power Save

在影音多媒体通过无线网络的传递时，如何通过管理无线网络设备的待命时间来延长电池寿命，并且不影响其功能性，可以通过 WMM Power Save 的测试来验证。

（4）WPS（WiFi Protected Setup）

这是一个 2007 年年初才发布的认证，目的是让消费者可以通过更简单的方式来设置无线网络设备，并且保证有一定的安全性。目前 WPS 允许通过 Pin Input Config（PIC）、Push Button Config（PBC）、USB Flash Drive Config（UFD）以及 Near Field Communication Contactless Token Config（NFC）的方式来设置无线网络设备。

（5）ASD（Application Specific Device）

这是针对除了无线网络访问点（Access Point）及站台（Station）之外其他有特殊应用的无线网络设备，例如，DVD 播放器、投影机、打印机等。

(6) CWG (Converged Wireless Group)

主要是针对 WiFi Mobile Converged Devices 的 RF 部分测量的测试程序。

4. WiFi 城市

全球已建和建造中的 WiFi 城市已经超过 500 个，其中覆盖率最高者为台北市，此市已有 4000 个无线访问点，未来将至 10000 个，覆盖率达到 90%，全球主要的城市多已有 WiFi 技术，如伦敦、台北市、纽约、香港、汉堡、巴黎、华盛顿和新加坡等。

9.4 无线宽带接入技术

9.4.1 WiMAX 概述

WiMAX (World wide Interoper Ability for Mi - crowave Access) 即全球微波接入互操作性。WiMAX 的另一个名字是 802.16。是一项基于 IEEE802.16 标准的宽带无线接入城域网技术，是针对微波和毫米波频段提出的一种空中接口标准。

WiMAX 系统主要有两个技术标准，一个是指满足固定宽带无线接入的 WiMAX802.16d 标准，另一个是满足固定和移动的宽带无线接入技术 WiMAX802.16e 标准。

作为线缆和 xDSL 的无线扩展技术，802.16a 规范于 2003 年 1 月 29 日被 IEEE 通过。这是一种全新的宽带 FWA 技术，是为解决宽带接入“最后一千米”的问题而设计的。在亚洲，目前 xDSL 是 WiMAX 在最后一千米接入市场主要的竞争对手，因此，通常也将 WiMAX 称为无线 DSL。

9.4.2 WiMAX 技术优势

1. 实现更远的传输距离

WiMAX 所能实现的 50km 的无线信号传输距离是无线局域网所不能比拟的，网络覆盖面积是 3G 发射塔的 10 倍，只要少数基站建设就能实现全城覆盖，这样就使得无线网络应用的范围大大扩展。

2. 提供更高速的宽带接入

据悉，WiMAX 所能提供的最高接入速度是 70Mbit/s，这个速度是 3G 所能提供的宽带速度的 30 倍。

3. 提供优良的最后一千米网络接入服务

作为一种无线城域网技术，它可以将 WiFi 连接到互联网，也可作为 DSL 等有线接入方式的无线扩展，实现最后一千米的宽带接入。用户无须线缆即可与基站建立宽带连接。

4. 提供多媒体通信服务

由于 WiMAX 较 WiFi 具有更好的可扩展性和安全性，从而能够实现电信级的多媒体通信服务。

9.4.3 WiMAX市场定位和发展"瓶颈"

1. WiMAX的目标

802.16e的定位——按照802.16e设定的目标，它是一种移动的宽带无线接入技术，可以实现用户在车速移动状态下的宽带接入并接入IP核心网，主要面向用户提供宽带数据业务，也可以提供语音业务。工作在2GHz~6GHz，基站覆盖范围一般为几千米，可采用FDM或FDD工作方式，核心技术为OFDM和OFDMA，用户群主要为个人用户。WiMAX理想的市场定位应该是高速数据在固定、便携和低速移动中的应用。

从技术的定位上讲，WiMAX更适合用于城域网建设的"最后一千米"无线接入部分，尤其是对于新兴的运营商更为合适。WiMAX技术分为固定和移动两部分，因此运营商在市场定位上会面临选择：如果选择提供固定宽带接入，那么市场规模会比较有限；如果立足于移动业务，在运营模式、终端支持、组网方式方面都存在很多挑战，同时也将面临来自3G、E3G技术的竞争。

2. 制约802.16e发展的几个方面

（1）标准制定方面

802.16e标准化工作正在进行，除空中接口标准尚未完成以外，802.16e还存在一个问题就是缺乏网络规范、标准体系不完善。802.16e仅仅规范了基站和移动台之间的空中接口，没有规定基站和基站之间、基站和网络侧的协议。在切换、移动性管理（寻呼）和终端状态管理（激活和休眠的转换）等与蜂窝组网有关的方面，还不够成熟，需要进一步完善。

（2）频率问题

目前已经认可的是3.4GHz~3.8GHz许可证频率（ETSI，国际MMDS）和5.725GHz~5.85GHz免许可证频率。很多国家允许使用更高的频率，将其当做5GHz免许可证频段的一部分，但由于其穿透力差，使用这些频率的WiMAX系统不可能和LTE竞争。

作为4G标准的有力争夺者，WiMAX在过去几年中得到了高速发展。WiMAX在满足无线宽带业务日益增长方面以及成本效益方面，被业界认为是一种远优于3G的技术。然而，LTE技术的出现与发展，也受到了运营商的欢迎，而LTE的发展也正在快速成为WiMAX发展最大的阻碍。

目前，WiMAX已开始为大众市场广泛采用，用户数量高达数百万户，网络数量仍在持续增长。截至目前，全球147个国家与地区部署了超过500个WiMAX网络，80多个厂商致力于提供移动WiMAX（802.16e）客户端设备设计，主要基础设施厂商也已超出20个。

而LTE市场，尽管LTE在技术与市场发展方面晚于WiMAX，但是LTE近年两年的发展已呈现赶超WiMAX之势。全球移动供应商联盟GSA研究报告显示，截至2010年4月，全球有31个国家64家运营商已经确定进行LTE网络建设，此数目相比去年同期翻了一番。同时，市场研究公司IDC研究报告指出，由于带宽更高，能满足快速增长的移动数据流量需求，全球移动运营商纷纷支持 LTE 标准。2010 年将有超过 12 个 LTE 网络投入运营。预计到 2011 年年底，LTE（长期演进）无线基础设备支出将超过 WiMAX。

随着技术的发展，各运营市场对 4G 技术的选择，将加速两技术之间的竞争，这对于技术的发展并非全是好事。事实上，WiMAX 与 LTE 同时存在于市场，可以通过互相配合与协同工作，为运营商网络建设与业务发展提供最有利的技术组合，以满足运营商对特定业务与消费者高带宽应用需求。

9.4.4 WiFi、WiMAX 和 3G 的比较分析

第三代移动通信系统（3G）的标准由 ITU－R 提出，因为其主要工作频段在 2000MHz 左右，并具有最高速率为 2000kbps 的业务能力，一般被称为 IMT－2000。3G 系统能够满足高速率传输以支持多媒体业务，它在室内静止环境可达 2Mbps，在室内外步行环境可达 384kbps，在室外快速移动环境可达 144kbps。全球主流的 3G 制式有 3 种，分别为 WCDMA、CDMA2000、TD—SCDMA，目前世界上绝大多数拿到 3G 许可证的运营商选择了 WCDMA 制式，其标准化工作主要由 3GPP 负责。前几年，由于受标准变化快、终端短缺、市场前景不明的影响，在许多国家 3G 的发展不如预计的那么乐观。

与此相反，各种无线接入技术的发展却显得红红火火。尤其是电气电子工程师协会（IEEE）的 802.15（无线个域网，WPAN）、802.11（无线局域网，WLAN）、802.16a/d（无线固定接入，FWA）和 802.20（宽带移动接入，WBMA）等标准。其中 WPAN 主要包括蓝牙技术和超宽带（UWB）技术，而采用 802.11 标准的 WLAN 和采用 802.16a/d 标准的 FWA 也被称为 WiFi 和 WiMAX。由于 WiFi、WiMAX、WBMA 和 3G 一样都可以有电信级的应用，本文将分别把这 3 种技术标准与 3G 标准进行比较，探讨了它们的各自应用领域和相辅相成的发展前景。

1. WiFi 与 3G

WLAN 标准主要包括 802.11b、802.11a 和 802.11g 等。其中 802.11b 采用 24GHz 的频段，可支持 11Mbps 的共享接入速率；802.11a 采用 5GHz 的频段，其速率高达 54Mbps，采用 OFDM（正交频分复用）技术，但无障碍的接入距离降到 30m～50m；802.11g 其实是一种混合标准，既能适应 802.11b 标准，又符合 802.11a 标准，它比 802.11b 速率快 5 倍，并和 802.11b 兼容。另外，IEEE 在 WLAN 方面的主要进展还包括 802.11i（安全方面内容）、802.11e（QOS 方面的内容）、802.11f（接入点之间的切换协议）、802.11n（速率高达 320Mbps）等。目前，WLAN 的推广和认证工作主要由产业标准组织 WiFi（Wireless Fidelity，无线保真）联盟完成，所以 WLAN 技术常常被称之为 WiFi。

显然，3G 网络可以利用 WiFi 高速数据传输的特点以弥补自己数据传输速率受限的不足，而 WiFi 不仅可利用 3G 网络完善的鉴权与计费机制，而且可结合 3G 网络广覆盖的特点进行多接入切换功能。这样就能实现 WiFi 与 3G 的融合，使 3G 运营锦上添花，进一步扩大业务量。

目前，ETSI 和 3GPP 都对 3G 和 WiFi 的融合进行了一些规定，我们认为主要包括：

（1）终端的融合

新技术并不能立刻将已经根深蒂固的技术扫地出门，尤其在经济低迷时更是如此，目前折中的方案应用较广泛，在 WLAN 领域，出现了能兼容 802.11a/b/g 的双模或多模芯片，在移动通信领域，出现了能兼容 GSMCDMA/3G 的双模或多模手机，人们期盼的 WLAN/3G 双模芯片或终端的研究也在进行。

（2）网络的融合

无线局域网可以通过两种方式和 WCDMA 移动网络相结合：紧凑和松散模式。

①紧凑模式

WLAN 网络采用和 WCDMA 基站相同的方式（Iups 接口）与 GPRS 核心网相连。这一方式充分利用了 GPRS 核心网络已有的移动、安全和服务品质等方面的机制，能够在两个网络间提供很强的移动性。但紧凑模式存在着两个缺点。首先，为了直接与 WCDMA 核心网络相连，需要重新修改和定制已有的 WLAN 产品。其次，这一方案中 WLAN 为 WCDMA 的骨干传送网带来了业务流量和信令，WCDMA 移动网络和 WLAN 相比，具有非常不同的移动模式和业务流量特性，因此这种结合，在工程上，也许要重新设计 WCDMA 的骨干传送网。

②松散模式

WLAN 作为 WCDMA 网络的补充形式与移动网络相结合（Gi 接口），未通过 GPRS 核心网，只有鉴权、计费信令从 GGSN 或专用设备进入 GPRS 核心网，从而避免了两种不同的接入技术所带来的数据流量到 GPRS 核心网络节点的混合。这种结合方式，保证了两个无线网络完全分开，两者完全独立，并且对 WLAN 的 IEEE 802.11 标准没有任何改变。同时，松耦合方式可以使用移动 IP 支持网间的移动性，但这会导致较高的时延。松散方案中分享 AAA 的架构，使 WCDMA 的运营商在混合的网络环境中可以使用一致的用户鉴权机制，也可以使电信运营商更好地建立自己独有的业务模型，以充分利用原有的计费系统和客户关系。WLAN 可利用 WCDMA 的 USIM 卡的安全机制来保证 WLAN 用户的鉴权，即将 USIM 卡的信息读出来，通过 WLAN 网络传送到 AS，再到 HLR 里进行鉴权，然后允许客户使用 WLAN，并将 WLAN 的计费信息传送到计费系统，将费用算在该 USIM 的账户上，生成包含 WCDMA 和 WLAN 使用情况的统一客户账单。

2. WiMAX 和 3G

作为线缆和 xDSL 的无线扩展技术，802.16a 规范于 2003 年 1 月 29 日被 IEEE 通过。这是一种全新的宽带 FWA 技术，是为解决宽带接入"最后一千米"的问题而设计的。为了保证 FWA 的兼容性和互用性，WiMAX（全球微波接入互操作性联盟）于 2003 年 4 月成立，主要从事推广和认证 802.16a 设备，目前已有 70 家以上的通信设备企业加入。2003 年 7 月 10 日，Intel 正式宣布开发基于 WiMAX 标准的芯片，并将于 2004 年的第二季度推出。

WiMAX 与 3G 的应用市场不同，其应用范围与 LMDS 相似，但成本低得多，还可以利用非许可频段，将来可以在电信运营商中广泛使用，例如：

①针对新型社区，覆盖整个社区的网络接入，直接给用户提供话音与数据、视频图像等。

②针对大面积城区，用于连接整个城区的热点地区，例如，WLAN、IP－PBX 等。

另外，根据使用频率的不同，WiMAX 还包括 IEEE802.16b（10GHz～66GHz）、IEEE802.16c（5GHz～6GHz）等，IEEE802.16e 则是向移动无线接入（WBMA）过渡的一个标准。

3. WiFi、WiMAX、3G 技术对比

WiFi、WiMAX、3G 三者从技术上对比可总结如表 9－2 所示。

表 9－2　　WiFi、WiMAX、3G 技术对比

技术类别	WiMAX	WiFi	3G
标准组织	IEEE	IEEE	3GPP、3GPP2、ITU
频　带	2GHz～11GHz，部分需许可证	2.4GHz，不需许可证	2GHz，需许可证
多码方式	OFDM/FDD、TDD	CKK、OFDM	CDMA、TDD、FDD
速　率	70Mbps	54Mbps	HSDPA：7.2Mbps EVDO：3.1Mbps
时　延	低	低	高
QOS	3 种	无	4 种
覆　盖	<100m	宏蜂窝（<50km）	宏蜂窝（<7km）
移动性	静止、步行	静止、步行	静止、步行、车载
支持切换	弱	强	强
安全性	中	低	高
商业模式	商业	公众、商业	公众、商业
成熟度	差	很好	很好

应该说 WiFi、WiMAX、WBMA 和 3G 在高速无线数据通信领域都将扮演重要角色，但是在最初设计时，它们采用了不同的技术手段来解决不同的应用问题。WiFi、WiMAX、WBMA 和 3G 的主流是互补的，在局部会有部分融合，但要相互取代不太可能完成。另外，在应用和需求上它们也有着显著的差距，它们都将在越来越细化的市场中，找到自己的生存空间。因此，与其说它们是竞争的关系，还不如说是共存的关系。

为了克服 3G 的种种缺点，4G 的相关研究在世界范围内正广泛展开，但制定一个全世界统一的 4G 标准还至少需要耗费 7～10 年的时间，而现有的 2G 系统在未来的 3～5 年内是无法满足日益增长的通信需求的，从这个角度来说，3G 系统是不可替代的。最近随着标准的基本稳定、终端类型的迅速增加、宽带增值业务的广泛普及，3G 系统的大规模

使用已经开始。而 WiFi、WBMA 和 WiMAX 等技术作为局部的高速接入手段来弥补 3G 的不足也会有广阔的应用前景。

9.4.5 融合组网技术优势更强

WiMAX 和 LTE 技术是基于正交频分多址（OFDM）技术为基础的全 IP 技术，具有高速数据功能，可实行快速互联网访问和视频等高级应用。这种架构有利于帮助运营商降低建网与运营成本。

目前，视频流、信息处理、导航以及基于位置的服务等成为用户移动需求的主要业务，而运营商也将此作为移动宽带网络业务发展的重点。对于这些业务，运营商将面临高速率、容量、覆盖范围等方面的挑战。尽管如此，运营商仍需要采用各种技术手段以更好地满足用户的需求。而技术融合将成为重要的发展方向。

在过去几年中，WiMAX 与 WiFi 的组网方式比较常见，这主要应用在运营商在无线网络的部署方案中。而随着国内 3G 牌照的发放，3G + WLAN 的组网方式也成为热点之一，运营商希望通过 WiFi 为 3G 网卸载流量，更好地支撑网络业务。

因此，在 4G 时代即将来临之际，业界对于两种 4G 技术的融合问题也提上了议程。运营商需要这种组网技术能够帮助带来更高的带宽与更好的网络质量，并提供具备成本效益的回程。

摩托罗拉网络部高级副总裁兼总经理 BRUCE BRDA 表示，WiMAX 和 LTE 在底层技术的开发方面有多方面是共享的，WiMAX 与 LTE 将长期并存。而英特尔战略投资事业部执行董事兼 WiMAX 计划办公室总经理 Sriram Viswanathan 也表示，LTE 及 WiMAX 技术终将无缝接轨，并都以发展无线宽频上网为主。

随着越来越多的消费者开始追求更高的带宽业务，他们对 4G 网络以及新的宽带设备的需求将增长，这必然给运营商带来压力。业内专家表示，“移动运营商向 4G 发展宜早不宜晚，可以更好地满足用户不断增长的数据需求，提供个性化的体验。而这种新一轮的组合技术，不仅将帮助运营商网络建设与业务发展，对于用户而言，在体验方面将得到进一步的提升，从而真正进入高速移动宽带互联网时代。

9.5 NFC 近场通信技术

21 世纪初，当人们还在把目光聚焦在介于通信层面的五花八门的手机附加功能上时，移动支付这个全新的支付概念已经进入中国，这不但改变了人们赋予手机的传统“身份”，更加颠覆了人们传统观念中的支付手段与支付方式。一种方便、快捷的支付生活越来越多的被人们所关注。NFC 技术在手机上的应用，使得移动支付成为可能，这种技术尤其受到了年轻一族的热捧。

目前 NFC 最广泛的应用是手机地铁票，在包括我国广州在内的多个地区试用该技术后，都得到了广泛赞誉。方便的操作过程，将使 NFC 技术很有可能最终取代地铁 IC 卡车票方案。尽管目前基于 NFC 技术的移动支付大多还处于试用阶段，但是业界对其未来充满信心。

9.5.1 NFC 概述

1. NFC 概念

NFC 英文全称 Near Field Communication，即近距离通信技术。NFC 是脱胎于无线设备间的一种“非接触式射频识别”（RFID）及互联技术，为所有消费性电子产品提供了一个极为便利的通信方式。

NFC 在单一芯片上结合了感应式读卡器，感应式卡片和点对点的功能。在数厘米（通常是 15cm 以内）距离之间于 13.56MHz 频率范围内运作，通过射频信号自动识别目标对象并获取相关数据，识别工作无须人工干预，任意两个设备（如移动电话）接近而不需要线缆接插，就可以实现相互间的通信，满足任何两个无线设备间的信息交换、内容访问、服务交换。

2. NFC 技术背景

NFC 是由飞利浦公司发起，由诺基亚、索尼等著名厂商联合主推的一项无线技术。由多家公司、大学和用户共同成立了泛欧联盟，旨在开发 NFC 的开放式架构，并推动其在手机中的应用。NFC 由非接触式射频识别（RFID）及互联互通技术整合演变而来，在单一芯片上结合感应式读卡器、感应式卡片和点对点的功能，能在短距离内与兼容设备进行识别和数据交换。这项技术最初只是 RFID 技术和网络技术的简单合并，现在已经演变成一种短距离无线通信技术，发展态势相当迅速。

与 RFID 不同的是，NFC 具有双向连接和识别的特点，工作于 13.56MHz 频率范围，作用距离 10cm 左右。NFC 技术在 ISO 18092、ECMA 340 和 ETSI TS 102 190 框架下推动标准化，同时也兼容应用广泛的 ISO 14443 Type - A、B 以及 Felica 标准非接触式智能卡的基础架构。

NFC 芯片装在手机上，手机就可以实现小额电子支付和读取其他 NFC 设备或标签的信息。NFC 的短距离交互大大简化整个认证识别过程，使电子设备间互相访问更直接、更安全、更清楚。通过 NFC，电脑、数码相机、手机、PDA 等多个设备之间可以很方便快捷地进行无线连接，进而实现数据交换和服务。

3. 技术优势

与 RFID 一样，NFC 信息也是通过频谱中无线频率部分的电磁感应耦合方式传递，但两者之间还是存在很大的区别。首先，NFC 是一种提供轻松、安全、迅速的通信无线连接技术，其传输范围比 RFID 小，RFID 的传输范围可以达到几米甚至几十米，但由于 NFC 采取了独特的信号衰减技术，相对于 RFID 来说 NFC 具有距离近、带宽高、能耗低等特点。其次，NFC 与现有非接触智能卡技术兼容，目前已经成为得到越来越多主要厂商支持的正式标准。再次，NFC 还是一种近距离连接协议，提供各种设备间轻松、安全、迅速而自动的通信。与无线世界中的其他连接方式相比，NFC 是一种近距离的私密通信方式。最后，RFID 更多地被应用在生产、物流、跟踪、资产管理上，而 NFC 则在门禁、公交、手机支付等领域内发挥着巨大的作用。

同时，NFC 还优于红外和蓝牙传输方式。作为一种面向消费者的交易机制，NFC 比红外更快、更可靠而且简单得多。与蓝牙相比，NFC 面向近距离交易，适用于交换财务信息或敏感的个人信息等重要数据；蓝牙能够弥补 NFC 通信距离不足的缺点，适用于较长距离数据通信。因此，NFC 和蓝牙互为补充，共同存在。事实上，快捷轻型的 NFC 协议可以用于引导两台设备之间的蓝牙配对过程，促进了蓝牙的使用。

NFC 手机内置 NFC 芯片，组成 RFID 模块的一部分，可以当做 RFID 无源标签使用，用来支付费用；也可以当做 RFID 读写器用作数据交换与采集。NFC 技术支持多种应用，包括移动支付与交易、对等式通信及移动中信息访问等。通过 NFC 手机，人们可以在任何地点、任何时间，通过任何设备，与他们希望得到的娱乐服务与交易联系在一起，从而完成付款，获取海报信息等。NFC 设备可以用做非接触式智能卡、智能卡的读写器终端以及设备对设备的数据传输链路，其应用主要可分为以下四个基本类型：用于付款和购票、用于电子票证、用于智能媒体以及用于交换、传输数据。

9.5.2 NFC 技术原理

1. 近距离无线通信

支持 NFC 的设备可以在主动或被动模式下交换数据。在被动模式下，启动 NFC 通信的设备，也称为 NFC 发起设备（主设备），在整个通信过程中提供射频场（RF－field），如图 9－2 所示。它可以选择 106kbps、212kbps 或 424kbps 其中一种传输速度，将数据发送到另一台设备。另一台设备称为 NFC 目标设备（从设备），不必产生射频场，而使用负载调制（Load Modulation）技术，即可以相同的速度将数据传回发起设备。此通信机制与基于 ISO 14443A、MIFARE 和 FeliCa 的非接触式智能卡兼容，因此，NFC 发起设备在被动模式下，可以用相同的连接和初始化过程检测非接触式智能卡或 NFC 目标设备，并与之建立联系。

在主动模式下，每台设备要向另一台设备发送数据时，都必须产生自己的射频场。如图 9－1 所示，发起设备和目标设备都要产生自己的射频场，以便进行通信。这是对等网络通信的标准模式，可以获得非常快速的连接设置。

如图 9－2 所示，移动设备主要以被动模式操作，可以大幅降低功耗，并延长电池寿命。在一个应用会话过程中，NFC 设备可以在发起设备和目标设备之间切换自己的角色。利用这项功能，电池电量较低的设备可以要求以被动模式充当目标设备，而不是发起设备。

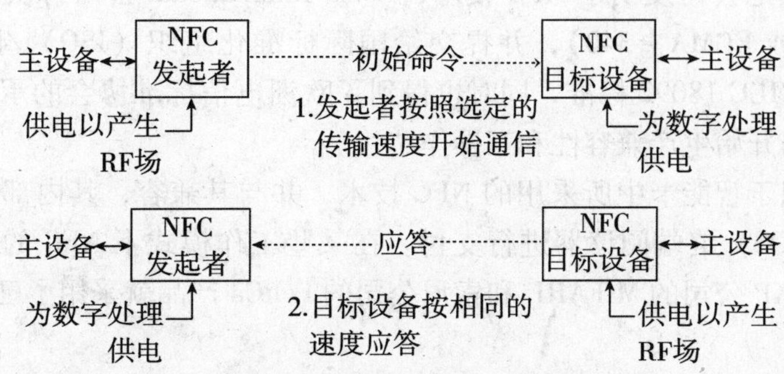

图 9－1　NFC 主动通信模式

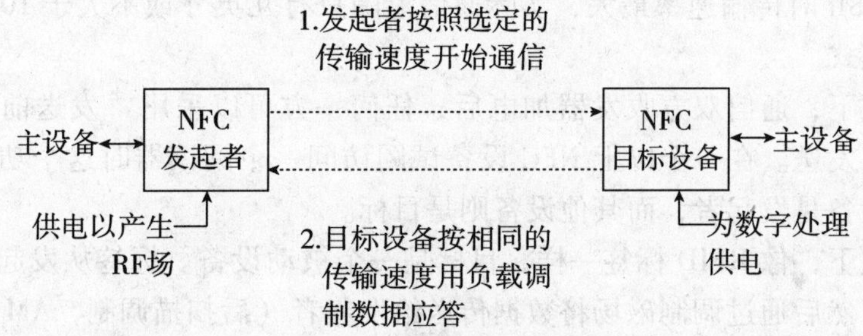

图 9－2　NFC 被动通信模式

2. NFC 与蓝牙和红外技术的比较

作为一种面向消费者的交易机制，NFC 比红外更快、更可靠而且要简单得多。另外，蓝牙可以弥补 NFC 通信距离不足的缺点，适用于较长距离数据通信。NFC 面向近距离交易交互，适用于交换财务信息或敏感的个人信息等重要数据。NFC 和蓝牙相互为补充，共同存在。事实上，快捷轻型的 NFC 协议可以用于引导两台设备之间的蓝牙配对过程，并在这方面促进蓝牙的使用。模式的典型应用是：建立蓝牙连接、交换手机名片等。

3. 技术分析

电磁场决定无线电波，术语“近场”是指无线电波的临近电磁场。无线电波由正交电磁场组成，在工作频率下天线周围大约 10 个波长的范围内，无线电波的行为遵循麦克斯韦方程。

电磁场在从发射天线传播到接收天线的过程相互交换能量并相互增强，这样的电磁场称之为远场。而在 10 个波长以内，电磁场是相互独立的，即为近场，近场内电场没有多大意义，但磁场可用于短距离通信。

由于在初级线圈（发射天线）和次级线圈之间仍有相当大的距离，因此可以将 NFC 看做是一个耦合系数非常低的互感器。近磁场的主要问题是信号传播过程中信号强度会以大约 1/d6 的速率下降（这里 d 为通信距离或范围），因此使近场通信成为名副其实的短程通信技术，而在称之为无线电波的远场中，信号强度以 1/d2 的速率下降。

NXP公司和索尼公司发明了NFC技术，Ecma International公司首次采用它作为一项标准（NFCIP-1或ECMA-340），并提交给国际标准化组织（ISO）/国际电工委员会（IEC），成为ISO/IEC 18092标准，同时也得到了欧洲电信标准协会的承认，从此后已经有多个半导体公司开始生产兼容性和互操作芯片。

这个标准类似于智能卡中所采用的NFC技术，并与其兼容，其内部芯片能够使消费者通过销售点（POS）终端阅读器进行支付。在某些工作模式下NFC的功能类似于射频识别（RFID）。NXP公司的MIFARE和索尼公司的FeliCa产品就采用了已经制定的智能卡标准。

该标准规定了一个13.56MHz的工作频率，这是一个免许可国际通用频带，是美国ISM带15/18频带之一。数据传输速率为106kbps、212kbps或424kbps，取决于通信范围，在20cm或大约8ft时传输速率最大，实际通信范围只有几英寸或不大于10cm，该标准规定了多种工作模式。

在主动模式下，通信双方收发器加电后，任何一方可以采用“发送前侦听”协议来发起一个半双工发送。在一个以上NFC设备试图访问一个阅读器时这个功能可以防止冲突，其中一个设备是发起者，而其他设备则是目标。

在被动模式下，像RFID标签一样，目标是一个被动设备。标签从发起者传输的磁场获得工作能量，然后通过调制磁场将数据传送给发起者（后扫描调制，AM的一种）。

像任何先进的无线技术一样，NFC同样面临安全问题。但是NFC设备非常小的通信范围完全可以将黑客排除在外。在这样小的范围内，完全可以放心地进行通信。如果需要更高的安全性，可以使用带智能卡技术的NFC，智能卡技术内置了重载加密认证功能。

让我们看看任何无线关联模型的两个基本要求：

（1）安全的链接

加密无线链接需要一个公钥，而且在带内通道必须是不可见的。链接密钥通过手动PIN（如在蓝牙中）或Diffie-Hellman自动交换（如在无线USB中）“实时”生成。建立链接密钥后，便可启用对称加密（基于3DES和AES等）。

（2）设备身份验证

即确保链接密钥以预期的验证设备而不是伪装的被动或主动中间人生成。此设置的常规方法要求连接一根线缆，以便关联和交换链接密钥和/或要求用户在两台设备上输入PIN码。将此方法与使用NFC来关联和设置相比较，具有如下优点：无须浏览查阅菜单或配置屏幕，只需将两台设备彼此靠拢即可触发相关软件和用户界面，建立此环境以后将自动交换相关数据。

用户只需确认交易，而且只需查看相关的信息。此过程将减少设备关联所需的步骤，并最大限度地减少用户交互操作。用户无须增加任何开销即可改善安全功能。而且可以加快连接过程，同时又保留了像完成错误确认和错误修正等功能。用NFC可以使蓝牙、无线USB和W-LAN等的配对与设备关联变得非常简单、快捷和直观，而且同时可以弥合移动和消费类电子产品之间的缺口。

9.5.3 NFC的应用情况

1. NFC技术的应用

NFC设备可以用做非接触式智能卡、智能卡的读写器终端以及设备对设备的数据传输链路。其应用广泛，NFC应用可以分为四个基本类型。诸如门禁管制或交通/活动检票之类的应用，用户只需将储存有票证或门禁代码的设备靠近阅读器即可。还可用于简单的数据截取应用，例如，从海报上的智能标签读取网址。

①接触、确认。移动付费之类的应用，用户必须输入密码确认交易，或者仅接受交易。

②接触、连接。将两台支持NFC的设备连接，即可进行点对点网络数据传输，例如，下载音乐、交换图像或同步处理通信录等。

③接触、探索。NFC设备可能提供不止一种功能，消费者可以探索了解设备的功能，找出NFC设备潜在的功能与服务。

2. NFC用于智能媒体

对于配备NFC的电话，利用其读写器功能，用户只需接触智能媒体即可获取丰富的信息或下载相关内容。此智能媒体带有一个成本很低的RFID（嵌入或附加在海报中）标签，可以通过移动电话读取，借此发现当前环境下丰富多样的服务项目。并且手机可以启动移动网络服务请求，并立即按比例增加运营商的网络流量。运营商可以投资这个“即时满足”工具，通过铃声下载、移动游戏和其他收费的增值服务来增加收入。

3. NFC用于付款和购票等

最早在移动电话上使用非接触式智能卡，只是将卡粘到电话中。也并未通过非接触式卡提供任何增值服务，而且也不利用移动电话的功能或移动电话网络。之后经过改进，虽将非接触式智能卡集成到电话中，但仍然是基于传统智能卡部署的封闭系统。我们现在正见证向NFC电话发展的趋势，这种电话充分利用移动电话功能和移动电话网络，还提供卡读写器和设备对设备连接功能。

使用非接触式智能卡的支付方式在美国和亚太地区发展势头良好。Visa、Master Card和美国运通等信用卡的内置支付程序可以安全地存储在设备上的安全IC内。这样，NFC电话就可以充分利用现有的支付基础架构，并能够支持移动电话公司的新服务项目。

4. NFC用于电子票证

电子票证是以电子方式存储的访问权限，消费者可以购买此权限以获得娱乐场所的入场权。整个电子票证购买过程只需几秒钟，对消费者而言非常简单便捷。在收集并确认了消费者的支付信息后，电子票证将自动传输到消费者的移动电话或安全芯片中。

用户将移动电话靠近自动售票终端，即开始交易。用户与服务设备充分交互，然后通过在移动电话上确认交易，完成购买过程。到娱乐场所时，用户只需将自己的移动电话靠近安装在入口转栅上的阅读器即可，阅读器在检查了票证的有效性后允许进入。

5. NFC 用于连接和作为无线启动设备

消费者希望无线连接简单便捷，但对消费者承诺的便利性和移动性却仍未兑现。虽然使用方便已成为消费者优先选择的主要动因，但安全性能也是一种必要的因素。

6. 发展前景

NFC 具有成本低廉、方便易用和更富直观性等特点，这让它在某些领域显得更具潜力。NFC 通过一个芯片、一根天线和一些软件的组合，能够实现各种设备在几厘米范围内的通信，而费用仅为 2～3 欧元。研究机构 Strategy Analytics 预测，至 2011 年全球基于移动电话的非接触式支付额将超过 360 亿美元。如果 NFC 技术能得到普及，它将在很大程度上改变人们使用许多电子设备的方式，甚至改变使用信用卡、钥匙和现金的方式。

NFC 作为一种新兴的技术，大致总结了蓝牙技术协同工作能力差的弊病。不过，它的目标并非是完全取代蓝牙、WiFi 等其他无线技术，而是在不同的场合、不同的领域起到相互补充的作用。因为 NFC 的数据传输速率较低，仅为 212kbps，不适合诸如音视频流等需要较高带宽的应用。

需要密切关注的是，中国政府正在制定自己的 RFID 标准，而飞利浦的 NFC 技术是否完全兼容并得到中国政府的认可对消费者相当重要。中国国家标准化管理委员会成立了国家标准工作组，负责起草、制定中国有关 RFID 的国家标准，这样将使中国获得相关的自主知识产权，又能将 RFID 发展纳入标准化、规范化的轨道。整个认证过程很可能需要飞利浦等公司公开一些关键的技术，这可能成为 NFC 在中国推广应用的绊脚石。

9.6 Zig Bee 技术

Helicomm 8 年自主研发技术的 Zig Bee 无线定位系统，已成功应用在最具“人情味”的北京地铁 4 号线大兴线隧道工程项目中。本项目中“地铁隧道工程安全预警系统”共安装有：Zig Bee 工地安全基站 21 个和 50 张 Zig Bee 人员识别卡。开创了以 Zig Bee 物联网新技术为核心的“地铁隧道工程安全预警系统”为工程和人员安全保驾护航的最新应用。

此次项目的成功运作证明：Zig Bee 无线 Mesh 网络在隧道工程、工地人员位置定位、安全监控、地表位移监测、地表沉降、应力应变监测、地质超前预报等方面强大的物联网技术创新能力。

从住房和城乡建设部获悉：2015 年前，将在全国 22 个城市开建 79 条新地铁线路。相信这套内嵌 Zig Bee 无线技术的创新型隧道工程安全预警系统将为隧道安全施工工程提供最可靠工程保障。

9.6.1 Zig Bee 技术概述

Zig Bee 技术是一种具有统一技术标准的短距离无线通信技术，其物理层和数据链路层协议为 IEEE 802.15.4 协议标准，网络层和安全层由 Zig Bee 联盟制定，应用层的开发应用根据用户的应用需要，对其进行开发利用，因此该技术能够为用户提供机动、灵活的组网方式。

Zig Bee 是 IEEE 802.15.4 协议的代名词。根据这个协议规定的技术是一种短距离、低功耗的无线通信技术。这一名称来源于蜜蜂的八字舞，由于蜜蜂（bee）是靠飞翔和“嗡嗡”（zig）地抖动翅膀的“舞蹈”来与同伴传递花粉所在方位信息，也就是说蜜蜂依靠这样的方式构成了群体中的通信网络。其特点是近距离、低复杂度、自组织、低功耗、低数据速率、低成本。主要适合用于自动控制和远程控制领域，可以嵌入各种设备。

简而言之，Zig Bee 就是一种便宜的、低功耗的近距离无线组网通信技术。

根据 IEEE 802.15.4 协议标准，Zig Bee 的工作频段分为 3 个频段，这 3 个工作频段相距较大，而且在各频段上的信道数据不同，因而，在该项技术标准中，各频段上的调制方式和传输速率不同。它们分别为 868MHz、915MHz 和 2.4GHz，其中 2.4GHz 频段上分为 16 个信道，该频段为全球通用的工业、科学、医学（Industrial，Scientific and Medical，ISM）频段，该频段为免付费、免申请的无线电频段，在该频段上，数据传输速率为 250kb/s；另外两个频段为 915/868MHz，其相应的信道个数分别为 10 个和 1 个，传输速率分别为 40kb/s 和 20kb/s，868MHz 和 915MHz 无线电使用直接序列扩频技术和二进制相移键控（BPSK）调制技术。2.4GHz 无线电使用 DSSS 和偏移正交相移键控（O—QPSK）。

在组网性能上，Zig Bee 可以构造为星形网络或者点对点对等网络，在每一个 Zig Bee 组成的无线网络中，连接地址码分为 16b 短地址或者 64b 长地址，可容纳的最大设备个数分别为 216 个和 264 个，具有较大的网络容量。

在无线通信技术上，采用 CSMA—CA 方式，有效地避免了无线电载波之间的冲突，此外，为保证传输数据的可靠性，建立了完整的应答通信协议。

Zig Bee 设备为低功耗设备，其发射输出为 0～3.6dBm，通信距离为 30m～70m，具有能量检测和链路质量指示能力，根据这些检测结果，设备可以自动调整设备的发射功率，在保证通信链路质量的条件下，最小地消耗设备能量。

为保证 Zig Bee 设备之间通信数据的安全保密性，Zig Bee 技术采用了密钥长度为 128 位的加密算法，对所传输的数据信息进行加密处理。

9.6.2 Zig Bee 技术特点

Zig Bee 技术则致力于提供一种廉价的固定、便携或者移动设备使用的极低复杂度、成本和功耗的低速率无线通信技术。这种无线通信技术具有以下特点：

1. 数据传输速率低

只有 10kb/s～250kb/s，专注于低传输速率应用。无线传感器网络不传输语音、视频之类的大数据量的采集数据，仅仅传输一些采集到的温度、湿度之类的简单数据。

2. 功耗低

工作模式情况下，Zig Bee 技术传输速率低，传输数据量很小，因此信号的收发时间很短，其次在非工作模式时，Zig Bee 节点处于休眠模式，耗电量只有 1μW。设备搜索时延一般为 30ms，休眠激活时延为 15ms，活动设备信道接入时延为 15ms。由于工作时间较短、收发信息功耗较低且采用了休眠模式，使得 Zig Bee 设备非常省电，Zig Bee 节点的电池工作时间可以长达 6 个月到 2 年。同时，由于电池时间取决于很多因素，例如，电池种类、容量和应用场合，Zig Bee 技术在协议上对电池使用也作了优化。对于典型应用，碱性电池可以使用数年，对于某些工作时间和总时间（工作时间 + 休眠时间）之比小于 1% 的情况，电池的寿命甚至可以超过 1 年。

3. 数据传输可靠

Zig Bee 的介质链路层（以 MAC 层）采用 CSMA—CA 碰撞避免机制。在这种完全确认的数据传输机制下，当有数据传送需求时则立刻传送，发送的每个数据包都必须等待接收方的确认信息，并进行确认信息回复，若没有得到确认信息的回复就表示发生了碰撞，将再传一次，采用这种方法可以提高系统信息传输的可靠性。同时为需要固定带宽的通信业务预留了专用时隙，避免了发送数据时的竞争和冲突。同时 Zig Bee 针对时延敏感的应用做了优化，通信时延和休眠状态激活的时延都非常短。

4. 网络容量大

Zig Bee 的低速率、低功耗和短距离传输的特点使它非常适宜支持简单器件。Zig Bee 定义了两种器件：全功能器件（FFD）和简化功能器件（RFD）。网络协调器（Coordinator）是一种全功能器件，而网络节点通常为简化功能器件。如果通过网络协调器组建无线传感器网络，整个网络最多可以支持超过 65000 个 Zig Bee 网络节点，再加上各个网络协调器可互相连接，整个 Zig Bee 网络节点的数目将十分可观。

5. 自动动态组网、自主路由

无线传感器网络是动态变化的，无论是节点的能量耗尽，或者节点被敌人俘获，都能使节点退出网络，而且网络的使用者也希望能在需要的时候向已有的网络中加入新的传感器节点。

6. 兼容性

Zig Bee 技术与现有的控制网络标准无缝集成。通过网络协调器自动建立网络，采用 CSMA—CA 方式进行信道接入。为了可靠传递，还提供全握手协议。

7. 安全性

Zig Bee 提供了数据完整性检查和鉴权功能，在数据传输中提供了三级安全性。第一级实际是无安全方式，对于某种应用，如果安全并不重要或者上层已经提供足够的安全保护，器件就可以选择这种方式来转移数据。对于第二级安全级别，器件可以使用接入控制清单（ACL）来防止非法器件获取数据。

在这一级不采取加密措施。第三级安全级别在数据转移中采用属于高级加密标准

(AES) 的对称密码。AES 可以用来保护数据净荷和防止攻击者冒充合法器件。

8. 实现成本低

模块的初始成本估计在 6 美元左右，很快就能降到 1.5 ~ 2.5 美元，且 Zig Bee 协议免专利费用。无线传感器网络中可以具有成千上万的节点，如果不能严格地控制节点的成本，那么网络的规模必将受到严重的制约，从而将严重地制约无线传感器网络的强大功能。

9.6.3 Zig Bee 协议栈结构

Zig Bee 技术的协议栈结构很简单，不像诸如蓝牙和其他网络结构，这些网络结构通常分为 7 层，而 Zig Bee 技术仅分为 4 层，如图 9 – 3 所示。

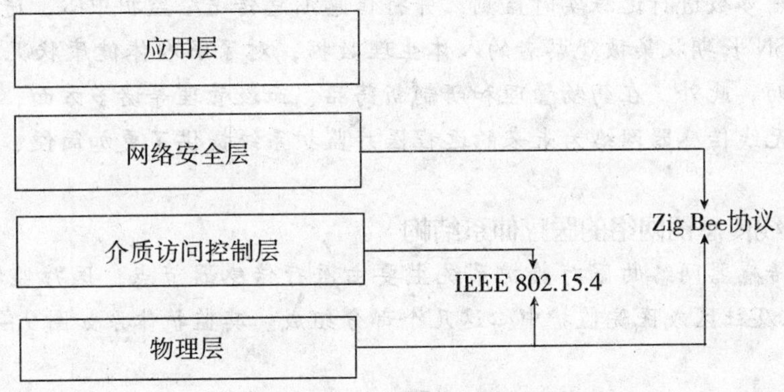

图 9 – 3　Zig Bee 协议栈

在 Zig Bee 技术中，PHY 层和 MAC 层采用 IEEE 802.15.4 协议标准，其中，PHY 层提供了两种类型的服务：即通过物理层管理实体接口对 PHY 层数据和 PHY 层管理提供服务。PHY 层数据服务可以通过无线物理信道发送和接收物理层协议数据单元来实现。

PHY 层的特征是启动和关闭无线收发器，能量监测，链路质量，信道选择，清除信道评估以及通过物理介质对数据包进行发送和接收。同样，MAC 层也提供了两种类型的服务：通过 MAC 层管理实体服务接入点向 MAC 层数据和 MAC 层管理提供服务。MAC 层数据服务可以通过 PHY 层数据服务发送和接收 MAC 层协议数据单元。

MAC 层的具体特征是：信标管理、信道接入、时隙管理、发送确认帧、发送连接及断开连接请求。除此以外，MAC 层为应用合适的安全机制提供一些方法。

Zig Bee 技术的网络/安全层主要用于 Zig Bee 的 WPAN 的组网连接、数据管理以及网络安全等；应用层主要为 Zig Bee 技术的实际应用提供一些应用框架模型等，以便对 Zig Bee 技术进行开发应用。

根据 Zig Bee Alliance 的观点，一般家庭可将 Zig Bee 应用于以下装置：

①空调系统的温度控制器，灯光、窗帘的自动控制。

②老年人与行动不便者的紧急呼叫器。

③电视与音响的万用遥控器，无线键盘、滑鼠、摇杆、玩具。

④烟雾侦测器。

⑤智慧型标签。

无线传感器网络在医疗中的应用

无线传感器网络利用其自身的优点（如低费用、简便、快速、实时无创的采集患者的各种生理参数等），使其在医疗研究、医院普通或ICU病房或者家庭日常监护等领域中有很大的发展潜力，是目前研究领域的热点。

在病人身上放置用于检测人体参数的微型传感器节点，可对病人的心率、血压、心电、心音等生理参数进行远程实时监测，并将信息汇总传送给监护中心，进行及时处理与反馈；利用WSN长期收集被观察者的人体生理数据，对了解人体健康状况以及研究人体疾病都很有帮助。此外，在药物管理和研制新药品、血液管理等诸多方面，也有其独特的应用。总之，无线传感器网络为未来的远程医疗监护系统提供了更加简便、更低费用的实现手段。

1. 基于无线传感器网络的医疗体系结构

基于无线传感器网络的医疗监护系统主要由医疗传感器节点、医疗监护基站（医疗SINK节点）以及社区或医院监护中心这几个部分组成。其监护体系如图9－4所示。

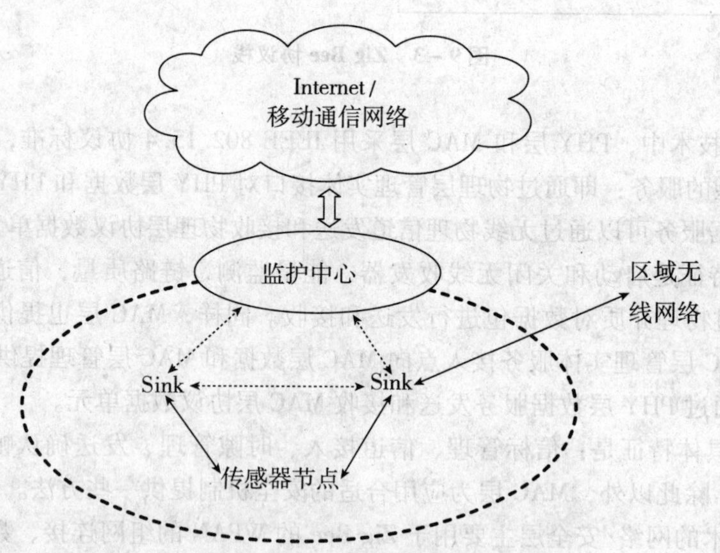

图9－4　基于无线传感器网络的医疗体系结构

医疗传感器节点与监护基站组成个人/家庭或者病房无线传感器网络，多个这样的网络可以组成社区或整个医院监护网络，甚至更大范围的远程医疗监护系统。首先，医疗传感器节点采集人体生理参数，并对采集到参数简单处理后，通过无线通信的方式直接或者间接逐跳方式把数据传输到基站上。监护基站对数据进行进一步处理后转发给监护中心，监护中心进行分析处理，并及时对病人进行信息反馈。监护中心还可以采用多种方式(Internet，移动通信网络等）进行远程数据传输，与其他监护中心共享信息。

2. 医疗传感器节点的设计

医疗传感器节点的基本结构，包括处理模块、传感器模块和无线收发模块以及电源供电模块。

传感器模块用来进行外部传感器信号的感知、采集、转换。是整个节点真正与外部信号量接触的模块。然而，医用传感器是以生命体为测量对象。尤其是人体，可以说是世界上最复杂的系统，各生理变量间存在着高度的相关性而且不易接近。所以医用传感器要从众多的现象中取出预测生理量，得出可靠而有意义的测量数据，同时又要确保被测对象的安全。

由于人体参数大多是微弱信号，一般只有几 mV 级别，甚至更低，并且存在多种噪声(测量环境噪声、仪器与人体摩擦噪声以及仪器本身噪声等)、工频干扰（由测量环境周围存在 50 Hz 的电磁场引起的）以及各种杂音等不利因素。因此，在具体医疗传感器节点设计中，加入模拟电路处理模块，该模块一般包括以下几个部分：放大电路、滤波电路、陷波电路以及模数（A/D）转换电路等。在节点设计中放大电路一般采用多级放大（三级或四级)，末级放大电路除了有放大功能外一般还具有电平提升功能；滤波电路：应满足电路简洁、合理的截止频率、灵活方便的调节高低通截止频率等要求，合理的滤掉信号中的高频与低频干扰；陷波电路：目前广泛采用对称性双 T 阻容有源陷波器或用集成开关电容器件以及非对称阻容网络陷波器等。总之，模拟电路处理模块主要对采集到的信号进行放大、滤波、陷波等处理，去除信号中的噪声、干扰，提取出有用信号。

处理器模块是传感器节点的核心，负责整个节点的设备控制、任务分配与调度、数据整合与传输等。目前处理器模块中使用较多的是 Atmel 公司的 AVR 系列单片机、TI 公司的 MSP430 超低功耗处理器、Motorola 公司和 Renesas 公司的处理器以及作为 32 位嵌入式处理器的 ARM 单片机。在节点设计中，必须编程实现处理器模块对传感模块采集控制、A/D 转换的实现以及控制无线通信模块的收发。

无线收发模块用于节点之间的数据通信。在无线领域应用较多的无线收发模块为 Chipcon 公司的 CC1000、CC2420、CC2430。常用的无线通信技术有：IEEE 802.11b、IEEE 802.15.4（Zig Bee)、Bluetooth、UWB、RFID、IrDA（红外线）等。监护系统大多采用 IEEE 802.15.4（Zig Bee)、蓝牙来实现节点以及节点与基站之间的数据通信。

电源模块为节点提供能量，是整个无线传感器节点的基础模块。然而，受节点体积限制，传感器节点的能量非常有限。因此，在整个节点设计中，以低功耗、高精度为主要要求，采取一系列有效的措施来节省能量。另外，医疗传感器节点不能频繁更换电池，影响人的正常生活。所以，所设计的医疗节点应该具有较长的生命周期。

3. 医疗无线传感器网络监护系统存在的挑战

尽管无线传感器网络在组建医疗监护系统方面有其独有优势，但应用到实际医疗中还存在以下挑战：

(1) 动态组网与大规模网络中节点移动性管理：当监护系统扩展到社区、城市甚至全国时，其网络规模巨大，并且监护节点与基站都具有一定的移动性。因此，必须设计一种合适的网络拓扑管理结构以及节点移动性管理方法。

(2) 数据完整性与数据压缩：节点有时需要长达 24 小时的监测人体参数，节点所采集到的数据量大，而节点的存储容量小，常采用压缩算法来减少数据的存储与传输量。然而，传统数据的压缩算法开销太大不适合传感器节点。另外，压缩算法不能损坏原始数据，否则会造成对病人的错误诊断。

(3) 数据安全性：无线传感器网络节点采用自组织方式组网，容易受到攻击，此外，病人的信息需要保密。然而，传感器节点计算能力相当有限，传统的安全和加密技术都不适用。因此，必须设计一种适合传感器节点的加解密算法。

4. 总结与展望

随着技术的发展，无线医疗传感器节点逐渐向多参数、智能化、微型化、低功耗等方向发展，无线传感器网络也将逐渐被实际应用于医疗领域。发展与组建具有智能化的病房与社区监护系统是当今国内外医疗发展的趋势。

10 物联网实现形态——M2M

10.1 M2M 概述

10.1.1 M2M 的概念

M2M 表达的是多种不同类型的通信技术有机地结合在一起（如图 10－1 所示）：机器之间通信、机器控制通信、人机交互通信、移动互联通信。

M2M 让机器、设备、应用处理过程与后台信息系统共享信息，并与操作者共享信息。

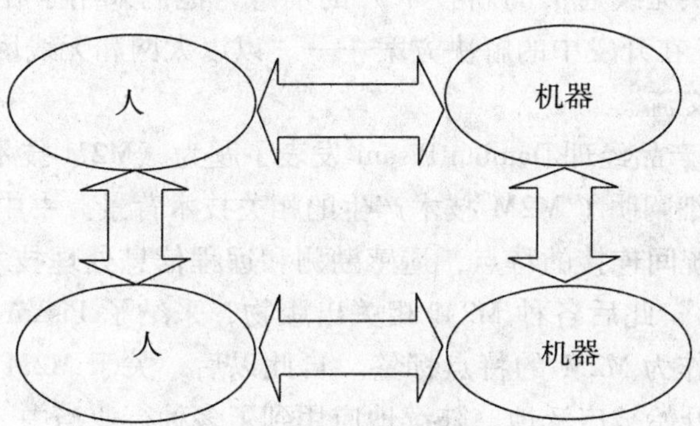

图 10－1 M2M 概念示意

它提供了设备实时地在系统之间、远程设备之间或和个人之间建立无线连接，传输数据的手段。M2M 技术综合了数据采集、GPS、远程监控、电信、信息技术，是计算机、网络、设备、传感器、人类等的生态系统，能够使业务流程自动化，集成公司资讯科技（IT）系统和非 IT 设备的实时状态，并创造增值服务。这一平台可在安全监测、自动抄表、机械服务和维修业务、自动售货机、公共交通系统、车队管理、工业流程自动化、电动机械、城市信息化等环境中运行并提供广泛的应用和解决方案。

M2M 是一种理念，也是所有增强机器设备通信和网络能力技术的总称。通信网络技术的出现和发展，给社会生活面貌带来了极大的变化，人与人之间可以更加快捷地沟通，信息的交流更顺畅。但是目前除计算机和其他一些 IT 类设备外，众多的普通机器设备几乎不具备联网和通信能力，例如，家电、车辆、自动售货机、工厂设备等。M2M 技术的目标就是使所有机器设备都具备联网和通信能力，其核心理念就是“网络一切”（Network Everything）。M2M 技术具有非常重要的意义，有着广阔的市场和应用，正在推动着社会生产和生活方式新一轮的变革。M2M 不是简单的远程测量，还具有远程控制的功能，用户可以在读取远程设备数据的同时对其进行操控。M2M 不只是人到机器设备的远程通信，还将包括机器之间的通信和互动，而反映到人的交互界面可能就只是一个结果。M2M 不是一种新的技术，而是在现有技术基础上的一种应用，很多应用比如远程测量和 GPS 定位已经存在了很多年，但近些年由于移动通信技术的发展才被冠上 M2M 的名字。M2M 不止是基于移动通信技术的，无线传感器、RFID 等短距离通信技术甚至有线网络都可以成为连接机器的手段。

10.1.2 M2M 的产生

自 20 世纪 90 年代中期开始，各种具体行业应用中，逐步吸纳了多种通信手段技术，例如，Internet、遥感勘测、远程信息处理、远程控制等。后来，部分处于世界领先地位的公司和企业把这种处于萌芽状态的新科技手段定义为“M2M”。这一概念真正在市场上出现是在 2002 年 9 月 20 日，Opto22 和 Nokia 两大公司联名发布《Opto 22 携手 Nokia 共同开发旨在为企业提供无线通信的新技术》的消息，他们采用了在当时风靡一时的术语“M2M”来诠释双方正在开发中的解决方案——“以以太网和无线网络为基础，实现网络通信中各实体间信息交流”。

9 个月后，Nokia 产品经理 Damian Pisani 发表了题为《M2M 技术——让你的机器开口讲话》的白皮书，详细阐明了 M2M 技术产生的相关技术背景。书中写到，“由于 M2M 旨在实现人、设备、系统间连接的特点，遥感勘测和远程信息处理技术均可被视为 M2M 技术整体潜能的一部分。”此后各种 M2M 相关出版物，采纳了 Pisani 的观点，将“人、设备、系统的联合体”作为 M2M 的特点标签。自此以后，关于 M2M 技术的特性及其商业价值的相关记录，便开始被广泛地、陆续地应用到了多种行业当中。

10.1.3 M2M 与其他相似概念的比较

目前，在 ICT 行业中还存在着很多与 M2M 相似的概念，表 10－1 为 M2M 与泛在网络、物联网、智慧地球、智能电网、信息化的比较分析。

表 10－1　M2M 与一些其他相似概念的区别比较

M2M 与泛在网络、物联网的关系	M2M 与智慧地球的关系	M2M 与智能电网的关系	M2M 与信息化的关系
简单地说，M2M 就是机器的互联网，实现手段包括各种联网的技术，实现形式包括人对机器、机器对人以及机器对机器的通信。泛在网络和物联网是比 M2M 更广泛的概念，M2M 主要是实现泛在网络、物联网的第一步	IBM 提出了智慧地球的概念，在城市和国家的级别上实现数据化和信息化。虽然 IBM 很少将其产品冠以 M2M 的名字，但其业务中很大一部分都属于 M2M 的范畴，智慧地球也不例外	智能电网（Smart Grid）是美国提出的自动抄表加用电量分析管理和调配系统，能够节省电力消耗，奥巴马专门在经济刺激计划拿出 110 亿美元支持智能电网建设。Smart Grid 属于 M2M 业务，由于能源紧张问题的出现而被单独提出来	目前世界各国政府都在加强信息化建设，可以说，M2M 是信息化的手段之一，而信息化是 M2M 实现的结果

10.2　M2M 市场发展

M2M 市场近年来发展很快，其概念也逐渐被人们所了解。从自动抄表到车辆信息管理，M2M 最先出现在应用需求最大的领域，之后才扩展到生产生活的其他方面。而随着 M2M 服务提供商、M2M 测试认证商的出现，M2M 产业链也趋于完整。总的来说，M2M 市场发展已初步形成规模，在未来几年中将进入快速成长期。

10.2.1　M2M 市场的三个发展阶段

M2M 市场的发展将分三个阶段。2003—2009 年是 M2M 市场的初创期，在这个阶段内，商业模式还处于摸索中，产业关注的焦点普遍存在于新生纵向市场的开拓上，传统运营商占据主导地位，在为行业客户提供定制个性化解决方案中，运营商的移动蜂窝网络具有无可比拟的优势。随着第二阶段的到来，纵向市场将被打破，横向市场将得到发展，M2M 服务提供商将成为新的经济增长点，越来越多的网络类型都将应用于解决方案当中，服务提供商将飞速增加。第三个阶段是成熟阶段，家庭和个人应用将成为 M2M 的主要力量，产业链将整合，发展模式将简化。

目前全球市场属于第一阶段与第二阶段的中间段，如图 10－2 所示。

Jasper Wireless 和 Wyless 这样的全球化的 M2M 服务提供商已经出现，而传统电信运营商仍处于主导地位，应用客户也以企业客户为主。

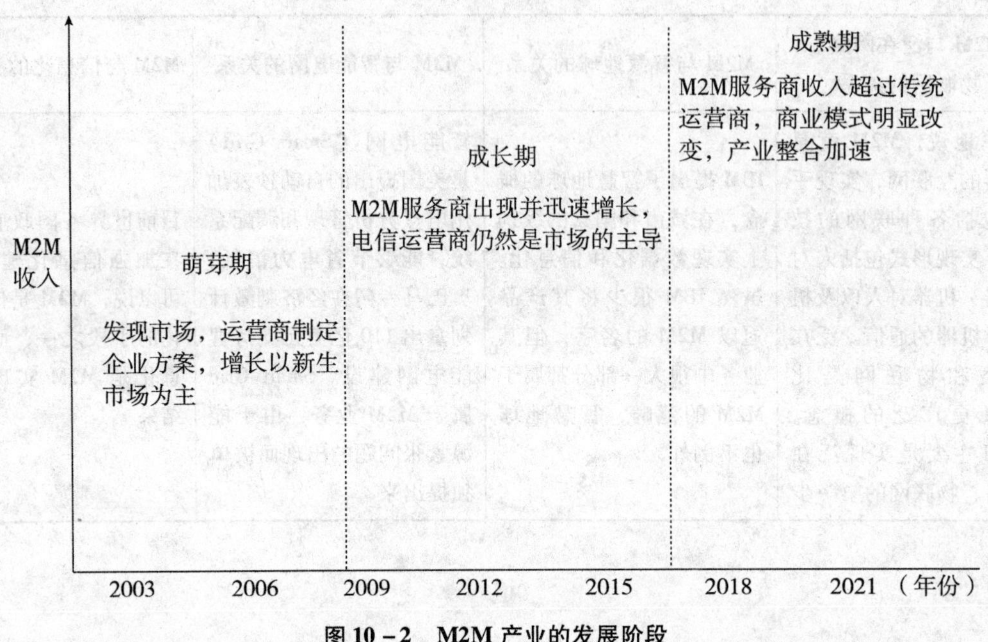

图 10－2　M2M 产业的发展阶段

10.2.2　全球 M2M 市场发展现状

1. 南、北美洲

M2M 在北美地区最主要的应用是汽车信息通信。通用汽车提供 OnStar 技术，为所制造的汽车提供跟踪和应急响应服务；而 ATX 和 CalAmp 公司也专门为汽车生产厂商提供汽车信息通信技术支持。一些大的企业也纷纷采用 M2M 技术改善经营效率：通用电气采用了物品跟踪和安全系统，泰科国际采用了安全防护系统，卡特彼勒使用了设备监测的卫星系统，太平洋燃气电力公司则采用了自动抄表技术。除了业务应用外，北美目前也是大型 M2M 企业的集中地。在南美地区，巴西已经应用汽车信息终端和安全跟踪系统，智利的电力公司采用了自动抄表技术。但南美地区总体发展程度比北美地区差很多。

2. 欧洲地区

市场成熟、发展均衡的欧洲 M2M 市场比较成熟，尤其是西欧市场，已经实现了安全监测、机械服务、汽车信息通信终端、自动售货机、公共交通系统、车队管理、工业流程自动化、城市信息化等领域的应用。与西欧市场相比，东欧市场虽然用 GSM 及 GPRS 方式的产品带来了利润，但总体尚处于发展阶段。在车辆信息通信领域，欧盟制订并推广了 eCall 计划，旨在降低车辆事故数目和缩短事故反应时间。

从国家和地区的角度来看，比荷卢地区以车队管理系统为主，Transics 和 TomTom WORK 推出的解决方案已经在这个地区得到应用；德国 M2M 主要在交通运输领域得到应用，比如，宝马和保时捷都在其汽车产品上加入了信息通信终端，另外，德国高速公路的

卡车收费也采用的是 M2M 方式；意大利也是汽车信息终端为主，同时还有自动抄表等技术应用；以瑞典为代表的斯堪的纳维亚地区在电力自动抄表方面实现了普及；英国则以车辆的跟踪和安全防护为主。

3. 亚洲地区——日、韩发展较快

虽然亚洲地区一些主要的运营商很早就开始关注 M2M 了，但它们推出的 M2M 业务很少，同时只是在小范围内实现应用。总体来说，亚洲地区 M2M 市场只是刚起步。日本和韩国的 M2M 市场发展较快，日本实行 U - Japan 和 I - Japan 的泛在网络战略，重点发展汽车信息通信系统以及智能家居，除此之外还有远程医疗、远程办公等。韩国政府实行 U - Korea 的泛在网络计划，其中也包括很多 M2M 的内容，如智能交通、自动监测、智能家居等，韩国的 SK 电讯也推出了较全面的行业解决方案。虽然日韩 M2M 业务应用市场情况较好，但目前还没有形成完善的 M2M 产业链。

4. 中东和非洲——集中在少数国家

中东和非洲的一些富有的国家已经有 M2M 应用了，比如，以色列使用了车辆跟踪系统，南非使用了汽车信息通信终端。但是其他大多数国家还比较贫穷，目前没有 M2M 业务应用。

10.2.3 中国 M2M 市场现状

1. 政府部门高度重视发展 M2M 产业

中国政府已将 M2M 相关产业正式纳入国家《信息产业科技发展“十一五”规划及 2020 年中长期规划纲要“十一五”规划》重点扶持项目。工业与信息部“十一五”规划的原文显示：

“重点研究以车载通信（包括汽车、船舶等）为代表的智能信息处理和物与物（M2M）通信技术，解决其中的移动通信与网络、定位、多媒体通信、导航关键技术问题；研究 RFID 和传感器网络等无处不在网络技术，研究 RFID、传感器网络与信息通信网络的无缝结合和应用；形成一大批有示范效应的应用范例，形成国际一流的产品能力和较为完善的产业链。”

由此可见，M2M 技术与其将为社会民生带来的深远影响已经得到了政府的高度重视，而相关的研究和应用也会陆续展开。2008 年 6 月，全国 M2M 产业基地落户重庆。政府借此产业基地的建立希望完成 M2M 运营支撑平台的建设，开发和推广电梯安全管理、车辆监控、船舶及航标灯监控、危险源监控、环保监测、地质灾害监控与防治等系统。推广 M2M 终端，形成规模化应用，打造国际一流的品牌和较为完善的产业链。

2. “两化”融合推动 M2M 产业发展

在全球经济和科技发生深刻变革、中国工业化加速发展的历史背景下，党的十七大提出推进“两化”融合，深刻阐述了工业化与信息化发展的内在关系，科学回答了我国走新型工业化道路的实现途径，这与党的十六大提出的“以信息化带动工业化、以工业化促进信息化”等重要论断一脉相承，又与时俱进。M2M 技术和理念就是直接服务于行业信息化的发展，最好地体现了“两化”融合的思想。中国大力推进“两化”融合，给M2M市场带来了机遇。

3. 各行业M2M应用发展迅速，以政企应用为主

随着信息化建设的深入推进，很多M2M产业也从中受益，很多政府部门和企业就是采用M2M方案实现信息化，应用涉及石化、零售、物流、水利、医疗、汽车等行业。可以看出，我国近几年M2M的应用发展迅速，以GPS技术或者有线网络为主，而基于移动通信应用则较少。目前阶段还是以政府和企业应用为主，虽然使用相应业务的部门和企业不一定将其看做是M2M业务，而只看做是单独的行业信息化应用，但是他们确实的推动了我国M2M应用市场的发展。

4. M2M市场产业链不完整

与国外的产业发展状况相比，产业链环节有所缺失，特别是M2M服务商等重要的环节。这说明，虽然我国M2M业务应用市场已经初具规模，但产业还比较零散，市场尚处于摸索阶段，未来还有很长的路要走。目前我国M2M产业的优势环节有系统集成商、通信模块商和电信运营商。

①系统集成商：目前国内系统集成商虽然不多，但一般起步较早，比如，同方软件，他们对整个M2M产业有足够的认识，因此对于这个领域中国目前只是需要更多的系统集成商出现，以便同电信运营商合作开发和推广业务。

②通信模块商：国内拥有芯讯通这样的世界领先的通信模块厂商，是中国M2M产业较强的环节。

③电信运营商：中国移动和中国电信关注M2M产业很早，分别于近两年推出了相应的业务，并积极宣传和推广M2M业务。中国移动还为Wyless提供网络连接服务，是Wyless在中国业务的合作伙伴。

我国目前拥有几家通信芯片商，比如，联发科、展讯，但总体实力都不强，难以与其他大型通信芯片商争夺市场份额。在RFID和无线传感器设备领域，我国已经发展了很多年了，市场比较成熟，技术水平并不比国外差，但大多数RFID和无线传感器公司缺乏M2M以及网络融合的概念，没有开发相应的远程控制管理平台，在行业应用上还比较落后。我国的原始设备制造商和消费者都有M2M应用的需求，但目前对M2M概念了解甚少，成为业务应用和市场扩展的一个障碍。我国的测试认证提供商是国家机构，预计随着M2M产业的发展，也将会推出专门针对M2M设备测试认证的服务。

我国目前在M2M产业缺少M2M服务商、管理咨询提供商、外部硬件提供商、应用设备和软件提供商，根据这些环节在国外的发展状况可以预测在国内有很大的发展潜力。M2M服务商非常重要，虽然国内也可能会出现，但在我国的体制环境下将面临很多的困难。外部硬件提供商和应用设备软件提供商使系统集成商能够专心面向客户开发整体解决方案，这对于行业纵向市场的发展会有很大的帮助。管理咨询提供商是行业健康发展的标志，目前国内还没有专门针对M2M的咨询公司，相信未来的几年内将会出现。

5. 电信运营商推动 M2M 市场发展

(1) M2M 市场依靠电信运营商推动

虽然一些系统集成商进入 M2M 行业很早，但中国的 M2M 产业的发展是依靠电信运营商来推动的，这点和亚洲其他一些国家比较相似，比如，NTT DoCoMo 和 SK 电信公司依靠其全资的子公司来提供 M2M 连接服务。电信运营商可以依靠其客户基础和品牌效应推广 M2M 业务，在 M2M 发展初期是比较有效的。中国移动是目前 M2M 市场的领导者，推出了多项业务，并且制定了 WMMP 行业标准。预计依靠运营商推动的这种模式会在中国持续很长的一段时间，M2M 服务商暂时不会出现，在这期间国内有全球化业务需求的企业会转向 Wyless 这样的全球化 M2M 服务商。

(2) M2M 概念认知度低，M2M 业务推广受到影响

尽管中国移动、中国电信在 M2M 业务宣传和推广上下了不少工夫，但是 M2M 的实际推广并不十分乐观。根据中国移动研究院 2008 年 10 月的数据，中国移动的 M2M 集中在电力、交通等行业，未能向用户群更庞大的个人、家庭和社区开展，用户认知度低。目前国内 M2M 业务还没有进入大规模的应用推广阶段，对运营商的收入没有形成稳定的贡献，与投入相比没有实现赢利。

10.2.4 M2M 产业链

完整的 M2M 产业链包括芯片商、通信模块商、外部硬件提供商、应用设备和软件提供商、系统集成商、M2M 服务提供商、传统电信运营商、原始设备制造商、消费者、管理咨询提供商和测试认证提供商等，如图 10－3 所示。整个产业链的核心是通信芯片提供商、通信模块提供商、系统集成商、电信运营商、原始设备制造商这几个环节。

①通信芯片提供商：提供最底层的通信芯片的厂商。这类芯片往往并不是专门针对 M2M 应用而开发的，任何希望通过无线方式连入通信网络的机器，比如，手机、笔记本电脑，都需要这种芯片。可以说，通信芯片是整个通信设备的核心。

②通信模块提供商：使用通信芯片提供商提供的通信芯片，设计生产出能够嵌入在各种机器和设备上的通信模块的厂商。通信模块是 M2M 业务应用终端的基础，除了通信芯片以外，还包括数据端口、数据存储、微处理器、电源管理等功能。通信模块提供商往往是针对 M2M 业务应用而开发，因此要求通信模块能够和要安装的机器拥有一致的接口和控制协议。

③外部硬件提供商：提供 M2M 终端除通信模块外的其他硬件设备的厂商。包括可以进行数据转换和处理的 I/O 端口设备、提供网络连接的外部服务器和调制解调器、可以操控远程设备的自动控制器、在局域网内传输数据的路由器和接入点以外部的天线、电缆、通信电源等。外部硬件虽然不是 M2M 终端的核心，但却是终端正常工作所必需的。

④应用设备和软件提供商：提供应用软件和相关设备的厂商。产品类型可以包括应用开发平台、应用中间件、远程监控系统和监测终端、应用软件、嵌入式软件、自动控制软

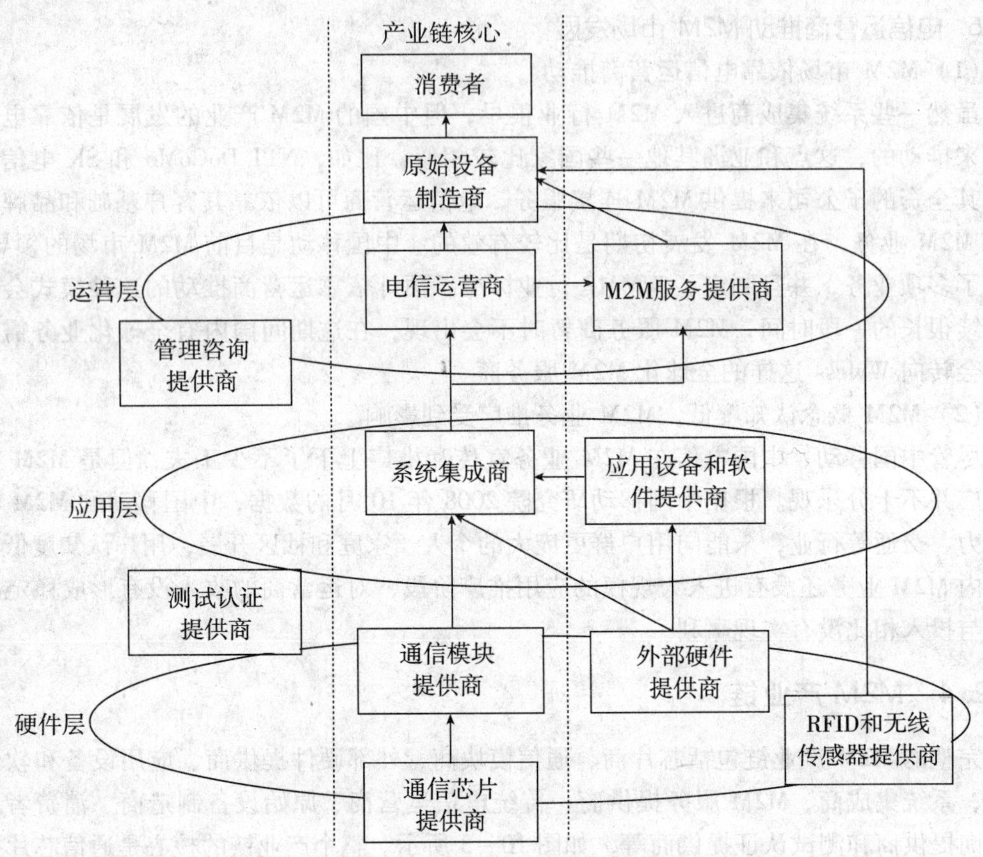

图 10－3　M2M 产业链细分结构

件等。应用软件和设备商接面向客户，是 M2M 解决方案的重点内容。

⑤系统集成商：把所有的 M2M 组件集成为一个解决方案的厂商。系统集成商是整个产业链的重要环节，其推出的解决方案直接影响 M2M 业务的应用和推广。

⑥电信运营商：电信运营商是运营固定和移动通信业务的运营商。为了拓展业务和市场，传统电信运营商也会推出 M2M 业务。传统运营商的优势在于拥有自己的移动通信网络，可以很容易地采用系统集成商的解决方案来推出 M2M 业务。

⑦M2M 服务提供商：M2M 服务提供商一般不拥有自己的移动通信网络，他们往往借用传统移动运营商的网络来推广 M2M 业务。M2M 服务提供商的优势在于可以协调不同地区和协议的通信网络，整合 M2M 业务，实现网络一切的目标。

⑧原始设备制造商：M2M 业务要实现机器的联网必须需要机器设备制造商的支持，因此 M2M 业务面向的客户首先是原始设备制造商。而通信模块与设备的接口和协议也需要模块制造商和设备制造商之间协商。

⑨测试认证提供商：提供 M2M 设备测试认证的厂商，除了提供测试设备以外，还会提供测试认证的服务。任何产业都离不开标准化，而测试认证则是标准化的保证。

⑩管理咨询提供商：提供 M2M 产业的项目计划管理咨询，以及产品设计、集成的支持。咨询公司是一个产业健康运营的保证，对于 M2M 产业的发展必不可少。

⑪RFID 和无线传感器提供商：虽然基于移动通信的 M2M 业务有很多优势，但目前看来，RFID 和无线传感器都在各自的领域发挥着作用，是目前 M2M 业务应用的重要环节。RFID 和无线传感器都属于短距离通信，不和电信运营商发生关系，直接提供产品给原始设备制造商和客户。

10.2.5 M2M 服务提供的商业模式

目前 M2M 市场的服务提供以下 5 种商业模式：

模式 1：电信运营商提供网络连接，收取流量费用，M2M 服务商在其网络上运行业务。这是目前使用最多的商业模式，电信运营商不管对 M2M 是否感兴趣都可以使用这种方式。

模式 2：电信运营商直接提供给已经使用了 M2M 业务的企业所需的数据流量，而不通过 M2M 服务商。例如，Verizon 直接为通用的 OnStar 业务提供数据流量，然后收取费用。这种模式适合一些有实力自行定制 M2M 业务的大企业。

模式 3：电信运营商在一些应用领域挑选系统集成商的合作伙伴，由系统集成商开发业务和售后服务，而电信运营商负责检验业务在网络上的运行情况，并且代表系统集成商进行业务推广，以及计费、收费。这种模式电信运营商占主导地位，而合作的系统集成商多为小型企业。目前这种模式是运营商进入 M2M 市场的主流方式。

模式 4：电信运营商自行开发业务，直接提供给客户。电信运营商制定全套业务和解决方案，直接提供给客户，而不与其他企业合作。目前实行这种模式的电信运营商包括 Orange、NTT DoCoMo、Telefonica 等。

模式 5：电信运营商为客户量身定制业务。M2M 业务范围非常广，电信运营商提供的业务往往不能满足客户需求，这就需要电信运营商根据客户的具体需求而特殊制定 M2M 业务。Orange 将 M2M 系统分成了很多的应用模块，以此为基础提供定制化的业务，如图 10－4 所示。

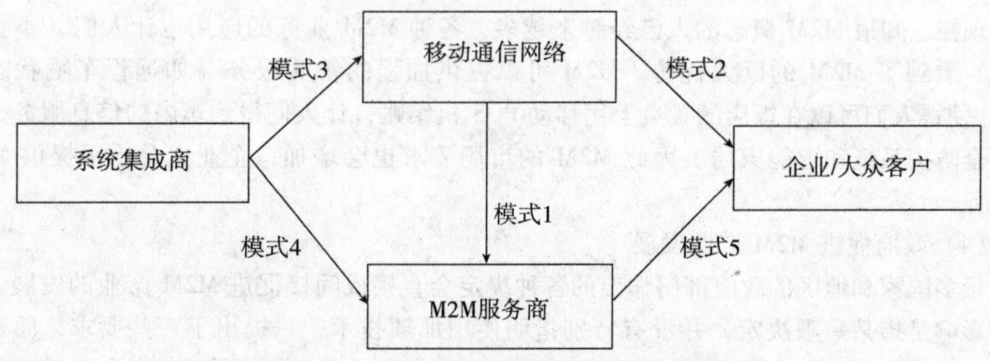

图 10－4 M2M 服务提供的主要商业模式

从电信运营商的 M2M 业务拓展角度来考虑，模式 5 是最好的。从 M2M 服务商的角度考虑，模式 1 是必需的。从 M2M 市场的发展阶段来看，模式 1、3、4、5 会在很长的一段时间内并存，模式 2 会比较少。随着 M2M 产业的发展到第三阶段，M2M 将成为日常生活的必须技术，届时模式 1 将成为主流，而电信运营商与 M2M 服务商之间将出现一系列的产业整合，M2M 服务商将成为 M2M 产业的主导。

10.2.6 M2M 市场发展的驱动因素与抑制因素

1. 驱动因素

（1）利润空间不断减少

电信市场竞争加剧，市场趋于饱和目前电信市场竞争日趋激烈，资费不断下降，运营商利润空间不断减小，以人为基础的通信市场正在趋于饱和，M2M 对运营商来说是全新的发展机遇。目前大型电信运营商比如 SprintNextel、Orange、Telenor、Telefonica、NTT DoCoMo 等纷纷加入 M2M 阵营，推出 M2M 业务，从而有效地促进了 M2M 市场的发展。据 OVUM 预测，到 2010 年，M2M 应用带来的收入将占网络营运商收入的 20%。

（2）通信技术进步

移动通信网络是移动 M2M 业务应用的硬件基础。目前，全球移动通信网络已在大部分人口集中地区实现覆盖，但仍存在很多盲区，比如，农村地区，以至于很多应用（如跨国车队管理）选择了昂贵而且带宽窄的卫星通信技术，影响了 M2M 业务的推广。现在移动通信网络的覆盖正在不断扩展，这将有助于增加移动通信 M2M 业务的市场份额，从而提升 M2M 业务的质量，推动 M2M 市场增长。

M2M 终端和手机在很多基本技术上是通用的，比如，通信芯片、调制解调器、天线等。手机行业的迅速发展将促使手机的研发投入持续增加以及半导体技术成本的降低，这些都将直接成为 M2M 技术进步的支持，尤其是在 M2M 产业发展的初期。而 WCDMA、EV-DO、TD—SCDMA 等 3G 技术的发展也将增加 M2M 通信的带宽，使得 M2M 能够提供更多、更高质量的业务，如高画质视频监测。

（3）M2M 业务优势正在逐渐显现

现在，知道 M2M 概念的人已经越来越多，各种 M2M 业务的应用也让人们（不止是企业）看到了 M2M 的巨大优势。M2M 可以提供加强的售后服务（如远程车辆状态诊断），使得人们可以在饭店的餐桌上用移动 POS 机结账，让人们得到车内的信息服务，体验安全防护系统和智能家居。因此 M2M 的市场需求也会增加，企业也会乐于提供 M2M 的服务。

（4）政府促进 M2M 产业发展

很多国家和地区的政府部门作出的各种决定会直接或间接促进 M2M 产业的发展。间接的影响是指某一项决定，并没有特别指明使用那项技术，只提出了一些要求，而通常 M2M 技术都能够满足这些要求，因此企业会应用 M2M 业务来改进管理。比如，瑞典政府要求所有的电力企业从 2009 年起至少每个月要读测一次电表，于是瑞典电力部门和企业纷纷采用基于移动通信的无线抄表技术。

直接的影响如欧盟对车辆信息终端 eCall 的推广、中国的“十一五”规划、美国政府对智能电网的推广等。政府的政策推动对于 M2M 产业发展异常重要，是 M2M 产业迅速成长的保证。

2. 抑制因素

（1）目前产业应用过于零散，没有形成整体的 M2M 概念

目前大多数 M2M 技术的使用者并不称其为 M2M，而是以其具体的行业应用程序来命名，比如，车队管理、售后服务、楼宇自控、资产追踪等，而且不同应用之间的系统差别很大。产生这种情况的原因是，大多数商务人员并不关心这个新名词，而只视其为可以有效提高商业运作的众多手段中的一种新兴科技。没有形成整体的 M2M 概念，将无法促进网络的融合和 M2M 产业的整合，难以形成站在全局高度推动 M2M 产业发展的世界级的企业。

（2）M2M 知识普及不够，缺少潜在客户支持

目前知道 M2M 概念以及相关知识的仍然是少数人群，而一个产业的发展离不开大量客户的支持。M2M 技术通常是将移动通信模块加入到现有的产品和设备中，使它们能够联网，但目前大多数人没有意识到 M2M 技术对他们的产品和设备的潜在提升作用，因此也不会想要去采用 M2M 技术，这就会影响 M2M 在纵向市场的应用和推广。

（3）技术复杂，行业门槛高

M2M 的应用开发目前比较复杂，对于没有技术基础的企业来说，进入 M2M 行业的门槛较高，不利于新兴企业的发展。技术复杂包含两个层面：设备集成和产品设计。如果一个企业想要推出一项 M2M 的完整解决方案，最少需要远程设备终端的 TCP/IP 协议栈和嵌入式应用软件、M2M 中间件、企业应用软件。而且随着短距离通信与移动通信网络的融合，这个难度还会不断加大。

（4）M2M 解决方案成本较高，不利于推广

目前 M2M 解决方案的成本还比较高，单一个主流的无线通信模块就需要 30～130 美元，更不用提应用设备和网关了。除了一些很有实力的大企业外，目前无法实现基于移动通信技术的大规模设备联网，这也是很多解决方案都采用了低成本的无线传感器或者 RFID 与移动通信结合的方式的原因。

10.2.7 M2M 市场发展展望

总体趋势

M2M 市场将迅速发展进入成长期，M2M 市场当下已成为全球范围内快速增长的高科技市场之一，各国的知名调研机构均对 M2M 应用进行过市场估算，认为 M2M 市场将在未来的几年迅速增长：

①根据 IDATE 调研数据，2006 年全球范围内 M2M 市场容量为 200 亿欧元。而到 2010 年，M2M 市场将达到 2200 亿欧元。

②美国 Alexander Resources 的调查公司则预测，到 2010 年，全球 M2M 市场总额将增长至 2700 亿美元。

③Juniper Research 预测，M2M 应用市场 2009 年将增长到 440 多亿美元，2011 年将增长到 740 亿美元。

④Harbor Research 调查数据显示，2008 年 M2M 市场容量为 600 亿美元，并预计到 2010 年，15 亿美元的设备将会在世界范围联网，M2M 市场容量将达到 1250 亿美元，而到了 2013 年将达到 3000 亿美元以上。

⑤日本 NTT DoCoMo 的研究指出，到了 2010 年，全球将有超过 4000 亿台机器装设联网模块。

⑥ABI Rearch 研究显示，2008 年用于 M2M 的移动 SIM 卡为 6000 万张，而这个数字到了 2013 年将达到 2.2 亿张，而 2013 年 M2M 通信模块的出货量将达到 8000 万个。

结合前面的 M2M 产业现状、抑制因素、驱动因素的分析以及各大机构的研究结果，我们预测，2009—2015 年 M2M 产业将进入快速增长期，增长以新兴市场为主；而 2016—2020 年前后将进入产业成熟阶段，总体发展速度将放缓，欧美市场基本饱和，增长将主要集中在亚太和非洲等发展中国家和地区。

10.3 M2M 系统结构

10.3.1 M2M 技术体系

M2M 系统分为 3 层，分别为设备终端层、网络传输层和应用层（如图 10－5 所示）。应用层提供各种应用平台和用户界面以及数据的存储功能，应用层通过中间件与网络传输层相连，通过无线网络传输数据到设备终端。当机器设备有通信需求时，会通过通信模块和外部硬件发送数据信号，通过通信网络传输到相应的 M2M 网关，然后进行业务分析和处理，最终达到用户界面，人们可以对数据进行读取，也可以远程操控机器设备。应用层的业务服务器也可以实现机器之间的互相通信，来完成总体的任务。

1. 设备终端层

设备终端层包括通信模块以及控制系统等。通信模块产品按照通信标准来分可分为移动通信模块、Zig Bee 模块、WLAN 模块、RFID 模块、蓝牙模块、GPS 模块以及有线网络模块等，外部硬件包括从传感器收集数据的 I/O 设备、完成协议转换功能将数据发送到通信网络的连接终端、控制系统、传感器以及调制解调器、天线、线缆等设备。设备终端层的作用是通过无线通信技术发送机器设备的数据到通信网络，最终传送给服务器和用户。而用户可以通过通信网络传送控制指令到目标通信终端，然后通过控制系统对设备进行远程控制和操作。

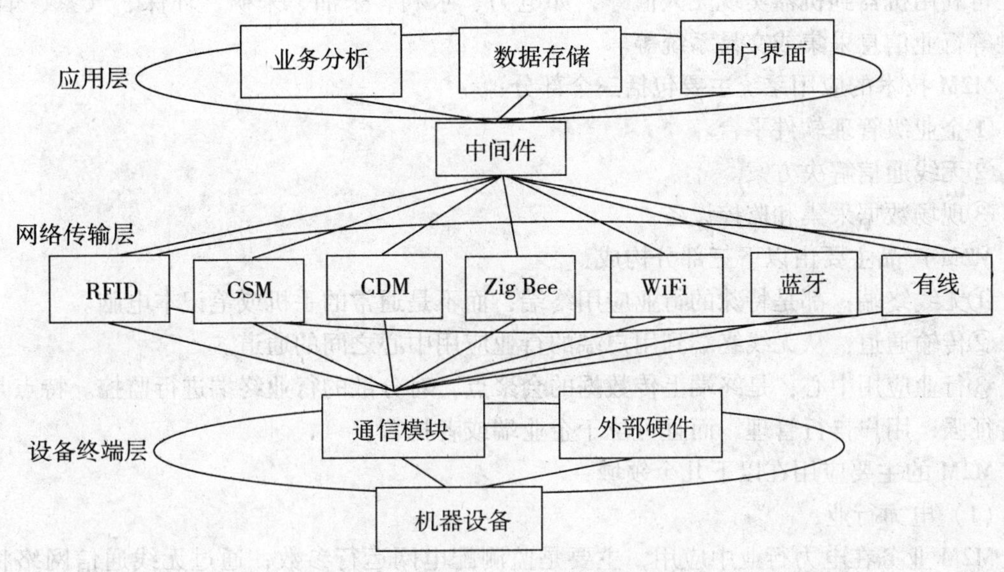

图 10－5 M2M 系统结构与技术体系

2. 网络传输层

通信传输层即用来传输数据的通信网络。从技术上来分，通信网络包括：广域网（无线移动通信网络、卫星通信网络、Internet、公众电话网）、局域网（以太网、WLAN、Bluetooth）、个域网（Zig Bee、传感器网络）等。

3. 应用层

应用层包括中间件、业务分析、数据存储、用户界面等部分。其中数据存储用来临时或永久存储应用系统内部的数据，业务分析面向数据和应用，提供信息的处理和决策，用户界面提供用户远程监测和管理的界面。

中间件中间件包括两部分：M2M 网关、数据收集/集成部件。网关是 M2M 系统中的"翻译员"，它获取来自通信网络的数据，将数据传送给信息处理系统。主要的功能是完成不同通信协议之间的转换。数据收集/集成部件是为了将数据变成有价值的信息，对原始数据进行不同加工和处理，并将结果呈现给需要这些信息的观察者和决策者。

10. 3. 2 M2M 业务及应用系统

根据终端是否移动，业务应用可分为两大类：

1. 移动性应用

适用于外围设备位置不固定、移动性强、需要与中心节点实时通信的应用，如交通、公安、海关、税务、医疗、物流等行业从业人员手持系统或车载、船载系统等。

2. 固定性应用

适用于外围设备位置固定，但地理分布广泛、有线接入方式部署困难或成本高昂的应用，可利用机器到机器实现无人值守，如电力、水利、采油、采矿、环保、气象、烟草、金融等行业信息采集或交易系统等。

M2M 技术的应用系统主要包括三个部分：

①企业级管理软件平台。

②无线通信解决方案。

③现场数据采集和监控设备。

M2M 产品主要由以下三部分构成：

①无线终端：都是特殊的行业应用终端，而不是通常的手机或笔记本电脑。

②传输通道：从无线终端到用户端的行业应用中心之间的通道。

③行业应用中心：是终端上传数据的会聚点，对分散的行业终端进行监控。特点是行业特征强，用户自行管理，而且可位于企业端或者托管。

M2M 的主要应用在以下几个领域：

（1）电力行业

M2M 业务在电力行业中应用，主要是监测配电网运行参数，通过无线通信网络将配电网运行参数传回电力信息中心，将配电网在线数据和离线数据、配电网数据和用户数据、电网结构和地理图形进行信息集成，实现配电系统正常运行及事故情况下的监测、保护、控制、用电和配电的现代化管理维护。

（2）石油行业

M2M 业务在石油行业中应用，主要是采集油井工作情况信息，通过无线通信网络传回后台监控中心，根据油井现场工作情况，远程对油井设备进行遥调遥控，降低工作人员管理劳动强度，及时准确了解油井设备工作情况。

（3）交通行业

M2M 业务在交通行业中应用，主要是车载信息终端采集车辆信息（如车辆位置、行驶速度、行驶方向等），通过移动通信网络将车辆信息传回后台监控中心，监控中心通过 M2M 平台对车辆进行管理控制。

（4）环保行业

M2M 业务在环保行业中应用，主要是采集环境污染数据，通过无线通信网络将环境污染数据传回环保信息管理系统，对环境进行监控，环保部门灵活布置环境信息监测端点，及时掌握环境信息，解决环境监测点分布分散、线路铺设和设备维修困难、难以实施数据实时收集和汇总等难题。

（5）金融行业

M2M 业务在金融行业中应用，主要是无线 POS 终端采集用户交易信息，对交易信息进行加密签名，通过无线通信网络传输到银行服务处理系统，系统处理交易请求，返回交易结果通知用户交易完成。

（6）公安交管

M2M 业务在公安交管行业中应用，主要是帮助公安交管部门灵活布置交通信息采集

点，及时掌握道路交通信息，以便根据实际情况迅速反应，从而提高公安交管部门办公效率。

（7）医疗监控

M2M业务在医疗行业中应用，主要是帮助医院实时监控病人的情况。即使病人离开医院，医生依然可以实时监控病人的状况。医生在病人脚部安装监控器，获得的数据通过移动通信网络传输给医生。显然，这种系统无论在人性化方面还是在节省社会资源方面，都有非常大的优势，而且只占用非常有限的医疗资源。

10.3.3 M2M业务及架构

M2M根据其应用服务对象可以分为行业、个人、家庭三大类。M2M业务流程涉及众多环节，其数据通信过程内部也涉及多个业务系统，包括终端、平台、应用系统三个主要组成部分，如图10-6所示。

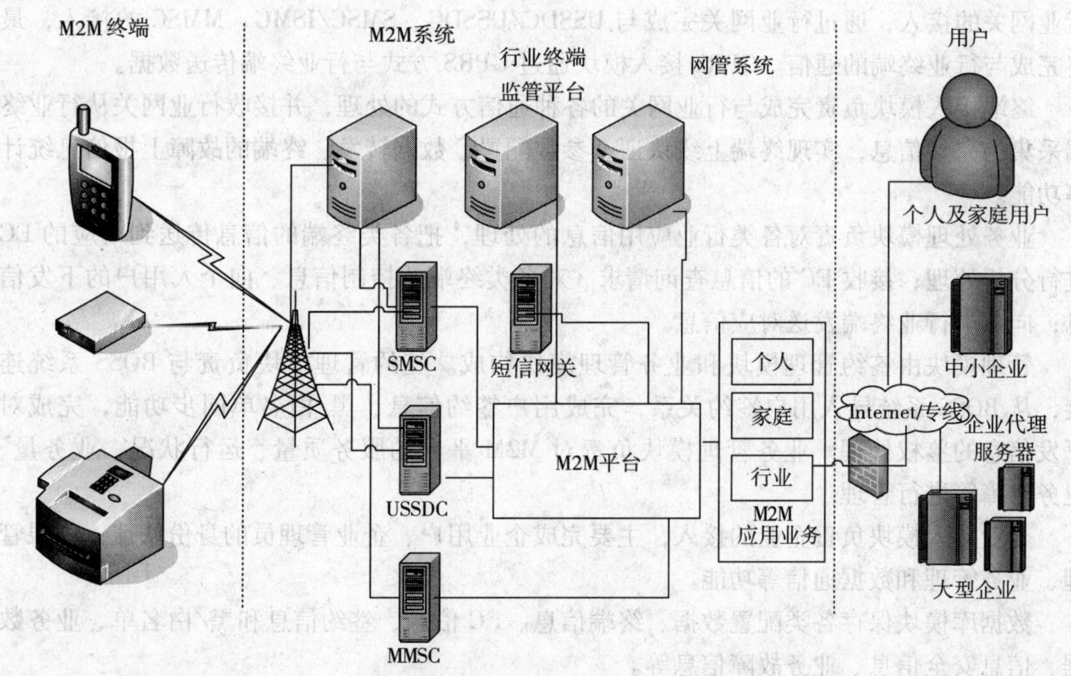

图10-6 M2M业务系统架构

通信终端具有的功能主要包括接收远程M2M平台激活指令、本地故障报警、数据通信、远程升级。通信终端类型主要包括行业终端、无线调制解调器、手持设备三种类型。

行业终端通常由终端设备（TE）、无线模块即移动终端（MT）两部分构成。TE主要完成行业数字模拟量的采集和转化；MT主要完成数据传输、终端状态检测、链路检测及系统通信功能。终端管理模块为软件模块，可以位于TE或MT设备中，主要负责维护和管理通信及应用功能，为应用层提供安全可靠和可管理的通信服务，包括参数配置、出厂预设、监测通信状态、故障恢复、报警、安全、功能切换、通信链路维持等方面。

无线调制解调器又称为无线模块即移动终端（MT），具有终端管理模块功能和无线接入能力。用于在行业监控终端与系统间无线收发数据。

手持设备通常具有用户查询 M2M 专业终端设备状态，远程监控行业作业现场和处理办公文件等功能。

M2M 管理平台为集团客户提供统一的移动行业终端管理、终端设备鉴权。支持多种网络接入方式，提供标准化的接口使得数据传输简单直接。提供数据路由、监控、用户鉴权、内容计费等管理功能。

M2M 平台按照功能划分为通信接入模块、终端接入模块、业务处理模块、管理模块、企业接入模块、数据库模块、Web 模块。

通信接入模块包括行业网关接入模块、GPRS 接入模块。行业网关接入模块负责完成行业网关的接入，通过行业网关完成与 USSDC/USSDG、SMSC/ISMG、MMSC 的接入，最终完成与行业终端的通信。GPRS 接入模块通过 GPRS 方式与行业终端传送数据。

终端接入模块负责完成与行业网关的各种通信方式的处理，并接收行业网关从行业终端采集的完整信息，实现终端上线认证、参数配置、数据转发、终端的故障上报信息统计等功能。

业务处理模块负责对各类行业应用信息的处理，把各类终端的信息传送到对应的 EC 进行分析处理；接收 EC 的信息查询请求、对各类终端的控制信息、向个人用户的下发信息；向各类行业终端发送对应信息。

管理模块由签约管理模块和业务管理模块构成。签约管理模块负责与 BOSS 系统连接，从 BOSS 系统导入用户签约关系，完成用户签约信息、黑/白名单同步功能，完成对下发信息的鉴权处理。业务管理模块负责对 M2M 平台的服务质量、运行状况、业务量、业务故障等进行管理。

企业接入模块负责企业的接入，主要完成企业用户、企业管理员的身份认证、权限管理、业务管理和数据通信等功能。

数据库模块保存各类配置数据、终端信息、EC 信息、签约信息和黑/白名单、业务数据、信息安全信息、业务故障信息等。

Web 模块提供 Web 方式系统操作维护功能，集团客户自服务功能。

M2M 终端获得了信息以后，本身并不处理这些信息，而是将这些信息集中到应用平台上来，由应用系统来实现业务逻辑。这样可以使终端的处理能力要求降低，从而节约成本，减小体积，降低功耗。通过业务逻辑集中化，可以建设标准化、可定制的 M2M 应用系统，降低应用开发的门槛，促进整个产业向更好的方向发展。

10.3.4 M2M 技术发展现状

目前的各类移动通信技术及短距离通信技术基本都可以作为 M2M 的通信技术，不同的技术面向的应用会有所不同。虽然移动通信技术已经基本成为 M2M 技术的主流被人们认可，但目前来看，其他技术比如 Zig Bee、GPS、RFID、蓝牙及有线网络等仍然在各自的领域上发挥着作用，并且具有移动通信技术所不具有的优势，在短期内不可替代，如图 10－7 所示。

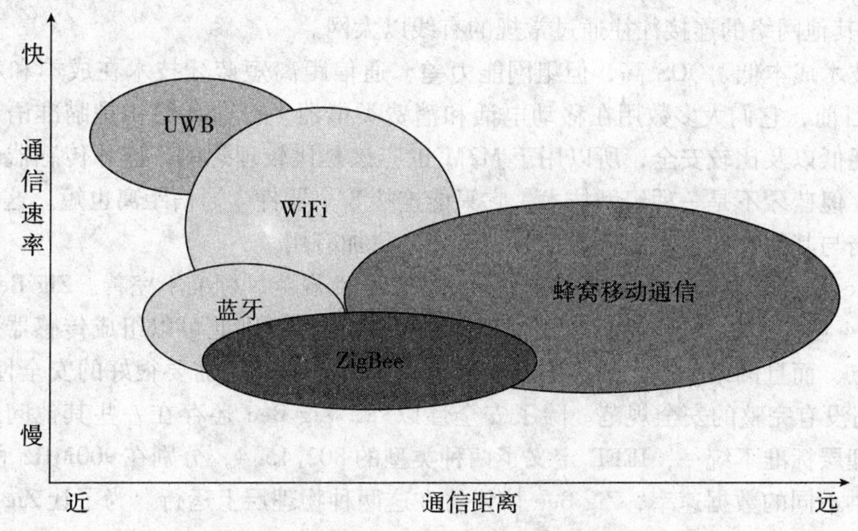

图 10－7 多种无线 M2M 通信技术比较

1. 远距离应用以移动通信技术为主

移动通信技术在 M2M 应用上的优势是范围广，而且网络基本已建设好，劣势是目前网络容量有限，还不支持大量的设备联网。通常 M2M 服务商不会单独为 M2M 应用建立移动通信网络，而只是基于现有移动运营商的网络进行业务的升级，因此移动通信技术的选择通常是根据要应用的区域的运营商的网络而决定。目前移动通信技术主要应用于大范围的 M2M 应用，比如，自动抄表、交通管理等。

M2M 是数据通信，因此在 2G 领域使用的是 GPRS/EDGE 或者 CDMA/CDMA 1X 技术，虽然通信速率较低，但在目前 M2M 发展阶段是主流技术，而且能满足目前的大部分业务需求。低传输速率限制了 M2M 的应用范围以及标准化，因为厂商必须针对不同应用来设计数据标准以节省带宽资源。随着 3G 的普及以及 B3G、4G 技术的发展，M2M 应用更加广泛也使得厂商不再拘泥于资源的节省，而去寻求统一的业界标准和平台。

2. 近距离应用多种技术并存，各有优劣

近距离应用包括智能家居、RFID、无线传感器网络等。近距离通信技术很多，而且应用针对性很强，目前还没有一种明确的针对 M2M 的短距离通信技术，在 M2M 应用中各有优劣。

WiFi 技术速率高、兼容性好，但成本也高、功耗高，WiFi 现在是一种用得较多的无线技术，目前已经有基于 802.11b 的 RFID 标记。把 WiFi 用于 M2M 连接的主要优点是使用现有网络、速率高、前后兼容性好，还可以把语音、遥测和 RFID 融合在一起，一网多用可以简化管理、降低成本、减少干扰。使用 WiFi 的缺点包括功耗大、成本高、协议开销大、需要接入点。目前在一个器具上增加 WiFi 至少需要 15 美元。虽然成本还会下降，但近期仍只能用于跟踪价值较高的资产。

WiFi 是一个无中继转发能力的单跳网，器具只能连接到接入点（AP）。AP 之间的连接、AP 与其他网络的连接往往通过常规的有线以太网。

蓝牙技术成本低、QOS 高，但组网能力差、通信距离短蓝牙技术在成本和耗电上胜过 WiFi，目前，它们大多数用在移动电话和消费类电器上。蓝牙最初是瞄准语音的，但由于它功耗低以及比较安全，所以用于 M2M 也应该是比较理想的，蓝牙传感器的市场预期会很大。但蓝牙不是一种组网技术，它只能连接 8 个器件，通信距离也短。这些限制意味着只有当与其他无线技术配合使用时，蓝牙才更加有用。

Zig Bee 技术成本低、组网能力强，但缺少安全性规范、标准不完善。Zig Bee 技术基于 802.15.4 协议，提供低功耗、低成本和轻量路由协议，因此可以组成传感器网络，不需要接入点，而且网络节点之间可以互相通信。但是企业应用需要很好的安全性，而 Zig Bee 现在还没有完整的安全规范。除了安全性以外，Zig Bee 还存在一些其他问题，其中之一是物理层标准不统一，IEEE 定义了两种类型的 802.15.4，分别在 900MHz 和 2.4GHz 频段上提供不同的数据速率，Zig Bee 协议将在这两种物理层上运行。为了让 Zig Bee 芯片做得很小、很便宜，厂商和用户必将在两种物理层中选择一个。

RFID 成本最低，但无法双向通信 RFID 是比 Zig Bee 更小、更便宜的无线电技术，由于它们自身不含电源或处理器，无源 RFID 标记不能启动传送或中继彼此的业务。只有当它们进入 RFID 阅读器的电磁场范围内才被激活。现在 RFID 在物流业、零售业、交通业已经得到了广泛的应用，这也是这项技术最初的目的。但这项技术无法由标签主动发送数据到读写器，只能被动读取，无法完成机器之间的相互通信，因此不甚符合 M2M 理念。不过由于其他通信模块成本居高不下，RFID 仍然会是未来几年低成本 M2M 应用的主流技术。

其他 M2M 技术，见表 10－2。

表 10－2　　其他 M2M 技术

名　称	特　点	应　用	发起者
UWB	传输速率高、空间容量大、成本低、功耗低等	智能家居、公路信息服务、汽车监视系统、安全检测系统、车辆避撞雷达、定位	Intel 等

续表

名　称	特　点	应　用	发起者
卫星移动通信	利用通信卫星作中继站实现移动用户之间或移动用户与固定用户之间的通信	地震现场、渔业、林业、远洋勘察	摩托罗拉公司
Z - wave	基于射频的低成本、低功耗、高可靠性，传输速率为 9.6kbit/s	照明控制、智能仪表、家用电器功能控制、身份识别、通路（出入口）管制、能量管理系统、预警火灾等	Zensys
Insteon	专门结合无线和电力线传输的双重网孔技术，经由家庭电缆线周围的射频信号进行通信传输	智能家居	Smarthome
Wavenis	在设计时考虑优化集成电路的性能/价格比，功耗低，作用距离长	智能家居、智能建筑、自动抄表	Coronis Systemy

10.3.5　M2M 技术发展趋势

1. 移动通信技术将成为主流，短距离通信技术将成为补充

移动通信可以实现全球的设备监控和联网，是实现 M2M 的最理想方式，目前也已经有不少的基于移动通信的 M2M 业务。但可以预见到在未来的几年移动通信模块成本和网络建设费用仍会居高不下，为每一台机器或者每一个物品配备移动通信的模块仍不现实。在这种情况下，短距离通信将成为扩展移动通信 M2M 的重要手段，尤其在一些特定的应用中。RFID、无线传感器等短距离通信技术与移动通信网络的无缝连接将成为未来 M2M 应用的重要趋势，这也为网络融合以及“网络一切”理念创造了机遇。RFID、蓝牙可以直接与移动通信模块连接，也可以通过无线传感器网络连接到移动通信模块。同时，也不排除有新的专门针对 M2M 应用的通信技术产生，能代替现有的各有优劣势的技术。而有线网络和 WiFi 技术由于其高速率和高稳定性的优势，将在一些特殊的领域继续存在。

2. 无线通信技术和 M2M 产业的发展将推动 M2M 标准化

M2M 行业数据标准制定目前已经有初步的成果，虽然影响力还不大。随着 M2M 产业链的整合以及 M2M 业务领域的不断扩大，相信 M2M 的数据标准、体系结构标准、设备接口标准、安全标准、测试标准将不断完善和融合，最终形成统一的标准体系。届时，整个标准体系不止包括移动通信 M2M，还将包括短距离通信技术及应用。

3. 无线升级通信终端软件将成为提高经营效率的重要手段

随着 M2M 通信终端和模块的大规模应用，通信终端的软件升级将成为困扰 M2M 服务提供商的一个难题。标准化以后，当需要业务更新的时候通常只要更新通信模块的软件和应用设备软件即可，应用设备和服务器一般集中在M2M服务提供商和运营商那里，更新很容易，但通信模块和终端的软件升级则需要派遣专业人员提供现场支持，当终端分布在很大的区域内或者数目众多的时候，就会严重降低经营效率。DOTA（Download Over The Air）和FOTA（Firmware Over The Air）技术目前已经在手机中实现了广泛的应用，Ovum预测，未来的两年手机FOTA软件将迅速发展。M2M的通信对FOTA技术的需求比手机应用更强烈，因此虽然目前这项技术在M2M领域还涉及的比较少，但相信随着M2M产业的发展，越来越多的M2M厂商会注重这项技术在M2M应用中的作用。

10.3.6 M2M网络架构的演进方向

M2M的出现扩展了通信的范围，现在的通信已不再局限于传统的电话、手机、电脑这些IT类电子产品，电冰箱、空调、电饭煲等家用电器，都可以被接入进智能的M2M链条，成为通信网络中的一员。随着越来越多的设备加入通信网络，无处不在的泛在网络将初见雏形。

泛在网络是运营商M2M发展的一个目标，目标实现过程中将分为三个阶段，第一阶段是单一客户的单一应用，在第二阶段，传感器网络由专用网络向公众网络过渡，到了第三阶段，全社会的通信网逐渐建立起来，最后形成一个泛在网。

M2M典型应用——智能家居

M2M技术的发展和应用，推动着社会生产和生活方式新一轮的变革。而M2M技术在智能家居中的应用，将使越来越多的人亲身体会到这一点。

在信息社会，IT产业不断地向传统的建筑业、家电业渗透，越来越多的信息智能型家居产品如雨后春笋般涌现，智能家庭局域网、家庭网关、信息家电等这些与智能家居密切相关的名词已经几乎是家喻户晓。如何建立一个高效率、低成本的智能家居系统已成为当前社会一个热点问题。

智能家居不再模糊不清，从技术上讲，智能家居所要实现的功能主要有：

（1）对白色家用电器和其他设备的控制、调节和监测，比如，微波炉、洗衣机、灯光、电动窗帘、防盗报警器、自动门烟雾探测器、有害气体检测装置、温度和湿度控制器、风量调节器、各种手动的开关和遥控器等。在这部分网络上主要传输的是频率比较低的控制信号，它占用的信道的带宽是比较窄的，我们称之为控制网络。

（2）沟通黑色家电和其他视频设备之间以及与外部世界之间的信息通道，其中包括：台式/手持计算机、电视、录/摄像机、VCD/DVD和数码照相机等，同时还可以实现对它们的控制和监测。

（3）通过对外的接口，实现远程控制和信息交换，如电话线、有线电视电缆、市电电源线、双绞线、无线通信方式等。

到了2002年，我国一部分高档和中档的住宅小区和私人住宅，在控制和管理上实现一般意义上的智能化，宽带网进入一般居民的住宅和小区，为智能家庭网络功能的完善辅以一定的条件。国内一些公司的网络产品逐渐进入市场，一些国外的系统和产品也在这一年开始以较大的规模进入中国市场，开始在市场上与中国的产品接触。

在今后的2~3年里，智能家居将不断得到普及。智能家庭网络系统和产品，即将开始走进普通居民的家居中。真正智能家庭网络的大市场在2004—2007年中形成。

用M2M完成智能家居的“集成”。

将M2M技术应用到智能家居中，需要解决两个问题：

①解决家庭内部设备组网问题。建立智能家庭网络，使得家居内部所有设备，包括灯控模块、电动窗帘、电子门窗、安防系统、音频/视频设备、数码设备、电脑、智能电器等，都具备通信和连网能力，形成统一的智能家庭网络。

②解决智能家庭网络如何与外部通信网络连接的问题。使得智能家庭网络成为移动互联网和通信世界的一部分。其目的是使人们能够更简单地远程监视和控制自己的家居，为用户提供方便，可通过手机、互联网对家庭进行管理。

如何建立家庭局域网？

建立家庭局域网的目的是提供一套完整的家庭娱乐、信息共享、家庭管理和Internet接入及远程监控等服务功能。接入家庭局域网的设备主要包括：家用电器、家庭仪表、桌面电脑、手提设备、娱乐设备、成像设备、智能传感器、控制器等。所有设备通过一个网关接入Internet，网关供Internet访问和家庭信息发布使用，并可实现用户对家庭的远程控制功能。

家庭局域网是一种混合型网络。根据接入设备的类型及实际需要，实际家庭局域网的物理层接口可以分为四类：高速局域主干网、控制子网现场总线、视频线、电话线。高速局域网主要包含IEEE 802.3以太网协议、IEEE 802.11b无线局域网技术和Bluetooth技术，实现PC、便携设备、信息娱乐设备等高端设备之间的互连和信息共享；控制子网现场总线主要指以RS485、CAN、Lonworks等简单智能协议为代表的现场总线技术，实现信息和电信设备直接接入Internet；而视频电缆方式则实现有线电视、VOD服务，以及在服务供应商的支持下提供另外一种高速接入Internet的途径。

如何建立无线智能家庭网络？

无线智能家庭网络是未来的一大发展趋势，它可以满足用户对于家庭网络的灵活性、连续性等性能需求，解决安装有线系统所需的高成本和不方便等问题。

无线智能家庭网络可以分成家庭数据网络和家庭控制网络两种。家庭数据网络完成家居中的以下功能：提供家庭内部共享上网能力；提供多媒体家电互相通信能力，共享影音、文件，如电脑和电视、VCD、音响、PDA、MP3播放器等；实现机器和机器之间大批量、高速率的数据传输。

家庭控制网络完成家居中的以下功能：灯光照明控制、家居环境监测和控制、家居安防、家庭应急功能。

控制网络中有大量的节点设备，它们使用电池供电，还要具备网络和通信能力，所以成本和功耗是组建家庭控制网络中最为突出的两个要素。

一种解决方案是基于无线局域网（WLAN）标准 IEEE 802.11g 和最新的无线个域网（WPAN）标准 IEEE 802.15.4 构建新一代的无线智能家居网络。利用 802.11g 组成家庭数据网络，IEEE 802.15.4 组成家庭控制网络。

在高速率无线局域网应用中，802.11g（54Mbps）正在逐渐取代 802.11b（11Mbps）成为应用的主流。因为 802.11g 支持更高速率的传输。

无线控制网络需要的是低功耗、低成本、低复杂程度、长电池寿命的标准。IEEE 802.15.4 是 2003 年 5 月才获通过的新的无线局域网标准，是为这种应用需求而设计的，主要适合于自动控制和远程控制领域，可以嵌入各种设备中，同时支持地理定位功能。物理层可以工作在三个免受权 ISM 频段：2.4GHz（全球应用）、915MHz（美国）和 868MHz（欧洲）；通信速率为 250kbps@ 2.4GHz（16 channels）、40kbps@ 915MHz（10 channels），20kbps@ 868MHz（1 channel）；传输距离可达 10m ~ 75m，依赖功率输出和环境特性。

新一代的无线智能家居网络中的核心是中心控制器，它同时具备 802.11 和 802.15.4 通信功能。中心控制器会有两种：一是基于 PC 的数据中心控制器，一是家庭自动化控制平台和手执遥控器，充当家居控制网络的中心控制器。

11 物联网应用领域

11.1 电力电网

国家电网公司成立于 2002 年 12 月 29 日，是一家关系国家安全和国民经济命脉的特大型国有重点骨干企业，以建设运营电网为核心业务，承担着为经济社会发展提供坚强电力保障的基本使命。公司注册资金 2000 亿元，经营区域覆盖 26 个省、自治区、直辖市，覆盖国土面积的 89% 以上，供电人口超过 10 亿人。

截至 2008 年年底，公司共拥有 51 个全资、控股公司及单位，管理员工 153.7 万人，资产总额 16462 亿元，拥有 110（66）千伏及以上输电线路 53.39 万 km、变电容量 16.08 亿千伏安，在 2009 年《财富》全球 500 强企业中排名第 15 位。

2008 年国家电网公司完成售电量 21235 亿千瓦·时，国家电力市场交易电量 2639 亿千瓦·时，主营业务收入 11556 亿元，公司连续四年在国资委业绩考核中被评为 A 级。

国网公司骨干通信网络共分三级，国网公司总部各网、省公司和直调厂站为一级，网公司范围为二级，省公司范围为三级。经过多年建设，国网公司通信网络实现了传输媒介光纤化、业务承载网络化，运行监视和管理正在逐步实现信息化和自动化。

国家电网公司以奉献清洁能源、促进经济发展、服务社会和谐基本使命，在认真分析世界电网发展的新趋势和中国国情基础上，密切结合中国能源供应的新形势和用电服务的新需求，提出了立足自创新，加快建设以特高压电网为骨干网架，各级电网协调发展，具信息化、自动化、互动化特征的坚强智能电网的发展目标。

坚强智能电网以坚强网架为基础，以通信信息平台为支撑，以智能控制为手段，包含电力系统的发电、输电、变电、配电、用电和调度各个环节，覆盖所有电压等级，实现“电力流、信息流、业务流”的高度一体化融合，是坚强可靠、经济高效、清洁环保、透明开放、友好互动的现代电网。

构建以信息化、自动化、互动化为特征的坚强智能电网，是适应中国国情，满足未来各方面发展需求的战略性选择。建设智能电网具有满足国民经济快速发展需要、满足大范围能源资源优化配置需要、满足大规模可再生能源发展需要、提高电能在终端能源消散中比重的重要意义。

1. 坚强智能电网的基本内涵

只有形成坚强网架结构，构建“坚强”的基础，实现信息化、自动化、互动化的“智能”技术特征，才能充分发挥坚强智能电网的功能和作用。信息化是指实时和非实时信息的高度集成、共享与利用；自动化是指电网控制策略的自动优选、运行状态的自动监控和故障状态的自动恢复；互动化是指电源、电网和用户资源的友好互动和协调运行。

智能电网贯穿发、输、配、用全过程，通过智能电网的建设，电力系统各领域都将产生质的飞跃。其基本构架如下图所示。

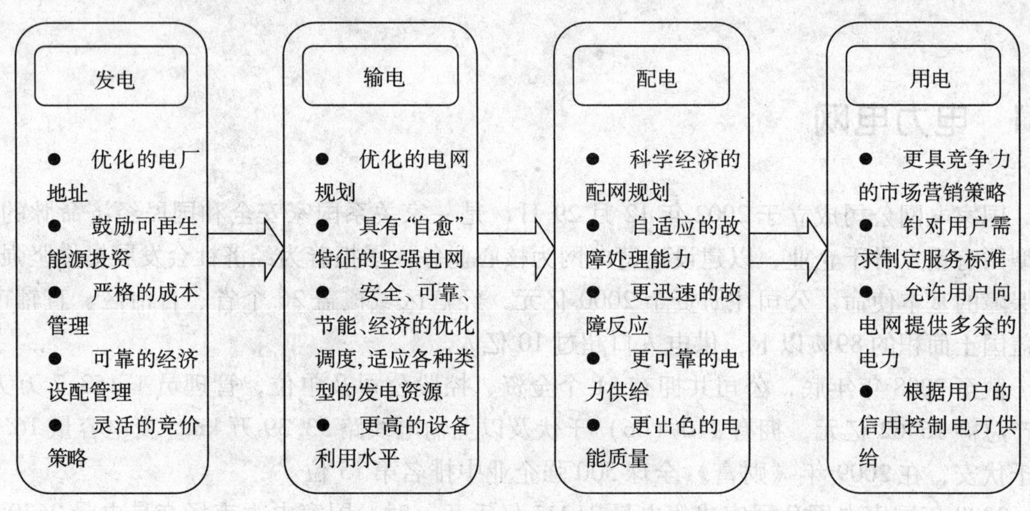

智能电网基本框架图

国家电网公司将分三个阶段推进坚强智能电网的建设：

2009—2010 年：规划试点阶段，重点开展坚强智能电网发展规划工作，制定技术和管理标准，开展关键技术研发和设备研制，开展各环节的试点工作。

2011—2015 年：全面建设阶段，加快特高压电网和城乡配电网建设，初步形成智能电网运行控制和互动服务体系，关键技术和装备实现重大突破和广泛应用。

2016—2020 年：引领提升阶段，全面建成统一的坚强智能电网，技术和装备全面达到国际先进水平。届时，电网优化配置资源能力大幅提升，清洁能源装机比例达到35%，分布式电源实现“即插即用”，智能电表普及应用。

2. 物联网助推智能电网发展

一般认为，物联网是通过射频识别（RFID）、红外感应器、全球定位系统、激光扫描器等信息传感设备，按约定的协议，把任何物品与通信信息网（互联网、电信网甚至通信专网）连接起来，进行信息交互，以实现智能化识别、定位、跟踪、监控和管理服务的一种通信网络。其实质是实现各种信息传感设备与通信信息网（互联网、电信网甚至通信专网）结合，从而形成具有自我标识、感知和智能处理的物理实体。实体之间协同和互动，使得有关物体相互感知和反馈控制，形成一个更加智能的生产、生活体系。

2009 年 9 月 4 日，温家宝总理发表题为《让科技引领中国可持续发展》的报告，明确指出：要着力突破传感网、物联网关键技术，及早部署后 IP 时代相关技术研发，使信息网络产业成为推动产业升级、迈向信息社会的“发动机”。

可以认为，物联网技术是电网智能化建设的重要技术支撑之一。物联网技术能有效整合通信基础设施和电力系统基础设施资源，使信息通信基础设施资源服务于电力系统运行，提高电力系统信息化水平，改善现有电力系统基础设施的利用效率。智能电网建设将成为拉动物联网产业，推进信息通信产业发展的强大驱动力，并有力影响和推动其他行业的物联网应用和部署进度，进而提高我国工业生产、行业运作和公众生活等各个方面的信息化水平。

促进电信网、广播电视网、互联网融合发展，实现互联互通、资源共享，为用户提供话音、数据和广播电视等多种服务，对于促进信息和民族文化产业发展，具有重要意义。

智能电网是具有较高“智商”的电力网，是用来提供和处理各种智能新业务的电力网。智能电网的发展，离不开信息通信技术的支撑，未来信息通信系统的融合，为电力光纤到户技术的发展提供了广阔的舞台。

低压电力特种光电复合缆技术的发展，为电力光纤到户提供了新的发展思路。充分利用电力线路加光纤的资源优势，实现电力光纤到户，并促进电力业务网与信息网相融合，能够真正实现电力业务网和信息网的优势互补与资源共享，使电网增值。电力光纤技术支持下的智能电网是在创建开放的系统和建立共享的信息模式的基础上，整合电力系统中的业务数据，优化电网的运行和管理。

当前，我国电信网、广播电视网、有线电视网、电力信息网的融合存在不同的技术方向，需要巨大的物质投入和人力投入。使智能电网建设适应新的形势发展需要，也是当前智能电网科技研究的主要方向。智能电网安全可靠运行需要电力光纤技术的支撑，智能电网的双向互动需要电力光纤到户技术的支撑。只有融合才能充分体现智能电网的高度先进性、高度可靠性，才能发挥最大的经济效益。

物联网应用于智能电网是信息通信技术发展到一定阶段的必然结果，将能有效整合通信基础设施资源和电力系统基础设施资源，使信息通信基础设施资源服务于电力系统运行，提高电力系统信息化水平，改善现有电力系统基础设施的利用效率。物联网技术应用于智能电网，将能有效地为电网中发电、输电、变电、配电、用电等环节提供重要技术支撑，为国家节能减排目标作出贡献。

物联网技术应用于智能电网，可实现先进可靠、灵活接入、统一标准的通信信息感知和接入，实现分布式智能信息传输、计算和控制。通过智能传感器把各种设备、设施连接到一起，形成一个统一的信息服务总线，可对信息进行整合分析，以此来降低成本，使电网运行和管理达到最优。

在发电环节，应用物联网技术可以提高常规机组状态监测的水平，结合电网运行的情况，实现快速调节和深度调峰，提高机组灵活运行和稳定控制水平。

在输电环节，应用物联网技术能够提高我国输电可靠性、设备检修模式以及设备状态自动诊断技术的水平，保障输电线路运行安全。

在变电环节，应用物联网技术对于提高设备状态检修，资产全寿命管理，变电站综合自动化建设的智能化水平具有重要意义。

将物联网技术应用于配电网设备状态监测、预警与检修，能够实现对配电网关键设备的环境状态信息、机械状态信息、运行状态信息的感知与监测，达到优化运行控制与管理，提供高可靠性、高质量供电，降低损耗和提供优质服务的目标。

将物联网技术应用于智能用电环节，对于适应未来不断扩大的用电需求与不断转变的用电模式具有重要意义。

通过构建电网信息感知服务中心，将物联网技术应用于智能电网各个环节，将为新能源接入、电网防灾减灾、提高输电能力、激励用户参与电网调峰、提高资产管理效益等方面产生重要影响。利用光纤到户技术，电网将提供全程宽带互联网基础服务，支持与电信、交通、警务、市政、金融、物流等应用系统信息互联互通，能够真正实现电网在资源配置中的基础性作用，通过广泛的、全社会的物联网，实现纵横交错，物联天下的目标。

将物联网技术应用于智能电网，能够为普通居民创造更加多姿多彩的美好生活。在居家生活中，能够通过互联网实时了解用电情况，可以根据不同时段的分时电价，自动调节热水器、空调等智能用电设备，将电力物联网与移动网络互联，可以通过手机缴纳电费等。

物联网与智能电网的发展是相辅相成的，一方面，将物联网技术服务于智能电网，可以为智能电网的发展提供重要技术支撑。另一方面，电网智能化将成为拉动物联网产业，推进信息通信产业发展的强大驱动力，并有力影响和推动其他行业的应用和部署进度，进而提高我国工业生产、行业运作和公众生活等各个方面的信息化水平。

11.2 医疗系统

国务院通过的新医改方案指出，2009—2011 年各级政府预计投入 8500 亿元用于保障五项基本改革，其中，投资必然对医疗器械、医药商业等细分行业产生巨大刺激作用。

11 月 7 日，经过激烈辩论，美国国会众议院终于在当地时间 7 日通过医疗改革法案，使美国总统奥巴马的医疗改革计划向前迈进重要一步。

无论是国内还是在以美国为首的国际社会，对个人健康的重视已经提到了政府的工作日程，无线医疗作为医疗行业信息化发展的主要内容，将会面临众多的发展机遇与挑战，无线医疗设备尤其是私人无线医疗设备市场新的一轮争夺战即将展开。

面对新的市场发展机遇，无论是设备制造商还是技术开发商抑或是以赚取投资回报为目的的投行，都将在这场激烈的市场争夺中发挥重要的作用。

1. 挑战和需求

在医院或者其他医疗机构的动态工作环境中，对重要资产和人员的实时准确定位往往是诊疗服务的成败关键。这方面有很多的例子，比如不知道最近的清洁输液泵在哪里，或者需要一个最合适的医生时，却不知其处于医院哪个位置（并不是医生随时都会携带手机）等，这些重要资产的“低可见度”往往导致时间和资源的严重浪费。具体来讲，一个缺乏高度清晰的资产和人员管理体制的医疗机构会在以下几方面导致损失：

①设备损失：每年可移动设备通常由于误放、失窃等原因损失将近 20% 护理人员、物资供应和管理以及临床医生每天需要花费大量精力寻找所需的合适医疗设备。

②病患服务的迟延：当所需的医生或者设备不能及时找到时，其他职员和病房会引起闲置并导致伤患抢救时机的丧失。

不能快速找到合适的设备将导致医院必须储备过多同类物资或者临时租赁额外设备，其中大部分不是空闲就是利用效率低下对那些不能准确定位的设备，预防性的维护保养措施往往非常不及时，使其处于过期使用或者过度使用的风险下有些病患未经允许擅自离开病房或者进入其他区域所引起的对其自身和他人的疾病威胁。

物联网概念的提出，为解决上诉问题带来了理论上的保障及部分技术保障。

针对目前医疗行业客观存在的上述需求，上海秀派电子科技有限公司推出基于有源 RFID 技术的医疗追踪解决方案，其核心理念就是“先进的技术，可靠的产品，搭起医疗可视化的平台”。基于在有源 RFID 技术的深厚基础，上海秀派公司为国内外的医疗机构提供完整的资产、病患和职员可视化解决方案，以利于他们提供日常运行效率、降低运行成本、提高医疗服务水平。另外，上海秀派公司对外提供的产品和服务均符合国家和行业相关标准，这些产品和服务均能在医疗机构的基础应用系统中得到无缝衔接，在无须更改基础结构的前提下即能获得快速部署安装。

2. 应用案例

在实际使用中，应用系统的内在结构会千变万化，但作为前端数据采集工具的 RFID 系统其部署方式大同小异，电子标签一般通过多种方式附着在资产、物品或者人员身上，作为其身份唯一性标识，并可能采集其他相关数据（如血压、温度等）上传至阅读器，阅读器通过有线或者无线方式传输到后台主机系统，经过特定程序分析，解析出相关有用信息，激发应用系统后续控制机制。

（1）电子标签

在医疗行业，电子标签主要用在资产、人员和医用物品标识和监控方面。在物品标识方面主要在重要医疗资产和医疗物品包装箱级别，物品单件仍将以条码为主。为了实现实时监控功能，目前在医院的人员标签和大部分资产标签都以有源为主，为了更好的展示有源技术的突出优势，我们将有源技术与无源技术在可能的应用需求方面做一下对比：

从佩戴对象划分，主要有医院职员标签、病患标签和资产标签。

①职工标签。职员标签一般为卡状，佩戴在颈部，可以根据实际需要整合高频或者低频芯片作为门禁使用，即我们通常使用的双频卡。在一些安全等级较高的场合，可以设置

指纹、虹膜等生物识别技术，严格管理人员进出。

②病患标签。病患标签一般采用腕带状，可以方便的佩戴在病患手腕上。整个标签采用防撕技术，如果遭强行破坏，可以主动报警。不同的病患类别需要制定不同的标签封装样式：一般的病患只需普通腕带标签，仅作为身份识别用途；一些特殊病人还需要整合脉搏、体温传感器件，这些数据将对医院开展相关医疗服务提供帮助；所有标签还可以拥有报警功能，在标签表面增加 1 ~2 个紧急按钮，遇到突发事件可以随时呼救。另外，在新生儿母婴识别应用方面，婴儿标签会采用特殊洁净封装措施。

③资产标签。资产标签往往有多种封装样式，多数为条状标签，附着在医疗器械或者物品包装上。资产标签根据不同用途也会有所差异，一般医疗器械仅需绑定普通标签，目的只是作为身份识别，一些经常需要重复查找定位的资产，需要绑定带 LED 灯的具有闪光功能的标签，为查找特定资产提供视觉协助。

在一些对存储环境较为“脆弱”的物品比如疫苗、血浆等需要有源标签进行实时监控，持续采集其温度、湿度等特征。如果某一特征超过预先设定的范围，则该有源标签需要将该批物品做特殊标识或者报警。因此，此类物资的资产标签需要整合传感器功能。

（2）阅读器

根据与后台数据库数据交互方式的不同，阅读器（也叫信息收集器）可以分为基站式阅读器和手持阅读器。

基站式阅读器通常分布在一些特定区域，如走廊、房门口、过道等，位置固定，作为后台数据解析时的地址信息依据。基站式阅读器与天线连接，在目标区域内搜寻标签主动发送的各种数据并通过有线或者无线方式传输至后台服务器。阅读器与天线可以整合成一体，也可以根据实际情况将天线外置，以适应特定环境下的信号覆盖。

相对于基站式阅读器，手持式阅读器使用较为灵活，可由工作人员随身携带或者绑定在一个移动资产上作为数据转发站。医护人员经常需要对各自负责片区内的病患进行巡检，确保病患处于正常护养状态中。另外，在一个较大宽敞范围内（如仓库）搜寻某些重要物品，使用手持式阅读器将极为便利。

（3）应用系统

整合了 RFID 技术的医院信息系统（HIS）将显著提高医院资产运行效率和医疗水平。从目前国内情况来看，以下几个方面的应用较为成熟：

①医疗监护

在许多医院，每天急诊病人数量很多，尤其在一些大型的急救中心，当出了集体事故，会有大批伤员涌进医院，此时每一分每一秒都显得极为珍贵，而且也容不得半点差错。但是每个伤员的病情非常类似，容易混淆，并且传统的人工登记不仅速度缓慢且错误率高，对于危重病人根本无法正常登记。为了能对所有病人进行快速身份确认，完成入院登记并进行有步骤的后续急救工作，医务部门迫切需要一套能实时提供伤员身份和病情信息的自动识别系统，只有这样，医院工作人员才能高效、准确和有序地进行抢救工作。

具体应用方式是为每个病患佩戴腕式标签，当病人接收诊治时，医护人员只需用手持

阅读器扫描标签信息，就可以知道需要进行的急救事项，如是否需要输液，注射药物品名、规格，已经进行的治疗事项，是否有不良反应等，所有数据不到一秒钟就会显示在医护人员面前，以利于他们核对医护程序和药物规格、数量等。病患标签内还可以存储所有治疗过程和药物注射记录。由于RFID技术提供了一个可靠、高效、经济的信息储存和检验方法，因此医院对急诊病人的抢救不会延误，更不会发生伤员错认而导致医疗事故。另外，在需要转院治疗的情况下，病人的数据，包括病史、受伤类型、提出的治疗方法、治疗场所、治疗状态等，都可以制成新的标签，传送给下一个治疗医院。由于所有这些信息的输入都可以通过读取射频标签一次完成，减少了不必要的手工录入，避免了人为造成的错误。

②新生儿标识管理应用

新生婴儿由于特征相似，而且理解和表达能力欠缺，如果不加以有效的标识往往会造成错误识别，结果给各方带来无可挽回的巨大影响。因此，对新生儿的标识除必须实现病人标识的功能之外，同时，母亲与婴儿是一对一匹配，单独对婴儿进行标识存在管理漏洞，无法杜绝恶意的人为掉换。因此，最好是对新生婴儿及其母亲进行双方关联标识，用同一编码等手段将亲生母子联系起来。在医院工作人员和母亲之间进行婴儿看护，临时转院时，双方应该同时进行检查工作确保正确的母子配对。

婴儿出生后应立即在产房内进行母亲和婴儿的标识工作，在其他病人被送入产房之前母亲及婴儿都应被转移出产房口产房必须准备：两条不可转移的RFID标识带，分别用于母亲及新生儿。标识带上的信息应该是一样的，包括母亲全名和标识带编号、婴儿性别、出生的日期和时间以及其他医院认为能够清楚匹配亲生母子的内容。能够清楚采取婴儿足印和母亲手指印的设备。适当的表格记录相关信息和足印资料。标识之余，还能够充分保障标识对象的安全。当有人企图将新生儿偷出医院病房时，RFID识别设备能够实时监测到而发出警报，并通知保安人员被盗婴儿的最新位置。

③医院重要资产和物资追踪定位应用

一些大型医疗中心一般都拥有庞大的重要医用资产和医用物品存储基地，医院后勤人员每天需要根据订单从成千上万件物资中寻找合适的物品。医用物品的外包装通常比较相像，但内在物品的用途却差异巨大，因此，医院后勤部门通常需要花费巨大的人力物力查找、核对这些物品。况且，医用物品的存储必须按照严格的存储规范进行，在库房调整或者物品腾挪时经常会发生误置时间，导致物品大范围损坏或者流通到市场后产生严重的药品事故。

使用带LED灯的RFID标签将会使得这一查找、核对过程极为快捷准确，并且标签本身可以携带物品相关信息，可以使整个核对过程的速度提高20倍左右。另外，如果某些物品发生误置，系统可以通过不停闪烁的LED灯光提醒库房管理人员调整存储位置。

④医院接触史追踪管制应用

结合传染病疫情追踪管制系统和医疗院所接触史RFID追踪管制系统，各防疫和政府单位可以即时而且准确地掌握整个处理流程的动态信息，进而防止类似非典型肺炎疫情的院内感染管制问题再度发生。

居家隔离和医疗院所产生的感染性废弃物，在卫生单位发出居家隔离通知的同一时间即运用全球定位系统全程追踪管制专用垃圾车载运，而相关单位可即时掌握垃圾车的行踪，出现异常时可立即纠正，防止四处扩散。最重要的是，透明化的动态追踪信息可以消除人们的疑虑。

⑤医药供应链的管理应用

在医疗领域每年都会发生的量的处方、药品配送和服药等方面的错误，从而导致许多医疗事故、产生大量误工时间和法律诉讼，据统计，每年在这些方面造成的损失就高达750亿美元。改进药品追踪手段可能有助于医院节省费用，并且能遏制假冒伪劣药品的泛滥，而目前假冒伪劣药品在全球药品市场中占据了10%的份额。

智能标签，即射频识别（RFID）—通过使用这种标签，将可以在制造和分销过程中的任何一个时刻对物理对象进行识别。在消除通常比较慢和效率比较低的销售和分销流程的过程中，RFID将发挥关键的作用，它将帮助制药公司为未来做好准备，使其能够小批量生产种类更多的更复杂的产品。它还能够在供应链上的所有节点对药品进行监视，包括精确的目标批量上货，从而帮助制药公司满足对日益增加的规章制度方面的要求。

在全球各地，医疗纠纷都在这几年掀起高峰，世界卫生组织调查，全球流通的药品中，有超过10%的伪药，未开发的更超过40%，全球伪药的金额超过3200亿美元，此外，配错药问题也困扰着医疗业界，美国每年因此而造成上百万美元的损失，英国每年则因此造成72000人死亡，我国台湾地区从其卫生部门的医事鉴定委托件数从1987年的147件一路攀升，到2001年已有406件，2005年这个数字仍居高不下，就主要原因来看，占比例最高为医疗不良的24%，手术相关问题次之，占15%，显见药物识别问题的解决，已刻不容缓。

就应用分类来看，药品管制仍是各国将物联网技术在医疗的主要应用，包括韩国、印度、意大利、美国、英国等皆为如此，韩国主要是用来作为打击伪药，其Unimed Pharma将RFID标签贴在柜台销售药品上，每年预计使用的标签为100万个，韩国的RFID防堵伪药项目，在2004年9月启动后已见成效，8周内进行了13500个药品的运送、追踪、追溯，接下来将从该项目中汲取经验，扩大应用。

印度的RFID药品管制则是因应Wal－Mart的要求而生，主导者是印度第二大药厂Ranbaxy Pharmaceutical，该厂将RFID标签建置在麻醉药与止痛药上，利用RFID来检视药品的保存期限，当使用期限接近时，读取器会警告管理者，将货品送回制造商进行销毁，接下来Ranbaxy Pharmaceutical预计将整合ERP、WMS等系统。

意大利的Spallanzani医院将RFID芯片植入病患体内，这套系统由VeriChip公司进行读取器制造与系统整合，芯片体积为11mm，使用的频段为125kHz～135kHz，植入病患的手臂脂肪层后，可使用20年，该程序经过美国FDA核可，用以掌握病患的医疗记录与用药情形，当病患发生紧急事故后，医疗团队可在第一时间读取病人状况加以诊治。

美国医疗业的RFID应用相当广泛，除了药品管制外，婴儿房的管理、失智老人的保

护、急诊室病患、输血袋的控制、资产的管理，都已有应用实例，除此之外，比较特别的例子是假牙与特定齿模的流程控制，美国系统集成商 Dental@ xUSA，将 RFID 芯片置入齿模，在制造过程，该牙床规格会被记录在芯片中，制造过程中的每个步骤如使用材质、颜色、材料批号、制造日期等，都会被写入芯片中，为了保护病患，当齿模制造完成后，芯片中的数据将被封锁，并转移到病患持有的智能卡或其他书面载体，日后只要持读写器便可读出该齿模数据，如此一来可有效控管假牙与齿模的质量。

英国将 RFID 应用在血袋上，不过并非输血用途，而是用来作为身份识别，Portsmouth General Hospital 将血液样本与血袋均贴上 RFID 标签，借此降低血袋误取事件的产生，并可将低人工成本，Portsmouth General Hospital 认为，如果英国能全面使该机制每年可省下 10 亿欧元的成本，另外英国的公立医院也将 RFID 系统用在资产管理，一改过去的公文纸张作业，利用 RFID 来管理各类设备的租借。

日本将 RFID 用在试管观察上，Hitachi 公司将天线设计在硅芯片上，不需再另外的天线或芯片，RFID 芯片设置在试管后，放入试管盒中，盒层底部装置有读取器，借此扫描试管情况，降低人工观察的时间，这套系统目前仍在实验阶段，96 个试管的读取时间为 20s，将以 10s 为目标迈进。

从以上应用情况看，物联网在医疗行业中的应用已经超越快速查找定位的概念，整合 RFID 技术的医院 HIS 系统将会把医院所有资产整合成一个有机整体，为病患提供快速、高效、可靠的服务。

11.3 城市设施

在 2010 年的《政府工作报告》中，温家宝总理提出，我国要“大力培育战略性新兴产业，加快物联网的研发应用”。面对“物联网”这样一个陌生的词汇，面对一个新兴的产业形态，人们不禁要问：物联网将会给我们的生活带来怎样的变化？

物联网，作为一种利用传感技术、信息网络技术来促进产业升级、推动“智慧城市”发展的新兴网络，目前已上升到国家经济、科技战略层面，成为世界各国布局“后金融危机时代”必争的制高点。

物联网城市是指将城市物联化、互联化和智能化。利用物联网技术，对城市环境、设施、公用事业、城市服务、公民和本地产业，进行感知、分析和管理的智能信息化系统，以促进城市的发展。

城市是物联网发展的主要平台。如何进行战略布局？如何选择切入口，实现由点、线到面的突破？在将物联网从概念推向实用的过程中，这是我国城市面临的现实问题。

“发展物联网，主要有产业和应用两个方面。”作为我国最早提出物联网概念的学者之一，北京同方软件股份有限公司总工程师周洪波表示，物联网产业有万亿元市场容量，发展潜力巨大，有相关产业基础的城市应加强技术研发储备、加紧完善产业链；对于不具备产业发展条件的城市，更实际的选择应该是在物联网的应用上着力。

据介绍，目前，北京、江苏、福建、广东、重庆等地正在筹划和建设物联网，其他许多省市也在开展相关调研、论证工作。以北京、江苏无锡等为龙头城市打造产业基地和应用示范基地，其他城市跟进的物联网城市发展趋势正在形成之中。

物联网已有部分应用进入了人们的生活。当把针对井盖、垃圾站、出租车等进行管理的小网络联起来，就建起了一个市政管理的物联网。

1. 从物联网到智慧城市

世界各地互联互通的程度越来越深，蝴蝶效应日益显现。在IBM副总裁、政府与公众事业部首席技术官班纳华（Guru Banavar）看来，为适应这种全球性的变化，物联网这种变革技术应运而生。

"当各种各样的信息扑面而来，物联网可以帮助政府、企业、个人更好地作出决策。而物联网发生的高级阶段就是智慧城市。智慧城市具有感知化、物联化、智能化这三大特点"。

什么是物联网？简而言之，就是给所有物体安装传感器，然后通过射频识别（RFID）、红外感应器、全球定位系统、激光扫描器等信息传感设备，按约定的协议，把任何物品与互联网连接起来，进行信息交换和通信，以实现智能化识别、定位、跟踪、监控和管理的一种网络。物联网的概念是在1999年提出的，就是"物物相连的互联网"。

这些传感器有什么样的特点呢？首先，是感知化的程度越来越高，也就是说人们可以通过传感器获得更多的信息；其次，这些传感器相互连接，实现物联化，使得人们可以获得的信息和数据可以进行良好的整合；最后，正是因为这些信息和数据的存在，使得人们可以获得比过去更加正确、更加英明的智能化决策。

"通过每一个传感器，比如，说汽车上、食品供应链上、交通网络上以及手机上的各种各样的传感器，这些传感器的计算能力和传感能力可以收集大量的信息，使我们获得的数据比过去多得多。小到一个企业，大到一个城市乃至一个国家，获得的信息都远远超越过去，智慧城市因此而成型"，班纳华说。

班纳华认为，物联网的广泛应用，可以让人们对许多信息提前掌握，从而"运筹帷幄、决胜千里"。

例如，城市中某一个时段每条路上的峰值如何，现在有多少车在"跑"，可以通过物联网提前掌握。而在能源系统方面，智能电表也帮助居民便宜用电、量入为出，彻底改变城市人用电的方式。发电公司和电力公司也可以更加灵活、高效地分配电力。

又如，给食物贴上含有信息的标签放入冰箱，冰箱可以通过标签信息，读取食物的产地、保质期。然后将冰箱接入家用网络。那么，当冰箱里的食物快要到达保质期时，主人的电视、电脑或手机屏幕上就会弹出"食物快要到达保质期，请尽快食用"的提示。也可让冰箱通过家用网络接入互联网，根据冰箱里的食物自动查找食谱，并提供推荐的做饭方式。

给烧水的壶上安装含温度传感器和芯片的器件，当达到指定温度时，通过无线方式传送给主人身上的手表或手机，通过文字或语音提示主人“水已烧开”，主人通过手表或手机的按键向家里的管道下达关闭天然气阀门的指令，这样就不用担心烧干甚至是引起火灾了。

而在河流中安装各种各样的传感器，可以帮助人们了解河流水质如何，有多少废弃物存在，从而让环保部门更有效地救助“生病、污染”的河流。

智能物联网更可以保障城市公共安全。城市中数以万计的监视摄像头，记录的信息数据通过高智能的分析，让公安警察部门可以预测未来发生的情况，找出事件或者是行为发展的趋势或者模式，防止一些恶性事件的发生。而所有的这些智能系统被整合在一起，就形成了一个智慧城市。

2. 物联网城市的发展应用

在纽约，一个应用于公共安全的智能城市快速反应系统已经建立，也就是“犯罪信息仓库”。通过这些信息仓库的信息，纽约警察可以对犯罪分子的行为有更多的了解，也就是说一旦一种犯罪的行为出现一点点苗头的话，纽约的警察就可以根据这些信息作出预测，防止类似犯罪行为发生。

瑞典斯德哥尔摩建立了智慧交通体系，按照不同的拥堵程度对交通收费。通过这样智慧的交通体系，斯德哥尔摩整个汽车使用量降低25%，碳排放量降低14%，在环保、防止污染等方面取得了比预期更好的效果。在人均碳排量方面，成为了欧洲的佼佼者，平均每人碳排放量降到4t/a。而欧洲平均是每人6t/a，美国是20t/a。

在新加坡，人们能像获得天气预报一样，获得交通堵塞预报。通过埋在路上的传感器和红绿灯上的探头，司机不仅可以看到什么地方在堵车，还能够提前预测，什么地方过10min~20min会堵车，从而选择更为通畅的道路行驶。

越南的胡志明市也是亚洲的探索者之一，在食品安全方面的智慧创新令人耳目一新。据悉，胡志明市正在实施智能的食品追溯体系，也就是说食品从农场，到市场，再到市民手中都有追溯体系，一旦出现食品方面的问题，可以及时地找到事故根源。

在澳大利亚，昆士兰的一座大桥上即将开展“智慧桥”的试验。通过在桥上安装各种各样的传感器，不仅可以告诉城市管理者桥上有多少车、车的重量是多少、车的污染是多少、车是新车还是旧车，也可以告诉人们这辆车对这座桥整个混凝土的结构带来多大的压力。

由此，交通管理部门可以进行实时评估，获得这座桥结构强度的数据，一旦压力超出了所设定的极限值，交通管理部门就可以获得警报，及时发现。“过去的桥是混凝土和钢筋造成的，未来的桥将加入一个大脑——电脑，使之更安全，成本也更低”。

在不远的将来，我们可以想象，坐飞机进行检票的时候就像乘坐火车一样，机票放在钱包也好，放在背包也好，旅客通过机场大门的一瞬间，通过扫描就知道旅客已经进入了机场，就开始自动检票了。

举世闻名的纽约曼哈顿，由北到南有一条哈德森河，这条河全长500多千米，是美国非常富饶的果篮子、菜篮子，1000多万居民居住在河的两岸。但是这条河过去20年里污染很厉害。为了保持、恢复哈德森河的生态系统，纽约州政府发起了一个计划——“新一代的水资源管理计划”，在河的全程安装传感器，有一些传感器大到2m高，这些传感器把水的不同层面，各种各样的物理、化学、生物数据，实时地通过各种各样的网络传递到后台的计算中心区。

在后台计算中心，IBM采用流计算的方式，让数据像流水一样流进来，进行处理，跟历史数据进行比对。科学家们可以在电脑显示屏上把哈德森河变成一条虚拟河流，不间断地显示它何时被污染，河水中化学、物理、生物成分的变化，让人们一望而知。

种种应用和创新，已经提醒城市人，我们生活的环境、方式、流程，都可以用智慧的方式进行重组、再造，从而大大提高效率，优化配置资源，提升舒适度和安全性。IBM大中华区副总裁、政府与公众事业部总经理范宇说，目前在全世界，智慧城市的应用散落在各种项目、各种领域里，从环保到交通，从航空到食品监管，可以说都是一种实践和探索。通过小范围、单个行业的应用，可以提升智慧城市的认知度，最终可以逐渐全面推开。

3. 如何打造“物联网城市”

在发展中国家，随着城市化、城镇化的快速进程，交通拥堵、自然资源浪费、社会资源分配不合理等问题更加突出，打造智慧城市的呼声更加高涨。

IBM大中华区董事长及首席执行总裁钱大群说，过去的30多年，中国经历了人类有史以来最大规模的城市化，4亿多人口从乡村涌入城市。在中国未来城市化过程中，路径和支撑尤为重要，智慧城市对于中国有重要的意义。

一方面，智慧城市的实施将能够直接帮助城市管理者在交通、能源、环保、公共安全、公共服务等领域取得进步；另一方面，智慧基础设施的建设将为物联网、新材料、新能源等新兴产业提供广阔的市场，并鼓励创新，为知识型人才提供大量的就业岗位和发展机遇。除此而外，智慧城市还可以为地方政府管理城市、引导城市发展提供先进的手段，并客观上成为衡量城市科学发展水平的一把尺子。

对于蓝色巨人来说，在中国这个最具机会、最具挑战的地方，如何打造智慧城市这种新的模式，无疑是引人入胜的课题。

IBM大中华区副总裁、政府与公众事业部总经理范宇对中国城市实现“智能化”的急迫感受颇深。他介绍说，之前去一个城市出差，发现市长为一个问题深感困扰。原来，这个城市市区埋在地下的煤气管道大概有1000km，加上郊区的煤气管道大概有3000km长，每年由于各种各样施工被挖断100多次。因为是煤气管道，很可能会爆炸、起火，造成重大的事故；而且挖断之后，还会造成这一带居民没有煤气使用。而物联网技术完全可以解决这个城市的地下安全隐患。

IBM副总裁，新兴市场交通运输及商品流通业总经理麦克（Michael Rouse）说，IBM已经在世界各地设立了“卓越中心”来满足全球城市打造智慧城市的信息、技术需求，最大的研究中心在都柏林，而在北京、上海，也设有卓越中心。其中，为中国城市规划智能交通、智能医疗、智能能源系统是重中之重。在他看来，一方面，中国出现了成百上千

条新的公路，但是缺乏整合的交通道路管理系统；另一方面，中国的城市发展面临共同性问题：发展在先、规划在后，导致了很多因为城市规划不合理而造成的交通状况恶化。智慧交通的各种解决方案，实际上是一种信息化的管理方案。

未来中国城市将出现哪些新的景象？交通、教育、医疗、环保、能源等方面会有哪些变得越来越好，越来越方便呢？

中国许多大城市已经慢慢进入到老龄化社会，如何活得更有品质，活得更健康是所有人关注的问题。IBM 设计了很多的方案，把区县卫生局和市卫生局各种各样的信息整合在一起，包括病人、大型的三甲医院、地区医院、国家的卫生信息中心以及银行统统联系在一起，变成了一个区域的、信息化整合的医疗卫生信息化系统。这套系统在中国一些地区已经开始运行。

最近，IBM 公司和东北大学和沈阳市政府一起建立了生态城市研究院，进行城市总体规划。这个规划涉及城市的减排、碳交换、水资源管理、食品药品的安全，以及新的产业园区计划。

"让城市做到真正的智能化不可能一蹴而就，有的城市需要两三年，有的城市需要十年甚至是更长的时间"，范宇说。他认为，要建设智慧的城市、智慧的地球，物联网等只是手段，它呼唤的其实是人类自身的智慧——珍惜资源。地球上的资源已经极其匮乏，从水、土地甚至到空气都日益珍贵，人类要不断地节约资源、提高其使用的效率。同心协力创造出智慧地球，这是政府、企业和个人都需要共同努力的方向。

11.4 交通管理

城市中交通系统一直在持续改善。但是除了"大兴土木"外，这些道路等交通设施的效率和潜力都远没有充分发挥出来。大多数乘客每天上班依然需要挤公交车、地铁或是提前出发以防道路堵塞；一旦碰到交通事故，司机即使有 GPS（全球定位系统）导航，也只能靠目视而盲目改变路线，或者在前往不熟悉的目的地途中不断走错路或绕路。对此，信息技术正在被逐渐应用去解决这些交通问题。当然，科幻片中完全自动驾驶的车辆离我们或许还很遥远，但通过信息化技术实现的智能交通，正令我们向更惬意、更安全、更节能并且通勤时间更短的目标大大迈近了一步。

驾驶的车辆能感知前后距离，自动刹车；红绿灯能根据流量变化自行调整；乘坐公共交通出行的百姓，等公交不再望眼欲……这听上去似乎离我们很远，但随着物联网技术在交通运输领域的发展应用，一切将成为现实。近日，邬贺铨院士、钟志华院士以及北京航天航空大学、同济大学等院校专家齐聚湖南大学，参加"物联网在交通运输领域的应用"高层研讨会，而以上这些仅仅是物联网应用最简单、最基础的表现。

目前，现有的交通基础设施的潜力以及效力都没有能够充分的发挥出来。在交通运输领域，利用"物物感知"的物联网技术，交通运输的问题处理将更加迅捷，实现"智慧交通”。2009年年底，中国工程院启动了重大咨询项目“物联网及其在重要领域的应用”，湖南大学校长钟志华院士团队承担了其中的子课题“物联网在交通运输领域的应用”的研究工作。据介绍，发展物联网，需要给交通要素办“身份证”，构建交通要素身份识别。通俗说就是给交通对象、交通工具、交通基础设施这些交通要素赋予全球唯一的识别码，一物一码，再将它们的唯一识别码联成身份认证系统，再进行系统性、智能化分析与处理，从而实现对交通要素的监管、协调控制和服务。

仔细观察不难发现，智能交通系统已经深入我们生活的方方面面：电子警察、GPS导航、不停车收费公路等都属于智能交通范畴。以下几个是物联网在智能交通中应用的实例。

1. 交通监管和流量分析

住在北京的刘先生常常在开车前往目的地的路上花去比预想中更多的时间——交通堵塞让他困扰不已。尽管通过收音机，他能得到一些路况信息，但是这些依旧无法满足他的需求。交通监管系统解决他的困扰。该系统类似于机场的航空控制器，它将在道路、车辆和驾驶员之间，通过手机短信、广播电台等建立快速通信联系。哪里发生了交通事故，哪里交通拥挤，哪条路最为畅通，该系统会以最快的速度提供给驾驶员和交通管理人员。而交通流量分析则可以自动地根据车流情况，预判某段道路未来某段时间的拥挤程度，并调节红绿灯亮灯时间长短，提高道路运行效率。

据悉，苏州市市区实施部分道路机动车“禁左”规定，不少市民对于回家绕行的烦恼不无感慨。对此，苏州交通管理部门部署了一套交通监控解决方案。该系统采用基于无线射频身份识别技术（RFID）的协调自适应交通管理系统，实行城市智能化交通疏导。该系统让车辆装上RFID芯片电子车牌，通过路面上的感应器与摄像头对行驶车辆进行快速辨识和图像识别，再结合道路噪声变化等综合信息进行智能分析，依据道路状况对有拥堵预兆的路段进行预警、自动启动预警疏导引擎，后台终端根据各路段流量分析自动调节红绿灯长短，执行短时间高峰路口禁左指令，并通过手机短信、广播电台即时向车主发送流量信息，既能在高峰时段让驾驶员选择最佳行驶路线，避开拥堵路段，又能灵活控制“禁左”时间，这种改变使交通优化实现从人工“死”规定向智能“活”管理的跃升。

据了解，该系统在北美几个主要城市已经应用，纽约市交通部门采用该原理的系统后，道路通行量提高3倍、通行速度增加2倍，每年可减少200万小时的车辆延误时间。

2. 运营车管理

生活在大城市的张女士常常碰到这样的情况：理论上10min一趟的某路公交车，有时候会半个小时不来，或者一来就连续来几辆，就像多节“火车”一样。这种情况既给乘客带来不变，又浪费了公交车资源，反映了城市公共交通管理的不足。

运营车辆高度管理系统可以解决这个问题。该系统通过汽车的车载电脑、高度管理中心计算机与全球定位系统卫星联网，实现驾驶员与调度管理中心之间的双向通信，从而提高商业车辆、公共汽车和出租汽车的运营效率。该系统通信能力极强，可以对全国乃至更大范围内的车辆实施控制。目前，该技术得到较多应用，行驶在法国巴黎大街上的20辆公共汽车和英国伦敦的约2500辆出租汽车已经在接受卫星的指挥。

据了解，为解决广州亚运期间交通问题，中国移动推出“城市管理移动信息化—智能交通”业务，把移动信息化技术融入到智能交通项目中，制定集GPS定位、GPRS传送行车数据、数据挖掘、移动信息发布平台等技术于一身的移动信息化整体解决方案，可实现车辆监控调度、电子站牌、电召服务等功能。该业务全面覆盖广州约1.8万部出租车、1100多辆公交车、330多个电子站牌和70多条公交线路。

3. 电子警察

交通工具的迅猛发展以及私家车的日益普及在为我们的出行带来了方便快捷的同时，也给交通部门增加了新的考验和压力。电子警察系统便是运用最新科技成果为制止交通违章强化交通管理而打造的先进武器，它的出现为整治违章、加强交通建设建立了不可磨灭的功劳。

电子警察是一种利用自动化检测与测量技术捕获交通违法或交通事故，利用网络将采集的信息传回公安部门进行分析处理，并以此为证据对肇事者进行处罚，以减少事故发生、辅助交警工作的方法。它作为视频监控与智能交通体系的完美结合，通过迅速的监控、抓拍来获取违章证据，为处理交通违章执法提供行之有效的监测方法。因为它的准确、公正的执法作用已成为道路交通管理队伍中必不可少的重要一员。

主要由摄像机、视频采集卡、控制主机、无线通信设备及相关软件构成的移动电子警察系统可增强交警处理交通事故的灵活反应能力，通过无线视频技术将现场情况及时传回指挥中心，便于远程指挥和调度，可以极大地缩短反应时间，便于快速远程调度指挥。在此领域，迪威视讯已经推出了成熟的产品WVT－EVDO移动无线图像传输系统。

目前电子警察系统由于受到技术因素和经济因素制约，应用尚未普及，已应用的常见的电子警察系统有以下两种：闯红灯交通违章自动记录系统，车辆防盗治安卡口系统。

4. 智能汽车

车辆自动驾驶一直是司机的梦想，虽然现实中车辆控制系统（指辅助驾驶员驾驶汽车或替代驾驶员自动驾驶汽车的系统）离完全自动的水平尚远，但技术正在不断进步着。通过安装在汽车前部和旁侧的雷达或红外探测仪，汽车可以准确地判断车与障碍物之间的距离，遇紧急情况，车载电脑能及时发出警报或自动刹车避让，并根据路况自己调节行车速度，人称“智能汽车”。目前，美国已有3000多家公司从事高智能汽车的研制，已推出自动恒速控制器、红外智能导驶仪等高科技产品。

智能汽车所采用的车辆控制系统的研究者，已经在为车辆自动驾驶而不断地研究着各种技术。比如，一家业界著名汽车公司提出的“车联网”技术，该技术可通过整合GPS导航技术、车对车交流技术、无线通信及远程感应技术奠定新的汽车技术发展方向，可实现手动驾驶和自动驾驶的兼容，从而可使未来城市交通实现零油耗、零排放、零堵塞和零事故。

5. 出租车调度服务系统

在偏僻的小区或路段，或者雨雪雾天气，或者夜间出行，人们打车存在着诸多的需求。渴望能够打一个电话，车辆就会来到身边。城市出租车调度服务系统平台就可以为人们提供这样的方便、快捷和便宜的出租车调度服务。

城市出租车调度服务系统是基于移动 LBS（移动位置服务）服务的一项具体应用，它具有电话声讯台和移动数据增值服务两大特征。它同时服务于出租车司机和乘客，帮助出租车司机寻找最近的乘客，同时帮助乘客寻找最近的出租车司机。出租车司机在固定地点等候客人时，通过手机（使用无线通信网络）将其位置报送给城市出租车调度服务系统。同时乘客在需要车辆时，也通过手机将其位置和租车需求发送到城市出租车调度服务系统。利用该系统，乘客与出租车司机可以方便地完成一次交易。

目前基于呼叫服务的系统应用得较多，如淮安市很早就开通了的出租车呼叫服务系统。而基于位置服务的出租车应用则在近一年有所进展，如中国电信在镇江市进行的出租车车辆定位系统项目。

上海大众交通集团负责建成了上海世博出租车调度平台。4000 辆世博出租车上都安装亚洲最先进的车载智能 GPS 终端，每辆世博专用出租车当天的运营过程、每笔业务都能在后台管理部门进行轨迹回放，并保留一个月。据悉，作为车载智能调度的车载终端是由上海大众集团和在 M2M 业界领先的无线模块供应商 SIMCom（芯讯通无线）合作提供的。芯讯通无线提供了支持无线语音通信和数据传送功能并充分结合车载应用的 GSM 和 GPRS 通信模块。

6. 无线自动收费服务

射频识别系统在不停车收费系统中的应用，实现了不停车自动缴费、免现金、免找赎、与银行联网结算、货币电子化、畅通高效的智能化收费管理，解决好了因停车交费而产生的交通堵塞、资源浪费、空气污染以及资金失控等问题。系统适用于高速公路、城市快车道、国道。

系统工作原理：用于识别车辆的标签附于汽车挡风玻璃上，并将汽车识别信息进行编码，校准标签使其与系统一致。当带有标签的汽车进入阅读区域时，读头向其发射射频信号；标签调节所接受的一部分信号并反射回阅读器；反射信号含有该物体的识别密码；经过预处理和放大，阅读器将反射至读码器，读码器从信号中分解出识别密码，并根据用户确定的标准确认密码。读码器还可将时间、日期等有用信息加入密码，将密码存入存储器缓冲区，并将密码传递至主计算机或其他数据记录设备中。

中央电脑收费系统管理金融运输、服务交易，就像银行管理自动提款机交易一样。用户购买或租借电子标签，就像车辆使用的 ATM 卡，通过建立收费系统账户来加入中央电脑收费网。

无源 RFID 可实现 300km/h 车速的自动收费。

虽然信息化在城市交通中的应用深入广泛，其重要性日渐突出，但是信息化也有无奈的时候。这种无奈表现在两方面：一是出行者的遵章守纪意识淡漠，导致很多信息化的设备和服务沦为摆设；二是管理者服务意识仍有待加强，否则很多交通信息化服务无法应用，相关产业也就难以发展起来。

作为交通主体的出行者，车辆、道路等设施设备或信息化技术都是为其服务的，但是如果主体不按规矩办事，这些服务的效果也将会大打折扣，这是信息化手段很难解决的问题。

作为交通的主体，人的遵章守纪意识淡薄对这个系统的伤害无疑是巨大的。我们花了大量的钱去修建和养护道路基础设施，就是为了给大家提供更好的服务。国家也下了很大的工夫来制定相应的法律法规，希望大家来遵守，目的就是使整个系统运转能更顺畅、高效。但往往是个体的行为导致系统效率一点点地损失，每一个个体导致效率降低一点，累积起来对整个交通系统效率的影响是非常巨大的，这是不容忽视的问题。

交通系统管理者现在很重视管理方面的信息化应用，但是服务方面还是比较薄弱。因此，智能交通产业的发展基本都是靠政府的项目来带动的，但是不发展服务，产业很难快速发展。

人们对智能交通产业的期望比较高而发展却比较缓慢，形成一些龙头企业也比较困难，这其实和我国的交通发展水平有相当大的关系。现在我们所说的智能交通管理的应用，其中还有很多地方缺乏传统的技术手段，比如，电视监控，现在很多地方在做这方面的基础工作。而相关的服务也刚刚开始，很多服务也只是公益性的，很难建立一种完整的商业模式，不挣钱企业就不可能去做。

现在智能交通在支持交通管理上做的比较好，不过面向服务的好的产品和服务还是比较少，只有智能化的管理加智能化的服务才能构成一个完整的智能交通系统。

如果只重视管理不重视服务，以人为本的城市交通就无法实现，容易产生只重视效率而不顾乘客对舒适性的要求。这样一来，信息化手段再先进，不用在为出行者服务上，也无法发挥它的巨大作用。

11.5 物流供应链

经济全球化的趋势以及信息技术的快速发展，给本来已经极其热门的供应链管理领域又提供了无穷的发展空间。RFID 自从第二次世界大战被应用于武器和后勤装备管理以来，还没有获得过像今天这样多的关注。RFID 的种种优点，时刻提醒供应链管理领域的研究者和管理者：供应链管理中的各种难题都会因为 RFID 技术的应用迎刃而解。众所周知，供应链管理是一个极其复杂的系统，自从 20 世纪 70 年代以来，这个领域里面不断出现新的挑战。其中的各种难题几乎都跟供应链系统的复杂性和不确定性特征息息相关，而 RFID 在提高供应链可视化程度，提高库存准确性，提高对需求预测的准确度，提高供应链各方的协同性，提高供应链快速反应能力等方面都有用武之地。因此，RFID 成为供应链管理当中的热点就成为了题中应有之意。

1. 供应链中动态信息流研究

供应链中有三种流：物料流、信息流和现金流。信息在供应链管理当中起着极其重要的作用，供应链的决策者需要根据相关的信息进行供应链的决策。供应链作为一个大规模、复杂度高的集成系统，要做到提高供应链运营效率，使得整体利润最大化，就要让供应链的决策者及时获得供应链中的信息。

在过去的20年当中，信息技术的发展让供应链一直在向协调一体化的方向行进。宝洁公司的持续补货计划和沃尔玛公司提出的供应商管理库存等使得供应链管理获得大幅度提高的管理模式，都是在信息技术的发展基础之上提出来的。RFID之所以能够对供应链管理产生深远影响，就是因为它的应用可以为供应链当中的信息流提供一个共享流动的平台。为了了解信息在供应链中的价值，我们有必要回顾一下以往的研究者们对于供应链中的信息失真、信息共享和信息更新的研究。

(1) 供应链中的信息失真

供应链从上游接收原材料开始，一直到最终产品到了下游的顾客手中，最主要的目的就是给产品增加附加值，满足顾客的需求。因此，顾客的需求就是供应链管理者进行决策的最基本的信息。供应链当中的决策不是由一个企业来完成的，而是由供应商、生产商、分销商和零售商共同完成的。和顾客直接接触的销售企业决策基础是顾客的需求信息，但是分销商决策基础就是零售商给分销商下的需求订单信息，这样的需求信息就逐级地往供应链上游传递。每个企业都是按照自身利润最大化作为决策的依据，从而就导致了需求信息在每一级的传递当中产生了信息失真。信息失真最主要的表现就是“牛鞭效应”。Lee. Padmanabhan and Whang（1997）对这种信息失真进行了系统化的论述，并且指出价格信息变动、信息分享不充分、订购批量太大、需求信息处理过程单一等是产生牛鞭效应的主要原因。

在其之后，又有一些研究者对于牛鞭效应的产生原因和控制牛鞭效应的方法进行了研究。通过分析可知，对供应链中的信息失真进行进一步的机理研究，探讨通过使用RFID技术，建立集成分享的需求信息，对于削弱牛鞭效应的有效性，以及建立信息效益模型和进行仿真分析，提供依据行业不同，在一定条件下，消除信息失真影响的方法具有重要的价值。

(2) 供应链中的信息共享

供应链的整体运营目标，不是为了哪个特定企业的利润最大化，而是整个系统的利润最大化。但是，供应链中包含的不同企业具有不同的运营目标，因而就出现了供应链协调问题。信息技术是促进供应链一体化的基础，要想实现供应链协调的目标，就要实现供应链当中的信息共享。基于此，供应链的管理者就需要决定什么时候，在什么程度上，共享什么样的信息才能够实现供应链整体协调，获利最大的目标。RFID技术可以实现信息的共享，但是共享的信息在协调供应链管理中具有什么样的价值，如何决定信息共享的层次等问题都是研究者和管理者的主要关注领域。

在信息共享这一问题上，供应链中的企业都是乐于提高信息共享程度，让整个系统协调发展。但是也不是所有企业都相信共享信息产生的效益可以抵消信息共享的投入成本。所以如何评估信息共享产生的效益，评估所共享的信息在供应链管理当中的价值就成为了研究的焦点。

（3）供应链中的信息更新

供应链当中的信息获取的实时性非常重要，RFID在自动采集数据技术当中具有非常大的优势。RFID系统可以为供应链管理者提供持续的、实时的信息更新。从而可以提高供应链对需求信息预测的能力。在这方面的研究主要集中在三个方面：对预测需求信息的时序分析研究、对预测信息的更新研究、贝叶斯（Bayesian）分析等。

2. 物联网在供应链中的应用

RFID在供应链管理中的应用已经开始起步，尽管Gartner公司预测RFID的应用高潮不会在2010年之前到来，但是科研机构、国家部委和商业企业都已经开始加紧进行相关的研究。我们的研究目的主要是想把RFID技术应用于供应链管理当中，提高供应链信息共享程度和可视化程度。最终降低信息失真率，提高库存管理能力，降低供应链管理成本，最大化供应链利润。

供应链包括从原材料到最终用户的所有实物的移动过程。包招供货商选择、采购、产品计划、材料加工、订单处理、存货管理、包装、运输、仓储与客户服务。同时也包括供应链中的产品、货主、位置和时间，以便供货商和客户之间更好地沟通。

成功的供应链管理能无缝整合所有供应活动，将所有合作者整合到供应链中。根据机构功能的不同，这些合作者包括供应商、配送商、运输商、第三方物流公司和信息提供商。

RPID在供应链应用中，主要的应用模式是物流的跟踪应用。技术实现模式是将RFID标贫贴在托盘、包装箱或元器件上，进行元器件规格、序列号等信息的自动存储和传递。RFID标签能将信息传递给相当距离范围内的读头上，使仓库和车间不再需要使用手持条码读卡器对元器件和在制品逐个扫描条码，这在一定程度上减少了遗漏的发生，并大幅提高了工作效率。RFID的倡导者认为，此举可能大幅削减成本和清理供应链中的障碍。该技术正与物流供应链紧密联系在一起，有望在未来几年中取代条码扫描技术。

现代供应链管理的关键是供应链中产品、集装箱、车辆和人员的自动识别，所有的信息能在企业MIS系统或者ERP系统中得到实时的传递和反应。

我们现在来列举RFID识别技术在供应链管理上的应用案例。

（1）煤气罐等危险物品的跟踪与管理

储气罐的跟踪管理包括煤气罐等危险物品容器的跟踪管理。在煤气罐的跟踪管理上，可以用特殊的环形标签来标示煤气罐，而且不管煤气罐是单个的、整车的，还是用托盘运输的。

一般来讲，煤气罐等危险气体容器都是可以回收和反复使用的。而且多数情况下，气体灌装厂都会提供足够数量的周转容器，用户的煤气用完后，只需用空瓶补足气体就能及时换回满瓶的煤气。很多煤气公司都提供上门换气服务。这就是煤气的供应链管理。

在原方的煤气罐上加装RFID标签，是在煤气镶的瓶颈处加装做成环形的RFID标签。实际上，新的煤气罐在制造时就可以内置RFID标签。

在装运煤气罐的卡车或者叉车出入口的顶部设置悬空读头，或者用 WLAN802.11 手持机来实现煤气罐的长距离识别。读头和中心数据库相连，以实现煤气端的信息处理。

在国防和军事应用上，军需物品特别是武器弹药的管理与跟踪是非常重要的。

RFID 最大的军事供应链应用者无疑是美国军方。美国军方计划用 27.2 亿美元来对军用物资进行 RFID 管理，这已经在伊拉克战场上得到了应用。军需官要求所有的空运和民用船只运输的伊拉克战略物资都必须用 RFID 来进行数字标志，以便于军需官能够了解像坦克等战略物资的准确位置和到达时间。Tommy Franks 将军就是这项技术的积极支持者之一。某家企业告诉在加利福尼亚的软件开发商 Savi 技术公司，平时需要 2~3 周的时间才能完成的货物清点工作，在应用 RFID 的情况下，只需 22min 就可以轻松完成（这个系统同样可以帮助士兵在夜晚找到可以解渴的牛奶）。总之，RFID 技术帮助美军在 40 个国家每天完成 30 万个集装箱运用物资的处理。

（2）RFID 在集装箱跟踪管理上的应用

超高频 RFID 技术具有识别距离长、识别物体速度高、系统成本低等特点，因此成为利用集装箱和托盘跟踪的最理想的手段。

对于大宗货物的运输来讲，最理想的运输方式当然是集装箱运输。集装箱运输具有运输私密性好、包装不破损、运输成本低、环境适应性强，装载密度高、码垛规范等特点。

一般情况下，集装箱由专门的集装箱运输公司提供给需要运输的企业使用。货物运到后，经过淘箱，然后由集装箱公司回收使用。

在集装箱的运输和使用过程中，最关键的环节就是集装箱的跟踪管理，以及如何防止集装箱的丢失、被盗和损坏，提高集装箱的周转率，从而提高资源的使用效率。

为了实现以上目的，集装箱运营公司需要在整个供应链过程中对其集装箱进行跟踪，以减少丢失、被盗和损坏，从而最大程度地利用其资源，提高企业的效益。

RFID 识别系统在集装箱管理上的运用是将标签粘贴或者镶嵌在集装箱或者托盘上，伴随集装箱或者托盘走过集装箱的整个生命周期。

通过入口处的悬空读头、安装在叉车上的读头或者手持机来读取标签的实时信息在显示器上被显示出来或者直接进入数据库。集装箱 RFID 识别系统可以同时识别 40 个托盘和 80 个塑料集装箱。

（3）运用 RFID 进行水果等食品的跟踪

在鲜果的供应上，从鲜果产地到最终消费者之间的供应链全过程也可以采用 RFID 来进行跟踪管理，以保证鲜果的品质和鲜度。

将标签贴在或者镶嵌在水果箱上，直到水果箱最终被消费。标签可以通过入口处的悬空读头、叉车读头或者手持机来识别，读取的信息将被实时送到显示器或者数据库中。

不久的将来，家用冰箱将能够识别冷冻（藏）物的 RFID 标签，提醒你应该购买新鲜的牛奶，剔除过期的食品，减少高胆固醇食物的消费等。

（4）仓库管理

将 RFID 系统用于智能仓库货物管理，RFID 完全有效地解决了仓库里与货物流动有关的信息管理，它不但大大提高了仓库的货物处理能力，也大大提高了处理货物的信息量。

读头和天线设置在货物所通过的仓库大门边上，每个货物单元都贴有 RFID 标签，所有标签的信息都被存储在仓库的中心计算机里，该货物的有关信息都能在计算机里查到。当进行货物作业时，比如，出库或者搬运，由读头识别并告知计算中心它被放在哪个拖车上。这样管理中心可以实时地了解到已经生产了多少产品和发送了多少产品，并可自动识别货物，确定货物的位置，从而对货物进行跟踪管理。

在供应链管理中，最关键的技术是货物的跟踪，应用 RFID 技术进行供应链管理在国外已经比较普遍。我们相信，随着技术的发展和成本的下降，RFID 供应链管理系统在国内也会得到越来越广泛的应用。

物流业服务于制造业和零售业。在物联网受到追捧之前，不少从事运输和仓储的物流大企业采用了 RFID 技术。但是 RFID 初期投资较大，一般中小企业较难承受。将来，一旦物联网成为通用技术，处于产业链上下游的制造业和零售业推广了 RFID 应用，将迫使每个物流企业都引入这种技术。因为是供应链上中下游共同承担费用，同时伴随着用户的扩增，电信基础设施的成本理论上将得到有效分摊，RFID 设备硬件企业的单位制造成本摊薄，物流企业使用 RFID 的成本会比现在低廉很多。结合云计算技术，未来中小型物流企业将是物联网“平民化”的最大受益者。

最后，物流企业需要未雨绸缪，用一颗平常心，做好牵涉因 RFID 失效、误用引起的经济纠纷官司，甚至是隐私权诉讼的准备。

总结物联网对物流企业及供应链的影响：

①实现管理自动化（获取数据、自动分类等），作业高效便捷，改变中国仓储型物流企业“苦力”公司的形象。

②降低仓储成本。

③提高服务质量，提高响应时间，客户满意度增加，供应链环节整合更紧密。

④借物联网东风，无论是出于自觉还是被动，我国物流企业的信息化将普遍上一个新台阶，同时也会促进物流信息行业大共享的局面形成。

⑤迎接法律层面的挑战。

展望未来，一个高效精准、实时透明的物流业将呈现在我们眼前。

11.6 通信行业

从通信产业的发展来看，对 RFID 应用需求的产生直接源于通信技术的发展，设备与设备之间的通信市场的开拓。通信技术在走向下一代的进程中已呈现出 IP 化、光纤化、无线化和智能化的技术发展趋势。技术发展的直接结果是一个结构更加复杂和功能更加强大的通信系统，除了传统的人与人之间的通信外，设备与设备之间的通信业务（M2M）

将得到迅速发展，而 RFID 在其中会扮演关键的角色，因为 RFID 所具有的“标记”、“地址号码”和“传感功能”能够解决 M2M 业务中的很多实际的问题。

1. 物联网与通信行业的融合

由于 RFID 可以用来追踪和管理几乎所有物理对象，越来越多零售商和制造商都在关心和支持这项技术的发展与应用。RFID 在当前的通信领域中已经有所运营，但是大部分的应用还处于试验的阶段，从 RFID“标记”、“地址号码”和“传感功能”这三个最本质特点来看，RFID 在通信产业中的应用前景非常广阔。

从通信产业的发展来看，对 RFID 应用需求的产生直接源于通信技术的发展，设备与设备之间的通信市场的开拓。通信技术在走向下一代的进程中已呈现出 IP 化、光纤化、无线化和智能化的技术发展趋势（见下表）。技术发展的直接结果是一个结构更加复杂和功能更加强大的通信系统，除了传统的人与人之间的通信外，设备与设备之间的通信业务（M2M）将得到迅速发展，而 RFID 在其中会扮演关键的角色，因为 RFID 所具有的“标记”、“地址号码”和“传感功能”能够解决 M 业务中的很多实际的问题。因为设备或物品本身并不具备感知的功能，如果利用 RFID 技术，人就可以通过 RFID 了解设备或物品所处的外界环境，从而实现对设备或物品实现监控、测量和数据读取、状态监测和远程管理控制等诸多业务。

未来通信技术发展方向表

方　向	描　述
IP 化	网络将向对 IP 业务优化的宽带分组网演进。网络将被 IP 统治，从核心网一直到用户设备，在网络服务层面形成一个 IP 世界，核心技术包括基于 IPv6 的高性能高速网络节点设备和多种 IP 终端
光纤化	从网络核心一直到用户端的全光网将梦想成真，在传送层面形成一个光纤世界。核心技术包括单波长高速传输系统、超长距离传输系统、超大容量密集波分复用系统、光交换机、光城域网和光接入技术等
无线化	无线宽带技术，不管是固定接入还是移动接入，将逐渐占领中心舞台，在接入层面形成一个无线世界。核心技术包括 3G 与后 3G 系统、无线局域网和无线城域网技术
智能化	网络智能将从网络核心移向边缘，用户界面也越来越趋近拟人化，在网络边缘形成一个智能层或服务层。在向社会各界提供丰富多彩的服务和应用的同时，使人机之间的互动变得更加友好、自然，更趋个性化。其核心技术包括智能化的网络服务器和用户终端

未来通信技术的发展将实现 5W，即 Whenever、Wherever、Whoever、Whatever、Whomever。那个时候，人们可以随时随地享受无线通信。

融合的需求对移动设备提出了前所未有的挑战，如果需要手持设备支持丰富的融合业务，除了强悍的处理器之外，还需要支持 WLAN、UWB、Bluetooth、Zigbee、UMTS 等诸多无线协议，这些协议用以支持移动通信、娱乐体验、计算应用的需求。

无线通信技术升级到3G时代的直接意义就是无线芯片和数字芯片将变得更加复杂，耗能更多，而且比现有2G解决方案的尺寸更大。另外，由于3G提供的数据传输率更高，终端芯片组的功能性将会增加，因此芯片组构造将更加复杂。此外，视频电话等3G功能将要求更强大的应用处理器和容量更大的存储器。而更重要的是，射频端必须着重在降低功耗、加速不同工艺的整合及降低成本上努力。在不久前召开的国际微波会议（IMS200b）上，无线射频技术的最新发展被集中展示出来：双模、多模手机、高频基站、无缝切换技术已经逐渐走向成熟，为3G勾勒了更加丰富多彩的未来。虽然，射频端芯片技术的升级本身并不能构成推动3G发展的决定性力量。3G发展从终端技术角度来说更多的取决于低功耗、高性能的处理器；从市场推广角度而言则取决于是否有吸引消费者的内容。这种关系与调谐器芯片技术的发展对于数字电视的影响非常类似。不过，手机有手机的特点。随着RFID芯片技术的升级，首先，多模、多业务RFID芯片的出现将3G手机的应用功能大大扩展，并以此推动了3G的发展；其次，高集成度、低功耗、易用性好的RFID芯片有助于节省更多的系统资源，如电流、PCB面积等，从另一个角度推动3G发展。

随着通信技术的飞速发展，我们对无线数据通信的数据量提出了非常高的要求，这些数据量将比目前移动通信的CDMA、GPRS所支持的数据流量大大提高，而且对数据安全的要求比以往更高，需要国内的通信运营商提供强大的通信服务支持。从技术上来讲，就是需要采用3G技术。3G技术可以以更为低廉的价格和更安全的机制为移动和固定用户提供高速数据传输而且可提供丰富多彩的数据服务。此外，3G的产业链不仅包括电信运营商、设备供应商和终端设备厂商，越来越多的内容供应商和服务供应商都将参与进来。易思卡尔认为3G的发展在解决了标准和技术问题之后，最大的瓶颈就在于应用开发，如何开发出有经济效益的产品和用途来吸引客户使用3G成了众运营商头疼的问题。而RFID潜在的广阔应用市场正是3G产业链上众制造商、运营商和内容供应商所梦寐以求的增值服务处女地。

RFID + 3G产业链的完成和成长需要各环节的积极参与与共同努力：内容提供商提供翔实的商品数据信息，服务供应商提供丰富的应用平台与程序，电信设备供应商开发高性能的手机终端产品和电信设备，电信运营商则架起RFID所承载数据的高速通道。这个过程中，标准化是关键。通过标准化可以让更多的参与者加入到正在形成的价值链中，尽快实现新技术的产业化和商品化是实现技术创造价值的关键因素。

2. RFID在通信行业中的引用案例

目前RFID在通信领域的应用和开发还处于初级阶段。与定位技术相似，RFID作为一种新的识别技术，其“标记”功能已备受通信业者的注意。以NTT DoCoMo、SKT、诺基亚为首的一些通信业者都在考虑如何将RFID技术与传统的通信系统相融合，并且已取得了一些进展。特别是日本和韩国在泛网和传感网络概念的指导下，积极尝试将RFID与通信系统有机融合，以开发出一些新的设备及应用，推动经济的增长。

（1）DoCoMo 推出 FeliCa 业务

采用内置 RFID 芯片，将手机变成了移动钱包，除支付功能外，商家还能通过使用可读取存储卡和手机上 FeliCa 芯片上的信息以及根据需要更换信息的读写器，向 FeliCa 用户提供电子货币和顾客积分点发行等 FeliCa 特别服务。

手机的移动支付有两种方式：一种是通过短信、WAP 等远程方式通知移动运营商，从事先开设的虚拟账户或与手机绑定的银行账户中，扣除一定金额来实现；另一种是通过基于 NFC 技术的非接触智能卡，来实现近距离非接触式支付。NFC（Near Field Communication）即近距离通信，是无线设备间的一种 RFID（非接触式射频识别）互联技术。

DoCoMo 的手机支付业务正是基于这种近距离非接触支付技术，使用的是由日本索尼公司研发的非接触智能芯片 FeliCa IC 芯片，能够存储个人或企业的确认信息、银行账号、信用卡账号等数据，能够运用在诸如手机、笔记本电脑等移动终端中。该技术最早应用在交通系统中，乘客可在特殊的读卡器前晃动 FeliCa IC 卡购买车票。

DoCoMo 的最聪明之处就是将 FeliCa IC 芯片移植于手机之中，把移动支付的功能赋予了人们最常使用的手机。植入 FeliCa IC 芯片的手机通过相应的读卡器识别后，可将支付数据、票据或者用户的身份认证信息通过移动网络传输到移动运营商和银行金融机构，从而完成移动支付。而且，这种支付安全性高、传输速度快、使用方便，在手机关机状态下也能照常使用。DoCoMo 把这种业务形象地称为“Osaifu - Keitai”，即“带有钱包功能的手机”的意思。

（2）日本电信演示追踪电话

日本电信披露了使用 RFID、通过 IPv6 安装的一个电话即可在任何地方拨打电话的服务。

在该服务中，首先要拥有一部安装有 IC 标签读取装置的笔记本电脑。在自己使用的每部电话机上都要预备有 IC 标签。当携带笔记本电脑出行时，要让读取装置能够识别出行地点电话机的 IC 标签。这样就能让本人的电话与这部电话机结合到一起。

使用过程是这样的：在读取 IC 标签后，向定位服务器发出信息，通知本人的电话转移到哪部电话机上。以这一信息为基础，变更 ENUM 服务器上的电话机登录地址。当有电话拨打本人的专用号码时，参照 ENUM 服务器转移到本人当前的电话机上。通过这一地址与 SIP 服务器联接后就可以通话了。

该服务的好处是即使没有加入 SIP 服务器，通过追加定位服务器、ENUM 服务器也可以实现电话追踪。

与此次使用的方式不同，曾考虑让用户携带个人认证 IC 标签、在出行地点读取 IC 标签的方式。但如果利用这种方式的话，在哪里设置读取设备来检测个人出行地点就不好说了。因此，通过在电话机上预备 IC 标签避免了这种担心。

（3）诺基亚开发 RFID 手机

由于存储在芯片上的产品信息能够被方便地进行传输，RFID 芯片受到了仓储和零售企业的青睐。诺基亚公司表示，向使用 RFID 芯片的手机传输产品信息能够扩展该技术的使用范围。使之进入供应链、客户服务、营销、品牌管理之外的其他领域。

诺基亚公司的主管吉哈德表示，例如，零售商可以在货架上设置内置有 RFID 芯片的“使手机接近这里”标签，向手机上发送赠券，或者在收银台边贴上相同的标签，迅速地交换存储在手机上的个人资料，完成质保手续。

在“CTIA 无线 IT 和娱乐”展会上，诺基亚公司展示了与 Veri Sign 公司联合开发的早期原型产品。该原型产品基于诺基亚公司的 5140 手机，RFID 阅读装置安装在手机壳体中。在被问到 RFID 手机何时会实现商业化时，吉哈德说，它还只是处于早期开发阶段。

RFID 面临的一个障碍是隐私担忧。消费者权益保护组织声称，这种技术在图书馆和其他地方不加控制的传播可能会引发隐私灾难。他们设想，在未来，隐藏的 RFID 阅读装置会监视人们的一举一动、财产、阅读习惯。但大多数人认为，由于技术方面的原因，这种情况在现在是不可能的。

业界厂商和联邦通信委员会（FCC）正在努力消除阻碍这一颇有前途的技术普及的障碍。FCC 表示，电源限制和不同的国际监管规则是威胁 RFID 大规模普及的两个障碍。

据业绩资深人士称，诺基亚公司的手机上添加 RFID 技术是不可避免的。在过去的数年中，为了增加手机的用途，手机上一直在不断地增加着其他无线技术——GPS、WiFi、红外线、蓝牙，很快还会有超级宽带。

（4）SKT 与 u-SCM 业务

SKT 计划在 2005 年第三季度推出基于蜂窝网络在手机中嵌入 RFID 的应用，涉及物流、家庭网络、购物、医疗等多个领域。

通过研究易思卡尔发现“设备间通信”和“识别”是当前 RFID 创新的重点，因此从这一角度出发审视目前通信网络的业务。此外，我们还应该注意到电子标签是需要附着在实际的物品上，以实现虚拟世界（网络）中的数据交换。当前通信领域的服务可以分为信息服务类、信息应用类和通信类三大类服务，我们发现信息服务类和信息应用类具有很好融合的基础，因为涉及实际物品（包括货币）的交换，而通信类相关业务主要涉及的是人与人的通信，因此与 RFID 的融合相对较难。

11.7 农业领域

近十年来，随着智能农业、精准农业的发展，泛在通信网络、智能感知芯片、移动嵌入式系统等技术在农业中的应用逐步成为研究的热点。

1. 密集的无线传感器网络

无线传感器网络是一种无中心节点的全分布系统。通过随机投放的方式，众多传感器节点被密集部署于监控区域。这些传感器节点集成有传感器、数据处理单元、通信模块和能源单元，它们通过无线信道相连，自组织地构成网络系统。其目的是协作地感知、采集和处理网络覆盖区域中被监测对象的信息并发送给观察者。无线传感器网络集传感器技术、微机电系统（MEMS）技术、无线通信技术、嵌入式计算技术和分布式信息处理技术于一体，因其广阔的应用前景而成为当今世界上备受关注的、多学科高度交叉的热点研究领域。

在传统农业中。人们获取农田信息的方式都很有限，主要是通过人工测量，获取过程需要消耗大量的人力，而通过使用无线传感器网络可以有效降低人力消耗和对农田环境的影响，获取精确的作物环境和作物信息。

目前无线技术在农业中的应用比较广泛，但大都是具有基站星形拓扑结构的应用，并不是真正意义上的无线传感器网络。农业一般应用是将大量的传感器节点构成监控网络，通过各种传感器采集信息，以帮助农民及时发现问题，并且准确地确定发生问题的位置，这样农业将有可能逐渐地从以人力为中心、依赖于孤立机械的生产模式转向以信息和软件为中心的生产模式，从而大量使用各种自动化、智能化、远程控制的生产设备。

（1）无线传感器网络应用于温室环境信息采集和控制

在温室环境里单个温室即可成为无线传感器网络一个测量控制区，采用不同的传感器节点和具有简单执行机构的节点（风机、低压电机、阀门等工作电流偏低的执行机构）构成无线网络来测量土壤湿度、土壤成分、pH 值、降水量、温度、空气湿度和气压、光照强度、CO_2 浓度等来获得作物生长的最佳条件，同时将生物信息获取方法应用于无线传感器节点，为温室精准调控提供科学依据。最终使温室中传感器、执行机构标准化、数据化，利用网关实现控制装置的网络化，从而达到现场组网方便、增加作物产量、改善品质、调节生长周期、提高经济效益的目的。

（2）无线传感器网络应用于节水灌溉

无线传感器网络自动灌溉系统利用传感器感应土壤的水分，并在设定条件下与接收器通信，控制灌溉系统的阀门打开、关闭，从而达到自动节水灌溉的目的。由于传感器网络多跳路由、信息互递、自组网络及网络通信时间同步等特点，使灌区面积、节点数量不受到限制，可以灵活增减轮灌组，加上节点具有的土壤、植物、气象等测量采集装置、通信网关的 Internet 功能与 RS 和 GPS 技术结合的灌区动态管理信息采集分析技术、作物需水信息采集与精量控制灌溉技术、专家系统技术等构建高效、低能耗、低投入、多功能的农业节水灌溉平台。可在温室、庭院花园绿地、高速公路中央隔离带、农田井用灌溉区等区域，实现农业与生态节水技术的定量化、规范化、模式化、集成化，促进节水农业的快速和健康发展。

2008 年，湖南农业大学提出了一种基于无线传感器网络的农田自动节水灌溉构建方案，设计了一种无线传感器网络实现农田土壤湿度信息的实时采集和传输，通过灌溉控制器控制灌溉管网，分区域实时灌溉并调节土壤湿度，实现了精细农业所要求的时空差异性和水资源高效利用。

（3）无线传感器网络应用于环境信息和动植物信息监测

通过布置多层次的无线传感器网络检测系统，对牲畜家禽、水产养殖、稀有动物的生活习性、环境、生理状况及种群复杂度进行观测研究，也可用于对森林环境监测和火灾报警（平时节点被随机密布在森林之中，平常状态下定期报告环境数据，当发生火灾时，节点通过协同合作会在很短的时间内将火源的具体地址、火势大小等信息传送给相关部门）。同时也可以应用在精准农业中，来监测农作物中的害虫、土壤的酸碱度和施肥状况等。

2. 形形色色的传感器

在“十五”期间，国家“863”计划数字农业重大专项实现了农田信息采集技术的突破，推出了一批成本低、高性能的土壤水分和作物营养信息采集技术产品，基本解决了数字农业信息快速获取技术瓶颈问题。开展了农田水分、养分、作物长势、冠层生理与生态因子、品质、产量和虫害草害等信息采集关键技术研究，开发了具有自主知识产权的新型土壤水分传感器，研制了土壤和作物养分信息快速采集方法与新型配套仪器设备；在虫害与杂草动态监测系统的研究方面取得了重大进展，开发了基于称重传感器的高精度智能测产系统，解决了智能测产与谷物品质监测系统的精度难题；使我国农业信息快速获取迈出了新的步伐。

现代化温室和工厂化栽培调节和控制环境（控制温度、湿度、光照、喷灌量、通风等）培育各种秧苗，栽培各种果蔬和作物。在这个过程中，需要温度传感器、湿度传感器、pH值传感器、光传感器、离子传感器、生物传感器、CO_2 传感器等检测环境中的温度、相对湿度、pH值、光照强度、土壤养分、CO_2 浓度等物理量参数，通过各种仪器仪表实时显示或作为自动控制的参变量参与到自动控制中，保证农作物有一个良好的、适宜的生长环境。

在果蔬和粮食的储藏中，温度传感器发挥着巨大的作用，制冷机根据冷库内温度传感器的实时参数值实施自动控制并且保持该温度的相对稳定。气调库相比冷藏库是更为先进的储藏保鲜方法，除了温度之外，气调库内的相对湿度（RH）、O_2 浓度、CO_2 浓度、乙烯（C_2H_4）浓度等均有相应的控制指标。控制系统采集气调库内的温度传感器、湿度传感器、O_2 浓度传感器、CO_2 浓度传感器等物理量参数，通过各种仪器仪表适时显示或作为自动控制的参变量参与到自动控制中，保证有一个适宜的储藏保鲜环境，达到最佳的保鲜效果。

在作物的生长过程中还可以利用形状传感器、颜色传感器、重量传感器等来监测物的外形、颜色、大小等，用来确定物的成熟程度，以便适时采摘和收获；可以利用 CO_2 传感器进行植物生长的人工环境的监控，以促进光合作用的进行。例如，塑料大棚蔬菜种植环境的监测等；可以利用超声波传感器、音量和音频传感器等进行灭鼠、灭虫等；可以利用流量传感器及计算机系统自动控制农田水利灌溉。

生物技术、遗传工程等都成为良种培育的重要技术，在这其中生物传感器发挥了重要的作用。农业科学家通过生物传感器操纵种子的遗传基因，在玉米种子里找到了防止脱水的基因，培育出了优良的玉米种子。此外，监测育种环境还需要温度传感器、湿度传感器、光传感器等；测量土壤状况需用水分传感器、吸力传感器、氢离子传感器、温度传感器等；测量氮磷、钾各种养分需要用各种离子敏传感器。

在动物饲养中也有传感器应用，如有可用来测定畜、禽肉鲜度的传感器。它可以高精度地测定出鸡、鱼、肉等食品变质时发出的臭味成分二甲基胺（DMA）的浓度，其测量的最小浓度可以达到1ppm，利用这种传感器可以准确地掌握肉类的鲜度，防止腐败变质。也有用来检测鸡蛋质量的传感器。

3. 挖掘潜在应用

物联网在农业领域具有远大的应用前景。

在农田、果园等大规模生产方面，如何把农业小环境的温度、湿度、光照、降雨量等，土壤的有机质含量、温湿度、重金属含量、pH 值等，以及植物生长特征等信息进行实时获取传输并利用，对于科学施肥、灌溉作业来说具有非常重要的意义。

在生鲜农产品流通方面，需要对储运环境的温度和农产品的水分进行控制，环境温度过高可能会发生大批农产品的腐烂，水分不足品质会受到影响，在这个环节要借助物联网的帮助。

还有一类具有典型意义的应用是工厂化健康养殖作业，需要通过物联网技术实现畜禽、水产养殖环境的动态监测与控制。

物联网在北京：升级智能交通

2010 年伊始，北京市发改委便将“智能交通”的话题摆上了桌面。2010 年，北京将开工建设智能交通管理系统三期项目，总投资达 14 亿元，计划用三年时间完成中心城区及部分高速路的智能交通系统，将五环路以内现有道路的综合覆盖率由30%提高到70%。北京市发改委主任张工表示，“智能交通”将成为北京建设绿色现代化世界城市的基础。

据《中国信息化》了解，在北京市已颁布的《北京交通发展纲要》中，明确了2010年初步实现智能化交通管理的近期目标，并将建立智能交通系统为技术支持的“新北京交通体系”作为该市交通发展的长远目标，其中以无线传感器为基础的智能交通控制系统是发展的重点。

作为物联网产业链中的重要组成部分，智能交通具有行业市场成熟度较高，行业传感技术成熟，政府扶持力度大的特点，在许多城市已经开始规模化应用，市场前景广阔，投资机会巨大，将成为未来几年物联网产业发展的重点领域。

1. 无线传感网下的智能交通

在北京交通委员会科技处处长王刚看来，智能交通系统（ITS）应用在城市交通中主要体现在微观的交通信息采集、交通控制和诱导等方面，通过提高对交通信息的有效使用和管理来提高交通系统的效率。信息采集子系统通过传感器采集车辆和路面信息，策略控制子系统根据设定的目标运用计算方法计算出最佳方案，并输出控制信号给执行子系统，以引导和控制车辆的通行，达到预设的目标。“对于北京地铁的发车间隔来说，在智能交通体系下，比如由2min 缩短到90s，正是智能交通系统通过对各种信息的采集、复杂度极高的处理来实现的。”王刚举例说。

当前，随着3G、物流传感技术的发展进步，智能交通正在向“新一代智能交通”发展。无线传感器网络作为一种融合短程无线通信技术、微电子传感器、嵌入式系统的新技术，逐渐被用于新一代智能交通系统等需要数据采集与检测的相关领域，从而给城市智能交通带来一次全新的升级。

基于无线传感网下的智能交通，在交通信息采集方面，其终端节点通过采用非接触式地磁传感器来定时收集和感知区域内车辆的速度、车距等信息。当车辆进入传感器的监控范围后，终端节点通过磁力传感器来采集车辆的行驶速度等重要信息，并将信息传送给下一个定时醒来的节点。当下一个节点感应到该车辆时，结合车辆在两个传感器节点间的行驶时间估计，就可估算出车辆的平均速度。多个终端节点将各自采集并初步处理后的信息通过会聚节点会聚到网关节点，进行数据融合，获得道路车流量与车辆行驶速度等信息，从而为路口交通信号控制提供精确的输入信息。通过给终端节点安装温湿度、光照度、气体检测等多种传感器，还可以进行路面状况、能见度、车辆尾气污染等检测。

北京的历史文物古迹约占旧城区面积的42%，道路不可能无限拓宽，公共交通智能化是改善交通的不二选择，传感网及RFID技术成为智能交通的发展趋势。据了解，目前北京全市各主要街道均埋设有感应线圈，只要有车辆轧过，线圈就有电磁感应，并向计算机系统传达这一信息，计算机根据两个方向的车流量对红绿灯进行实时配时。

北京的智能交通系统建设一期、二期项目从1998年开始，为了迎接国庆50周年大庆，1999年，北京市交通系统上马了交通指挥中心、长安街交通信号智能系统、交警GPS系统、环路电视监控系统和驾驶员信息综合管理系统等五大科技工程。“在北京，无线传感器技术被‘智能交通’采用是在2000年之后，”北京邮电大学教授吴建平说，“电子收费、交通安全与自动驾驶、停车管理、交通信息采集和处理系统是传感器技术应用的主要场景。”

北京智能交通系统三期建设将大规模应用RFID技术。为传感网提供信息采集的RFID具有识别距离远、存储量大、读取速度快、可应用范围广等优点，因此非常适合在智能交通和停车管理方面使用。“目前假牌照、无牌照、黑车等问题始终没有得到根除，采用RFID技术实现车辆电子注册管理系统就是有效解决这一问题的方法之一。车辆注册登记后加载RFID电子车牌，每个标签都有一个全球唯一的ID号码——UID，制作芯片时，UID被放在ROM中，无法修改，可以实现防伪功能。同时标签可以被远距离识别，无须停车及干预就可以检查。”北京交管局相关人士表示。

北京智能交通系统在2009年国庆大阅兵期间起到重要保障作用。通过无线传感技术，交管指挥中心显示屏可以实时显示交通流量、流速、占有率等运行数据，并自动检测出各环路的交通事故和拥堵等交通事件，进行报警和录像。另外，在北京市二环路，智能交通系统已经可以实时遥测汽车尾气污染数据，补充和完善了北京原有的空气质量监测体系。

2. 手机接收实时路况信息

随着智能交通系统的逐步完善，作为下一步发展目标，北京将有望实现手机接收实时路况信息。目前，交管部门正在进行手机短信发布路况信息测试，不久的将来，包括实时路况、几分钟至几天的交通情况预报，都将出现在市民的手机上。

目前，北京全市1535处路口已经实现智能控制，在市交管局指挥中心，民警可以通过交通信号控制系统实时查看主要路口的放行状态、车辆排队长度以及路口信号控制参数，可实现在一个路口控制32股交通流。

据交管部门统计，车辆在路口拥堵1min，拥堵距离将达到100m，至少需要5min的时间才能恢复正常。有了智能控制系统后，通过埋设的感应线圈，控制系统可以实时掌握车流量的大小，并根据车流量，自动调整放行时间。系统还具有公交优先控制功能，可优先放行行驶至路口的公交车辆，使公交线路运行提速10%。

同时，交管部门还通过分布在城市主干道上的228块显示大屏、广播电台、电视台等途径，实时发布路况信息、拥堵和事故信息，提醒过往司机避开拥堵路段。显示屏每2min刷新一次，每天就可显示196万条实时路况信息。

为了扩大路况信息提示的覆盖面，方便市民出行，目前，北京交管部门正在进行手机短信发布路况信息的测试。据了解，在某些地区的具体突发事件中，交管部门已经尝试发送局部短信。如在沙河大桥出现桥体小裂缝事件中，昌平交管部门就以沙河大桥为圆心，在一定的半径内，向正在区域内的手机用户发布了绕行提示信息，收到了良好的效果，未造成严重拥堵。另外，在先期文字信息提示的基础上，交管部门正在计划依托手机3G系统，研发路况地图提示信息发布系统，将实时路况、几分钟至几天的交通情况预报，以电子地图的形式发到市民的手机上。

参考文献

[1] 游战清，李苏剑．无线射频识别技术（RFID）理论与应用［M］．北京：电子工业出版社，2005.

[2] 比特网．http：//www. chinabyte. com.

[3] 赛迪网．http：//www. ccidnet. com.

[4] 国脉物联网．http：//www. im2m. com. cn/.

[5] 电子产品世界网．http：//www. eepw. com. cn/.

[6] 物联网门户．http：//www. wlwmh. com/.

[7] 华夏物联网．http：//www. chniot. cn/.

[8] 中国物联网．http：//www. wlw. gov. cn/.

[9] 物联网世界．http：//www. iotworld. cn/.

[10] 中国信息产业网．http：//www. cnii. com. cn/2009wlw/.

[11] 中国物联网知识普及网．http：//www. chinawlw. net. cn/.

[12] 浙江物联网．http：//www. cnwulian. com/index. htm.

[13] 物联网时代．http：//www. wlwsd. com/.

[14] 物联网产业．http：//www. wlwcy. com/.

[15] 物联网智能数码．http：//www. zgwlw. cc/.

[16] 物联世界．http：//www. thingslink. com/.

[17] 物联网论坛．http：//www. wlw1. com/.

[18] 感知物联网．http：//www. eganzhi. com/.

[19] 黄海峰．智能交通让出行成为一种享受［EB/OL］．国脉物联网，2010－06－29.

[20] 城市地下交通系统的智能化与信息化［EB/OL］．华夏物联网，2010－06－25.

[21] 物联网构建智慧的城市［EB/OL］．物联网在线，2010－07－05.

[22] 李帅．RFID与通信行业的融合与发展［EB/OL］．通信世界网，2006－11－20.

[23] 李澎．RFID中间件产品纵览［J］．中国自动识别技术，2007，2（1）：66－71.

[24] 张玉波．RFID中间件技术纵览［J］．中国自动识别技术，2008，2（1）：61－65.

[25] 周国礼. RFID 应用趋势分析 [J]. 机电产品市场，2007 (11)：17 - 18.

[26] 周国礼. 规划 RFID 应用架构的三大要点 [J]. 中国计算机报，2006 (7)：1 - 3.

[27] 陈冀康. RFID 技术的神经中枢——中间件 [J]. 计算机世界报，2006 (2)：1 - 4.

[28] RFID 产业应用的神经中枢——中间件 [EB/OL]. http：//www. istis. sh. cn/.

[29] BEA WebLogic® RFID Edge Server [EB/OL]. http：//seeker. bea. com/search.

[30] James Chamberlain. Corinne Blanchard，Sam Burlingame，Etc. IBM WebSphere RFID Handbook：A Solution Guide [EB/OL]. http：//www. redbooks. ibm. com/abstracts.

[31] Karl Freburger，Allen Smith，Developing a device adapter and agent for the WebSphere RFID solution，Part 1：Introduction to the WebSphere RFID Device Kit [EB/OL]. http：//www. ibm. com/Search.

[32] CIO 时代网 [EB/OL]. http：//www. ciotimes. com/baike/200911231116. html.

[33] 慧聪网 [EB/OL]. http：//info. printing. hc360. com/2010/01/201425147732. shtml.

[34] 基于 RFID 技术的物联网研究 [EB/OL]. http：//www. zdlunwen. com/article - 109. html.

[35] 浙江物联网产业触手可及 [EB/OL]. http：//www. nbttf. com/html/2220. html.

[36] 百度网 [EB/OL]. http：//baike. baidu. com/view/13740. htm.

[37] 二维条码技术及应用浅析. http：//www. 100paper. com/100paper/guanlixue / gongshangguanli/dianzishangwu/20090911/49793. html.

[38] 二维码技术现状及趋势报告. http：//tech. sina. com. cn/t/2007 - 01 - 17 / 16581340426. shtml.

[39] 百度网 [EB/OL]. http：//baike. baidu. com/view/132241. htm? fr = ala0_ 1.

[40] 郭龙岩，李泉林，王璞. 基于 RFID 的供应链信息与成本结构 [J]. 专家论坛，2006 (2).

[41] 侯赞慧，岳中刚. 我国物联网产业未来发展路径探析 [J]. 博识论坛，2010(2).

[42] 刘瑜. 佛罗里达鞋业零售商采用 RFID 精确管理库存 [J]. RFID 射频快报，2010 - 07 - 28.

[43] 中国物品编码中心. www. ANCC. org. cn.

[44] LANDT J. The History of RFID [J]. IEEE Potentials，2005，24 (4)：7213.

[45] FOSTER P R，BURBERRY R A. Antenna Problems in RFID Systems [C]. IEE Colloquium RFID Technology，London，UK. 1999：124.

[46] 艾超，傅华明. 现代工厂中基于 RFID 技术的物联网设计 [J]. 电子元器件应用，2007 (12)：75 - 77.

[47] 张晓丹，谷斌，等. 浅析无线射频识别的核心技术及发展 [J]. 物流技术，2006 (6)：20 - 22.

[48] 佘其炯．诱人的 RFID 应用前景［J］．中国数据通信，2004（8）：87288．

[49] 余雷．基于 RFID 电子标签的物联网物流管理系统［J］．微计算机信息，2006（2）：235．

[50] 张殿东．无线射频识别（RFID）技术［J］．电信技术，2005（2）：85289．

[51] 陈新河．无线射频识别（RFID）技术发展综述［J］．信息技术与标准化，2005（7）：21．